国家出版基金项目
NATIONAL PUBLICATION FOUNDATION

生态文明法律制度建设研究丛书

保护与利用：
自然资源制度完善的进路

BAOHU YU LIYONG
ZIRAN ZIYUAN ZHIDU WANSHAN DE JINLU

施志源●著

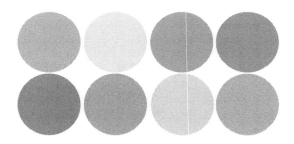

重庆大学出版社

图书在版编目（CIP）数据

保护与利用：自然资源制度完善的进路 / 施志源著.
--重庆：重庆大学出版社，2022.11
（生态文明法律制度建设研究丛书）
ISBN 978-7-5689-3619-4

Ⅰ.①保…　Ⅱ.①施…　Ⅲ.①自然资源保护法—研究
—中国　Ⅳ.①D922.604

中国国家版本馆CIP数据核字（2022）第241980号

保护与利用：自然资源制度完善的进路
施志源　著

策划编辑　孙英姿　张慧梓　许　璐
责任编辑：张红梅　　版式设计：许　璐
责任校对：关德强　　责任印制：张　策

*

重庆大学出版社出版发行
出版人：饶帮华
社址：重庆市沙坪坝区大学城西路 21 号
邮编：401331
电话：（023）88617190　88617185（中小学）
传真：（023）88617186　88617166
网址：http：//www.cqup.com.cn
邮箱：fxk@cqup.com.cn（营销中心）
全国新华书店经销
重庆升光电力印务有限公司印刷

*

开本：720mm×960mm　1/16　印张：33.5　字数：478 千
2022 年 11 月第 1 版　　2022 年 11 月第 1 次印刷
ISBN 978-7-5689-3619-4　定价：178.00 元

丛书编委会

主　任：黄锡生

副主任：史玉成　　施志源　　落志筠

委　员（按姓氏拼音排序）：

作者简介

施志源，法学博士，环境资源法学博士后，福建师范大学法学院教授，博士生导师。中宣部评选的首届宣传思想文化青年英才，福建省级高层次人才，福建省新世纪人才，福建省理论研究和宣传专家库成员，福建省法律法学人才库成员，福建师范大学"宝琛计划"高端人才。担任福建师范大学法学院副院长，福建省地方治理与地方法治研究中心主任，福建省地方立法研究与咨询服务基地副主任。学术兼职主要有：中国软科学研究会理事，中国自然资源学会资源法学专业委员会常务委员，福建省自然资源学会常务理事，中国环境科学学会环境法学分会委员，福建省生态文明研究会理事，福州市中级人民法院环境资源审判咨询专家，福州市政协智库成员暨特约研究员，三明市人民检察院专家咨询委员会委员。

研究领域为环境与自然资源保护法学、生态文明制度建设。近年来，主持国家社科基金重点项目1项、国家社科基金青年项目1项、国家社科基金重大项目子课题2项，主持省部级教研项目8项，主持完成福建省涉及生态文明建设和环境保护地方性法规清理复查工作，主持完成5项环境资源类政府规章的清理评估工作。近年来出版专著2部，主编教材1部，参与专著撰写、教材编写10余部，以独立作者或第一作者发表环境与资源保护法学领域的CSSCI核心期刊论文20余篇，有多篇政策性建议获得省领导批示及相关实务部门采纳，独撰的论文曾获得第二届中国自然资源法治论坛一等奖、第十三届中国法学家论坛征文三等奖、第十一届中国法学青年论坛一等奖、第十届泛珠三角合作与发展法治论坛征文一等奖等。获得福建省社会科学优秀成果一等奖1次（合著）、二等奖1次（合著）、三等奖2次（专著）。参与申报的教学成果获得福建省教学成果一等奖2次。

总　序

　　"生态兴则文明兴，生态衰则文明衰。"良好的生态环境是人类生存和发展的基础。《联合国人类环境会议宣言》中写道："环境给予人以维持生存的东西，并给他提供了在智力、道德、社会和精神等方面获得发展的机会。"一部人类文明的发展史，就是一部人与自然的关系史。细数人类历史上的四大古文明，无一不发源于水量丰沛、沃野千里、生态良好的地区。生态可载文明之舟，亦可覆舟。随着发源地环境的恶化，几大古文明几近消失。恩格斯在《自然辩证法》中曾有描述："美索不达米亚、希腊、小亚细亚以及其他各地的居民，为了得到耕地，毁灭了森林，但是他们做梦也想不到，这些地方今天竟因此成了不毛之地。"过度放牧、过度伐木、过度垦荒和盲目灌溉等，让植被锐减、洪水泛滥、河渠淤塞、气候失调、土地沙化……生态惨遭破坏，它所支持的生活和生产也难以为继，并最终导致文明的衰落或中心的转移。

　　作为唯一从未间断传承下来的古文明，中华文明始终关心人与自然的关系。早在5000多年前，伟大的中华民族就已经进入了农耕文明时代。长期的农耕文化所形成的天人合一、相生相克、阴阳五行等观念包含着丰富的生态文明思想。儒家形成了以仁爱为核心的人与自然和谐发展的思想体系，主要表现为和谐共生的顺应生态思想、仁民爱物的保护生态思想、取物有节的尊重生态思想。道家以"道法自然"的生态观为核心，强调万物平等的公平观和自然无为的行为观，认为道是世间万物的本源，人也由道产生，是自然的组成部分。墨家在长期的发展中形成"兼相爱，交相利""天志""爱无差等"的生态思想，对当代我们共同努力探寻的环境危机解决方案具有较高的实用价值。正是古贤的智慧，让中华民族形成了"敬畏自然、行有所止"的自然观，使中华民族能够生生不息、繁荣壮大。

中华人民共和国成立以来，党中央历代领导集体从我国的实际国情出发，深刻把握人类社会发展规律，持续关注人与自然关系，着眼于不同历史时期社会主要矛盾的发展变化，总结我国发展实践，从提出"对自然不能只讲索取不讲投入、只讲利用不讲建设"到认识到"人与自然和谐相处"，从"协调发展"到"可持续发展"，从"科学发展观"到"新发展理念"和坚持"绿色发展"，都表明我国环境保护和生态文明建设作为一种执政理念和实践形态，贯穿于中国共产党带领全国各族人民实现全面建成小康社会的奋斗目标过程中，贯穿于实现中华民族伟大复兴的中国梦的历史愿景中。党的十八大以来，以习近平同志为核心的党中央高度重视生态文明建设，把推进生态文明建设纳入国家发展大计，并提出美丽中国建设的目标。习近平总书记在党的十九大报告中，就生态文明建设提出新论断，坚持人与自然和谐共生成为新时代坚持和发展中国特色社会主义基本方略的重要组成部分，并专门用一部分内容论述"加快生态文明体制改革，建设美丽中国"。习近平总书记就生态文明建设提出的一系列新理念新思想新战略，深刻回答了为什么建设生态文明、建设什么样的生态文明、怎样建设生态文明等重大问题，形成了系统完整的生态文明思想，成为习近平新时代中国特色社会主义思想的重要组成部分。

生态文明是在传统的发展模式出现了严重弊病之后，为寻求与自然和谐相处、适应生态平衡的客观要求，在物质、精神、行为、观念与制度等诸多方面以及人与人、人与自然良性互动关系上所取得进步的价值尺度和相应的价值指引。生态文明以可持续发展原则为指导，树立人与自然的平等观，把发展和生态保护紧密结合起来，在发展的基础上改善生态环境。因此，生态文明的本质就是要重新梳理人与自然的关系，实现人类社会的可持续发展。它既是对中华优秀传统文化的继承和发扬，也为未来人类社会的发展指明了方向。

党的十八大以来，"生态文明建设"相继被写入《中国共产党章程》和《中华人民共和国宪法》，这标志着生态文明建设在新时代的背景下日益规范化、制度化和法治化。党的十八大提出，大力推进生态文明建设，把生态文明建设放在突出地位，融入经济建设、政治建设、文化建设、社会建设各方面和全过程，努力建设美丽中国，实现中华民族永续发展。党的十八届三中全会提出，必须建立系统完整的"生态文明制度体系"，用制度保护生态环境。党的十八届四中全会将生态文明建设置于"依法治国"的大背景下，进一步提出"用严格的法律制度保护生态环境"。可见，生态文明法律制度建设的脚步不断加快。为此，本人于2014年牵头成立了"生态文明法律制度建设研究"课题组，并成功中标2014年度国家社科基金重大项目，本套丛书即是该项目的研究成果。

本套丛书包含19本专著，即《生态文明法律制度建设研究》《监管与自治：乡村振兴视域下农村环保监管模式法治构建》《保护与利用：自然资源制度完善的进路》《管理与变革：生态文明视野下矿业用地法律制度研究》《保护与分配：新时代中国矿产资源法的重构与前瞻》《过程与管控：我国核能安全法律制度研究》《补偿与发展：生态补偿制度建设研究》《冲突与衡平：国际河流生态补偿制度的构建与中国应对》《激励与约束：环境空气质量生态补偿法律机制》《控制与救济：我国农业用地土壤污染防治制度建设》《多元与合作：环境规制创新研究》《协同与治理：区域环境治理法律制度研究》《互制与互动：民众参与环境风险管制的法治表达》

《指导与管控：国土空间规划制度价值意蕴》《矛盾与协调：中国环境监测预警制度研究》《协商与共识：环境行政决策的治理规则》《主导或参与：自然保护地社区协调发展之模式选择》《困境与突破：生态损害司法救济路径之完善》《疏离与统合：环境公益诉讼程序协调论》，主要从"生态文明法治建设研究总论""资源法制研究""环境法制研究""相关诉讼法制研究"四大板块，探讨了生态文明法律制度建设的相关议题。本套丛书的出版契合了当下生态文明建设的实践需求和理论供给，具有重要的时代意义，也希望本套丛书的出版能为我国法治理论创新和学术繁荣作出贡献。

2022 年 9 月 于山城重庆

前　言

　　自然资源是人类赖以生存与发展的基本物质条件。随着经济社会的发展和科学技术的进步，人类开发利用自然资源的能力在不断提升，自然资源的消耗也在不断加剧，自然资源的有限性特征时刻提醒我们应当注重自然资源利用与保护的平衡。资源约束趋紧的态势要求我们积极寻找自然资源高效利用与自然资源高水平保护的双赢之策。在这一进程中，制度建设发挥着不可替代的作用。科学的自然资源制度体系、严密的自然资源法治体系，有利于把开发利用自然资源的行为纳入规范化、制度化、法治化的轨道，是提升自然资源治理能力和治理水平的关键所在。

　　新中国成立以来，我国的自然资源制度建设取得了长足进步，以自然资源所有权制度为基础、自然资源行政管理制度为主体的自然资源利用与保护制度体系日渐完善。尽管如此，重视自然资源行政管理而轻视自然资源权利行使、重视自然资源行政审批而轻视自然资源市场配置、重视自然资源行政责任约束而轻视自然资源民事权益保护的现象在相当长的一段时期内仍然存在，自然资源资产底数不清、所有者不到位、权责不明晰、权益不落实、监管保护制度不健全等问题逐渐凸显出来。

　　党的十八大以来，以习近平同志为核心的党中央高度重视生态文明制度体系建设，在这个过程中，自然资源制度建设得到了前所未有的重视。习近平总书记在《关于〈中共中央关于全面深化改革若干重大问题的决定〉的说明》（简称《关于〈决定〉的说明》）中指出，健全国家自然资源资产管理体制是健全自然资源资产产权制度的一项重大改革，也是建立系统完整的生态文明制度体系的内在要求。自此，以自然资源资产产权制度改革为重心的自然资源制度建设步伐全面提速。2015年4月，中共中央、国务院印发《关于加快推进生态文明建设的意见》，提出将"健全自然资源资产产权制度和用途管制制度"作为"健全生态文明制度体系"的主要内容之一加以部署；2016年底，国务院印发《关于全民所有自然资源资产有偿使用制度改革的指导意见》，提出以明晰产权、丰富权能为基础，以市场配置、完善规则为重点，以开展试点、健全法制为路径，以创新方式、加强监管为保障，加快建立健全全民所有自然资源资产有偿使用制度的指导思想；2019年4月，中共中央办公厅、国务院办公厅印发《关于统筹推进自然资源资产产权制度改革的指导意见》，提出"加快构建系统完备、科学规范、运行高效的中国特色自然资源资产产权制度体系"，并强调"完善自然资源资产产权法律体系，平等保护各类自然资源资产产权主体合法权益，更好发挥产权制度在生态文明建设中的激励约束作用"。党中央、国务院关于自然资源制度建设的一系列战略部署，为加快推进自然资源制度建设确立了指导思想、明晰了基本原则和总体目标，对新时代自然资源制度建设的主要任务也有了清晰的顶层设计。

党的十八大以来，自然资源法治建设也得到了前所未有的重视。在立法方面，与自然资源开发利用相关的权利归属规则、行政管理规则以及生态环境保护规则均得到了一定程度的完善；在执法方面，自然资源领域综合执法的实践探索取得了实质性进展，自然资源综合执法制度建设成效显著；在司法方面，开发利用自然资源造成生态环境损害的司法救济机制得到了进一步发展，自然资源保护公益诉讼、自然资源生态损害赔偿等领域的制度建设不断健全。尽管自然资源法治建设已经取得了阶段性成果，但是自然资源立法步伐与改革进程不相匹配、自然资源保护与利用规则不成体系等问题仍然需要通过健全自然资源制度加以有效解决。2022年5月，《自然资源部关于加强自然资源法治建设的通知》提出，要在多目标平衡下促进自然资源立法高质量发展，推进自然资源资产、国土空间开发保护、生态保护修复、国土空间规划等立法研究，促进立法决策与改革决策相统一。

2022年10月，党的二十大胜利召开。党的二十大报告指出："大自然是人类赖以生存发展的基本条件。尊重自然、顺应自然、保护自然，是全面建设社会主义现代化国家的内在要求。必须牢固树立和践行绿水青山就是金山银山的理念，站在人与自然和谐共生的高度谋划发展。"这对自然资源的保护、利用及其制度建设提出了新的更高的要求。推进自然资源保护与利用的法律制度建设，既需要进一步夯实自然资源保护与利用的理论基础，也需要全面考察中国自然资源保护与利用的法律制度建设现状；既需要厘清中国自然资源保护与利用的法律制度运行机制，也需要在自然资源资产有偿使用、自然资源用途管制等方面加大制度建设的步伐；既需要总体把握自然资源管理体制改革及其制度创新的总体思路，也需要在自然资源领域生态综合执法方面加大机制创新力度；既需要加强自然资源制度建设重点领域的单行立法，也需要探寻自然资源保护与利用的规则统合之道。本书围绕着促进自然资源高水平保护与高效利用的衡平这一主题，就自然资源制度完善的进路提出一己之见，以期能为自然资源法治建设添砖加瓦。

本专著的顺利完成并出版，得益于国家出版基金的资助，得益于中共中央宣传部宣传思想文化青年英才自主选题项目"生态文明法治建设研究"的支持，得益于福建师范大学"生态环境治理的政策与法律研究"创新团队的支持，得益于重庆大学出版社的大力支持和各位编辑的辛勤工作！本专著相关章节的阶段性研究成果有的已经公开发表在学术期刊或者报刊上，这些阶段性成果得到了各级各类基金的资助（均已标注在此前公开发表的成果之中），在此一并表示感谢！本专著作为一个整体，比较全面地反映了本人关于自然资源制度建设相关问题的理解和认识，其整体框架设计和此前尚未公开发表的相关章节，是本人主持的国家社科基金重点项目"新时代推进生态文明建设制度化的经验研究"（22AKS018）的阶段性成果。

　　本专著的顺利出版，还要感谢福建师范大学林立峰博士，他帮助我搜集、整理了大量的英文资料，为本专著的出版做了大量的辅助性工作。我的博士、硕士研究生们也在积极协助我搜集相关研究资料，并参与了本书的校对工作，对他们的辛勤付出表示感谢！

　　本专著既可作为研究自然资源法律制度的理论读物，也可以作为自然资源管理部门、立法机关的参阅资料，还可以作为环境与资源保护法学专业研究生的教材。受知识与能力所限，书中不足、疏漏之处在所难免，真诚欢迎学界各位朋友批评指正！

施志源

2022 年 11 月 3 日

目　录

第一章　自然资源保护与利用的基本理论问题

第二章　中国自然资源保护与利用的法律制度考察

第三章　中国自然资源保护与利用的法律制度运行

第四章　自然资源资产有偿使用制度建设

第五章　自然资源用途管制制度建设

第六章　自然资源管理体制改革及其制度创新

第七章　自然资源领域生态综合执法及其机制创新

第八章 自然资源保护与利用的规则统合

附 录一　与本专著相关的前期研究成果

附录二　与本专著相关的重要法律法规索引

附录三　与本专著相关的政策文件内容节选

主要参考文献

第一章　自然资源保护与利用的基本理论问题

　　自然资源与民法密切的关联性是研究自然资源国家所有权行使问题的理论基础。自然资源是一个特殊的"物"，不仅具有经济价值，而且具有不可忽视的社会价值和生态价值。从法律上准确界定自然资源的概念，科学划分自然资源的类型，明确自然资源国家所有权的内涵与法律性质，明晰自然资源国家所有权的法律构成，有助于夯实自然资源开发与利用的理论基石。

第一节　自然资源的内涵与分类

一、自然资源的内涵

　　对自然资源内涵的认识，不同的学科也是仁者见仁、智者见智。自然资源学学者认为，自然资源是人类能够从自然界获取以满足其需要的任何天然生成物及作用于其上的人类活动成果，是人类社会取自自然界的初始投入。[1] 这一定义强调了自然资源包括天然生产物和作用于其上的人类活动成果，并强调了其"初始投入"的特征，即自然资源刚开始并不一定需要通过一定的技术手段获取，有的自然资源需要通过技术获取，比如矿藏资源；而有的自然资源并不需要通过什

---

[1]　蔡运龙.自然资源学原理［M］.2版.北京：科学出版社，2007：24.

么技术就可以获取，比如最大的自然资源——土地资源。自然资源不仅是一个自然科学概念，也是一个资源开发与利用的经济学概念。经济学界的学者认为，自然资源是在一定时间条件下，能够产生经济价值以提高人类当前和未来福利的自然环境因素的总称。[1]这一定义与联合国环境规划署对自然资源的定义相近。联合国环境规划署对自然资源的定义是："在一定时间、地点条件下，能够产生经济价值，以提高人类当前和未来福利的自然环境因素和条件。"[2]从联合国环境规划署给自然资源的定义看，其着重强调自然资源应当具备"经济价值"，并把"提高人类福利"作为认定自然资源的限定性条件。换句话说，无法提高人类福利的或者只能给人类带来灾难的自然环境因素或者自然界物质，不属于自然资源。可见，联合国环境规划署给自然资源的定义强调了自然资源的经济价值及其可以为人类社会谋福利的特征，其关注的焦点在于人类对自然资源的开发利用，强调了自然资源对人类的有用性。总的来讲，自然资源名词术语缺乏统一管理。[3]由于长期以来缺乏关于自然资源的权威定义，学界对自然资源内涵的认识很难达成完全一致，不同学科对自然资源的概念界定众说纷纭。

　　由于我国没有专门制定自然资源基本法，现行法律条款也没有关于自然资源概念的相关规定，因此法学理论界对自然资源的内涵认识也不尽统一。有的学者认为，自然资源主要是指可以为人类带来财富的自然条件和自然要素[4]；有的学者认为，自然资源是指在自然状态中对人类有用途和有价值的物质[5]；有的学者指出，环境中的自然因素很多，只有那些现在或将来能为人类所用的自然因素，

[1]　黄民生，何岩，方如康.中国自然资源的开发、利用和保护［M］.2版.北京：科学出版社，2011：1.

[2]　蔚东英，张洪涛，于光，等.国际组织视角的自然资源分类体系浅议［J］.中国国土资源经济，2022，35（1）：4-14.

[3]　王焕萍，赵鑫，兀伟，等.自然资源术语一致性分析［J］.中国标准化，2021（18）：19-22.

[4]　张梓太.自然资源法学［M］.北京：北京大学出版社，2007：1.

[5]　崔建远.自然资源物权法律制度研究［M］.北京：法律出版社，2012：26.

才被称作自然资源[1]；有的学者认为，自然资源从本质上来说是一种以人类利用为标准的价值判断[2]；有的学者认为，法律意义上的自然资源，不仅包括了自然生成物，也包括经过一定人工加工的天然物[3]；有的学者认为，自然资源是在一定技术经济条件下自然环境中对人类有用的一切自然要素[4]；等等。

2021年3月2日，自然资源部发布了《自然资源分等定级通则》（TD/T 1060—2021），该通则自2021年6月1日起施行。《自然资源分等定级通则》明确规定，自然资源是指天然存在、有使用价值、可提高人类当前和未来福利的自然环境因素的总和。但是，该定义并不当然等同于法律语境下的自然资源，因为并非所有的自然资源都需要由法律来调整。法律语境下的自然资源，是指需要法律规范调整的并对人类有价值的自然界的物质，是自然资源开发利用过程中需要法律加以调整的对象；即，不需要法律调整或规范的自然资源不属于本书研究的"自然资源"的范畴。因此，对于自然资源的概念应该把握自然资源四个方面的基本特征。一是自然资源的天然性，自然资源是自然、天然生成之物[5]，是大自然界中可以被人类开发利用的物质或者能量。虽经过人工干预，但已经与大自然有机融合的自然生成物也可认定为自然资源，人工林、人工湖就是典型的例子。二是自然资源的有用性，人类的生存离不开自然资源。自然资源是可以被人类利用的物质或者非物质因素。[6]三是自然资源的拓展性，随着科学技术的不断进步，人类开发利用自然资源的能力不断提升，新型自然资源也必将不断出现。有学者把将来可能被人类利用的物质和能量称为"潜在资源"。[7]四是自然资源的稀缺性，稀缺的自然资源才需要

---

［1］ 王文革.自然资源法：理论・实务・案例［M］.北京：法律出版社，2016：2.
［2］ 黄锡生.自然资源物权法律制度研究［M］.重庆：重庆大学出版社，2012：23.
［3］ 王洪亮，等.自然资源物权法律制度研究［M］.北京：清华大学出版社，2017：2.
［4］ 崔桂台.中国环境保护法律制度［M］.北京：中国民主法制出版社，2020：140.
［5］ 王洪亮，等.自然资源物权法律制度研究［M］.北京：清华大学出版社，2017：1.
［6］ 黄锡生.自然资源物权法律制度研究［M］.重庆：重庆大学出版社，2012：21.
［7］ 王文革.自然资源法：理论・实务・案例［M］.北京：法律出版社，2016：2.

法律的介入和调整，而数量无穷大的自然资源在通常情形之下是不需要法律来进行规制的。不可否认的是，随着人类社会的不断发展和科学技术水平的不断提升，人类关于自然资源之内涵的认识也将不断地发展变化。本书主要以宪法、法律、行政法规、部门规章和地方性法规中关于自然资源保护与利用的相关规定为基础，对自然资源制度完善的进路展开研究。因此，本书所研究的自然资源，也仅限于需要法律进行调整的自然资源。

二、自然资源的类型划分

自然资源的外延非常宽泛，根据不同的标准，可做不同的分类。根据资源是否具有自储性，自然资源可分为储存性资源和流动性资源。储存性资源指所有的矿藏和土地，流动性资源限定为那些在充分短暂的、与人类相关的时间间隔内可自然更新的资源。[1] 根据资源是否具有可再生能力，一般可以将自然资源分为可再生自然资源、不可再生自然资源和恒定自然资源三种。[2] 值得注意的是，可再生自然资源与不可再生自然资源之间的划分并不是一成不变的。在一定的条件下，可再生自然资源可能会转化为不可再生自然资源，不可再生自然资源也可能转化为可再生自然资源。例如，森林的破坏造成地球表面升温、水土流失、土地沙化等问题，大量野生动植物的生存条件发生变化，原先可再生的野生动植物资源的繁衍更新能力受到了严重的破坏，甚至不少物种濒临灭绝。[3] 再例如，随着人类深海探测技术的不断进步，原先不可再生的化石能源在特定的海底条件下已经有了实现可再生的可能性，一旦这一技术成熟并得到有效的运用，石油

---

[1] 朱迪·丽丝.自然资源：分配、经济学与政策［M］.蔡运龙，杨友孝，秦建新，等译.北京：商务印书馆，2002：24-26.

[2] 张梓太.自然资源法学［M］.北京：北京大学出版社，2007：3.

[3] 地球生态环境面临危机（二）：水源短缺、水质污染、森林破坏、物种减少［J］世界知识，1992（13）：16-17.

等化石能源枯竭的威胁将不复存在，运用可再生能源替代化石能源的命题也将不复存在。根据自然资源在地球圈层的分布，可将其分为矿产资源、气候资源、水利资源、土地资源、生物资源五大类。[1] 按自然因素在经济部门的地位来划分，可将自然资源分为农业自然资源和工业自然资源两大系统。农业自然资源包括土地资源、气候资源、生物资源和水资源；工业自然资源包括矿产资源、森林资源、草场资源等。[2] 根据自然资源本身固有的属性进行分类，可以将其分为耗竭性资源和非耗竭性资源。耗竭性资源分为可更新的自然资源和不可更新的自然资源；非耗竭性资源分为恒定资源，亚恒定资源和易误用、易污染的自然资源。[3]

　　自然科学界关于自然资源的类型划分，对研究自然资源法律问题具有一定的借鉴价值。在自然资源部公示的《2019 年度自然资源标准制修订工作计划（公示稿）》中，《自然资源分类（通则）》作为一项国家标准申请报批。[4] 这表明自然资源类型的科学划分是一项极其重要的工作。科学划分自然资源的类型，并明确哪些类型的自然资源归属国家，是完善自然资源法律制度的基础性工作。由于自然资源本身的复杂性和复合性，加上对自然资源认识深度和广度的差异，以及对自然资源分类详尽程度和应用目的的不同，目前尚未形成公认且符合管理实际需要的分类系统。[5] 划分自然资源的类型不能简单套用一个一成不变的公式，应当具体情况具体分析，在不同的情形之下使用不同的标准。唯有如此，才能针对不同类型的自然资源，确定有区别的自然资源权利行使规则。外国民法典在自然资源类型的划分上

［1］　蔡运龙.自然资源学原理［M］.2 版.北京：科学出版社，2007：25.

［2］　陈永文.自然资源学［M］.上海：华东师范大学出版社，2002：3.

［3］　蔡运龙.自然资源学原理［M］.2 版.北京：科学出版社，2007：26.

［4］　自然资源部办公厅.自然资源部办公厅关于印发 2019 年度自然资源标准制修订工作计划的通知［EB/OL］.（2019—11—15）［2019—12—10］.中华人民共和国自然资源部.

［5］　邓锋.自然资源分类及经济特征研究［D］.北京：中国地质大学，2019：104.

有不少成功的经验，值得学习和借鉴。[1]

标准一：根据是否有人为因素介入进行划分。根据是否存在人为因素的介入，自然资源可以分为两类：一类是纯自然生成的自然资源，比如，矿产资源、原始森林；一类是人工种植并经过了与自然界的合成，最终与自然界浑然一体，具备了天然性的自然资源，比如，人工林。

标准二：根据是否具有稀缺性进行划分。在《路易斯安那民法典》中，"物"分为一切人共有的物、公有物和私有物这三种类型。《路易斯安那民法典》第四百四十九条规定，"一切人共有的物不可以被任何人所有，任何人可依照其用途自由地使用它们，如空气和公海"；第四百五十条规定，"公有物由作为公人的州或其政治分支在其能力范围内所有，属于州的公有物包括水流、天然试航水域的水及底部、领海及海岸"。[2]从该法典的规定可以看出，尽管空气和水流都是保障人类基本生存需求的物质，但其在权利归属上还是有所区别，只有那些大量存在且不存在开发利用争议的"空气""公海"才不需要确定权利归属，而具有资源稀缺性的"水流"等则应当属于公有。正如学者所言，虽然作为整体的自然环境和自然资源不能由任何个人或者组织所私有或者专有、只能为公众共享共用，但是某些自然资源的某些部分（或者某些功能）则可以对其设立排他性的所有权和用益物权。[3]

标准三：根据是否具有科研价值进行划分。在《瑞士民法典》中，无主动产是可以适用先占取得制度的，但该法典还明确规定了例外情形，即：具有科研价值的无主天然物以及文物归发现地的州所有。《瑞士民法典》第七百二十四条规定："具有科研价值的无主天然物和文物，归发现地的州所有。非经州主管机构的批准，不得转让。它们不

---

[1]　施志源.民法典中的自然资源国家所有权制度设计：基于多国民法典的考察与借鉴［J］.南京大学学报（哲学·人文科学·社会科学），2018，55（2）：36-45.

[2]　路易斯安那民法典［M］.娄爱华，译.厦门：厦门大学出版社，2010：49-50.

[3]　蔡守秋.生态文明建设的法律和制度［M］.北京：中国法制出版社，2017：285.

适用取得时效，也不适用善意取得。返还之诉也不受时效之限制。"[1]
尽管《瑞士民法典》规定了"州所有"而不是"国家所有"，但其因
具备科研价值而归为"公有"的立法模式值得中国民法典借鉴。比如，
对于陨石、乌木等新出现的资源，由于我国现行法没有明确的规定，
可否适用"自然资源归属于国家所有"存在着较大的争议。但如果民
法典分则明确规定"具有科研价值的无主天然物和文物归属于国家所
有"，则可以定分止争，而且这一规则对于保护陨石、乌木等天然物
的原真性和完整性是最为有利的，也可以避免为了经济利益而出现的
陨石搜寻大军[2]。

标准四：根据所处的空间范围进行划分。在这一标准之下，并
非完全根据自然资源是否流动来划分动产和不动产。尽管有些自然
资源从表面上看是流动的，但仍然可以根据其所属的空间将其视为
不动产，而不是简单地视其为动产。部分国家的民法典对此给予了
明确的规定。比如，《秘鲁共和国新民法典》第八百八十五条第二
款就明确规定："海洋、湖泊、河流、泉水、溪流和活水或者静水
属于不动产。"[3] 可见，不能因水的流动性而一概地将河流、海
域等自然资源划入动产的范围。我国《不动产登记暂行条例》把
"森林、林木所有权"和"海域使用权"一道纳入不动产权属登记
的范畴，表明立法者接受了"海域"属于不动产的理念。在未来
的民法分则中，应当进一步明确可以纳入不动产范畴的自然资源之
范围，以使自然资源登记公示制度更加完善。在不少国家的民法典
中，无主动产是可以适用先占取得制度的，比如，《韩国民法典》
第二百五十二条规定："就无主动产以所有的意思占有者，取得该
物。"[4] 从法感情的视角，无主动产归发现人所有更容易被公众理

---

[1]　瑞士民法典［M］.于海涌，赵希璇，译.北京：法律出版社，2016：263.
[2]　杨静，林碧锋.香格里拉陨石争夺战：万千陨石猎人搜寻，这些石头价比黄金？［EB/OL］.
（2017-10-12）［2019-12-15］.新华社.
[3]　秘鲁共和国新民法典［M］.徐涤宇，译.北京：北京大学出版社，2017：176.
[4]　韩国民法典 朝鲜民法典［M］.金玉珍，译.北京：北京大学出版社，2009：40.

解和接受。因此，如果民法典把流动性自然资源确定为动产，而又确认其为国家所有的话，难免有"与民争利"之嫌。

标准五：根据是否具备特定的环境功能进行划分。社会在不断向前发展，科学技术在不断进步，对于新出现的自然资源类型，立法应当对新型自然资源采取更为包容开放的态度，建立自然资源权利客体的开放体系。比如，《最新阿根廷共和国民法典》第二千三百一十一条规定："具有价值的物质性客体，在本法典中称'物'。有关物的规定，准用于能被控制的能量和自然力。"[1]《秘鲁共和国新民法典》第八百八十六条第二点规定："可予管控的自然力属于动产。"[2]《日本民法典》的现行立法中虽然明确规定物为有体物，但以加藤雅信为代表的日本民法学者提出的民法典修正案已经提出了修改建议："物权的客体为物（指有体物）。但是，本法及其他法律另有规定的，不在此限。"[3]日本学者认为，空气、海洋在不具备排他性支配权的阶段不是任何人的所有物，但是瓶罐等中的空气、海水就到了排他性支配的阶段，便是所有权的对象了。[4]由此可见，物的概念的适当扩张是民法理论发展的重要趋势，所有权的对象不局限于有体物是世界各国民法典立法的共同趋势。所有权不仅以实物为对象，还可以在时空上进行分割，这在很多国家的法律中都是承认的。[5]有学者在我国编撰民法典的过程中建议，物权法扩大财产保护范围的经验应当在民法典中得以体现。[6]尽管《中华人民共和国民法典》（以下简称《民法典》）的"物权编"并没有对新型自然资源的问题作明确的回应，但是，随着经济社会的不断发展，采取更为开放包容的态度

---

[1] 最新阿根廷共和国民法典［M］.徐涤宇，译.北京：法律出版社，2007：493.

[2] 秘鲁共和国新民法典［M］.徐涤宇，译.北京：北京大学出版社，2017：176.

[3] 加藤雅信.日本民法典修正案（Ⅰ）第一编：总则［M］.朱晔，张挺，译.北京：北京大学出版社，2017：96.

[4] 加藤雅信.日本民法典修正案（Ⅰ）第一编：总则［M］.朱晔，张挺，译.北京：北京大学出版社，2017：301.

[5] 王利明.民法典体系研究［M］.北京：中国人民大学出版社，2008：545.

[6] 王利明.我国民法典重大疑难问题之研究［M］.2版.北京：法律出版社，2016：226.

来构建自然资源物权体系是自然资源立法发展的必然趋势。比如，某些自然资源界的物质或者空间，因其具备一定的环境功能或者观赏价值，也应当被纳入自然资源的范畴，从而成为所有权的客体。比如，处于地下的"孔隙空间（pore space）"因具备碳封存、碳捕获功能而在美国肯塔基州（Kentucky）案例中被视为一种新型的自然资源[1]，森林资源因具备碳汇功能而使碳减排量符合资源性物权客体的规格与标准[2]，旅游吸引物因其具备物权客体特征而应当受到物权法的法律规制[3]。这些新型自然资源，可能无法通过肉眼直接识别，但因其具备特定的环境功能，属于可以提升人类福利的自然界物质，应当被认定为自然资源。自然资源不是纯粹的有体物，其中也有一些属于无形财产，对其中的无形财产作出明确的规定，对维护生态和保护资源具有重要的意义。[4]因此，最高人民法院在出台相关司法解释时，对《民法典》第二百五十条中"等"字的含义应当作出明确的解释，明确规定新型自然资源的权属问题，避免因对"等"的理解不同而存在不休的争论。关于"等"字所涉及的自然资源国家所有权的权利客体范围问题，将在后文进一步展开讨论。

在明晰划分自然资源类型标准的同时，还要着力推进自然资源分等定级工作。自然资源分等定级是各级自然资源主管部门落实自然资源资产有偿使用制度，建立自然资源资产评价评估体系，促进自然资源管理向数量、质量与生态管护并重转变的基础性工作。[5]随着自然资源部《自然资源分等定级通则》的发布实施，自然资源分等定级工作有了全国性的统一标准。但这并不意味着法律意义上自然资源类型划分大功告成。《自然资源分等定级通则》仅仅是一个行业推荐性

---

[1]　IMBROGNO M A. Pipedream to Pipeline：Ownership of Kentucky's Subterranean Pore Space for Use in Carbon Capture and Sequestration [J]. U. Louisville L. Rev., 2010, 49：291-315.

[2]　林旭霞. 林业碳汇权利客体研究 [J]. 中国法学，2013（2）：71-82.

[3]　保继刚，左冰. 为旅游吸引物权立法 [J]. 旅游学刊，2012，27（7）：11-18.

[4]　王利明. 我国民法典重大疑难问题之研究 [M].2 版. 北京：法律出版社，2016：230.

[5]　隋迪，伍育鹏，吴克宁. 浅析自然资源分等定级的行政管理路径 [J]. 中国土地，2021（8）：21-23.

标准，对于自然资源的权利行使而言，并不具有法律上的强制约束力。

此外，在理解自然资源这一概念时，还应当注重其与相关概念的辨析。一是自然资源与自然环境的辨析。自然资源与自然环境，是自然界这一自然实体的两个不同侧面，二者既有联系，又不尽相同。自然环境是不以人的意志为转移的客观自然要素，是一个庞大的环境要素系统，包括了人类能利用的和不能利用的自然要素，包括了对人类有利、不利甚至有害的一切客观存在的自然物质。而自然资源则以可以为人类所利用并为人类带来福利为前提条件，其"资源"两个字体现了自然资源具有特殊的社会功能和经济价值，这也是其与自然环境的最大区别。与此同时，二者又是相互联系、相互影响、密不可分的。"自然资源与自然环境共处于一个辩证统一体中，是一个不可分割的整体。"[1]二是自然资源与生态资源的辨析。人类生存、繁衍和发展所利用的一切物质、能量、信息、时间和空间，都可以被视为人类的生态资源。从这个意义上说，自然资源是生态资源的重要组成部分，自然资源的状况直接影响生态资源的质量。但生态资源并不局限于自然资源，它还包括人工生态资源，即生态资源只要其对人类的生存环境有利，就可以根据人类的需要人为制造、加工而成，比如人工湖；而自然资源则是天然形成的资源。自然资源也不全是生态资源，有些自然资源人类暂时还无法开发利用，深藏地下也不会影响到生态环境，不应划入生态资源的范畴。因此，自然资源不能等同于生态资源，二者的外延不尽相同。三是自然资源与资源产品的辨析。自然资源是人类开发利用的对象，而资源产品则是人类开发利用自然资源的成果，二者是紧密联系的。没有自然资源的存在，就无所谓资源产品的产生；没有加工成资源产品，自然资源的用途也极其有限。比如，森林资源具有吸收二氧化碳的功能，这是其自身固有的功能，并不需要人类行为介入；但只有通过采伐行为，才能成为家具等产品进入千家万户，

---

[1] 陈永文.自然资源学［M］.上海：华东师范大学出版社，2002：2.

此时，自然资源的功能发挥必须通过人工加工成资源产品。资源产品是可以进入市场流通，自由买卖的；而自然资源在市场流通上则受到了诸多限制。四是自然资源与自然资源资产的辨析。自然资源资产是国民经济核算体系中的一个范畴。判断某一自然资源是否属于自然资源资产，有两个基本的判断标准：是否受到有效的所有权控制，能否给其所有者带来经济上的利益。[1]可见，自然资源资产主要用于经济核算，判断自然资源和自然资源资产的标准有着本质的不同。认定自然资源资产的重要标准就是能带来经济上的实际利益。自然资源的开发利用可能提高人类的生活水平，但不一定就会带来经济上的直接利益，比如，提高空气质量的行为，更多的是经济上的投入，而不是经济上的收益。

第二节　自然资源国家所有权的内涵及其理论发展

一、所有权及其分类

一般认为，民事权利是权利的下位概念，由特定民事利益和法律上之力相结合，共同构成的民事主体自由行使意志、实施法律行为的范围。[2]而所有权则被视为民事权利体系的逻辑起点。在物权制度中，所有权处于中心地位，是其他类型物权的来源和基础。正如荷兰民法典所指出的："所有权是人对物所能享有的最广泛的权利。"[3]对于什么是所有权，不同的民法学者表述不尽不同。杨立新教授认为，所有权是所有人依法按照自己的意志通过对其所有物进行占有、使用、收益和处分等方式，独占性支配其所有物，并排斥他人非法干涉的永

---

[1]　夏征农，陈至立.辞海：第六版典藏本［M］.6 版.上海：上海辞书出版社，2011：6014.

[2]　杨立新.民法总论［M］.北京：高等教育出版社，2007：161.

[3]　荷兰民法典：第 3、5、6 编［M］.王卫国，主译.北京：中国政法大学出版社，2006：106.

久性物权。[1] 王利明教授认为，所有权是指所有人依法对自己的财产享有的占有、使用、收益和处分的权利。[2] 尽管对所有权的概念有各种表达方式，但其基本内容是确定的：所有权是需要确定物的最终归属的。这表明了所有者能够占有一定财产的权利，这种财产权利具有独立性、排他性、全面性、永久性等特征。可见，所有权是指所有权人依法对其财产（动产或者不动产）享有的占有、使用、收益和处分的权利，是一种财产支配权。所有权的核心和灵魂是支配权，它通过支配权体现自身的存在，它本身概括和赋予了所有人实际享有的占有、使用、收益和处分的权能。[3] 可以进一步得出：只要支配权不丧失，不管四项权能与所有权如何分离，都不会导致所有权的丧失。

从 1982 年《中华人民共和国宪法》（简称《宪法》）颁布以来，虽经多次修宪，却始终没有对自然资源国家所有权制度进行修改，在 2007 年的《中华人民共和国物权法》（简称《物权法》）中还对这一制度予以了进一步确认，并最终被 2020 年的《民法典》所接纳。这更是表明了国家所有权制度的强大生命力。2007 年《物权法》将所有权分为国家所有权、集体所有权、私人所有权，然而对所有权的"三分法"遭到了部分学者的强烈反对。"在分析财团法人财产归属时套用'三分法'……只能给问题的解决带来混乱。解决问题的唯一出路，就是要承认法人财产所有权这一财产所有权的独立类型。"[4] 有的学者认为应当参照大陆法系国家的立法传统，不以所有权的主体为划分标准，而是采取"合法财产一体化保护原则"[5]。有的学者指出，"三分法"中不包括法人财产权是一大缺陷，尤其是从根本上否定了财团法人所

[1] 杨立新.物权法［M］.4 版.北京：中国人民大学出版社，2013：52.
[2] 王利明.民法［M］.5 版.北京：中国人民大学出版社，2010：172.
[3] 佟柔.论国家所有权［M］.北京：中国政法大学出版社，1987：21-22.
[4] 孙宪忠.财团法人财产所有权和宗教财产归属问题初探［J］.中国法学，1990（4）：78-84.
[5] 梁慧星.中国物权法草案建议稿：条文、说明、理由与参考立法例［M］.北京：社会科学文献出版社，2000：212.

有权这一所有权种类。[1]尽管反对"三分法"的声音从未停止，但立法者最终还是选择了这一分类标准，其基本考量在于这种划分方法符合我国的国情和现实的需要，也有利于所有权制度在实践中有效运行。我国《民法典》第二编之第二分编的第五章，章名为"国家所有权和集体所有权、私人所有权"，这充分表明了国家所有权、集体所有权、私人所有权作为所有权的三种基本类型将在我国长期并存。

二、自然资源国家所有权的内涵

早在 20 世纪 80 年代，佟柔先生就对国家所有权的概念进行过界定："国家所有权是社会全体成员共同占有生产资料的所有制形式在法律上的反映，它是指公有制社会的国家为了全体人民的利益对全民共同占有的财产享有的占有、使用、收益和处分的权利。"[2]佟柔教授认为，国家所有权不但重要，而且必不可少[3]。王利明教授认为，国家所有权问题是整个社会主义民法学所要研究的最基本的理论问题[4]，国家所有权制度作为一个综合的法律制度[5]，只要所有制存在，就必然要有相应的国家所有权制度存在。薛军教授认为，在《物权法》中规定自然资源国家所有权是有现实意义的，可以通过民法解释论使其在现实中合理运用[6]。与之针锋相对的观点是，国家所有权制度从设立之初就没有存在的实际意义，或者仅仅是象征性的权利宣誓。王军博士喻其为"一个国家所有权的神话，一个运用法律讲述

［1］　孙宪忠.中国物权法总论［M］.北京：法律出版社，2003：58-59.

［2］　佟柔.民法原理：修订本［M］.2 版.北京：法律出版社，1986：158-161

［3］　学者认为，空虚所有权的概念不能正确反映国家所有权的本质和职能。国家所有权绝不是虚有权。参见佟柔.论国家所有权［M］.北京：中国政法大学出版社，1987：9.

［4］　王利明.国家所有权研究［D］.北京：中国人民大学，1990：4.

［5］　学者认为，国家所有权制度是一个综合的法律制度，所以，它不是一个单纯的民法范畴，甚至不是一个单纯的法律范畴。国家所有权主体、内容以及实现必须与公有制的要求相适应，这样，国家所有权始终与所有制、经济制度联系在一起。参见王利明.国家所有权研究［D］.北京：中国人民大学，1990：5.

［6］　正如学者所言，我国的自然资源国家所有权制度是一个民法层面上的制度，在物权法中对其作规定不存在任何体系上的问题。参见薛军.自然资源国家所有权的中国语境与制度传统［J］.法学研究，2013，35（4）：71-74.

的神话"[1]；葛云松则认为《物权法》重复规定了国家所有权制度，《物权法》的相关条文是"僵尸条款"，纯属"法学的扯淡"[2]。对于这种消极的观点，马俊驹教授强调国家所有权并非一个"神话"或者一种"幻想"。[3]

研究国家所有权制度的合理性，需要关注两个方面的问题：一是已经存在的客观现实情况。实践是检验真理的唯一标准，讨论国家所有权制度的存废也应当坚持一切从客观实际出发。事实是，国家所有权制度在我国是客观存在的，并且是被我国宪法和法律所确认的一项基本财产制度，这在法律条文里是有明确规定的。二是当前还需要解决哪些问题。一项制度具有客观存在的合理性，并不表明它就能自动地发挥出其应有的功效。以自然资源国家所有权制度为例，法律对制度的确认只是一个起点，这里面还有一系列问题需要进一步回答。比如，所有权制度规制的自然资源的内涵与外延问题，水资源与水流、河水是不是一回事呢？肯定不是！虽然水资源和水流都属于自然资源，但二者却有着本质的区别，不可混为一谈。换句话说，水资源归属国家所有，并不代表全部的河水都是归国家所有；野生动物资源归属国家所有，并不代表所有的野生动物归属国家所有。再比如，《宪法》规定了之后，《物权法》为什么还要进行相应的规定，仅仅是一种再宣示，还是别有深意？从解释论的角度，确定自然资源国家所有权背后的法思想是什么，《物权法》对自然资源国家所有权的再次确认蕴含着什么样的法感情，如何把民法规则有效运用于自然资源国家所有权的制度运行中；从立法论的角度，自然资源国家所有权制度中还有哪些条款需要改进和完善，大陆法

---

[1]　王军.国家所有权的法律神话：解析中国国有企业的公司制实践[D].北京：中国政法大学，2003：1.

[2]　葛云松.物权法的扯淡与认真：评《物权法草案》第四、五章[J].中外法学，2006，18（1）：52-62.

[3]　学者认为，国家所有权绝不是一个神话。它对于全体人民中的一切社会成员并不是一个完全空洞的、抽象的法律概念，也不是一种纯粹意志的法律幻想。参见马俊驹.国家所有权的基本理论和立法结构探讨[J].中国法学，2011（4）：89-102.

系国家公产与国家私产的划分、英美法系的财产信托制度是否值得我们去借鉴等等。所有这些，都值得我们去作进一步的思考和研究。正如王利明教授所言，国家所有权无论是作为一项民事法律制度还是作为一种社会最基本的财产形式，都像"普照之光"一样，使其他的民事法律制度和财产形式"改变色调"。[1]

民法语境下国家所有权的基本内容，可以从我国改革开放以来的民事立法中得以窥见。1987年1月1日起实施的《民法通则》对国家所有权的基本内容进行了规定[2]；2007年10月1日起施行的《物权法》在第五章里对国家所有权的基本内容进行了明确规定[3]；2020年5月28日通过的《民法典》对国家所有权的内容进行了确认和完善[4]，充分表明了立法机关坚持并完善国家所有权制度的决心。可见，国家所有权制度不只是宪法确定的制度，从《民法通则》到《物权法》再到《民法典》的这30多年间，我国民事法律始终对国家所有权给予了制度上的确认和回应，国家所有权制度也随着国家的立法步伐而不断完善。

自然资源国家所有权制度是国家所有权制度的重要组成部分。自然资源国家所有权是指国家对其所有的自然资源享有的占有、使用、收益和处分的权利。理解自然资源国家所有权的内涵，首先需要把握以下几点：第一，自然资源国家所有权的所有权人是国家，而不是政府、政府某一职能部门或者政府授予一定管理权的事业单位。在自然资源领域，通过立法确立国家为所有权主体已逐渐成为一种新的发展趋势，认为自然资源国家所有权是一个虚幻的命题并不符合客观事实。[5]第二，自然资源范围极其广泛，包括国家所有的自然资源，

---

[1] 王利明.国家所有权研究［D］.北京：中国人民大学，1990：3.

[2] 参见《中华人民共和国民法通则》第七十三条、第八十条至第八十二条。

[3] 参见《中华人民共和国物权法》第四十五条至第五十七条。

[4] 参见《中华人民共和国民法典》第二百四十六条至二百五十九条。

[5] 叶榅平.自然资源国家所有权的理论诠释与制度建构［M］.北京：中国社会科学出版社，2019：69.

集体所有的自然资源，以及法律允许的个人所有的自然资源。国家所有权仅针对国家所有的那部分自然资源，而不是全部的自然资源。第三，自然资源国家所有权是一个完整的权利，包括对自然资源占有、使用、收益和处分等各项权能。尽管国家作为一个抽象的主体无法具体行使自然资源所有权，但是承认国家的民事主体地位，是其他民事主体代表国家行使所有权的前提和基础。[1]

三、自然资源国家所有权的理论发展

自《宪法》确认国家所有权制度以来，社会各界围绕着国家所有权进行的研究和争论就从未停止。1987 年，佟柔教授主编了《论国家所有权》一书，收录了 13 篇与"国家所有权"这一话题相关的论文。这些撰写于改革开放之初的论文，充分体现了当时法学界关于国家所有权的各种观点。学者们提出了"占有权"说、"经营管理权"说、"用益权"说、"相对所有权"说、"法人所有权"说等各种观点，试图回应社会主义市场经济体系下构建国家所有权制度的应有法律构架。关于国家所有权问题论争的序幕也由此拉开了。值得注意的是，学界研究的聚焦点从起初的"国有企业国家所有权"慢慢转向了"自然资源国家所有权"。关于自然资源国家所有权的著作主要有：《中国自然资源国家所有权制度研究》（邱秋著，科学出版社，2010 年版）、《资源权论》（金海统著，法律出版社，2010 年版）、《自然资源物权法律制度研究》（黄锡生著，重庆大学出版社，2012 年版）、《自然资源物权法律制度研究》（崔建远主编，法律出版社，2012 年版）、《自然资源损害救济机制类型化研究：以权利与损害的逻辑关系为基础》（张璐著，法律出版社，2015 年版）、《自然资源权体系及实施机制研究：基于生态整体主

---

[1] 施志源.民法典中的自然资源国家所有权制度设计：基于多国民法典的考察与借鉴［J］.南京大学学报（哲学·人文科学·社会科学），2018，55（2）：36-45.

义视角》（刘树德著，法律出版社，2016 年版）、《自然资源物权法律制度研究》（王洪亮等著，清华大学出版社，2017 年版）、《国有自然资源特许使用权研究》（张牧遥著，中国社会科学出版社，2019 年版）、《自然资源国家所有权的理论诠释与制度建构》（叶榅平著，中国社会科学出版社，2020 年版）等等。此外，有部分专著虽然不是专门研究自然资源权利问题的，但其中专章谈到了自然资源国家所有权问题。比如，《环境法前沿问题研究》（王树义等著，科学出版社，2012 年版）一书之第三章"完善我国的自然资源国家所有权制度"，《环境法的激励机制》（何艳梅著，中国法制出版社，2014 年版）一书之第五章第一节"自然资源所有权制度的改造"，《国家所有权的行使与保护研究：从制度科学性入手》（孙宪忠等著，中国社会科学出版社，2015 年版）一书之第十章"自然资源国家所有权"，《行政许可中特许权的物权属性与制度构建研究》（王克稳著，法律出版社，2015 年版）一书之第二章第二节第一大点"自然资源国家所有权概述"、之第三章第二节第二大点"自然资源国家所有权的法律特征与法律性质"、之第四章第二节第一大点"自然资源国家所有权的法律设定"，《自然资源特许使用的理论建构与制度规范》（欧阳君君著，中国政法大学出版社，2016 年版）一书之第二章第二节"自然资源国家所有权制度的必要性"和第四节"自然资源国家所有权的性质"，等等。

从研究的内容上看，学界关于国家所有权的权利性质、自然资源的制度功能、自然资源的法律构成等问题的研究获得了丰硕的成果。一是，关于自然资源国家所有权权利性质的争论。在中国知网上，以篇名包含"自然资源"、全文包含"权利性质"为检索条件进行检索，截至 2022 年 10 月 22 日共检索到研究文献 107 篇。从这些论文不难看出，学界关于自然资源国家所有权权利性质的争论一直在持续，《法学研究》2013 年第 4 期刊发了有关"自然资源国家所有权问题"的系列文章，学者各抒己见，提出了公权说、双层结构说、物权说、三层结构说等各种观点。以孙宪忠为代表的部分民法学者则认为"国家"不能成为民法上的所有权主体。孙宪忠发表在《法学研究》2013 年第 4 期上的论文《根据民法原理来思考自然资源所有权的制度建设问题》强调自然资源国家所有权制度在民法科学上缺乏足够的理论支持。尽管《物权法》已经明确规定自然资源国家所有权制度，但不少学者仍然强调自然资源国家所有权是公权。巩固在《法学研究》2013 年第 4 期上发表了论文《自然资源国家所有权公权说》之后，在《法学研究》2015 年第 2 期上发表了论文《自然资源国家所有权公权说再论》；王克稳发表在《中外法学》2019 年第 3 期上的论文《自然资源国家所有权的性质反思与制度重构》认为，自然资源国家所有权是以公权力方式行使并受公法约束的所有权，本质上是国家的公权力。争论还在继续，如何看待自然资源国家所有权的性质值得深入研究和探讨。看待自然资源国家所有权的性质，应当注重公法与私法的融合、公权与私权的交错，应当结合具体的情境来认识自然资源国家所有权的性质，而不宜将其固化为公权或者私权。二是，研讨自然资源国家所有权的制度功能，不少学者担心自然资源国家所有权制度会走向"与民争利"的困境。以篇名包含"自然资源"、全文包含"国家所有权"且包含"与民争利"为检索条件进行检索，截至 2022 年 10 月 22 日共检索到研究文献 44 篇。这些文章在如何看待自然资源国家所有权制度上态度并不一致，刘练军发表在《中国法学》2016 年第 6 期上的论文《自然资源国家所有的制度性保障功能》强调要以"使国民能够公平地获取自然资源物"作为自然资源国家所有权制度的重要价值取向；巩固发表在《法学研究》2013 年第 4 期上的论文《自然资源国家所有权公权说》强调应当在区分公权与私权、公物与私产的基础上改变国有自然资源与民众产生"疏离"的状况；等等。三是，从自然资源国家所有权的法律构成出发，主要围绕如何界定自然资源的权属和自然资源能否成为民事权利客体等开展研究。在中国知网上，以篇名包含"自然资源"、全文包含"法律构成"或者篇名包含"自然资源"、全文包含"权利构成"为检索条件进行检索，截至 2022 年 10 月 22 日共检索到研究文献 78 篇；以篇名包含"自然资源"、全文包含"权利主体"为检索条件进行检索，截至 2022 年 10 月 22 日共检索到研究文献 431 篇；以篇名包含"自然资源"、全文包含"权利客体"为检索条件进行检索，截至 2022 年 10 月 22 日共检索到研究文献 121 篇；以篇名包含"自然资源"、全文包含"权利内容"为检索条件进行检索，截至 2022 年 10 月 22 日共检索到研究文献 241 篇。其中，相当一部分学者已经达成了如下共识：宪法上规定的自然资源国家所有权，是一个制度性保障的基本权利，其具体内容、实现方式等需要民法等部门法具体化和进一步立法形成。与此同时，不少学者进一步提出，应当通过自然资源统一登记来明确自然资源的权利归属，尤其要明确国家所有自然资源的范围。2019 年 7 月，自然资源部等五个部门联合印发《自然资源统一确权登记暂行办法》，这既是对学界多年来持续研究自然资源权属登记的一种认可，也是对自然资源权属登记的学术研究新提出的更高的要求，尤其是如何使这一"登记暂行办法"上升为"登记条例"，还有待学术界与实务界共同努力。在中国知网上，以篇名包含"自然资源"、全文包含"国家所有权"且包含"登记"为检索条件进行检索，截至 2021 年 5 月 22 日共检索到研究文献 272 篇，自 2018 年起每年发文量在 35 篇左右，这表明自然资源登记相关问题已经引起学界的持续关注。

自然资源财产权制度也是国外学者持续关注的热点问题之一，国外法学界、经济学界、环境资源学界等各领域形成了丰富的理论成果。课题组在多个外文文献库以篇名精确包含"natural resources"和"property rights"进行外文文献查询，截至 2021 年 11 月 15 日共搜索到 333 篇（部）研究文献。其中，图书文献 38 部、期刊文献 143 篇、学位论文 34 篇、会议论文 23 篇、报刊资讯等其他文献 95 篇。从研究内容上看，国外学者关于自然资源利用及自然资源财产权问题的关注点主要聚焦在以下五个方面：一是讨论财产权与自然资源及其开发利用之间的关系；二是讨论自然资源利用、财产权与社会经济发展之间的关系；三是讨论财产权与自然资源管理之间的关系；四是讨论财产权与自然资源损害评估之间的关系；五是讨论自然资源财产权的法律规制及其立法完善。国外关于自然资源财产权问题的研究已经引起了国内学界的关注，不少优秀的作品也被译成中文，其中 4 部专著最具代表性。由全球多位能源环境资深专家合著的《能源与自然资源中的财产和法律》一书涵盖了关于财产权在多种能源及自然资源情境中所起作用的不同观点，这些不同情境包括大陆法系和英美法系、市场规则、习惯法和土著社区、公法和私法。美国丹尼尔·H. 科尔所著的《污染与财产权：环境保护的所有权制度比较研究》一书指出，所有适用于环境保护的方法最终都建立在财产权的基础上，要在不同的情形下选择适用不同的基于财产权的方法。英国朱迪·丽丝所著的《自然资源：分配、经济学与政策》一书回应了两大问题：其一，谁对自然资源的配置掌握有真正的决策权；其二，自然资源的开发利用和保护等一系列过程对谁有利。作者考察了资源可得性的空间分布、资源开发与消费，以及自然资源所创造之财富和福利的分配等问题。美国汤姆·蒂坦伯格和琳恩·刘易斯合著的《环境与自然资源经济学》通过完整的理论分析和有力的经验证据，详细讨论了"产权、外部性和环境问题""可耗竭资源和可再生资源的配置方式"等资源产权与配置问题。

尽管学界已经就自然资源国家所有权的研究形成了丰富的成果，但仍然需要对自然资源国家所有权的法律性质和法律构成进行全面系统的研究，以夯实自然资源国家所有权制度的理论基础。

第三节　自然资源国家所有权的法律性质

公法和私法的区分，已经成为当今世界范围内法律制度最基本的分类方法。根据这一划分方法，宪法、行政法等属于公法，民法属于私法。《宪法》第九条与《民法典》"物权编"分别规定了自然资源国家所有，这样，自然资源国家所有既规定在公法里，也规定在私法里。那么，它们在法律性质上是否能按照"公法""私法"对号入座，认为宪法规定的自然资源国家所有权是公法所有权，民法规定的自然资源国家所有权是私法所有权？更进一步的问题是，自然资源是人类生存和发展的基础，其合理分配和有效利用是公法的使命，还是私法的使命，还是应当由公私法共同配合完成；就法律性质而言，自然资源国家所有权是公法权力还是私法权利，抑或兼而有之。这是研究自然资源国家所有权法律性质必须回应的一个基本问题。

一、学术界关于自然资源国家所有权性质的论争

1. 自然资源国家所有权公权说

自然资源国家所有权公权说提出，自然资源国家所有权与民法物权有着本质的不同，这一制度的设计初衷是维护以公有制为基础的社会主义全民所有制，更多地体现国家管理自然资源的权力（立法或者行政上），应当认定为一种公权力。公权说认为，不论自然资源国家所有权是规定在物权里，还是规定在自然资源单行法里，国家所有权的"行政管理"色彩从来没发生过变化，国家所有权已包含了许多行政权力，部分地体现了国家权力的本质特征。[1] 民法

---

[1]　马俊驹. 借鉴大陆法系传统法律框架构建自然资源法律制度［J］. 法学研究，2013，35（4）：69-71.

层面使用的"国家所有权"的本质是"公共法人所有权"。[1]自然资源国家所有权本质上是国家的公权力，实质上是国家对自然资源的产权管制权。[2]

2. 自然资源国家垄断说

有学者提出，自然资源归国家所有是国家财产制的组成部分，其基本特征是国家垄断，其基本工具价值是垄断。[3]这一观点也遭到了部分学者的反对，实际上全民所有作为公有制的形式，与国家垄断不完全是一回事，全民所有制包括国家所有权也不是完全的国家垄断。[4]的确，国家所有权与国家垄断是绝对不能画等号的，具体到我们国家更不行。中国是社会主义国家，国家制定法律制度的根本目的在于实现"人民民主专政的社会主义国家"，绝不是为了垄断自然资源。从中国特色社会主义法律体系出发，国家垄断自然资源的提法，无论从法思想、法感情还是法技术上都是无法被接受的。

3. 自然资源国家所有权双阶构造说

关于自然资源的归属，在我国现行的法律体系内，宪法、物权法和各种具体的自然资源单行法都规定了自然资源的权属问题，有的学者提出了双阶构造理论。双阶构造理论指自然资源国家所有权的法系统呈现出公私法交错的状态，蕴含着垂直关系的宪法规范和水平关系的民法规范，体现为"宪法所有权—民法所有权"的法律构造。[5]用"宪法所有权是国家取得民法所有权资格"的双阶理论来解释当下自然资源国家所有权的性质问题，试图突破公权说或私权说的藩篱，强调关于自然资源国家所有权性质的纯粹私权说与纯粹公权说均难谓

［1］ 巩固.自然资源国家所有权公权说再论［J］.法学研究，2015，37（2）：115-136.

［2］ 王克稳.自然资源国家所有权的性质反思与制度重构［J］.中外法学，2019，31（3）：626-647.

［3］ 徐祥民.自然资源国家所有之国家所有说［J］.法学研究，2013，35（4）：35-47.

［4］ 马俊驹.借鉴大陆法系传统法律框架构建自然资源法律制度［J］.法学研究，2013，35（4）：69-71.

［5］ 税兵.自然资源国家所有权双阶构造说［J］.法学研究，2013，35（4）：4-18.

恰当。[1]当然，已经有学者对这一提法提出了质疑，认为这一理论与实践脱节，宪法上的国家所有权是主权国家与公民的关系，民法上的国家所有权是平等主体之间的关系，这种双阶构造可能难以实现其理论目的。[2]

4. 自然资源国家所有权私权说

尽管宪法规定了自然资源国家所有权，但应当注意的是，中国宪法与西方宪法体制是有区别的，是在不同的语境下使用的，不能将中西方的宪法直接画等号。宪法规定的国家所有权完全有可能是具有私权性质的。无论自然资源国家所有权作为私权规范规定在宪法中，还是作为公权规定于民法中，都是正常的现象。[3]私法上的所有权完全可能受到宪法的保护，不能因为宪法有相关的规定，就认为它与民法上规定的所有权是两个所有权，归根到底就是只有一个所有权，所谓所有权之公法和私法的绝对二元化并不成立。[4]只不过，宪法和民法都对这个所有权予以确认和保护，仅此而已。正如学者指出的那样，一般认为所有权为私法上的概念，并不存在所谓公法上所有权的概念。[5]

5. 自然资源国家所有权改造说

有学者认为，物权法关于所有权的三分法不符合法律科学，应当对国家所有权制度进行改造，建议用公法法人所有权替代国家所有权。持该观点的学者认为，国家不合适作为民法意义上的所有者，国家是一个抽象的主体，"国家所有权"中的"国家"无法形成具体财产所有权的主体[6]，应当通过立法构建公法法人制度并取代国家所有权

---

［1］　税兵.自然资源国家所有权双阶构造说［J］.法学研究，2013，35（4）：4-18.

［2］　彭诚信.自然资源上的权利层次［J］.法学研究，2013，35（4）：64-66.

［3］　王涌.自然资源国家所有权三层结构说［J］.法学研究，2013，35（4）：48-61.

［4］　王涌.自然资源国家所有权三层结构说［J］.法学研究，2013，35（4）：48-61.

［5］　崔建远.自然资源物权法律制度研究［M］.北京：法律出版社，2012：31.

［6］　孙宪忠等.国家所有权的行使与保护研究：从制度科学性入手［M］.北京：中国社会科学出版社，2015：24.

制度。[1]有学者则不认同改造说，强调要健全和落实自然资源国家所有权制度，保障全民真正成为享有和行使自然资源国家所有权的主体，彻底解决国家所有权主体虚置所产生的问题。[2]民法典并未采纳"改造说"表明，自然资源公法法人的立法构想并未得到立法机关的认可，而落实自然资源国家所有权制度，则需要不断建立健全自然资源国家所有权行使法律制度。

二、自然资源国家所有权法律性质的厘定

正确认识和看待自然资源国家所有权，不能把其简单地归结为公权力或者私权利，不应过多纠缠于自然资源国家所有权到底是公权还是私权的界分，而应着眼于构建一个有效的自然资源国家所有权的运行机制，在这个运行机制中，宪法以及民法、行政法、自然资源单行法、环境法等各部门法发挥着各自的功能与作用，公法与私法相辅相成、相互补充。就权利性质而言，自然资源国家所有权既不是纯粹意义上的公权，也不是完全私法领域的私权，而是公私法交错下的权利。这一全新的法律定位，既有扎实的现实基础，也有充足的理论准备。

（一）自然资源国家所有权的物权属性

从权利属性上看，自然资源国家所有权归根到底是一种物权。第一，自然资源是一种普遍存在的财产形态，是具有使用价值和交换价值的资源，能创造经济价值，把自然资源国家所有权确认为物权有利于自然资源经济价值的充分实现和经济效益的充分发挥。第二，可支配并可获得收益是一种财产权利能否成为物权的核心要素。

---

[1] 孙宪忠等所著《国家所有权的行使与保护研究：从制度科学性入手》一书的核心观点。

[2] 叶榅平.自然资源国家所有权主体的全民性及实现机制[J].贵州省党校学报，2017（2）：57-62.

自然资源是可以被直接支配并利用的财产，自然资源国家所有权赋予了国家直接支配自然资源并从中获得收益的权利，符合物权的核心特征。第三，物权法定原则是物权法的基本原则，物权法定首先是物权种类法定，其要义就是物权类型应由法律予以明确规定，不允许当事人自由创设物权种类。自然资源国家所有的内容在我国2007年版《物权法》"国家所有权"部分被明确规定了出来，并被2021年1月1日起施行的《民法典》所吸收。这充分表明自然资源国家所有权是我国民事法律明确规定的权利类型，把自然资源国家所有权确认为物权具有法律上的依据。

（二）自然资源国家所有权的"国权"本色

1. 自然资源"国权"的现实基础

目前，生态文明体制机制改革中出现的一系列质疑，与对自然资源国家所有权性质的理解偏差不无关系。如果一味地将自然资源国家所有权与"公权"或者"私权"画等号，无疑容易走入"非公即私、非私即公"的死胡同。

2. 公权力介入的必要性

自然资源国家所有权的公共性特征在民法学领域也日益得到重视，学者们日益意识到国家所有权与私人所有权之间的重大差异，国家所有权的公共性也得到越来越多的认同。[1]自然资源的公共产品属性，决定了自然资源物权制度设计的最终目的不是实现某个私人或者集团的利益，而是增进社会公共利益和公众福利。[2]自然资源国家所有权具有明显的社会公益性特征，要以保障人的基本生存需求、维护社会的公共利益、实现经济社会的可持续发展为前提。这一公共性特征表明了公权力介入的必要性。当然，公权力介入自然资源权利

---

[1]　张建文.转型时期的国家所有权问题研究：面向公共所有权的思考［M］.北京：法律出版社，2008：99.

[2]　黄锡生.自然资源物权法律制度研究［M］.重庆：重庆大学出版社，2012：38.

领域应当把握好时机，既要主动介入，也要适时介入；既要有效介入，也要有限介入。尽管公权力的介入有助于保障国家的自然资源权益，但当自然资源国家所有权进入市场配置环节时，其本质上仍然是一种物权，此时就必须充分地尊重市场规律、充分地发挥市场在自然资源权利配置中的作用。

（三）坚持自然资源国家所有权制度是我国必然选择

我国民法典坚持自然资源国家所有权制度，这既是中国自然资源权属法律制度的必然选择，也是构建中国特色社会主义法律体系的内在要求。

第一，坚持自然资源国家所有权制度符合中国的现实国情。确定自然资源的权利归属，是《民法典》"物权编"不可回避的任务。针对自然资源国家所有权制度的批判，不能也不应当脱离中国的经济基础、政治体制和基本国情。在自然资源权利归属法律制度选择中，沉浸于童话般的学术推理或一味地狠批恶评，欲拒自然资源国家所有权于民法典大门之外而后快，无疑是不理性的选择。在民法典中确认国家的自然资源所有者地位，可以充分运用民法的方式保护国家的自然资源权益。没有民法对财产权内容的形成，宪法上的财产权就没有明确的保护对象。[1]从权利保护的角度出发，我国宪法上规定的权利缺乏相应的救济制度与措施，而民法上对财产性权利有一套完整的保护制度，正好弥补了这一缺憾。宪法上规定的自然资源国家所有权，也需要民法作出相应的规定来保障。民法上的自然资源国家所有权制度重在具体化，重在操作，重在实效。[2]民法的具体化、可操作性、实效性有效衔接了宪法的宣示性、赋权性，二者完成了国家所有权"从宣示到落实"的严密体系。[3]自然资源

---

[1]　张翔.国家所有权的具体内容有待立法形成［J］.法学研究，2013，35（4）：62-63.

[2]　崔建远.自然资源国家所有权的定位及完善［J］.法学研究，2013，35（4）：66-68.

[3]　施志源.生态文明背景下的自然资源国家所有权研究［M］.北京：法律出版社，2015：81.

国家所有权制度，既对自然资源权属的定纷止争起到了重要的作用，又为自然资源的物尽其用奠定了坚实的基础。

第二，坚持自然资源国家所有权制度符合我国的立法传统。从1956 年 4 月《中华人民共和国民法典所有权篇（第一次草稿）》提出开始，自然资源国家所有权制度就从来没有脱离中国民法立法者的视线。[1]1986 年通过的《民法通则》对自然资源国家所有权制度予以了明确规定，标志着自然资源国家所有权制度已在我国初步形成。21 世纪初，根据第九届全国人民代表大会常务委员会的立法规划和常委会工作报告关于"要加快物权法的起草和民法典的编纂工作"的要求，全国人大常委会法制工作委员会于 2002 年 10 月形成了民法草案初稿。[2]2002 年 12 月 23 日提交第九届全国人民代表大会常务委员会第三十一次会议上讨论的《中华人民共和国民法（草案）》第五章"国家所有权"之第四十六条至第四十八条对矿产资源、水资源、野生动物资源以及土地等自然资源的国家所有权作出了明确的规定。[3]直至 2007 年，《物权法》对自然资源国家所有权作出了明确的规定。就法情感而言，废除自然资源国家所有权制度也是无法被各个学科普遍接受的。当前，各个学科对自然资源国家所有权制度进行了长期且卓有成效的研究，这种研究早已不局限于法学学科，更不局限于民法学学科。客观而言，关于自然资源国家所有权的研究已经形成了一个较为成熟的跨学科研究体系，法学、经济学、管理学、政治学等学科都构建了与其相关联且日趋成熟的理论体系。如果在《民法典》中强行废除自然资源国家所有权制度，则不仅会动摇民法学科与其他法学学科关于自然资源国家所有权研究的基础，也将使法学学科与其他学科在研究自然资源国家所有权制度的过程中形成一道鸿沟，而填平

---

[1]　何勤华，李秀清，陈颐. 新中国民法典草案总览：上卷［M］. 增订本. 北京：北京大学出版社，2017：53.

[2]　顾昂然. 关于《中华人民共和国民法（草案）》的说明［M］// 何勤华，李秀清，陈颐. 新中国民法典草案总览（增订本）：下卷，北京：北京大学出版社，2017：1543.

[3]　何勤华，李秀清，陈颐. 新中国民法典草案总览：下卷［M］. 增订本. 北京：北京大学出版社，2017：1498.

这道鸿沟可能将是一个漫长的过程。

第三，坚持自然资源国家所有权制度符合中国的改革方向。党的十八届三中全会以来，党中央、国务院对自然资源资产管理体制的改革逐步推进，其中"资源公有、物权法定"是这场改革的一条主线，维护国家作为自然资源所有者的权益则是改革的根本目标。近年来，党中央、国务院出台了一系列关于推进自然资源资产产权制度改革的政策文件，这些文件的密集出台充分表明了坚持自然资源国家所有权制度既是全面深化自然资源领域改革的需要，也是全面推进生态文明制度建设的需要（表1-1）。

表1-1　关于完善自然资源国家所有权制度的重要文件一览表

文件名称	报告人或制定机关	时间	关于完善自然资源制度的相关要求
中共中央关于全面深化改革若干重大问题的决定	中国共产党第十八届中央委员会第三次全体会议通过	2013年11月12日	健全国家自然资源资产管理体制，统一行使全民所有自然资源资产所有者职责
关于《中共中央关于全面深化改革若干重大问题的决定》的说明	习近平	2013年11月12日	全会决定提出健全国家自然资源资产管理体制的要求。总的思路是按照所有者和管理者分开和一件事由一个部门管理的原则，落实全民所有自然资源资产所有权，建立统一行使全民所有自然资源资产所有权人职责的体制
中共中央 国务院关于加快推进生态文明建设的意见	中共中央国务院	2015年4月25日	对水流、森林、山岭、草原、荒地、滩涂等自然生态空间进行统一确权登记，明确国土空间的自然资源资产所有者、监管者及其责任。有序推进国家自然资源资产管理体制改革
生态文明体制改革总体方案	中共中央国务院	2015年9月21日	坚持资源公有、物权法定，清晰界定全部国土空间各类自然资源资产的产权主体

续表

文件名称	报告人或制定机关	时间	关于完善自然资源制度的相关要求
国务院关于全民所有自然资源资产有偿使用制度改革的指导意见	国务院	2017 年1 月 16 日	加快建立健全全民所有自然资源资产有偿使用制度，努力提升自然资源保护和合理利用水平，切实维护国家所有者权益
决胜全面建成小康社会 夺取新时代中国特色社会主义伟大胜利——在中国共产党第十九次全国代表大会上的报告	习近平	2017 年10 月 18 日	设立国有自然资源资产管理和自然生态监管机构，完善生态环境管理制度，统一行使全民所有自然资源资产所有者职责，统一行使所有国土空间用途管制和生态保护修复职责，统一行使监管城乡各类污染排放和行政执法职责
关于统筹推进自然资源资产产权制度改革的指导意见	中共中央办公厅 国务院办公厅	2019 年4 月 14 日	适应自然资源多种属性以及国民经济和社会发展需求，与国土空间规划和用途管制相衔接，推动自然资源资产所有权与使用权分离，加快构建分类科学的自然资源资产产权体系，着力解决权利交叉、缺位等问题。处理好自然资源资产所有权与使用权的关系，创新自然资源资产全民所有权和集体所有权的实现形式。
关于统筹推进自然资源资产产权制度改革的指导意见	中共中央办公厅 国务院办公厅	2019 年4 月 14 日	推进相关法律修改，明确国务院授权国务院自然资源主管部门具体代表统一行使全民所有自然资源资产所有者职责。研究建立国务院自然资源主管部门行使全民所有自然资源资产所有权的资源清单和管理体制。探索建立委托省级和市（地）级政府代理行使自然资源资产所有权的资源清单和监督管理制度，法律授权省级、市（地）级或县级政府代理行使所有权的特定自然资源除外。完善全民所有自然资源资产收益管理制度，合理调整中央和地方收益分配比例和支出结构，并加大对生态保护修复支持力度

续表

文件名称	报告人或制定机关	时间	关于完善自然资源制度的相关要求
中共中央关于制定国民经济和社会发展第十四个五年规划和二〇三五年远景目标的建议	中国共产党第十九届中央委员会第五次全体会议通过	2020年10月29日	全面提高资源利用效率。健全自然资源资产产权制度和法律法规，加强自然资源调查评价监测和确权登记，建立生态产品价值实现机制，完善市场化、多元化生态补偿，推进资源总量管理、科学配置、全面节约、循环利用。实施国家节水行动，建立水资源刚性约束制度。提高海洋资源、矿产资源开发保护水平。完善资源价格形成机制

从表 1-1 可以看出，自然资源国家所有权制度是我国生态文明制度体系中的关键环节，这项制度只能加强不能削弱。当前，应当在坚持自然资源国家所有权制度的基础上不断完善自然资源的权利行使制度，明确国务院授权国务院自然资源主管部门具体代表统一行使全民所有自然资源资产所有者职责，建立委托省级和市（地）级政府代理行使自然资源资产所有权的资源清单和监督管理制度，并完善全民所有自然资源资产收益管理制度。只有这样，才能契合中共中央、国务院关于自然资源资产管理体制改革的一系列战略部署，实现法律与政策的有效对接。

第四，坚持自然资源国家所有权制度符合世界潮流与趋势。美国政府拥有占 50 个州总面积 33% 的土地，对水的绝大部分权利都是公共／国家财产权，由联邦和州政府管理；英国政府经常将在地面、地下、水底发现的许多自然资源上确立公共／国家所有权。[1]可见，自然资源国家所有权制度在英美国家也是普遍存在的。当前，许多国家都从法律上确认自然资源归国家所有，认为这一制度更有利于自然资源的合理分配与利用。[2]比如，《智利共和国民法典》第五百九十一条第一款规定："即使矿藏的土地表层为社团或私人所

---

[1] 丹尼尔·H.科尔.污染与财产权：环境保护的所有权制度比较研究［M］.严厚福，王社坤，译.北京：北京大学出版社，2009：22-24.

[2] 刘俊.土地所有权国家独占研究［M］.北京：法律出版社，2008：254.

有，国家仍为所有金矿、银矿、铜矿、汞矿、锡矿、宝石矿及其他化石物质的所有人。"[1] 该法典第五百九十五条规定："所有水体属于公用国有财产。"[2]《泰王国民商法典》第一千三百零九条规定："在湖泊、水路或国家水域中产生的岛屿和干涸的河床，是国家财产。"[3]《葡萄牙民法典》第一千三百四十五条规定："无已知物主之不动产视为国家之财产。"[4]《俄罗斯联邦民法典（全译本）》第二百一十四条第二点规定："不属于公民、法人或任何地方自治组织所有的土地和其他自然资源，是国有财产。"[5]《越南社会主义共和国民法典（2005年版）》第二百条规定："国家所有的财产包括土地、天然森林、有国家财政投资的种植森林、山、江河湖泊、水源、矿藏、海洋资源、大陆架和空间资源，国家投资于各部门之企业和工程设施的资本和财产，投资于经济、文化、社会福利、科学、技术、外交、国防和安全的资本和财产，以及法律规定属于国家的其他财产。"[6]《荷兰民法典》第二十六、二十七条规定："国家被推定为高之沙丘底部的海滨沙滩的所有权人；国家被推定为公共水道之下的土地的所有权人。"[7] 可见，自然资源的公共/国家所有权并非罕见的或者偏离常规的[8]，自然资源国家所有权制度是当代国家的普遍选择[9]，呈现出前所未有的活跃局面。[10] 我国《民法典》对自然资源国家所有权制度的坚持与肯定，充分表明了自然资源国家所有权制度已经成为民法中所有权制度不可或缺的组成部分。

---

[1] 智利共和国民法典［M］.徐涤宇，译.北京：北京大学出版社，2014：96.

[2] 智利共和国民法典［M］.徐涤宇，译.北京：北京大学出版社，2014：97.

[3] 泰王国民商法典［M］.周喜梅，译.北京：中国法制出版社，2013：223.

[4] 葡萄牙民法典［M］.唐晓晴，等，译.北京：北京大学出版社，2009：230.

[5] 俄罗斯联邦民法典（全译本）［M］.黄道秀，译.北京：北京大学出版社，2007：113.

[6] 越南社会主义共和国民法典：2005年版［M］.吴远富，编译.厦门：厦门大学出版社，2007：51.

[7] 荷兰民法典：第3、5、6编［M］.王卫国，主译.北京：中国政法大学出版社，2006：113.

[8] 丹尼尔·H.科尔.污染与财产权：环境保护的所有权制度比较研究［M］.严厚福，王社坤，译.北京：北京大学出版社，2009：25.

[9] 王树义，等.环境法前沿问题研究［M］.北京：科学出版社，2012：62.

[10] 邱秋.中国自然资源国家所有权制度研究［M］.北京：科学出版社，2010：55.

第四节 自然资源国家所有权的法律构成

自然资源国家所有权的主体是国家，国家是一个抽象的主体，那么如何理解"国家所有"与"全民所有"之间的关系？谁来代表国家行使自然资源权利？自然资源是不是民法调整的"物"？是不是所有的自然资源都需要法律规制？自然资源国家所有权的权利内容是什么？这些疑问的解开，都需要认真分析自然资源国家所有权的法律构成，即自然资源国家所有权的主体、客体与内容。

一、自然资源国家所有权的权利主体

自然资源是自然天成的资源，它并不是劳动加工的产物，"天赐"的特征使其权属确定变得复杂。从自然资源"无主"的原始状态似乎可以推断出：任何人都可以主张对自然资源的所有权，而这必然导致自然资源开发利用秩序的混乱。这就说明自然资源比起其他财产，更需要一个明确的主体制度来规范，自然资源国家所有则是被实践证明的最有效的自然资源主体制度，一方面，国家掌握了自然资源开发、利用的主导权，可以从全局上照顾到全体人民的利益，做到资源分配的相对合理与公平；另一方面，对于重要的自然资源，国家作为所有者可以提高其利用效率，提升资源的使用价值，从而发挥资源的最大效用。

（一）"国家所有即全民所有"的蕴含

1. "全民"是一个集合概念，不是具体个体的简单相加

《宪法》第九条明确规定："国家所有即全民所有。"在这里，"全民"是一个集合概念，这一个集合体并不可分为一个个具体的个体，也不是一个个具体个体的简单相加。第一，"全民"不是指"全体公民"。公民是以是否具有中国国籍为判断标准的，是一个个体概念，

全体公民是由可计量的个体组成的集合体，这一集合体显然无法与"全民"直接画等号。第二，不能把"全民"与"全体人民"直接画等号。有的学者把二者等同看待，认为"从'全体人民'到'国家'，这个概念的置换至少是不严谨的。因为'国家'一词在法学上无论如何是不可以和'人民'这个概念互相替代的。"[1]这一观点的证成预设了一个容易被认为是理所应当的前提条件："全体人民"＝"全民"。因"全体人民所有"和"国家所有"不能置换，所以得出"全民所有"与"国家所有"也不能等同。这种论证思路的问题在于预设的前提条件本身就没有说服力，"全民所有即国家所有"在我国已经是一种宪法和法律约定俗成的法律表达方式，我们不能随意地将"全民所有"直接表达成"全体人民所有"，当然，更无须耗费精力去推翻这种法律上的固定表达方式。需要明确的是，自然资源全民所有不能直接推导出全体人民是自然资源的所有者，更不能把"全民所有"等同于"人人都有所有权"。总之，法律上规定的"全民所有"并不表明每一个具体的个体都是自然资源的所有者。自然资源国家所有居于自然资源权利"金字塔"顶层，决定着自然资源在宪法及民法上的归属，影响着自然资源用益物权平等配置理念。[2]

2."国家所有"与"全民所有"具有内在一致性

自然资源国家所有权不是一个纯粹的法律上的概念，涉及国家基本制度的构建，涉及政治哲学、公共哲学、政治经济学的一些原理，即自然资源应当如何分配，如何处理好国家利益、公共利益与个人利益之间的关系等。这就需要准确理解宪法规定的"国家所有即全民所有"的蕴含，找出"国家所有"与"全民所有"的内在一致性。

"按照民法理论的内在逻辑，'全民所有'只是一个经济或社会

---

[1] 孙宪忠."统一唯一国家所有权"理论的悖谬及改革切入点分析［J］.法律科学（西北政法大学学报），2013，31（3）：56-65.

[2] 单平基.自然资源权利配置法律机制研究［M］.南京：东南大学出版社，2020：36.

意义上的概念，不能成为特定个体权利上的法律概念。"[1]因此，无论是"全民所有"，还是"国家所有"，都不能成为特定个体权利的法律概念，但不能因此而否定"国家所有"或者"全民所有"作为一个法律概念而存在。"全民所有"并不是概念本身不明确，而是过于抽象，需要由民法确认一个法律上的具体主体，只有国家才是整个社会的正式代表，因此，从"全民所有"到"国家所有"，就是一个从抽象的社会主体到具体的法律主体的表述上的变化，其实质内容并没有发生改变。这种表述上的改变，其目的是从法律上保障全民所有的权利实现。不可否认的是，自 1982 年《宪法》实施以来，"国家所有"已然成为一个不可或缺的法律术语，而全民所有在法律意义上与国家所有并无实质性区别。

（二）国家作为自然资源所有者的意义

国家既是一个政治意义上的概念，也是一个法律意义上的概念。中国是社会主义国家，国家既是主权的享有者、政权的承担者，也是国有财产的所有者、归属者。所以，国家这一主体本身是兼具多种身份的，既是国家主权者，又是财产所有者。国家作为主权者，主要是对外防御侵犯国家的自然资源主权，只有当自然资源遭受外敌入侵时，主权者的身份才发生作用，简言之，国家作为自然资源的主权者身份，一般是在国与国之间发生自然资源争端时才体现出来的。而在一国的领土内，就自然资源的开发、利用和保护而言，国家所有权应当是指国家是自然资源的财产所有者，是民法上所有权人意义上的权利[2]。国家所有权即使按照物权法所秉承的严格的所有权概念，国家也在很早以前就已经成为有史可征的所有权主

---

[1] 马俊驹.国家所有权的基本理论和立法结构探讨 [J].中国法学，2011（4）：89-102.
[2] 习近平总书记在《关于〈中共中央关于全面深化改革若干重大问题的决定〉的说明》中明确指出："国家对全民所有自然资源资产行使所有权并进行管理和国家对国土范围内自然资源行使监管权是不同的，前者是所有权人意义上的权利，后者是管理者意义上的权力。"可见，自然资源国家所有权是所有权人意义上的权利，即民法意义上的权利，而非公权力。

体。[1]自然资源国家所有，对构建有效的自然资源开发利用秩序至
关重要。

1. 明确了自然资源的归属，起到了定分止争之功效

自然资源归国家所有，可以避免民众主张对自然资源"无主物"
的先占取得，甚至引发哄抢自然资源的状况。不少人可能会问：自
然资源归属国家，那么民众晒太阳、下河游泳、呼吸空气是否都要
交费？这里必须明确的是，自然资源国家所有不等于无偿使用，也
不是必然与有偿使用画等号。自然资源所有权归属国家，不等于任
何利用资源的行为都是有偿的，或者都是需要事先审批的，也不等
于开发利用自然资源的任何行为都是无偿的。比如，江河归属国家
所有，但不等于入江河游泳就要审批或缴费，也不等于可以随意从
事捕捞作业。因此，对于自然资源的开发利用，如果其是人类生存
的基本条件，人们就有了满足自身需要的"合理使用"权利，这种
权利可视为《宪法》所保护的"人的基本权利"，属于不可剥夺的
权利，国家所有权也必须为此让位。但不能因此而否定自然资源国
家所有的合理性。因为，这种资源的利用是以"合理"为限度的，
不能够破坏生态环境从而影响他人的生存与发展，不能影响人类的
可持续发展与有序的社会生活，否则，国家就有权不允许滥用自然
资源。而此时，国家是自然资源的所有者就是国家防御公民"不合
理利用"自然资源的最正当理由。

2. 为设置自然资源开发利用权提供了理论前提

由于其他民事主体不享有自然资源的所有权，设置自然资源开发
利用权，应当有一个母权，而自然资源国家所有权在其中正是充当了
母权的角色。对自然资源的利用，应当进行进一步的细分：一种是因
生存的本能需要而进行的开发利用，没有这种利用，人的生存和基本
人权就会受到制约或者损害，这种保障基本生存需要的资源的开发利

---

[1]　徐祥民.自然资源国家所有权之国家所有制说［J］.法学研究，2013，35（4）：35-47.

用，法律不应该有太多的干预和限制，只要这种利用行为没有损害到公共利益，就应当"顺其自然"；另一种则是以营利为目的或者以改善生活为目的而进行的开发利用，这种开发利用不能让自然人或法人随意而为，需要完善资源开发利用的法律制度，其中最重要的环节就是要设置好自然资源开发利用权利制度。

3. 有利于发挥私法在自然资源配置中的作用

作为主权者，国家不能直接参与到资源市场中，只能通过行使立法权或管理权来调控自然资源，这显然还不足以充分发挥国家在自然资源配置中的作用。而作为财产所有者，国家就可以通过有效的私法机制，使自然资源真正成为社会财富运转起来。自然资源是一个集合概念，自然资源利用的一个特点是无法对自然资源采取"整体性利用"，而必须把它分为一个个具体的自然资源"物"，并最终以自然资源产品的形式出现在市场上，这就需要健全自然资源的私法规制，而自然资源国家所有权制度有利于发挥私法在规制自然资源配置中的作用。

（三）代表国家统一行使自然资源所有权的政府

国家是自然资源国家所有权的权利主体，但其本身是一个抽象的概念，因此权利必须通过国家的代表——政府[1]来行使。那么，政府指的是中央人民政府，还是地方人民政府呢？国家所有即全民所有，政府代表国家行使自然资源权利的过程也是代表全民行使自然资源权利的过程。那么，如何保证政府的权利行使能够真正代表全体人民的自然资源利益呢？

1. 各级人民政府是自然资源国家所有权的行使者

宪法明确赋予了各级人民政府管理国家和地方事务的权限，是实现国家权力或国家所有权的具体执行机构。各级人民政府履行管

---

[1] 比如，《土地管理法》第二条第二款规定："全民所有，即国家所有土地的所有权由国务院代表国家行使。"

理国家事务职能[1]，是宪法赋予政府的神圣使命；国家的权力或权利是否能够得到有效的行使，直接取决于各级政府的工作效能高低。因此，在自然资源国家所有权的具体实现上，真正的权利行使者是"各级人民政府"，而不是"各级人民代表大会"。国务院和地方政府在行使自然资源权利过程中是有分工的。《中华人民共和国企业国有资产法》第四条规定："国务院和地方人民政府依照法律、行政法规的规定，分别代表国家对国家出资企业履行出资人职责，享有出资人权益。国务院确定的关系国民经济命脉和国家安全的大型国家出资企业，重要基础设施和重要自然资源等领域的国家出资企业，由国务院代表国家履行出资人职责。其他的国家出资企业，由地方人民政府代表国家履行出资人职责。"从中可以看出，重要自然资源等领域的国家出资企业，由国务院代表国家履行出资人职责。与此同时，还应当看到中央政府与地方政府在自然资源的开发利用上是存在利益博弈的。宪法赋予了各级地方政府管理本区域范围内行政工作的职权，并明确了由国务院"规定中央和省、自治区、直辖市的国家行政机关的职权的具体划分"。但目前我国中央财政和地方财政是分开的，这一体制必然导致中央政府和地方政府在自然资源的开发利用上存在着管理权限、税收分配、财政收入等争议。因此，在自然资源国家所有权的具体实现上，合理配置中央与地方的权限成为一个至关重要的问题。

2. 防止自然资源国家所有演变成自然资源政府所有

尽管政府在具体行使自然资源国家所有权，但其也必须始终牢记自身的角色——政府只是"代表"国家行使所有权，而不是"代替"国家行使所有权。自然资源是国家所有，而不是政府所有。国家所有即全民所有，而政府所有不必然与全民所有画等号。因此，

---

[1]　《宪法》第八十九条明确规定了国务院在管理国家事务、管理经济和文化事业以及管理社会事务中的职权，《宪法》第一百零七条明确规定了地方各级人民政府管理本行政区域内的经济、教育、科学、文化、卫生、体育事业、城乡建设事业和财政、民政、公安、民族事务、司法行政、监察、计划生育等行政工作的职权。

如果自然资源演变成政府所有，那么民众为满足生存需求而使用自然资源的自由就会受到政府的限制，就会出现"晒太阳"也要缴费的闹剧。区分国家所有与政府所有的边界，在新时期显得尤为重要。一方面，政府所有的财产普通民众一般是不可以"用"的，而国家所有的自然资源并不一定民众就不可以"用"，因此界分自然资源的国家所有与政府所有可以打消民众对使用自然资源的不必要担忧；另一方面，也要求政府要牢记自身只是"国家代表"的角色和定位，要求政府要真正从人民群众的根本利益出发，积极构建有限政府、法治政府、为民政府。

二、自然资源国家所有权的权利客体

根据民法基本理论，"物"是民事权利的客体，不论是生产资料还是生活资料，不论是原始的自然物还是人工加工而成的产品，不论是流通物、限制流通物还是不能流通物，都可以成为物权法调整的客体——"物"。自然资源作为民事权利客体的适格性，主要涉及三个问题：一是自然资源是否具备物权法上的"物"之特征；二是自然资源是否具有物权法上的"物"之属性；三是自然资源的"物"之范围是否需要明确。

就"物"之特征而言，首先自然资源具有有限性特征。在一定的空间范围内，某种或某一类自然资源的总拥有量是一个有限的常量，无论是可再生资源还是非可再生资源都不例外。[1] 从人类开发利用自然资源的历史来看，自然资源在宇宙范围内是没有极限的，但在生产力发展的某一特定阶段，在有限的科学技术水平条件下，能为人类所开发利用的自然资源是有限的。其次自然资源具有稀缺性特征。自然资源的稀缺性，反映的是自然资源与人类需求之间的矛盾，只有当人类对某一类别资源的需要超过资源的限度时，资源才表现出稀

---

[1] 谢高地.自然资源总论［M］.北京：高等教育出版社，2009：53.

缺性特征。不但储存性资源具有稀缺性，流动性资源也具有稀缺性，"流动性资源的稀缺和退化很可能是比储存性资源耗竭更为紧迫的问题"[1]。最后自然资源具有财产性特征。马克思主义认为，创造社会财富的源泉是土地自然资源和劳动力资源。恩格斯在《自然辩证法》一书中指出："劳动和自然界一起才是一切财富的源泉，自然界为劳动提供材料，劳动把材料变为财富。"[2]可见，在马克思主义经典作家看来，自然资源归根到底是一种财产性资源。

对于自然资源国家所有的客体范围，我国《宪法》及《民法典》都作出了相应的规定，这些规定有一个共同的特点，那就是在列举了部分具体类型的自然资源之后采取"等自然资源"的表述方式[3]，由此引发了对"等"字解释上的争论（即自然资源所应该包含的具体资源种类），"等自然资源"应该是"等内"还是"等外"？随着人类科学技术的不断进步，以及资源危机、环境污染等挑战的出现，人类开始积极拓展开发利用自然资源的领域。于是，一些新型的自然资源因为具有财产权意义，开始成为自然资源法律规范的新对象。依现今之通说，物之概念已不限于有体、有形，凡具有法律上排他的支配可能性或管理可能性者，皆得为物。就空间而言，虽异于一般有体物，但由于空间占有位置，如能对位置予以支配，亦可成为物。[4]关于新型自然资源权利客体的理论探讨，将推动自然资源物权理论的不断发展。

（一）气候资源的法律属性与权利归属

《黑龙江省气候资源探测和保护条例》于 2012 年 8 月 1 日起正

---

[1] 朱迪·丽丝.自然资源：分配、经济学与政策［M］.蔡运龙，杨友孝，秦建新，等译.北京：商务印书馆，2002：77.

[2] 中共中央马克思恩格斯列宁斯大林著作编译局.马克思恩格斯选集：第3卷［M］.2版.北京：人民出版社，1995：508.

[3] 参见《中华人民共和国宪法》第九条、《中华人民共和国物权法》第四十八条和《中华人民共和国民法典》第二百五十条。

[4] 梁慧星.民法总论［M］.4版.北京：法律出版社，2011：153.

式施行，该条例关于"气候资源为国家所有"的规定引起了民法学界、宪法学界、环境法学界的广泛兴趣，学者们围绕"气候资源是否可以成为民事权利客体""气候资源是否可以归国家所有"，以及"这一地方性法规是否违宪"等问题纷纷发表见解，其中，争论的焦点是气候资源能否作为民事权利客体，以及气候资源归国家所有是否正当。

1. 气候资源的内涵界定

从文义解释上分析，《辞海》将气候资源解释为："有利于人类经济活动的气候条件，例如，自然界的热量、光照、水分、风能等。"从自然科学意义上分析，《气象学词典》对气候资源的定义是："能为人类合理利用的气候条件，如光能、热量、水分、风能等，可以发掘出其直接利用的一面，这就是气候资源。"《中国农业百科全书·农业气象卷》指出："气候资源是有利于人类经济活动的气候条件，是自然资源的组成部分。"《理论界》也对气候资源的内涵进行了界定，认为"气候资源包括光、热、水、风与大气成分，是人类生产和生活必不可少的主要自然资源，在一定的技术和经济条件下为人类提供物质和能量"[1]。综上，"气候资源指的是：在目前的社会经济技术条件下可以为人们所直接或间接利用、能够形成财富、具有使用价值的气候系统要素或气候现象的总体，通常包括光能、热量、降水、风速、气体等"[2]。

2. 气候资源的法律意义

《中华人民共和国气象法》对气候资源的综合调查与区划工作、气候资源的开发利用和保护规划、气候可行性论证等作出了规定，但该法并未对气候资源作明确定义。目前，部分省份以地方性法规的形式颁布了气候资源的条例或者管理办法，并在其中对气候资源的概念进行了界定。例如，《黑龙江省气候资源探测和保护条例》

---

[1]　谢高地.自然资源总论［M］.北京：高等教育出版社，2009：92.
[2]　葛全胜.中国气候资源与可持续发展［M］.北京：科学出版社，2007：3.

第二条规定："本条例所称的气候资源，是指能为人类活动所利用的风力风能、太阳能、降水和大气成分等构成气候环境的自然资源"；《西藏自治区气候资源条例》第三条规定："本条例所称的气候资源，是指可以被人类生产和生活利用的太阳辐射、热量、云水、风和大气成分等自然物质和能量"；《山西省气候资源开发利用和保护条例》第二条规定："本条例所称气候资源，是指可以被人类生产和生活利用的太阳辐射、热量、风、云水和大气成分等能量和自然物质"；《贵州省气候资源开发利用和保护条例》第三条规定："本条例所称气候资源，是指能被人类生产和生活所利用的光照、热量、降水、云水和风能、太阳能以及其他可开发利用的大气资源"；《广西壮族自治区气候资源开发利用和保护管理办法》第二条规定："本办法所称气候资源，是指能为人类生存和活动所利用的光能、热量、风能、云水和其他大气成分等自然资源"。

上述规定对于气候资源的界定既有共识，也有区别。共识在于"能被人类生产和生活所利用的"是认定为气候资源的前提和基础，即人类的科学水平尚未能够利用的或对人类毫无利用价值的气候要素，不属于气候资源的范畴。区别在于是否将"气候要素"本身视为"气候资源"，西藏自治区和山西省出台的气候资源条例认为气候物质和能量本身（比如太阳辐射、光照等）就是气候资源，而黑龙江省、贵州省、广西壮族自治区等出台的气候资源条例都强调了气候资源的"资源"性特征。而资源即资财的来源，以能否为人类带来财富为判断标准，"自然资源主要是指自然界中资财的来源，主要是指在自然界中可以为人类带来财富的自然条件和自然要素"。

法律意义上的气候资源应当强调其资源属性，其内涵应当是指能够被人类所开发利用并能满足人类生产生活需要的、具有经济价值的自然条件和自然要素，其外延包括风能、太阳能、热能、云水资源等自然资源。具体而言，我们可以从以下几个方面来理解：

第一，气候资源是自然界中重要的自然资源。气候是自然环境的重要组成部分，这在自然科学领域是一个常识。[1]但是，把气候看作自然资源，则是从 20 世纪 40 年代开始的。美国著名气候学家兰兹伯格（H. E. Landsberg）曾以"气候是一种自然资源"为题发表文章，列举多种理由阐明了气候应该是一种重要的自然资源的观点。[2]自然资源有两个最基本的特征：一是"自然性"，自然资源是天然存在而非人工加工而成的天然物；二是"资源性"，自然资源必须是人类可以开发利用，并能给人类带来福祉的。构成气候资源的阳光、空气、风等气候要素均是自然天成的，其"自然性"显而易见；而太阳能发电、风能发电的广泛运用也用事实证明了气候资源的"资源性"特征。可见，气候资源因其完全符合自然资源的基本特征而被归入自然资源的范畴，成为自然科学领域的通说。

第二，气候资源与气候要素或者气候条件不同。《黑龙江气候资源探测和保护条例》一颁布，许多学者便对气候资源能否作为自然资源提出了质疑。有学者提出："风能和太阳能并非矿藏、森林等自然生成的资源，需要现代科学技术进行转化，且这类资源具有公共产品属性，不宜轻易将其划分为自然资源。"[3]气候与气候资源有着本质的区别。对气候资源概念理解不准确，或者说混淆了气候要素与气候资源之间的界限，都会导致理解上的误区。举个例子，太阳辐射只是一个气候要素，只有在能够满足作物生长热量需求时才转化为热量资源，成为一种气候资源，如果只是纯粹的太阳光，那就不是我们所要讨论的气候资源。太阳光尽管是人类生存必不可少的资源，但其无限性决定了其不具有交换价值或经济价值，如果把纯粹的个人晒太

---

［1］　当前，部分学者对此提出质疑，比如，北京大学法学院副院长、北京大学宪法行政法研究中心副主任王锡锌教授认为，风能和太阳能并非矿藏、森林等自然生成的资源，需要现代科学技术进行转化，且这类资源具有公共产品属性，不宜轻易划分为自然资源。参见黑龙江新规引争议 风和阳光归谁所有［J］.新疆人大（汉文），2012（8）：42-44.

［2］　孙卫国.气候资源学［M］.北京：气象出版社，2008：14.

［3］　北京大学法学院副院长、北京大学宪法行政法研究中心副主任王锡锌教授就是持本观点。参见黑龙江新规引争议 风和阳光归谁所有［J］.新疆人大（汉文），2012（8）：42-44.

阳作为气候资源研究的对象，那将是毫无意义的。正如有的学者所提出的，"完全存在于自然状态的物，就是尚未为民事主体取得的物，比如空气、光线、雨水和水流、野生植物、野生动物、天空、领海水域等，不能因此而认为它们是国家所有权的客体"[1]。

第三，气候资源包括风能、太阳能、热能和云水资源。气候资源的法律保护得到了世界各国的重视，并体现在各国的立法实践中[2]，但有一点必须清楚地认识到，即不是所有的气候要素都需要纳入气候资源的范畴进行法律规制。气候本身是一个包罗万千的集合概念，有的可开发利用；有的虽然能够开发利用，但开发成本过大、实际经济效益并不显著；有的已经认识到开发利用前景但由于科学技术水平有限未能进行有效的开发利用。气候资源，是指气候要素中可以被人类开发利用并且具有交换价值的那一部分自然物质和能量。换言之，具有使用价值但没有交换价值的气候要素，没有进行法律规制的必要。鉴于此，气候资源主要包括风能、太阳能、热能和云水资源四种，其中，风能是指因空气流做功而提供给人类的一种可利用的动能；太阳能是由太阳内部氢原子发生聚变释放出巨大核能而产生的能，来自太阳的辐射能量；热能是指热力系处于平衡时以显热和潜热的形式所表现的能量；云水资源是指贮存在云体中通过天然降水或人工降水可利用的水分资源。[3]

3. 气候资源之权利客体属性

气候资源是自然资源的一种，问题的关键是气候资源是否属于法律所规定的自然资源的范畴。《宪法》第九条规定："矿藏、水流、森林、山岭、草原、荒地、滩涂等自然资源，都属于国家所有，即全民所有。"作为宪法的下位法，《民法典》之"物权编"就自然资源物权制度进行了具体的规定，并在"用益物权篇"规定了自然资源的

---

［1］　孙宪忠．中国物权法总论［M］．北京：法律出版社，2003：203.

［2］　以美国为例，1980年，环境规划理事会在《关于人工改变天气的国家间合作规定》中确认"大气是地球的一种自然资源"。

［3］　以上界定主要参照百度百科的解释。

使用和收益制度。因此，对《宪法》《民法典》中"等自然资源"的理解，成为厘清气候资源法律属性的关键。

从字面意义上理解，"等"字作为助词，既可作为列举之后煞尾，也可用于表示列举未尽。一般而言，如果"等"是用于列举之后煞尾，那么"等"字之后常有一个数量词[1]；如果"等"是用于表示列举未尽，那么其后面一般没有数量词[2]。从文义解释上看，宪法规定"等自然资源"而不是"等七类自然资源"，表明自然资源的种类不局限于条文所列举的自然资源种类。

在学理解释上，学者也普遍认为"等自然资源"应当包括法律所没有列举的自然资源，自然资源被定义为在一定的技术条件下自然界中对人类有用的或者可以被人类利用的自然要素。"宪法中未列明的其他自然资源，即'等自然资源'，均应归国家所有。这里所说的'其他自然资源'，包括人类已发现的和未发现的自然资源，例如无线电频谱资源等"[3]。由此，"从宪法的规定可以看出，'自然资源'是一个概括性极强的概念。宪法中自然资源作为国家所有权和集体所有权的客体，不只包括狭义上的自然资源，还包括自然环境，甚至包括人为改造后与自然相关的因素（如城市的土地）"[4]；"自然资源是一个伴随技术经济条件的创新而发展的具有动态性的概念"[5]，"自然资源主要是指自然界中资财的来源……如土地、水、矿藏、森林、草原、野生动植物、阳光、空气等"[6]，同时气候资源等法律未明确规定的自然资源各类也被直接纳入自然资源的外延。概言之，在学界，自然界中对人类有用的或者有价值的物质或能量，只要其可以被

---

[1]　如《史记·项羽本纪》写道："与樊哙、夏侯婴、靳强、纪信等四人持剑盾步走"，再如"北京、天津、上海、重庆等四个直辖市"，"等"字之后有一个数量词。

[2]　如《三国志·诸葛亮传》写道："关羽、张飞等不悦"，再如"中国知名大学有北京大学、清华大学等高等学府"，"等"字之后没有数量词。

[3]　崔建远.自然资源物权法律制度研究［M］.北京：法律出版社，2012：27.

[4]　黄锡生.自然资源物权法律制度研究［M］.重庆：重庆大学出版社，2012：26.

[5]　孟庆瑜，刘武朝.自然资源法基本问题研究［M］.北京：中国法制出版社，2006：5.

[6]　张梓太.自然资源法学［M］.北京：北京大学出版社，2007：1.

人类有效地开发利用并创造价值，就应当被认定为自然资源的类型之一，自然资源的外延不限于法律条文所列举的类型。

从法律体系上看，《宪法》第九条第一款明确规定的自然资源种类有七种：矿藏、水流、森林、山岭、草原、荒地、滩涂，而在第二款有这样的表述："国家保障自然资源的合理利用，保护珍贵的动物和植物"，这表明宪法同时也确认了珍贵的动物和植物资源属于自然资源，证明了宪法所认定的自然资源种类不限于第一款所列举的七种。《民法通则》第八十一条第一款提到"国家所有森林、山岭、草原、荒地、滩涂、水面等自然资源"，并在第二款和第三款对矿藏、水流进行了规定，即《民法通则》比《宪法》多规定了一种自然资源：水面，但对野生动植物资源的权属没有规定。《物权法》将《宪法》规定的八种自然资源分别规定在第四十六条、第四十八条和第四十九条，并在第四十六条、第五十条等对海域、无线电频谱资源等两种自然资源作了规定，即《物权法》规定的自然资源种类比宪法多了两种。《民法典》"物权编"吸收《物权法》的相关规定，并在此基础上新增了"无居民海岛属于国家所有"[1]的规定。由此可见，我国立法关于自然资源的种类本身就持开放态度，"等自然资源"应该解释为"等外"。

从立法技术上看，立法必须考虑尽量不产生误解，如果"等自然资源"仅限于法条列举的自然资源种类，那么《宪法》第九条完全可以简洁明了地规定为"矿藏、水流、森林、山岭、草原、荒地、滩涂属于国家所有，即全民所有"，就此定分止争，但事实并非如此。而《物权法》第四十六条的规定"矿藏、水流、海域属于国家所有"[2]，就是一个典范，不会存在争论。法律条文加上了"等自然资源"几个字，而不是"等七种自然资源"的表述，就说明了立法者所要表述的自然资源的外延不应限于条文所列举的种类。必须注意的是，"等"

---

[1]　参见《民法典》第二百四十八条。
[2]　该条款已经被《民法典》所吸纳，参见《民法典》第二百四十七条。

字不局限于法律所例举的种类，并不表示所有的自然资源类型就可以自然而然地被认定为法律所要规制的自然资源。否则，法律条文就不必列举具体的自然资源类型，而更简洁地规定为"自然资源属于国家所有，即全民所有"。

无论是文义解释、学理解释，还是体系解释，或者从立法技术本身出发，自然资源都不应仅限于《宪法》第九条所规定的类型，不能因《宪法》第九条没有明确规定气候资源就直接推导出《黑龙江气候资源探测和保护条例》存在违宪[1]，否则，《民法通则》《物权法》也违宪了。"应当认为宪法第九条是确立我国自然资源国家所有权的一般性条款，该条之规定意味着，除少数法定特例外，一切自然资源都为国有。而气候资源为自然资源之一种，又不在法定例外情形之列，故当然属于国家所有。"[2]

一部分学者指出，气候资源不宜看作民法上的"物"，反对将气候资源作为物权客体。"根据物权法，虽然一些无形的自然力（如电力、热能、光线等）可以成为物权的客体，但前提条件是这些自然力必须能为人所控制，如天空中无拘无束的空气，火山口散发出的热能等，由于人类无法控制，不能视为民法上的物。"[3]这种观点有点以偏概全，人类无法控制火山口爆发的热能，并不等于所有的热能人类都无法控制，人类现在无法控制也不等于永远都无法控制。"气候资源不符合传统的物权客体特性，是动态的集合物，不具有直接支配性。"[4]这种观点则属于偷换概念，气候资源从总体上讲是一个动态的集合物，但就某一具体的气候资源而言，是可直接支配的，正如野生动植物资源也是一个动态的集合概念，但不能因此而否

[1]　主张违宪的不在少数，比如杨涛发表在《沈阳日报》（2013年6月19日）上的《"风能、太阳能属国家"于法无据》；张玉成发表在《南方周末》（2012年6月21日）上的《警惕气候资源立法中的行政权魅影》；马宇发表在《中国经营报》（2012年6月30日）上的《气候资源国有的荒谬与危害》；等等。参见巩固.自然资源国家所有权公权说［J］.法学研究，2013，35（4）：19-34.

[2]　巩固.自然资源国家所有权公权说［J］.法学研究，2013，35（4）：19-34.

[3]　黑龙江新规引争议 风和阳光归谁所有［J］.新疆人大（汉文），2012（8）：42-44.

[4]　何书中.气候资源国家所有的合法性质疑：兼评《黑龙江省气候资源探测与保护条例》［J］.上海政法学院学报（法治论丛），2012，27（6）：73-79.

定其作为物权客体的适格性。"为气候资源设定国家所有权，并没有考虑到风力风能、太阳能、降水和大气成分等自然资源是否满足设定所有权的前提条件，更没有认识到自然资源所有权制度安排的适用局限。"[1]"风力风能、太阳能、大气成分、降水这些气候资源都不是民法意义上的'物'，在法律技术层面，也无法成为物权、所有权的权利客体。"[2]这部分学者提出，气候资源不具备设定国家所有权的前提，是因为气候资源不具备物的特定性、独立性、可支配性等特征，因此不能作为物权客体。

认定气候资源是否适用《宪法》《民法典》关于自然资源的相关规定，关键是看气候资源是否可以成为物权客体，即是否具有物权法上"物"的属性。依据物权法基本原理，作为物权客体的"物"，应当是"特定的""可支配的""稀缺的""独立一体"的物。我们认为，随着人类科学技术的不断进步，应该与时俱进地看待物权客体的这些特征，"随着社会的发展，物即使不具有物理上的独立性，也可以根据交易观念和法律规定来确定某物是否具有独立性"[3]，"只有那些能够为权利人所能支配和控制的物，才能成为物权的客体"[4]。当前，学界的通说是，作为物权客体的物，主要指有体物。与此同时，大陆学者和台湾学者都注意到物的范围也在不断地扩张。"随着人控制自然力的能力不断与时俱进，人们对物的概念已经从罗马法上的有形物扩展到一切固体、液体、气体、热、光、电磁波、能量等自然力以及能够为人力控制并具有价值的特定空间。"[5]"物者，指除人之身体外，凡能为人力所支配，独立满足人类社会生活需要的有体物及自然力而言。"[6]应当看到，随着科学技术的不断进步和人

---

[1]　张璐.气候资源国家所有之辩［J］.法学，2012（7）：12-17.

[2]　侯佳儒.气候资源国有化：法律上的"不可能任务"［J］.中国政法大学学报，2012（6）：44-48.

[3]　杨立新.民法总论［M］.北京：高等教育出版社，2007：140.

[4]　王利明.物权法研究（修订版）：上卷［M］.北京：中国人民大学出版社，2007：58.

[5]　杨立新.民法总论［M］.北京：高等教育出版社，2007：139.

[6]　王泽鉴.民法总则［M］.北京：北京大学出版社，2009：168.

类需求的日益多样化，物权的客体范围也在不断地发生变化，天然力、自然力等纳入物权客体已经成为一种趋势。[1]气候资源作为一种具有经济价值、可以为人类所开发利用的自然资源，应当被纳入物权客体的范畴。

气候资源具有特定性、可支配性和稀缺性，可以成为物权客体，具备设立国家所有权的前提条件。第一，气候资源具有特定性，可以成为"独立一体"的物。"特定物是指具有单独的特征，不能以其他物代替的物，如某幅图画、某个建筑物等。"[2]理解物的特定性，最重要的特征应在于其不可替代性。气候资源虽然是肉眼无法直观感受到的自然资源，但其不可替代的特征却是十分明显的。比如，空气是看不见摸不着的，但因为大气资源的不可替代性，碳排放交易才有市场空间。"气候资源尽管年年都可以得到，但在一定的科学技术条件下，人类对它的认识和开发的能力是有限的，不用或用得不好，都会造成资源的流失或部分流失。"[3]气候资源如果不是"特定的物"，流失或部分流失就无从谈起。"资源性物权客体的特定性可以解释为：其一，有明确的范围，不得以他物替代，在客体的存续上即表现为同一性；其二，可以定量化；其三，可以在特定的地域以确定或特定的期限加以固定。"[4]气候资源不但具有特定性特征，还是"独立一体"的物。就有体物而言，其外形特征固定，"独立一体"显而易见，但这并不代表某一事物不具有固定的外形特征就不是"独立一体"的物。"气候资源是一种重要的自然资源，能够为人们所认识和控制，并独立存在，因此，能够成为法律关系的客体。"[5]我们认为，气候资源尽管在实体外形上

[1]　台湾著名民法学者黄右昌、史尚宽、王泽鉴、洪逊欣等均提出了类似观点，参见：王泽鉴.民法总则［M］.北京：北京大学出版社，2009：167-168.

[2]　王利明.物权法研究（修订版）：上卷［M］.北京：中国人民大学出版社，2007：61.

[3]　谢高地.自然资源总论［M］.北京：高等教育出版社，2009：95.

[4]　崔建远.自然资源物权法律制度研究［M］.北京：法律出版社，2012：231.

[5]　曹明德.论气候资源的属性及其法律保护［J］.中国政法大学学报，2012（6）：27-32.

无法固定，但其在观念上是特定的、可测量的，并可数字化利用的，其独立性应该得到承认。比如，对气候资源的利用成效就可以进行量化评价。[1]唯物辩证法告诉我们，所有事物时时刻刻都发生着变化，我们不能以物的多变性来否定物的独立性，不能以物的多样性来否定物的一体性。判断是否可以为"独立一体"的标准，应该是我们是否能够通过现有的技术手段计算出一定时空范围内的气候资源相对公认的经济价值。事实证明这是可行的，风能交易规则的存在就证明了风能的可测量性。第二，气候资源的可支配性。随着人类科学技术的不断发展，气候资源已经具备了明显的可支配性特征。"人为措施能在局部范围内调节、改善甚至改造气候资源。例如，通过兴建水库、人工降雨等措施改善局部光、热、水状况。"[2]气候资源的可支配性，体现在人类可以通过自身的技术，使其更好地为人类服务，甚至可以直接作为特殊的生产资料，方便人们的生产和生活。开发气候资源是实际可行的，且在某些情况下可以大大方便人们的生活，比如在孤岛上利用太阳能、风能发电。"太阳能和风能在高山、孤岛、草原等电网不易到达的地方可以就地利用，其在解决偏僻地区能源问题上具有相当大的优势。"[3]可见，气候资源可支配的特征是明显的，我们不能以气候资源不具有自储存性、多样性等就断言其不可支配，更不能一叶障目地以火山口之热能的不可支配推定所有的气候资源都是不可支配的，正如不能以无法支配北极冰川的土地来否认土地资源的可支配性一样。第三，气候资源的稀缺性特征。虽然从长期看，气候资源是年复一年不断循环，取之不尽用之不竭的，但是这并不表明气候资源不具有稀缺性特征。"气候资源也具有稀缺性，尽管风能、太阳能是取之不尽用之不竭

［1］　葛全胜主编的《中国气候资源与可持续发展》第五章第三节"气候资源的利用成效评价"讨论了量化评价的相关问题，并指出，"与过去相比，气候资源的直接利用现在更为普及，所利用的资源量大为增加"。

［2］　黄民生，何岩，方如康．中国自然资源的开发、利用和保护［M］．2版．北京：科学出版社，2011：22．

［3］　秦大河．气候资源的开发、利用和保护［J］．求是，2005（3）：54-56．

的，但其开发利用受到土地、空间的限制，因此，在现有技术条件下可以利用的风能资源、太阳能资源是有限的，具有稀缺性，因而具有民法上的财产意义，属于物的范畴。"[1]"气候资源系统中能量的输送受到太阳辐射的影响和制约，在一定时间内，一个地区得到的光、热、水资源是有一定数量的限制的，如每年有一定的积温、降水量和总辐射量。它们的有限性制约着生物的生存和发展。同时在一定的科学技术条件下，人们认识及开发利用气候资源的能力也是有限的。"[2]可见，受到地域、时间、空间以及人类开发利用技术水平等的限制，气候资源具有明显的稀缺性特征，这为气候资源作为物权客体提供了充分的理论基础。

4. 气候资源所有权归属之立法选择

气候资源是自然资源的重要组成部分，确定气候资源的权属需要先厘清自然资源的权属。"在人们开发利用自然和改造自然的过程中，资源是一种可以在市场经济条件下进行有偿配置转让的物质产品，亦即是一种可用特殊方式进行交换的商品。"[3]自然资源要成为一种可以用以交换的商品，厘清其权属问题至关重要。在人类发展的相当长的时期内，自然资源被视为"上天的恩赐"，是一种"无主物"，适用先占原则，但随着人类社会的不断发展与进步，人们逐步认识到财产权制度在自然资源领域的重要作用。[4]

第一，立法应明确规定气候资源的权利归属。自然资源需要确定

---

[1] 曹明德.论气候资源的属性及其法律保护［J］.中国政法大学学报，2012（6）：27-32.

[2] 黄民生，何岩，方如康.中国自然资源的开发、利用和保护［M］.2版.北京：科学出版社，2011：22.

[3] 陈德敏.资源法原理专论［M］.北京：法律出版社，2011：8.

[4] 1960年科斯的《社会成本问题》一文提醒人们：因为交易成本的存在，合理的财产权界定和分配对于实现社会收益最大化而言是非常重要的，在自然资源的开发、利用和保护上同样如此。日本学者原田尚彦在《环境法》（1999）一书中指出："要保持良好的环境，将可持续的经济发展维持下去，就要认识大气、水等自然资源的有限性，人为地管理起这些资源。"彼得·S.温茨在《环境正义论》（2007）一书中阐述了自然资源的分配正义，他认为："尊重财产权对于保障正义是非常必要的，但完全诉诸私有财产权以处理与环境正义有关的问题，大概无法实现这一目标。"美国学者丹尼尔·H.科尔的专著《污染与财产权：环境保护的所有权制度比较研究》是试图运用财产权体制保护自然环境的代表作之一，该书的主要贡献在于打破了人们对"私有化"的盲目崇拜，指出了私有化并非环境保护的灵丹妙药，对我们探讨应当建立什么样的财产权体制来遏制环境破坏、保护自然资源具有启发意义。

权利归属，否则，会陷入"无主物"的"公地悲剧"[1]。"自然资源之利用比一般财产更加依赖于明确制度的规范，否则极易陷于混乱，导致低效和不公"[2]。与此同时，自然资源的权属要合理确定，不能属于多个所有人，否则就会出现"反公地悲剧"[3]。而把自然资源确定为国家所有，则是综合考量各种利弊的最佳选择。国家作为自然资源的所有者，可以充分运用强大的国家机器，实现资源的最佳配置，有效控制资源的开发利用，有效制止破坏资源的行为，从而在最大限度内发挥出自然资源的效益。自然资源归国家所有，是当今世界各国在设计自然资源权属制度时的普遍选择。"自然资源国家所有权制度既不是中国的专利，也不是计划经济体制或社会主义国家的专利，它是当代国家的普遍选择。"[4]尽管各国的所有制形式、历史传统、法律制度与体例各不相同，但当代各国的立法或判例已普遍将重要的自然资源规定或确认为国家所有，比如矿产资源、水资源、濒危的动植物资源、无线电频谱资源等。"矿产作为特殊资源的稀缺性自工业革命之后日渐突出，许多国家都认识到，国家所有更有利于资源的合理分配与利用。许多国家都以法律形式明确规定矿产资源等为国家所有，很多国家立法确定此种国家所有权。"[5]"无论在大陆法系国家还是在英美法系国家，无论是在社会主义国家还是在资本主义国家，当代自然资源国家所有权制度都呈现出前所未有的活跃局面。"[6]

第二，气候资源所有权归属之应然选择。气候资源是自然资源的重要组成部分，气候资源归国家所有顺理成章。"自然资源国家所有权制度在世界各国普遍存在。由于气候资源是自然资源的下位概念，

---

[1]　源于 1968 年哈丁（Hardin）发表的论文"The tragedy of the commons"，之后被广泛运用于解释无主物惨遭破坏的悲剧。

[2]　巩固 . 自然资源国家所有权公权说 [J]. 法学研究，2013，35（4）：19-34.

[3]　源于 1998 年海勒（Haller）发表的论文"The tragedy of the Anticommons：Property in the Transition from Marx to Markets"，之后成为反对设置多个财产权的常用理论模型。

[4]　王树义，等 . 环境法前沿问题研究 [M]. 北京：科学出版社，2012：62.

[5]　刘俊 . 土地所有权国家独占研究 [M]. 北京：法律出版社，2008：254.

[6]　邱秋 . 中国自然资源国家所有权制度研究 [M]. 北京：科学出版社，2010：55.

所以，各国都是将气候资源国家所有权规定在自然资源国家所有权里。"[1]对于气候资源这样一种极为重要的自然资源，确认其国家所有，具有重要的理论和现实意义。

其一，确定气候资源国家所有，是人类应对气候变化的必然要求。当前，气候变化问题是摆在世界各国面前的严峻挑战，而应对气候变化是一个综合性的系统工程，合理地开发、利用和保护气候资源就是关键的环节之一。气候资源与人类关系极为密切，是人类在地球上得以存在的决定因素，并为人类提供重要的劳动资料，直接影响人类的生存、生产和生活。尤其是在全球气候变暖的大背景下，寻找一个最佳的气候资源配置方式变得尤其必要。确定气候资源国家所有，一方面，明确了所有权归属，避免了无序开发利用所带来的资源浪费或环境破坏；另一方面，国家拥有了气候资源的最终归属权，可以在最大范围内、最有效地规划气候资源的开发和利用，对气候资源的保护也最为有利。

其二，确定气候资源国家所有，是完善自然资源物权制度的需要。宪法上规定的"自然资源归国家所有"，是一个制度性保障的基本权利，其权利的具体内容、实现方式等需要民法、物权法等部门法的具体规定和进一步的制度落实。也就是说，宪法规定的国家所有权与民法规定的国家所有权应该是相互衔接的，是既有联系又有区别的，它们之间需要一座桥梁将其有效连接起来，自然资源物权制度应运而生。当前，自然资源物权制度研究如火如荼[2]，但往往集中在对矿产资源、水资源、野生动植物资源、自然旅游资源、土地资源、海域自然资源等领域，极少有学者关注到气候资源的归属与利用问题。这与自然科学领域对自然资源的研究形成了鲜明的对比，气候资源在自然资源学

[1]　庄敬华.气候资源国家所有权非我国独创［J］.中国政法大学学报，2012（6）：33-38.

[2]　在笔者阅读的范围内，近年来出版的著作主要有：《可持续发展与中国自然资源物权制度之变革》（桑东莉著），《自然资源法基本问题研究》（孟庆瑜、刘武朝著），《我国自然资源产权制度构建研究》（刘灿等著），《资源权论》（金海统著），《中国自然资源国家所有权制度研究》（邱秋著），《资源法原理专论》（陈德敏著），《自然资源物权法律制度研究》（崔建远主编），《自然资源物权法律制度研究》（黄锡生著），《自然资源权益交易法律问题研究》（陈家宏等著），等等。

科的专著里总是作为一种极其重要的自然资源加以专章论述，可以说其地位和重要性不亚于土地资源。出现法学研究与自然科学研究相脱节的根本原因，在于气候资源的权属不明确。因此，确定气候资源国家所有，可以有效推进气候资源物权法配置研究，对自然资源物权制度的体系完善具有积极意义。

其三，确定气候资源国家所有，是社会主义国家充分发挥其服务人民职能的重要表现。气候资源界定为国家所有，最主要的原因在于其明显的公共性特征，关系到人的基本生存利益，关系到人类社会的可持续发展，关系到人与自然的和谐相处。国家在社会公共事务管理中的作用是不可替代的，马克思主义经典作家对此有着精辟的阐述。"在社会发展某个很早的阶段，产生了这样一种需要：把每天重复着的产品生产、分配和交换用一个共同规制约束起来，设法使个人服从生产和交换的一般条件。这个规则首先表现为习惯，后来便成了法律。随着法律的产生，就必然产生出以维护法律为职责的机关——公共权力，即国家。"[1]这一论述分析了国家的宏观运行机制，阐明国家对社会的集中作用。"国家是整个社会的正式代表，是社会在一个有形的组织中的集中表现。"[2]国家（也只能是国家）通过掌控关系国计民生的重要资源，通过科学的规划与有效的管理，实现资源利用的最大经济效益和社会效益。对于气候资源这样一种极其重要的社会公共物，只有确定为"国家所有"，才能实现"全民所有"，这也是社会主义国家的职能所在。

其四，气候资源国家所有，并不会导致"公地悲剧"，相反，它有效地解决了公地的悲剧。有学者认为，国家所有是导致公地悲剧的根本原因。"在自然资源所有权上，我国奉行公有原则。因此，

[1]　中共中央马克思恩格斯列宁斯大林著作编译局.马克思恩格斯选集：第3卷［M］.2版.北京：人民出版社，1995：211.
[2]　中共中央马克思恩格斯列宁斯大林著作编译局.马克思恩格斯选集：第3卷［M］.2版.北京：人民出版社，1995：631.

容易发生自然资源的公地悲剧。"[1]其实，这是对"公地模型"的一个误解，这里的"公地"是指没有确定产权归属的公共场所，因为没有所有者，所以缺乏有效的管理，使得任何人都可以毫不受限地使用这一公共资源，从而使"公地"遭受毁灭性的破坏。产权明晰帮助且强化了自然资源的"定分止争"与"物尽其用"。[2]气候资源国家所有制度的确立，明确了气候资源的权利归属，不存在发生公地悲剧的理论前提与假设，相反，其很好地避免了公地悲剧的出现。对于有的地方出现的自然资源遭受人为破坏的情况，其原因在于政府（国家的代表）的不作为导致资源管理的混乱或者滞后，而不在于自然资源归属国家所有。

其五，气候资源国家所有制度的确立，澄清了气候资源"社会共有""总有""合有"等认识误区。"社会共有"是指全社会成员共同拥有对资源的所有权，这一提法既无制度基础也不切合实际。我国《民法典》第二百九十七条规定："不动产或者动产可以由两个以上单位、个人共有。共有包括按份共有和共同共有。"气候资源包罗万象，范围极广，按份共有绝不可能，共同共有的共有人虽然在共同关系存续期间份额无法认定，但其共有关系最终是可分离的。因此，所谓的气候资源"社会共有"无法适用我国物权法规定的共有制度，从而导致真正的公地悲剧。至于"总有""合有"等相关制度，其更不在当前中国的物权法律体系内。"总有"是存在于日耳曼社会的一种特有现象，总有权形式已经转化为法人的独立财产权，在当代各国民法中，已基本上不存在作为一项独立的财产权的总有权制度。[3]"合有"也是日耳曼法中的制度，其强调要在团体的拘束下对物进行支配，气候资源的开发与利用并不必然要在"团体的约束下"进行，合有制度显然也不适用于确定气候资源的归属，况且这一制度已经几近销声匿

[1] 代杰.公有制下的自然资源保护法律问题研究［J］.石河子大学学报（哲学社会科学版），2012，26（4）：66-69.
[2] 李显冬，孟磊.新中国自然资源法治创新 70 年［M］.北京：中国法制出版社，2019：24.
[3] 王利明.物权法研究（修订版）：上卷［M］.北京：中国人民大学出版社，2007：681-682.

迹。总之，气候资源国家所有可以有效地避免出现把气候资源认定为"社会共有""总有""合有"等的误解。

综上，气候资源是"特定的""可支配的""稀缺的""独立一体"的物，符合作为物权客体的特征。确认气候资源国家所有，是世界各国的普遍制度选择，是应对气候变化的必然要求，是我国自然资源物权制度体系化，是社会主义国家充分发挥其服务人民职能的重要表现，是解决"公地悲剧"的有效办法。当然，"等自然资源"也不能无限扩张，认定某一新型自然资源是否应当纳入国家所有的权利客体，最有力的解释就是有法律的明文规定，包括地方性法规的明文规定。在国家层面尚未出台明确规定之前，应当允许地方各级人民代表大会通过制定地方性法规的方式，对"等自然资源"进行适当的类型扩张。

（二）乌木的法律属性与权利归属

1. 从彭州乌木案谈起[1]

基本案情：2012 年 2 月，四川省彭州市通济镇村民吴高亮在通济镇麻柳河 17 组河段发现乌木，通济镇人民政府认为乌木属国家所有，于是将乌木挖出运走。2012 年 7 月 3 日，通济镇人民政府决定，奖励吴高亮 7 万元。但吴高亮认为乌木应当归自己所有，且乌木的价值约四五百万，与镇政府的奖励金额相差巨大。2012 年 7 月 26 日，吴高亮向成都市中级人民法院提起诉讼。2012 年 11 月 27 日，成都市中级人民法院公开审理此案。一审判决：裁定乌木发掘地不在吴氏姐弟承包地。一审对乌木的发现、发掘者及发掘地点是否决定乌木归属，并未作出判定。吴高亮不服一审判决，向四川省高级人民法院提起上诉，四川省高级人民法院二审公开开庭宣判。四川省高级人民法院认为一审裁定认定事实清楚，适用法律正确、程序合法，

---

[1]　王利明. 物权法研究（修订版）：上卷 [M]. 北京：中国人民大学出版社，2007：681–682.

因此驳回了原告上诉，维持一审判决。

　　2. 乌木的法律属性

　　乌木，又称阴沉木，兼备木的古雅和石的神韵，有"东方神木"和"植物木乃伊"之称。地震、洪水、泥石流将地上植物等全部埋入古河床等低洼处，埋入淤泥中的部分树木，在缺氧、高压状态，以及细菌等微生物的作用下，经过成千上万年的炭化过程形成乌木，故又称"炭化木"。现代的"乌木"是红木的一种，木材市场上一般所称的"乌木"是指黑色非洲乌木以及东非黑黄檀，它们是树木树种的一类，属于国家红木标准的一种。[1]

　　乌木的归属如何适用法律？这在现有的法律中找不到直接的依据。那么，乌木是什么？这在学术界存在着比较大的争议，众说纷纭。2012年10月12日，北京航空航天大学法学院研究生民商法沙龙对"乌木归属法律问题"进行了热烈的探讨，对乌木的几种不同的定性（天然孳息、文物、文物之外的古生物化石、埋藏物）进行了剖析，龙卫球教授、刘保玉教授等学者也提出了各自的观点。[2]之后，乌木的归属及其法律适用问题成为法学界探讨的热点话题，迄今已有近百篇公开发表的法学论文就此展开研究。[3]其中，争论的焦点就在于乌木的权利归属问题。

　　一是，乌木属于天然孳息说。什么是天然孳息呢？梁慧星教授认为，乌木事件应当适用《物权法》第一百一十六条的规定，即"天然孳息，由所有权人取得；既有所有权人又有用益物权人的，由用益物权人取得"，理由是，吴高亮在河道中发现乌木，河道属于国

---

[1]　参见百度百科对乌木的介绍。

[2]　乌木归属法律问题探讨：航法学院研究生民商法沙龙纪实［EB/OL］．2012-11-07［2013-09-10］．北京航空航天大学法学院官网．

[3]　在笔者的阅读范围内，代表作有：王建平发表在《当代法学》上的论文《乌木所有权的归属规则与物权立法的制度缺失：以媒体恶炒发现乌木归个人所有为视角》，谢晓松发表在《研究生法学》上的论文《乌木的法律性质与所有权归属刍议：评四川彭州"天价乌木"案》，王永霞发表在《政法论丛》上的论文《彭州乌木事件的法解释学思考》，王建平发表在《西南民族大学学报（人文社会科学版）》上的论文《埋藏物乌木发现者权益的立法逻辑比较分析》，周辉斌发表在《时代法学》上的论文《"天价乌木案"凸显〈物权法〉适用之惑》，等等。

家所有，那么，乌木就应由河道所有人即国家取得。[1] 孳息指原物所产生的额外收益；天然孳息，指物依自然而产出的出产物、收获物，如植物的果实，以及动物之卵、奶、幼仔。[2] 如果把乌木认定为已存土地的天然孳息，那么，根据《物权法》第一百一十六条的规定[3]，乌木应当归属土地的所有者，即国家；当存在土地用益物权人时，乌木应当归属土地的用益物权人，即土地的承包经营者。在"彭州乌木案"中，成都市中级人民法院之所以裁定乌木发掘地不在吴氏姐弟承包地，其目的在于表明吴高亮不拥有乌木的所有权。而最能够支持该法院判决的就是乌木属于天然孳息说。然而，这一学说并没有很强的说服力。乌木与其所依附的土地之间并没有本质的、必然的联系，土地并不必然会产生乌木，在土地上发掘乌木也不具有普遍性，即，乌木并非依附土地而"自然产出的物"。因此，乌木与土地的关系不能简单类比于果实与果树的关系，把乌木视为土地的天然孳息并不合适。

二是，乌木属于文物说。文物的基本特征是历史形成下来的文化资源[4]，其形成本身凝聚了人类的智慧，文物的类型在我国现行法律中有明确的规定[5]，如具有历史、艺术、科学价值的古文化遗址、古墓葬、古建筑、石窟寺和石刻、壁画等等。乌木是天然形成的，并非由人类创造的，把乌木定性为文物，是对文物自身内涵和外延的一种曲解。乌木不是人工加工而成的，乌木本身并没有体现出人类的智慧，也没有文化蕴含其中，被认定为文物显然也不合适。

---

[1]　王建平.乌木所有权的归属规则与物权立法的制度缺失：以媒体恶炒发现乌木归个人所有为视角[J].当代法学，2013，27（1）：91-97.

[2]　梁慧星.民法总论[M].4版.北京：法律出版社，2011：157.

[3]　《物权法》第一百一十六条第一款规定："天然孳息，由所有权人取得；既有所有权人又有用益物权人的，由用益物权人取得；当事人另有约定的，按照约定。"该条款已经被《民法典》第三百二十一条第一款所吸收。

[4]　《文物认定管理暂行办法》指出："本办法所称文物认定，是指文物行政部门将具有历史、艺术、科学价值的文化资源确认为文物的行政行为。"《关于贯彻实施〈文物认定管理暂行办法〉的指导意见》指出："文物认定的对象可以包括中华人民共和国成立以前制作或形成的各类可移动和不可移动的文化资源，以及中华人民共和国成立以后制作或形成的具有重要或代表性的可移动和不可移动的文化资源。"

[5]　参见《文物保护法》第二条和《文物认定管理暂行办法》第二条的相关规定。

　　三是，乌木属于古生物化石说。古生物化石，指的是人类史前地质历史时期形成并赋存于地层中的生物遗体和活动遗迹，包括植物、无脊椎动物、脊椎动物等化石及其遗迹化石，是研究生物起源和进化等的科学依据。[1] 从外形特征上看，把乌木认定为植物化石，似乎有一定的道理；但乌木是否属于人类史前地质历史时期形成的，则缺乏科学的考证，把乌木认定为古生物化石又难免牵强附会。

　　四是，乌木属于埋藏物说。埋藏物，谓包藏于他物之中，不易由外部目睹，而其所有人不明之物。[2] 简言之，埋藏物指埋藏于地下或包藏于他物之中的所有人不明的物。埋藏物的权属特征是，它原先的所有权归属是明确的，并非没有所有人，只是当前所有人暂时不明。如果乌木属于埋藏物，则应当适用《民法典》第三百一十九条的有关规定，即"拾得漂流物、发现埋藏物或者隐藏物的，参照适用拾得遗失物的有关规定"。《民法典》第三百一十八条规定："遗失物自发布招领公告之日起一年内无人认领的，归国家所有。"这就是说，确定埋藏物归属也是需要经过发布招领公告这一程序的。招领公告显然不适用于乌木的权属认定，乌木属于埋藏物的说法与《民法典》的规定明显不合拍，认定乌木属于埋藏物也是行不通的。

　　乌木也是自然资源的一种类型。无论是把乌木定性为天然孳息、文物、古生物化石，还是把乌木定性为埋藏物，均难谓恰当。而解决这一难题的根本出路在于，将乌木视为自然资源的一种类型，则关于自然资源权属认定的相关法律同样适用于乌木。首先，乌木是天然形成的，符合自然资源的天然性特征。其次，乌木在现实生活中被广泛应用，符合自然资源的有用性特征。再次，乌木具有稀缺性，存在着需求与供给的不对称，具有交换价值。

---

[1]　　参见百度百科的相关解释。

[2]　　史尚宽.物权法论［M］.张双根，校勘.北京：中国政法大学出版社，2000：138.

3. 乌木的权利归属

把乌木认定为一种新型的自然资源，其权属的认定及其相关的利益分配规则可以参照法律关于自然资源的有关规定来确定[1]，彭州天价乌木案的相关疑难问题自然也就迎刃而解。当然，最好能参照气候资源的地方立法，对乌木的归属在上位法规定不明确的情形之下，先行制定地方性法规，明确规定乌木的权利归属，以达到定分止争的目标。

（三）其他新型自然资源的法律属性与权利归属

自然界的物质不能直接等同于自然资源，自然资源应当具备提升人类福利这一基本要件。某些自然界物质或者空间，原本对人类而言是没有利用价值的，或者其提升人类福利的作用被人们普遍忽视了。但是，随着科学技术的不断发展，人类开发利用自然界的能力在不断提升，原本毫无价值的自然界物质变成了炙手可热的资源。这些新型自然资源，可能无法通过肉眼直接识别，但因其具备特定的功能或者价值，属于可以提升人类福利的自然界物质，应当被认定为自然资源，从而成为所有权的客体。比如，在美国，处于地下空间的"孔隙"因具备碳封存碳捕获功能而在美国肯塔基州的案例中就被视为一种新型的自然资源。[2]对自然资源的认识，不能故步自封，不能局限在"物是有体物"的认识之中，而应当采取开放包容的态度。正如学者所言，自然资源不是纯粹的有体物，其中也有一些属于无形财产，对维护生态和保护资源具有重要的意义。[3]本书列举了近年来学界讨论较为热烈的几种新型自然资源，以飨读者。

---

[1]　在前文关于气候资源国家所有的法律适用中已经有过详细的探讨，此处不再赘述。

[2]　IMBROGNO M A. Pipedream to Pipeline：Ownership of Kentucky's Subterranean Pore Space for Use in Carbon Capture and Sequestration［J］University of Louisville Law Review，2010–2011，49：291–315.

[3]　王利明.我国民法典重大疑难问题之研究［M］.2版.北京：法律出版社，2016：230.

1. 林业碳汇资源

长期以来，人们对森林资源价值的认识停留在砍伐后林木的利用上，却忽视了森林资源自身的生态价值。2011 年 11 月，经国家林业局同意，中国绿色碳汇基金会与华东林业产权交易所先行开展林业碳汇交易试点。[1] 自此，林业碳汇成为交易客体正式进入公众的视野。林业碳汇是指通过造林、再造林、森林管理和森林保护等以吸收空气中的二氧化碳、降低或防止将森林中储存的二氧化碳排放到空气中。林业碳汇具有三重功能：适应气候变化、减缓气候变化与促进可持续发展。[2] 随着林业碳汇交易的不断推进，林业碳汇及其交易的相关法律开始引起法学界的关注。有学者就构建我国林业碳汇交易法律制度提出了全面而具体的建议，从确定林业碳汇交易法律关系的主体、客体、交易第三方，确定林业碳汇交易法律行为的具体生效要件、交易价格、交易的三种履行方式、交易的违约责任承担方式和交易纠纷解决途径，明确各主体之间的利益分配等方面提出了具体的建议。[3] 有的民法学者开始尝试将林业碳汇纳入自然资源权利客体的研究范畴，并指出林业碳汇权利化的前提是权利客体及其法律地位的确定，森林资源因具备碳汇功能而使碳减排量符合资源性物权客体的规格与标准。[4] 在学界开展林业碳汇相关研究的同时，部分省份开始出台林业碳汇交易的规范性文件。以福建省为例，2016 年 11 月 28 日，福建省发展和改革委员会、福建省林业厅等部门共同研究起草了《福建省碳排放权抵消管理办法（试行）》，以规范福建省行政区内的温室气体减排交易活动。[5]

---

[1]　张敏敏. 中国启动首个林业碳汇交易试点 [N]. 中国绿色时报，2011-11-03（3）.

[2]　李怒云，龚亚珍，章升东. 林业碳汇项目的三重功能分析 [J]. 世界林业研究，2006，19（3）：1-5.

[3]　邹丽梅，王跃先. 中国林业碳汇交易法律制度的构建 [J]. 安徽农业科学，2010，38（5）：2646-2648.

[4]　林旭霞. 林业碳汇权利客体研究 [J]. 中国法学，2013（2）：71-82.

[5]　参见《关于印发〈福建省碳排放权抵消管理办法（试行）〉的通知》（闽发改生态〔2016〕848号）.

2. 狗头金

"狗头金"究竟为何物？狗头金是天然产生的，由自然金、石英和其他矿物组成的集合体，通常颗粒粗，且形态不规则，因似狗头而得名。[1]体大、造型好的狗头金，与原生金矿中的天然块金一样都是稀世珍宝，不但具有很高的科研价值，而且具有重要的收藏、观赏和科普宣传价值及巨大的经济价值。[2]正是因为狗头金具有巨大的经济价值，拥有狗头金就意味着获得了巨大的经济利益，所以狗头金的权利归属引起了学术界的热烈讨论。有学者提出，狗头金事件的发生牵涉一个重要的法律问题，即无主物应归于国家所有还是归于拾得人所有。[3]有学者建议，狗头金究竟是归国家还是个人，法律应该给个说法，不能再像之前频繁发生的乌木事件那般含糊其词了。[4]还有学者提出，狗头金并非矿产资源，系土地之孳息，土地上有用益物权的，仅在符合具体用益物权之目的时，狗头金方归用益物权人所有。[5]关于狗头金的权利归属，许多学者在讨论这一问题时往往陷入了这样一个逻辑：因为狗头金不是矿产资源，所以狗头金不属于自然资源的范畴，而是天然孳息或者无主物，应当使用无主物先占的规则。有的学者甚至以保护狗头金的发现者利益为由，提出了我国确立无主先占制度的必要性。[6]先不论我国民法并不承认无主先占规则，但就其论证逻辑而言尚无法自洽。"不属于矿产资源就不是自然资源"的推导无疑是站不住脚的。自然资源的种类繁多，如果以无法归入人们已经予以界定的自然资源类型为由，将新发现的自然界物质一律排除在自然资源的范畴之外，无疑是不

---

[1]　涂怀奎.中国狗头金分布特征与成因讨论 [J].化工矿产地质，2002，24（4）：222-228.

[2]　罗献林."狗头金"的价值 [J].黄金地质，2001，7（2）：75-77.

[3]　付子豪.浅议法经济学视角下我国无主先占制度的设置：以狗头金事件为例 [J].河南财政税务高等专科学校学报，2016，30（1）：59-61.

[4]　刘武俊."狗头金"的归属之争折射法律短板 [N].文汇报，2015-02-12（5）.

[5]　金可可.论"狗头金"、野生植物及陨石之所有权归属：再论自然资源国家所有权及其限度 [J].东方法学，2015（4）：99-112.

[6]　雷亮亮."狗头金"事件与无主物先占制度 [J].福建法学，2016（1）：42-46.

妥当的。狗头金如此，陨石亦是如此。陨石归应当属于国家所有，是许多知名学者的共识。著名民法学者杨立新认为，陨石可以归入自然资源的范畴，属于国家所有，对发现者可以给予适当的奖励；著名商法学者赵旭东认为，陨石无论被认定为"矿藏"还是"埋藏物"，其所有权都应该归属国家。[1]

3. 旅游吸引物

何为旅游吸引物？有学者认为，旅游资源和旅游吸引物分别是汉语界和英语界经常使用的重要概念，它们总体上被用来指称旅游活动的对象，旅游资源一词容易引发诸多理解歧义，而旅游吸引物一词在含义上更为清晰、准确。[2]有的学者进一步区分了旅游吸引物与旅游资源这两个概念。旅游吸引物一般是指与客源地的自然、经济、社会、文化、政治、技术具有显著差异，且能对客源地潜在游客产生旅游吸引力的目的地事物或现象；旅游资源是旅游目的地的自然和社会中凡能对客源地产生强烈的旅游吸引力，吸引到的游客规模能达到旅游业门槛人口，可产生经济效益、社会效益和环境效益的各种事物或现象。[3]近年来，关于旅游吸引物的法律属性引起了学术界的兴趣，有的学者提出了相关的立法建议。旅游吸引物因其具备物权客体特征而应当受到物权法的法律规制。[4]旅游吸引属无体物，在可管理的范围内，也可成为物权的客体，将吸引物物权化不仅可赋予所有权人应有的法律主体地位，还可使我国旅游发展更加标准化和规范化。[5]当然，有的学者也提出了反对意见，认为旅游吸引物在旅游学上属于一个集合概念，设立旅游吸引物权并为之统一立法存在不合理性和不

[1] 朱琳.天外飞石坠入法律"漏洞"[J].公民与法治，2017（24）：7-8.

[2] 徐菊凤，任心慧.旅游资源与旅游吸引物：含义、关系及适用性分析[J].旅游学刊，2014，29（7）：115-125.

[3] 吴晋峰.旅游吸引物、旅游资源、旅游产品和旅游体验概念辨析[J].经济管理，2014，36（8）：126-136.

[4] 保继刚，左冰.为旅游吸引物权立法[J].旅游学刊，2012，27（7）：11-18.

[5] 左冰，保继刚.旅游吸引物权再考察[J].旅游学刊，2016，31（7）：13-23.

可行性。[1]尽管争论还在继续，但旅游吸引物已经作为一个与旅游资源紧密相关的概念引起了学界的普遍关注，则是值得肯定的。但无论如何，关于旅游吸引物法律属性的界定，是未来立法无法回避的课题。

三、自然资源国家所有权的权利内容

所有权的内容，就是指所有权的权能，包括积极权能和消极权能。积极权能指所有人对财产依法享有的占有、使用、收益和处分的权能；消极权能是指在财产遭受损害时，所有人享有的保护财产所有权的物上请求权。所有人享有的每一种权能，都意味着所有人可以依法实施一类或一系列行为的可能性。[2]

（一）自然资源国家所有权的积极权能

国家对自然资源的支配权是自然资源国家所有权的核心。但支配权本身是抽象的权利，它的具体表现就是国家对自然资源的占有、使用、收益和处分等四项权能的行使。

1. 占有权能

自然资源的占有权能，指的是国家对其所有的自然资源进行控制和管理的事实。对物的支配权首先需要表现在对物的占有上。马克思曾指出："私有财产如果没有独占性就不成其为私有财产。"[3]同样地，自然资源国家所有权，首先应表现为国家对自然资源的占有权能。关于占有是否能作为所有权的一种权能，尽管学术界存在争议，但通说是所有权包含着占有权能。[4]我国《民法典》第二百四十条

---

[1]　张琼，张德淼.旅游吸引物权不可统一立法之辨析［J］.旅游学刊，2013，28（12）：90-96.

[2]　王利明.物权法论（修订本）［M］.北京：中国政法大学出版社，2003：258-259.

[3]　中共中央马克思恩格斯列宁斯大林著作编译局.马克思恩格斯全集：第3卷［M］.北京：人民出版社，1956：425.

[4]　王利明.物权法论（修订本）［M］.北京：中国政法大学出版社，2003：260.

也将占有明确规定为所有权的权能之一。

那么，如何判断自然资源国家所有权之占有权能的边界呢？国家对自然资源行使占有权能的基本依据，应该是国家的主权领土，包括领地、领海和领空。因此，在一国领土范围之内的自然资源，国家居于领土主权而占有，这种占有表现在国家所有权里，即是行使占有权能的具体表现。这里，需要解决的核心问题是：如何看待自然资源的流失？野生动物迁徙他国，国家失去了对动物的占有，是不是国有资产的流失？长江之水不断流入大海，国家对流出去的水失去占有，是不是国有资产的流失？当然不是！国家对自然资源的占有，其前提和基础是具有领土主权。国家对野生动物自然资源或者水资源的占有是以领土主权为前提的，是以空间的领域和范围大小为占有权能存在与否的分界点，而不是以动物数量的多少或者水流储存量的多寡为是否享有占有权的分界点。如果自然资源不在其领土范围内，国家自然不享有对其占有的权利。因此，只要领土不减少，就不存在国有资产流失。更何况动物迁徙、河水入海，这些都是自然界不可逆转的客观规律，属于非人力所能抗衡的不可抗力。不能因为法律规定了自然资源国家所有权制度，就把这种自然界的正常资源流动与客观循环也视为国家自然资源财产的流失。

对自然资源的占有，与对一般有体物的占有是有所不同的。马克思曾指出，"实际的占有，从一开始就不是发生在对这些条件的想象的关系中，而是发生在对这些条件的能动的、现实的关系中"[1]；马克思还指出，"一切生产都是个人在一定社会形式中并借这种社会形式而进行的对自然的占有"[2]。可见，判断是否"占有"，应当是其能否与生产相结合，成为再生产的条件。对外形表现为固体形态的自然资源，对其占有可以适用有体物占有的一般规则，这种

---

[1] 中共中央马克思恩格斯列宁斯大林著作编译局.马克思恩格斯全集：第46卷（上册）[M].北京：人民出版社，1979：493.

[2] 中共中央马克思恩格斯列宁斯大林著作编译局.马克思恩格斯选集：第2卷[M].2版.北京：人民出版社，1995：90.

占有我们把它称为"实在的占有"。但对于流动性自然资源（比如水资源、野生动植物资源），这类自然资源是处在不断的流动之中的，对这类自然资源的占有应当是"观念上的占有"，即这里的占有不是对某些物质的实在占有，而应该是建立在一定区域内的"观念上的占有"，比如，由于水是流动的，占有不是针对某部分特定的水，而是某特定区域范围内的水；再比如，国家对野生动物资源的占有，也不是对某几只特定野生动物的支配或管控，而是对某特定区域内的野生动物总体的支配和管控。如果我们对流动性自然资源的占有采取"观念上的占有"，那么，水流入海、动物迁徙属于国有资产流失的担忧自然也就消除了。

2. 使用权能

国家对自然资源的使用权能，是指国家按照自然资源的性能对其加以开发利用，以满足社会生产或生活的需要；或者利用自然资源本身的特点与属性，以提升人类的生活水平或生活质量。占有权能是使用权能的前提与基础，国家占有自然资源不是其主要目的，占有自然资源的目的是开发利用自然资源，是推进经济社会的可持续发展，这就是国家对自然资源的使用权。"只要'生活资料和享受资料'是主要目的，使用价值就起支配作用。"[1]可见，使用权能对经济社会生活具有重要意义，不论是所有权还是非所有人，其注重的都是物的使用价值。

19世纪，西方国家普遍确立了所有权绝对保护原则，到了20世纪，这一原则陆续被各国修正，虽然各国法律仍然强调对财产权的保护，但对所有权的行使都给予了一定的限制。21世纪，各国民法都试图在保护所有权与限制所有权行使之间寻找一个平衡点。由于自然资源同时具有维护生态平衡的功能，国家对自然资源的使用权能应当受到限制：一是，受到公共利益的限制。对自然资源国家所有权

---

[1]　中共中央马克思恩格斯列宁斯大林著作编译局.马克思恩格斯全集：第46卷（下册）［M］.北京：人民出版社，1980：388.

而言，自然资源的"公益性"特征也一再被强调，限制自然资源国家所有权成了保障自然资源公益性的必要手段。即，国家对自然资源的利用，必须以保障公用（社会公共）自然资源的充足供应为前提，以不能损害到社会的公共利益为底线。二是，要受到国际条约或国际公约的约束，自然资源的利用具有国际性，一国对自然资源的开发利用可能会影响到他国的生态环境，全球气候变暖就是一个生动的实例，基于此，各国共同制定了保护自然资源或自然环境的国际条约或者公约。对于我国加入的这些国际条约或者公约，自然对国家行使自然资源使用权能起到了限制作用。三是，由于国家这一主体的特殊性，它在行使自然资源使用权能的过程中也具有一定的特殊性。受到国家的社会责任等诸方面的限制，自然资源使用不当就会造成国有资产的浪费或者流失，甚至会破坏人类赖以生存的生态环境。因此，行使国家自然资源使用权能不能像行使私人所有权那样随心所欲，应当严格依照法律法规以及规范性文件的要求来使用自然资源。

3. 收益权能

国家对自然资源的收益权能，是指国家利用自然资源获取一定利益的权利。这种利益既指经济上的利益，也指社会效益和生态利益。收益权能在所有权四项权能里居于核心地位，"如果享有所有权对所有人毫无利益，所有人等于一无所有"[1]。国家对自然资源的使用权能与收益权能有一定的联系，在国家因利用自然资源而获得经济利益的情形下，使用权是收益权的前提和基础，二者存在因果关系。但这并不表明使用权和收益权就必须同时存在。比如，在国家授权其他法人行使自然资源使用权的情形下，国家自身并不行使自然资源使用权，但它有收益权；同时，国家使用自然资源可能出于生态目的，并非都是为了追求经济目的、获得经济利益，在这种情形下，

---

[1] 佟柔. 论国家所有权［M］. 北京：中国政法大学出版社，1987：42.

有使用权存在，但并不一定有经济利益存在，这时收益权表现为生态利益。

当前，对自然资源国家所有权最大的诟病在于其可能存在"与民争利"的嫌疑。因此，国家对自然资源的收益权，法律上应当有一个合理的规制。一是应当以保障公用自然资源的充足供应为前提，维护社会的公共利益，不损害公民的公共福利；二是收益的所得应当主要用于自然资源的保护和生态环境的改善，主要用于改善人类所生存的环境；三是反对国家对自然资源收益权的垄断。自然资源归属国家所有，并不代表只有国家对自然资源才有收益权。自然资源最大的特点就在于它的公益性，只要法律法规没有明令禁止，自然人或者其他民事主体就有权使用自然资源并获得收益。当前，不少地方政府试图垄断自然资源的收益，人为地设置一般民事主体利用自然资源获得收益的障碍，这往往是个别地方政府误解或者出于增加地方财政收入的目的故意歪曲自然资源国家所有权的收益权能所致，这才是真正的"与民争利"。对与民争利的行为，应当及时加以纠正和制止，尤其是在资源的有偿使用上应当有明确的约束与限制。但不能因此而对自然资源国家所有权的收益权能予以全盘否定，国家作为自然资源所有者的正当权益同样应当给予足够的重视和法律上的保障。对于普通的民众，不一定要享有自然资源的所有权，但应当保证享有维持基本生存需要而对自然资源的收益权能。

4. 处分权能

国家对自然资源的处分权能，是指国家消耗自然资源的行为，或者转让自然资源相关权利的行为。对于消耗性自然资源，其使用的过程也是消耗的过程，在这一过程中，使用权能和处分权能同时出现；对于非消耗性资源，处分权能则表现为自然资源权利的让与。对于非国家专属的自然资源国家所有权，国家可以将该所有权在市场上进行流通，通过拍卖、转让、出让等方式转移所有权；对于专属于国家所有的自然资源，其所有权是不可让渡的，此时，就有了设立自然资源用益物权之必要。由此可见，由于自然资源类型的多样性，国家对国有自然资源的处分权能也就表现出多样化。

处分权是所有权的核心要素，国家享有对自然资源的处分权是国家作为自然资源所有者的重要体现。但国家在处分自然资源的过程中，必须兼顾自然资源的经济效益、社会效益和生态效益。第一，要坚持把生态效益考核作为行使自然资源处分权的首要原则。国家的自然资源权益首先体现为国家的自然资源生态权益，处分自然资源不能以破坏生态环境为代价，在处分自然资源时必须兼顾自然资源的循环利用与可持续利用。第二，要坚持公平原则。比如，在让渡自然资源开发利用权利的过程中，应当平等地对待每一个民事主体，在资质同等的情况下，应当通过自由竞拍等方式，以公平竞争的形式让民事主体取得开发利用自然资源的权利，而不能暗箱操作或者由政府任意指定。这也是与私人财产处分权最大的不同。第三，要坚持依法、有偿处分原则。行使自然资源处分权必须严格依照法律的授权，法律没有授权的，任何机构或者组织都无权代表国家任意处分国有自然资源。随意将国家所有的自然资源权益无偿地让渡给其他民事主体，是随意处分国有资产的表现，这种行为真正造成了国有资产的流失，应当坚决予以禁止。第四，要坚持全程监管原则。国家始终是自然资源的所有者，让渡出去的只是开发利用的权益，这就要求国家始终以一个所有者的身份关注让渡出去的自然资源，对受让人开发利用自然资源过程中的不当行为及时予以制止，在必要的时候，依法收回让渡出去的权利。

（二）自然资源国家所有权的消极权能

自然资源国家所有权的消极权能，表现为自然资源的物上请求权，是指自然资源在遭受侵害或者可能遭受侵害的情形下产生的物权的请求权。根据物权法的基本理论，物上请求权主要有三种表现形式：一是排除妨害请求权，对正在发生的侵害自然资源的行为，所有权人有权要求立即停止侵害的行为，并视侵害的程度，要求加害人承担相应的法律责任。比如，企业将超标污水排入了河流之中，国家有权要求相关企业排除对水资源的妨害，并进行必要的污水治理，赔偿排污造成的损失。当然，这种情形下，还经常伴随着行政处罚。二是返还原物请求权，当国家所有的自然资源被不法侵占时，国家有权要求返还原物，恢复侵害行为发生之前的物的圆满状态。比如，猎人捕获了一只野兔，之后意识到其是国家保护的野生动物，于是将野兔放生——这就是一个返还原物的行为。但如果原物已经不复存在，那就需要赔偿损失了。自然资源与普通物品不同，如果致使国家所有的自然资源遭受大面积损害，有时损失是无法估量的，比如，大量捕杀野生动物的行为，可能致使某一濒危野生动物物种的灭绝；再比如，大量地砍伐树木，破坏的不仅是树木，还有生态环境。在这种情形下，物上请求权只是国家保护自然资源的方式之一，加害人不仅需要承担民事赔偿责任，还需要承担行政责任，构成犯罪的还需要承担刑事责任。三是排除妨害请求权，当存在侵害自然资源的危险时，国家有权制止即将发生的侵害。根据危险的程度，其有两种情形：危险已经发生和危险可能发生。危险程度不同，所采取的应对举措也应有所区别，对正在发生的危险，应当及时加以制止，而对可能发生的危险，应以强化防范意识为主。

（三）自然资源国家所有权的权能不包括管理权

管理权一开始就是与所有权密切联系在一起的，拥有了自然资源的所有权，自然也就拥有了自然资源的管理权。只有作为资本的所有者，才能享有资本的管理权。管理权是由所有权派生出来的，马克思曾一针见血地指出："一旦从属于资本的劳动成为协作劳动，这种管理、监督和调节的职能就成为资本的职能。这种管理的职能作为资本的特殊职能取得了特殊的性质。"[1]可见，不能把管理权看作所有权的一项权能，管理权只是所有权的一种行使方式，只是所有权的权利实现方式。正如习近平总书记在党的十八届三中全会上指出的那样，国家对全民所有自然资源资产行使所有权并进行管理和国家对国土范围内自然资源行使监管权是不同的，前者是所有权人意义上的权利，后者是管理者意义上的权力。

应当明确的是，管理权与所有权的权能不同。"管理权只是所有权的一种形式，而并不是所有权的一项权能。"[2]管理的实施步骤一般包括了制订计划、实施计划、检查落实情况、总结经验并在此基础上提出改进意见。不可否认，管理好自然资源是各级政府的一项重要职能，这种管理一般表现为两种形式：一是各级政府落实法律法规的相关规定，对自然资源开发利用的各类行为依法进行审批，对自然资源乱采滥伐的违法行为进行行政上的处罚与制裁，这是对自然资源的外部管理；二是上级政府对下级政府的授权与监督，以及职能部门之间上级机构的任务下达，其基本要求保障政令畅通，这属于内部管理。无论是对自然资源的内部管理，还是对自然资源的外部管理，其根源在于自然资源国家所有权的存在。没有自然资源国家所有权，就不存在国家对自然资源的决策权、指挥权或监督权，更谈不上政府对自然资源的干预和管理。因此，针对自然资源的管理，其目的在于保障自然资源国家所有权的正常运行，属于自然资源国家所有权的权利运行模式，而不属于自然资源国家所有权本身的权能。

---

[1]　中共中央马克思恩格斯列宁斯大林著作编译局.资本论：第1卷［M］.2版.北京：人民出版社，2004：367-368.

[2]　王利明.物权法论（修订本）［M］.北京：中国政法大学出版社，2003：265.

本章小结

界清自然资源的内涵与外延，是研究自然资源法律问题的前提。法律语境下的自然资源，是指需要法律规范调整的对人类有价值的自然界的物质，法律无法调整的或者无须法律调整的自然界的物质除外。法律调整的自然资源具有天然性、有用性、拓展性、稀缺性等基本特征。自然资源的外延非常宽泛，科学设计自然资源的分类标准、着力推进自然资源分等定级是厘清自然资源外延的关键。同时，还应当明确自然资源与自然环境、生态资源、资源产品、自然资源资产等概念的联系与区别。

自然资源国家所有权是指国家对其所有的自然资源享有的占有、使用、收益和处分的权利。尽管国家作为一个抽象的主体无法直接行使自然资源所有权，但是承认国家的民事主体地位是建构自然资源国家所有权行使制度的前提和基础。尽管学界已经就自然资源国家所有权的研究形成了丰富的成果，但是远远没有达成广泛的共识，对自然资源国家所有权的权利性质之争仍在持续。公权说的盛行对政府行使自然资源国家所有权的性质认定造成了不小的困扰，对自然资源国家所有权的理论基础研究仍然必要且迫切。厘清自然资源国家所有权的法律性质，不能把其简单地归结为公权力或者私权利，不应过多纠缠于自然资源国家所有权到底是公权还是私权的界分，而应着眼于构建一个有效的自然资源国家所有权的运行机制，在这个运行机制中，宪法以及民法、行政法、自然资源单行法、环境法、诉讼法等各部门法发挥着各自的功能与作用，公法与私法相辅相成、相互补充。这一法律定位既有扎实的现实基础，也有充足的理论准备。

国家既是一个政治意义上的概念，同时也是一个法律意义上的概念。中国是社会主义国家，国家既是主权的享有者、政权的承担者，也是国有财产的所有者、归属者。所以，国家这一主体本身是兼具多种身份的，既是国家主权者，又是财产所有者。自然资源国家所有，明确了自然资源的归属，起到了定分止争之功效，为设置自然资源开发利用权提供了理论前提，有利于发挥私法在自然资源配置中的作用。自然资源是国家所有，而不是政府所有。国家对自然资源的支配权是自然资源国家所有权的核心。应当明确的是，管理权与所有权的权能不同，自然资源国家所有权的权能不包括管理权。

第二章　中国自然资源保护与利用的法律制度考察[1]

　　加强自然资源法律制度建设，是推进生态文明制度建设体系化的内在要求。考察中国自然资源保护与利用的法律制度，有助于全面把握自然资源法律制度建设的现状，从中查探自然资源法律制度建设的成效以及存在的短板，有助于从保护与利用衡平的视角提出自然资源法律制度建设的中国方案。

第一节　自然资源法律制度的部门法考察

　　改革开放以来，我国逐步意识到加强自然资源领域立法的重要性，制定和出台了一系列规制自然资源开发利用的法律、法规、规章。在宪法对自然资源进行统领性规定之下，我国的法律、法规、规章等对自然资源的权利归属、权利设置、权利流转、征收征用、权利行使以及自然资源开发利用的各项要求作出了进一步的规定，形成了相对完整的自然资源法律制度体系。就法律部门而言，中国目前并没有制定一部专门的自然资源法，与自然资源相关的法律制度散见于民法、刑法、行政法、环境法等部门法之中。此外，我国还就某些重要自然资源制定了自然资源单行法，比如，《中华人民共和国水法》（以下简称《水法》）、《中华人民共和国矿产资源法》（以下简称《矿产

---

　　［1］　备注：本章系作者主持的国家社科基金重点项目"新时代推进生态文明建设制度化的经验研究"（22AKS018）的阶段性成果。

资源法》）、《中华人民共和国森林法》（以下简称《森林法》）、《中华人民共和国草原法》（以下简称《草原法》）等。从法律渊源上看，中国自然资源法律制度主要散见于宪法、法律、行政法规、部门规章、地方性法规、地方政府规章、法律解释，以及我国参加和批准的国际条约和协定。

一、宪法中的自然资源法律制度

宪法是我国的根本法，宪法中关于自然资源的规定具有最高的法律效力。《宪法》（2018 年修正本）关于自然资源的规定主要体现在四个方面。

一是关于自然资源所有者主体的规定。《宪法》第九条第一款规定："矿藏、水流、森林、山岭、草原、荒地、滩涂等自然资源，都属于国家所有，即全民所有；由法律规定属于集体所有的森林和山岭、草原、荒地、滩涂除外。"《宪法》第十条第一款规定："城市的土地属于国家所有。"《宪法》第十条第二款规定："农村和城市郊区的土地，除由法律规定属于国家所有的以外，属于集体所有；宅基地和自留地、自留山，也属于集体所有。"从这三个法律条款可以看出，在中国，土地之外的自然资源绝大多数属于国家所有。因此，在本书的后续讨论之中，涉及自然资源权属的相关问题，主要围绕自然资源国家所有权的相关法律问题展开。

二是关于自然资源保护与利用的统领规定。《宪法》第九条第二款规定："国家保障自然资源的合理利用，保护珍贵的动物和植物。禁止任何组织或者个人用任何手段侵占或者破坏自然资源。"目前，关于自然资源法律问题的探讨，大多数学者援引《宪法》第九条第一款的规定，鲜有学者对《宪法》第九条第二款展开细致的研究。实际上，自然资源的权属只是明确了自然资源的所有者，而合理、有序地开发利用自然资源才是实现经济社会可持续发展的重中之重！基于此，在本书后续的研究中，注重以自然资源"保护与利用的衡平"为逻辑主线，重点研究自然资源保护与合理利用的制度落实及制度创新。除《宪法》第九条第二款有关于自然资源保护与合理利用的规定之外，《宪法》第十条第五款规定："一切使用土地的组织和个人必须合理地利用土地。"《宪法》第十四条第二款规定："国家厉行节约，反对浪费。"此条款的"厉行节约、反对浪费"，对自然资源的开发利用同样适用。尤其是在资源约束日益趋紧的今天，通过法律制度规范自然资源的开发利用行为，反对资源浪费、促进资源节约已经成为保障资源安全的一项紧迫任务。此外，我国宪法尤其突出了鼓励植树造林、保护林木的规定。《宪法》第二十六条规定："国家组织和鼓励植树造林，保护林木。"这充分体现了宪法对林木保护的重视。

三是关于基于公共利益征用自然资源的规定。对自然资源的征收或者征用，可被视为一种对自然资源开发利用的限制性规定。国家为了公共利益的需要，可以依照法律规定对土地实行征收或者征用并给予补偿。《宪法》第十条第三款规定："国家为了公共利益的需要，可以依照法律规定对土地实行征收或者征用并给予补偿。"由于土地之外的自然资源绝大多数属于国家所有，宪法没有专门针对土地之外的自然资源的征收或者征用作出专门性规定，这便成了自然资源单行法的一个重要立法任务。比如，自 2020 年 7 月 1 日起施行的《森林法》针对征收、征用林地、林木作出了明确的规定。《森林法》第二十一条规定："为了生态保护、基础设施建设等公共利益的需要，确需征收、征用林地、林木的，应当依照《中华人民共和国土地管理法》等法律、行政法规的规定办理审批手续，并给予公平、合理的补偿。"

四是关于自然资源权利转让的规定。《宪法》第十条第四款规定："任何组织或者个人不得侵占、买卖或者以其他形式非法转让土地。土地的使用权可以依照法律的规定转让。"宪法的这一规定，为土地使用权转让打开了一扇合法之门。宪法未对土地之外的自然资源使用权转让作出专门性的规定，留待法律法规作出进一步的规定。比如，《森林法》第十六条第一款规定："国家所有的林地和林地上的森林、林木可以依法确定给林业经营者使用。林业经营者依法取得的国有林地和林地上的森林、林木的使用权，经批准可以转让、出租、作价出资等。具体办法由国务院制定。"简而言之，我国的宪法对自然资源法律制度予以了充分重视，就与自然资源休戚相关的所有者主体、自然资源的保护与合理利用、基于公共利益的自然资源征用以及自然资源权利转让等问题作出了明确的规定。尽管这些规定无法做到面面俱到，但其对于统领自然资源法律制度建设意义重大。

二、民法中的自然资源法律制度

关于公法与私法的区分标准，学说分歧，难有定论。无论采取何种学说，民法系属私法，则无争议。[1] 因此，民法典中的自然资源法律规则，属于调整平等主体之间的与自然资源相关的私法规范，便毫无争议。2020 年 5 月 28 日，第十三届全国人民代表大会第三次会议通过的《中华人民共和国民法典》自 2021 年 1 月 1 日正式施行，中国正式进入民法典时代。《民法典》关于自然资源法律制度的相关规定主要体现在五个方面。

（一）关于自然资源所有权登记的相关规定

《民法典》第二百零九条规定："不动产物权的设立、变更、转让和消灭，经依法登记，发生效力；未经登记，不发生效力，但是法律另有规定的除外。依法属于国家所有的自然资源，所有权可以不登记。"该条文源自《物权法》第九条。理解这个法律条文中的自然资

---

[1]　王泽鉴.民法概要［M］.2 版.北京：北京大学出版社，2011：4.

源登记规则，需要把握三点。第一，依法属于国家所有的自然资源，所有权可以登记，也可以不登记。这一规定实际上赋予了具体行使自然资源国家所有权的主体自主选择的权利。根据我国法律的相关规定，我国境内绝大多数自然资源国家所有权的行使主体是政府，民法典中关于国家所有的自然资源其所有权可以不登记的规定，实际上是赋予了政府决定是否开展自然资源国家所有权登记的权限。第二，依法属于国家所有的自然资源，所有权可以不登记，不等于《民法典》对自然资源国家所有权不登记的全面肯定。相反，《民法典》用"可以不登记"的表述，"可以"两字恰恰表达了《民法典》对自然资源登记制度发展的期许，体现了"在条件适合的情形下最好要登记"的蕴涵。事实上，只有对国家所有的自然资源进行所有权登记，才能真正做到"物权法定，平等保护"，从而保护国家作为自然资源所有者的权益；才有可能真正做到依法明确全民所有自然资源资产所有权的权利行使主体，从而实现健全自然资源资产产权体系的目标。第三，除国家所有的自然资源之外，集体或者个人所有的自然资源，都应当通过不动产登记进行权利宣示，未经登记的，不发生法律效力。实际上，加快自然资源统一确权登记是我国自然资源体制机制改革的一大目标。2019 年，中共中央办公厅、国务院办公厅印发的《关于统筹推进自然资源资产产权制度改革的指导意见》明确提出，完善确权登记办法和规则，推动确权登记法治化，重点推进国家公园等各类自然保护地、重点国有林区、湿地、大江大河重要生态空间确权登记工作，将全民所有自然资源资产所有权代表行使主体登记为国务院自然资源主管部门，逐步实现自然资源确权登记全覆盖，清晰界定全部国土空间各类自然资源资产的产权主体，划清各类自然资源资产所有权、使用权的边界。[1] 由此可见，不断完善自然资源登记法律制度，有利于明晰自然资源资产的产权主体，是加强自然资源法律制度建设的重

---

[1] 参见中共中央办公厅、国务院办公厅印发的《关于统筹推进自然资源资产产权制度改革的指导意见》。

要任务之一。

（二）关于自然资源所有权主体的规定

关于自然资源所有权主体的规定是《民法典》自然资源法律制度的重中之重。这部分规定集中体现在《民法典》"物权编"第五章"国家所有权和集体所有权、私人所有权"之中。根据《民法典》的相关规定，我国自然资源权利主体的法律规则主要包括自然资源属于国家所有和自然资源属于集体所有这两个方面。

1. 自然资源属于国家所有的相关规定

这部分规定主要体现在《民法典》第二百四十七条至第二百五十二条。《民法典》第二百四十七条规定："矿藏、水流、海域属于国家所有。"之所以对这三类自然资源单独列一个法律条文，主要在于这三类自然资源只能属于国家所有，不存在属于集体所有或者个人所有的情形，这是这三类自然资源区别于其他自然资源的重要特征之一。同时，还应当注意的是，"矿藏"不能完全等同于"矿产资源"，"水流"不能完全等同于"水资源"，"海域"也不能完全等同于"海洋资源"。就字面意思而言，矿藏是地下埋藏的各种矿物的统称，矿产则是指地壳中有开采价值的矿物、岩石等，如金刚石、花岗岩、煤、石油、天然气等；水流是江、河等的统称，水资源则是由天然降水、地下水、地表水等淡水组成的一个相互联系、相互作用、相互转化的自然系统，是人类必不可少的可以开发利用并带来福利和价值的物质[1]；海域是指海洋的一定范围（包括水上和水下），海洋资源是指来源于海水和海洋的可以被人类开发利用的有关资源，主要有海洋化学资源、海底矿产资源、海洋生物资源、海洋空间资源和海洋能源等。[2]由此可见，"矿藏、水流、海域"强调了一定空间范围内自然资源的原始状态，而"矿产资源、

---

[1]　梁吉义.自然资源总论［M］.太原：山西经济出版社，2011：224.
[2]　梁吉义.自然资源总论［M］.太原：山西经济出版社，2011：272.

水资源、海洋资源"则强调人类可利用性、价值性和福利性等特征。
《民法典》第二百四十八条规定："无居民海岛属于国家所有，国
务院代表国家行使无居民海岛所有权。"2007 年版《物权法》并没
有这一条文，该条款是《民法典》新增加的一个法律条文。无居民
海岛作为一种特殊类型的自然资源，具有巨大的开发利用价值，明
确规定无居民海岛属于国家所有，在明确无居民海岛所有者主体的
同时，有利于构建无居民海岛的开发利用法律制度。从该条文可以
看出，无居民海岛的所有权主体也只能是国家。那么，为什么不将
无居民海岛直接规定在《民法典》第二百四十七条之中呢？原因在
于无居民海岛是一定空间范围内的自然资源集合体，其本身是由土地、
森林、水、野生动植物以及周边的海域组成的，因此，无居民海岛
的权属问题不适合与其他自然资源规定在一个法律条文之中。这同
时也表明，为充分实现国家作为无居民海岛所有者的权益，有必要
构建一套自成体系的无居民海岛保护与开发利用法律制度。《民法典》
第二百四十九条规定："城市的土地，属于国家所有。法律规定属
于国家所有的农村和城市郊区的土地，属于国家所有。"《民法典》
第二百五十条规定："森林、山岭、草原、荒地、滩涂等自然资源，
属于国家所有，但是法律规定属于集体所有的除外。"这两个法律
条文属于对《宪法》第十条和第九条的制度落实，二者有所区别的
是在法律条款的先后顺序上，《宪法》先规定土地之外的自然资源
权属再规定土地权属，而《民法典》则将土地权属穿插规定在专属
于国家所有自然资源的条款之后，森林、山岭、草原、荒地、滩涂
等自然资源权属的条款之前。《民法典》的这一排序沿袭了《物权
法》的条款顺序，但其与《宪法》条款排序不一致的条目安排，用
意何在仍然值得探究。《民法典》第二百五十一条规定："法律规
定属于国家所有的野生动植物资源，属于国家所有。"从该规定可以
看出，野生动植物资源属于国家所有，必须由法律作出明文规定。

法律没有规定属于国家所有的野生动植物资源，则属于自然界物质，是自然界赋予人类的公共产品，而这类自然资源的开发利用，则不属于民法调整的范围。由此也可以看出，民法并非调整所有自然资源开发利用的法律关系。属于人类公共产品的自然资源之开发利用，不能也不应当由民法来调整。《民法典》第二百五十二条规定："无线电频谱资源属于国家所有。"该条与《物权法》第五十条并无差异，主要在于保护无线电频谱资源这一特殊类型的自然资源。关于自然资源国家所有权的法律制度，是自然资源法律制度的重中之重，本章将在后文就自然资源国家所有权制度作进一步的考察和分析。

2. 自然资源集体所有的规定

《民法典》第二百六十条规定："集体所有的不动产和动产包括：（一）法律规定属于集体所有的土地和森林、山岭、草原、荒地、滩涂；（二）集体所有的建筑物、生产设施、农田水利设施；（三）集体所有的教育、科学、文化、卫生、体育等设施；（四）集体所有的其他不动产和动产。"从该条文的财产类型排序可以看出，自然资源是集体所有的最重要的财产。从该条文可以看出，土地和森林、山岭、草原、荒地、滩涂属于集体所有，应当由法律作出明确规定，法律没有明确规定的，任何组织或者个人不得将土地和森林、山岭、草原、荒地、滩涂确认为集体所有；法律作出明确规定的，任何组织或者个人也不得否认集体的所有者资格。为保护集体所有的财产，《民法典》第二百六十五条第一款明确规定："集体所有的财产受法律保护，禁止任何组织或者个人侵占、哄抢、私分、破坏。"

（三）自然资源用益物权的相关规定

《民法典》物权编第三分编"用益物权"，就自然资源用益物权作出了专门规定，相关的法律规则主要从一般规定和专章规定两个层面展开。

1.《民法典》物权编第十章"一般规定"中的相关规定

《民法典》第三百二十四条规定："国家所有或者国家所有由集体使用以及法律规定属于集体所有的自然资源，组织、个人依法可以占有、使用和收益。"《民法典》第三百二十五条规定："国家实行自然资源有偿使用制度，但是法律另有规定的除外。"《民法典》第三百二十六条规定："用益物权人行使权利，应当遵守法律有关保护和合理开发利用资源、保护生态环境的规定。所有权人不得干涉用益物权人行使权利。"《民法典》第三百二十八条规定："依法取得的海域使用权受法律保护。"《民法典》第三百二十九条规定："依法取得的探矿权、采矿权、取水权和使用水域、滩涂从事养殖、捕捞的权利受法律保护。"

2.《民法典》关于自然资源用益物权的专章规定

这部分内容主要围绕着土地用益物权展开，具体包括第十一章"土地承包经营权"、第十二章"建设用地使用权"、第十三章"宅基地使用权"和第十五章"地役权"。《民法典》未能就土地之外自然资源用益物权（或者自然资源使用权）进行具体的规定，要弥补这一遗憾有待于未来立法的进一步努力。国外民法典的立法经验可资借鉴。例如，在《德国民法典》的"用益权"部分，专门规定了森林和矿山用益权的条款。《德国民法典》第一千零三十八条规定："（1）森林为用益权客体的，所有权人和用益权人均可以请求以经营计划确定使用范围和经营上的处理方法。情事发生重大变更的，任何一方可以请求相应地变更经营计划。每一方当事人必须各负担一半费用。（2）矿山或其他为采掘土壤成分而设置的工作物为用益权客体的，亦同。"[1]又如，在《西班牙民法典》中，设置了"特殊物的所有权"专辑，并详细规定了公有水的利用（第四百零九至

---

[1]　德国民法典［M］.陈卫佐，译.4 版.北京：法律出版社，2015：371.

四百一十一条）、私有水的利用（第四百一十二至四百一十六条）、地下水的利用（第四百一十七至四百一十九条）、矿产的开发利用（第四百二十六和四百二十七条）。[1]再如，在《葡萄牙民法典》中，专节规定了水之利用的条款（第一千三百八十九至一千三百九十七条）。[2]自然资源是最重要的财产形态之一，在未来完善《民法典》时，有必要进一步完善水、矿产、森林等重要自然资源的用益物权制度。在此基础上，可以尝试建立健全自然资源保护地役权制度。自然资源保护地役权制度是将保护地役权制度应用于自然资源保护，是基于生态保护、资源合理利用等目的，由国家、地方政府、公益组织、企业（作为保护地役权人）与自然资源权利人（作为供役地人）签订自然资源保护地役权合同取得保护地役权，由供役地人负责履行保障实现自然资源的生态或其他功能的义务，由保护地役权人支付报酬的制度。[3]这是地役权制度运用于自然资源保护的有益探索，在中国建立健全自然资源保护地制度体系的过程中，可以探索建立健全自然资源保护地役权制度。

（四）自然资源担保物权的相关规定

在我国《民法典》"抵押权"这一章，规定了可以用于抵押的自然资源权利。《民法典》第三百九十五条规定："债务人或者第三人有权处分的下列财产可以抵押：（一）建筑物和其他土地附着物；（二）建设用地使用权；（三）海域使用权；（四）生产设备、原材料、半成品、产品；（五）正在建造的建筑物、船舶、航空器；（六）交通运输工具；（七）法律、行政法规未禁止抵押的其他财产。抵押人可以将前款所列财产一并抵押。"从该规定可以看出，民法典明确规定可以用于抵押的自然资源权利包括了"建设用地使用权"

---

[1] 西班牙民法典［M］.潘灯，马琴，译.北京：中国政法大学出版社，2013：6.
[2] 葡萄牙民法典［M］.唐晓晴，等译.北京：北京大学出版社，2009：239-240.
[3] 唐孝辉.我国自然资源保护地役权制度构建［D］.长春：吉林大学，2014：1.

和"海域使用权"，其他类型的自然资源权利可否抵押，则要看法律、行政法规是否作出禁止性规定，只要是没有作出禁止性规定的，就属于可以抵押的其他财产。

《民法典》第三百九十九条就不得抵押的财产作出了进一步的规定："下列财产不得抵押：（一）土地所有权；（二）宅基地、自留地、自留山等集体所有土地的使用权，但是法律规定可以抵押的除外；（三）学校、幼儿园、医疗机构等为公益目的成立的非营利法人的教育设施、医疗卫生设施和其他公益设施；（四）所有权、使用权不明或者有争议的财产；（五）依法被查封、扣押、监管的财产；（六）法律、行政法规规定不得抵押的其他财产。"从该条款可以看出，土地所有权不得抵押，宅基地、自留地、自留山等集体所有土地的使用权一般情形之下不得抵押，除非法律作出特别的规定（需要注意的是，此处行政法规无权作出特别的例外规定）。同时，民法典还规定了集体所有土地的使用权抵押的限制性条件。《民法典》第四百一十八条规定："以集体所有土地的使用权依法抵押的，实现抵押权后，未经法定程序，不得改变土地所有权的性质和土地用途。"

（五）《民法典》中与自然资源相关的其他规定

除《民法典》物权编之外，《民法典》的合同编、侵权责任编也规定了与自然资源相关的条款。《民法典》第四百六十七条第二款规定："在中华人民共和国境内履行的中外合资经营企业合同、中外合作经营企业合同、中外合作勘探开发自然资源合同，适用中华人民共和国法律。"《民法典》第五百零九条第三款规定："当事人在履行合同过程中，应当避免浪费资源、污染环境和破坏生态。"《民法典》第六百一十九条规定："出卖人应当按照约定的包装方式交付标的物。对包装方式没有约定或者约定不明确，依据本法第五百一十条的规定仍不能确定的，应当按照通用的方式包装；没有通用方式的，应当采取足以保护标的物且有利于节约资源、保护生态环境的包装方式。"《民法典》第一千二百二十九条规定："因污染环境、破坏生态造成他人损害的，侵权人应当承担侵权责任。"这里的"破坏生态"包括通过毁坏自然资源破坏生态环境的情形。因此，《民法典》侵权责任编第七章"环境污染和生态破坏责任"的相关规定，是自然资源侵权责任法律制度的重要法源。

三、刑法中的自然资源法律制度

《中华人民共和国刑法》（以下简称《刑法》）于 1979 年 7 月 1 日第五届全国人民代表大会第二次会议通过，1997 年 3 月 14 日第八届全国人民代表大会第五次会议修订。在《刑法》分则第六章第六节"破坏环境资源保护罪"中，专门规定了自然资源刑事保护法律制度。2020 年 12 月 26 日，第十三届全国人民代表大会常务委员会第二十四次会议通过了《中华人民共和国刑法修正案（十一）》，该修正案于 2021 年 3 月 1 日起正式施行。该修正案对"破坏环境资源保护罪"作出了多处修改，至此，我国形成了较为完善的自然资源刑事保护法律制度。《中华人民共和国刑法修正案（十一）》对自然资源的保护主要体现在以下几个方面。

一是加大对污染水资源（含江河、湖泊水域）、自然保护地和基本农田等犯罪行为的打击力度，对这些犯罪行为的处罚不再规定有期徒刑的上限。具体而言，本次修正案将原《刑法》的第三百三十八条修改为："违反国家规定，排放、倾倒或者处置有放射性的废物、含传染病病原体的废物、有毒物质或者其他有害物质，严重污染环境的，处三年以下有期徒刑或者拘役，并处或者单处罚金；情节严重的，处三年以上七年以下有期徒刑，并处罚金；有下列情形之一的，处七年以上有期徒刑，并处罚金：（一）在饮用水水源保护区、自然保护地核心保护区等依法确定的重点保护区域排放、倾倒、处置有放射性的废物、含传染病病原体的废物、有毒物质，情节特别严重的；（二）向国家确定的重要江河、湖泊水域排放、倾倒、处置有放射性的废物、含传染病病原体的废物、有毒物质，情节特别严重的；（三）致使大量永久基本农田基本功能丧失或者遭受永久性破坏的；（四）致使多人重伤、严重疾病，或者致人严重残疾、死亡的。有前款行为，同时构成其他犯罪的，依照处罚较重的规定定罪处罚。"[1]

　　二是重视对野生动物的保护，补充规定禁止以食用为目的危害陆生野生动物的相关条款。《刑法》第三百四十一条第一款规定："非法猎捕、杀害国家重点保护的珍贵、濒危野生动物的，或者非法收购、运输、出售国家重点保护的珍贵、濒危野生动物及其制品的，处五年以下有期徒刑或者拘役，并处罚金；情节严重的，处五年以上十年以下有期徒刑，并处罚金；情节特别严重的，处十年以上有期徒刑，并处罚金或者没收财产。"《刑法》第三百四十一条第二款规定："违反狩猎法规，在禁猎区、禁猎期或者使用禁用的工具、方法进行狩猎，破坏野生动物资源，情节严重的，处三年以下有期徒刑、拘役、管制或者罚金。"本次修正案在刑法第三百四十一条中增加一款作为第三款："违反野生动物保护管理法规，以食用为目的非法猎捕、收购、运输、出售第一款规定以外的在野外环境自然生长繁殖的陆生野生动物，情节严重的，依照前款的规定处罚。"由此，新增了罪名："非法猎捕、收购、运输、出售陆生野生动物罪"，其主要目的是打击以食用为目的危害陆生野生动物的犯罪行为。至此，刑法形成了较为体系化的野生动物刑事保护法律制度。

　　三是加大对破坏自然保护地犯罪行为的打击力度。在原《刑法》第三百四十二条后增加一条，作为第三百四十二条之一："违反自然

---

[1]　修正前的《刑法》第三百三十八条："违反国家规定，向土地、水体、大气排放、倾倒或者处置有放射性的废物、含传染病病原体的废物、有毒物质或者其他危险废物，造成重大环境污染事故，致使公私财产遭受重大损失或者人身伤亡的严重后果的，处三年以下有期徒刑或者拘役，并处或者单处罚金；后果特别严重的，处三年以上七年以下有期徒刑，并处罚金。"

保护地管理法规，在国家公园、国家级自然保护区进行开垦、开发活动或者修建建筑物，造成严重后果或者有其他恶劣情节的，处五年以下有期徒刑或者拘役，并处或者单处罚金。有前款行为，同时构成其他犯罪的，依照处罚较重的规定定罪处罚。"由此，新增了罪名："破坏自然保护地罪"。

四是加大对非法引进、释放或者丢弃外来入侵物种的打击力度。在原《刑法》第三百四十四条后增加一条，作为第三百四十四条之一："违反国家规定，非法引进、释放或者丢弃外来入侵物种，情节严重的，处三年以下有期徒刑或者拘役，并处或者单处罚金。"由此，新增了罪名："非法引进、释放或者丢弃外来入侵物种罪。"

除以上由《中华人民共和国刑法修正案（十一）》作出修改的法律条款之外，《刑法》对自然资源保护的相关规定还体现在对水产资源、土地资源、矿产资源、森林资源（含林木）的刑事法律保护上。《刑法》第三百四十条规定："违反保护水产资源法规，在禁渔区、禁渔期或者使用禁用的工具、方法捕捞水产品，情节严重的，处三年以下有期徒刑、拘役、管制或者罚金。"《刑法》第三百四十二条规定："违反土地管理法规，非法占用耕地改作他用，数量较大，造成耕地大量毁坏的，处五年以下有期徒刑或者拘役，并处或者单处罚金。"《刑法》第三百四十三条规定："违反矿产资源法的规定，未取得采矿许可证擅自采矿的，擅自进入国家规划矿区、对国民经济具有重要价值的矿区和他人矿区范围采矿的，擅自开采国家规定实行保护性开采的特定矿种，经责令停止开采后拒不停止开采，造成矿产资源破坏的，处三年以下有期徒刑、拘役或者管制，并处或者单处罚金；造成矿产资源严重破坏的，处三年以上七年以下有期徒刑，并处罚金。违反矿产资源法的规定，采取破坏性的开采方法开采矿产资源，造成矿产资源严重破坏的，处五年以下有期徒刑或者拘役，并处罚金。"《刑法》第三百四十四条规定：“违反森林法的规定，非法采伐、毁坏珍贵树木的，处三年以下有期徒刑、拘役或者管制，并处罚金；情节严重的，处三年以上七年以下有期徒刑，并处罚金。”《刑法》第三百四十五条规定：“盗伐森林或者其他林木，数量较大的，处三年以下有期徒刑、拘役或者管制，并处或者单处罚金；数量巨大的，处三年以上七年以下有期徒刑，并处罚金；数量特别巨大的，处七年以上有期徒刑，并处罚金。违反森林法的规定，滥伐森林或者其他林木，数量较大的，处三年以下有期徒刑、拘役或者管制，并处或者单处罚金；数量巨大的，处三年以上七年以下有期徒刑，并处罚金。以牟利为目的，在林区非法收购明知是盗伐、滥伐的林木，情节严重的，处三年以下有期徒刑、拘役或者管制，并处或者单处罚金；情节特别严重的，处三年以上七年以下有期徒刑，并处罚金。盗伐、滥伐国家级自然保护区内的森林或者其他林木的，从重处罚。”

四、行政法中的自然资源法律制度

在自然资源法律制度中，行政法部门充当着重要的角色。尤其是和自然资源保护与利用相关的管理制度，基本上体现在行政法律制度之中。其中，部门法交叉是自然资源法律制度的一个重要特征，尤其是行政法与环境法、自然资源法的部门法交叉大量存在。为便于探讨，本书将环境法、自然资源单行法中与自然资源相关的法律制度单列在下文进行讨论。本部分主要讨论环境法、自然资源单行法之外的自然资源行政法律制度。

在行政综合性法律制度之中，虽然其并未针对自然资源作出特殊性规定，但相关的行政法律规则同样适用于自然资源的保护与利用，在法律、行政法规、国务院文件等不同法律位阶之中，也存在着大量和自然资源的保护与利用相关的法律规则（表2-1）。

表 2-1　行政类自然资源法律渊源举例表

法律位阶	行政类自然资源法律渊源举例
法律	《中华人民共和国行政处罚法》《中华人民共和国行政强制法》《中华人民共和国行政许可法》《中华人民共和国行政复议法》《中华人民共和国城乡规划法》《中华人民共和国测绘法》《中华人民共和国招投标法》《中华人民共和国海关法》
行政法规	《政府督查工作条例》《不动产登记暂行条例》《中华人民共和国行政复议法实施条例》
国务院文件	《国务院关于加快建立健全绿色低碳循环发展经济体系的指导意见》《中共中央 国务院关于新时代推进西部大开发形成新格局的指导意见》《中共中央 国务院关于新时代加快完善社会主义市场经济体制的意见》《中共中央 国务院关于构建更加完善的要素市场化配置体制机制的意见》

注：本表于 2021 年 3 月 20 日统计。

从表 2-1 可以看出，考察自然资源保护与利用的自然资源法律制度，应当全面考察综合类的行政法律制度。以《中华人民共和国行政处罚法》为例，其关于行政处罚的种类与设定、行政处罚的实施机关、行政处罚的管辖与适用、法律责任等一系列规定，是自然资源管理过程中必须严格遵守的法律规则。以《不动产登记暂行条例》为例，其规定的不动产统一登记制度，是建立健全自然资源统一确权登记制度的制度基础。以《国务院关于加快建立健全绿色低碳循环发展经济体系的指导意见》为例，其提出的"推进工业绿色升级、加快农业绿色发展、提高服务业绿色发展水平、加强再生资源回收利用、建立绿色贸易体系、推动能源体系绿色低碳转型"等一系列战略部署，对引领推动自然资源法律制度建设至关重要。

五、环境保护法中的自然资源法律制度

环境法是一个新兴的法律部门。关于环境法的概念，学者们见仁见智。有学者认为，环境法是调整人们在开发利用、保护改善环

境的活动中所产生的环境社会关系的法律规范体系。[1]有学者提出，环境法是指以保护和改善环境、预防和治理环境损害为目的，调整人类环境利用关系的法律规范的总称。[2]有学者认为，环境法是指国家出于实现保护环境的目的而创制的，用于调整因开发、利用、保护、改善环境而发生的社会关系的法律规范的总称。[3]尽管学者对环境法的定义各不相同，但都强调了环境法的调整对象是与"环境"相关的法律关系。那么，究竟何为环境？《环境保护法》第二条明确规定："本法所称环境，是指影响人类生存和发展的各种天然的和经过人工改造的自然因素的总体，包括大气、水、海洋、土地、矿藏、森林、草原、湿地、野生生物、自然遗迹、人文遗迹、自然保护区、风景名胜区、城市和乡村等。"可见，环境法所调整的"环境"，实际上是一个包含了大气、水、海洋、土地、矿藏、森林、草原、湿地、野生生物等自然资源的大环境。因此，环境法中的诸多环境保护法律规则，实际上是通过规范自然资源开发利用行为来设计的，自然资源利用的限制规则实际上已经成为环境保护法律规则的重要组成部分。

（一）《环境保护法》中的自然资源保护与利用法律规则

2014 年 4 月 24 日，第十二届全国人民代表大会常务委员会第八次会议审议通过了《〈中华人民共和国环境保护法〉修订案》，这是继 1989 年《环境保护法》颁布施行 25 年之后的一次重大修订。《环境保护法》的这次修订，并不仅仅是法律条文的简单添补，而是从立法理念到基本法律制度再到法律责任的全方位的立法修订，其中包括了对自然资源保护与利用之法律规则的补充与完善。

---

［1］　吕忠梅.环境法学概要［M］.北京：法律出版社，2016：42.

［2］　汪劲.环境法学［M］.4 版.北京：北京大学出版社，2018：23.

［3］　徐祥民.环境与资源保护法学［M］.2 版.北京：科学出版社，2013：15.

环境保护法中的自然资源保护与利用法律规则主要体现在五个方面。第一，在总则部分强调了节约和循环利用资源的要求。《环境保护法》第四条第二款规定："国家采取有利于节约和循环利用资源、保护和改善环境、促进人与自然和谐的经济、技术政策和措施，使经济社会发展与环境保护相协调。"将节约和循环利用资源作为落实环境保护这一基本国策的基本要求，充分体现了环境保护法对自然资源利用的重视。《环境保护法》第四章"防治污染和其他公害"对循环利用资源进行了更为细化的规定。《环境保护法》第四十条第三款规定："企业应当优先使用清洁能源，采用资源利用率高、污染物排放量少的工艺、设备以及废弃物综合利用技术和污染物无害化处理技术，减少污染物的产生。"第二，在总则部分强调了政府有关部门及军队环境部门对资源保护的监督管理职责。《环境保护法》第十条第二款规定："县级以上人民政府有关部门和军队环境保护部门，依照有关法律的规定对资源保护和污染防治等环境保护工作实施监督管理。"该条款在赋予有关部门职责的同时，实际上也在强调有关部门负有资源保护的法定责任。第三，把促进资源综合利用作为环境保护产业发展的主要方向之一加以强调。《环境保护法》第二十一条规定："国家采取财政、税收、价格、政府采购等方面的政策和措施，鼓励和支持环境保护技术装备、资源综合利用和环境服务等环境保护产业的发展。"第四，明确了开发利用自然资源的环境底线要求。《环境保护法》第三十条规定："开发利用自然资源，应当合理开发，保护生物多样性，保障生态安全，依法制定有关生态保护和恢复治理方案并予以实施。引进外来物种以及研究、开发和利用生物技术，应当采取措施，防止对生物多样性的破坏。"第五，强调建立自然资源要素保护的调查、监测、评估和修复制度。《环境保护法》第三十二条规定："国家加强对大气、水、土壤等的保护，建立和完善相应的调查、监测、评估和修复制度。"

此外，《环境保护法》中还有不少条款的规定同自然资源的保护与利用密切相关。比如，《环境保护法》第三十一条关于生态补偿的规定，《环境保护法》第三十五条关于保护自然环境的规定，《环境保护法》第三十二条关于防止农业面源污染的规定，《环境保护法》第五十八条关于环境公益诉讼的规定，等等。

（二）污染防治单行法中的自然资源保护与利用法律规则

污染防治单行法中存在着大量和自然资源保护与利用相关的法律规则，本书以《中华人民共和国土壤污染防治法》《中华人民共和国水污染防治法》《中华人民共和国大气污染防治法》（以下分别简称《土壤污染防治法》《水污染防治法》《大气污染防治法》）这三部污染防治单行法中的相关法律规则为例加以说明。

1.《土壤污染防治法》中的自然资源保护与利用法律规则

2018 年 8 月 31 日，第十三届全国人民代表大会常务委员会第五次会议通过了《土壤污染防治法》。这部法律的制定具有重要意义，它进一步完善了生态环境保护和污染防治的法律体系，为扎实推进"净土保卫战"提供了法治保障。[1]该法把"推动土壤资源永续利用"明确规定在立法目的条款，并对"土壤资源的保护和合理利用"作出专门规定。《土壤污染防治法》第三十三条规定："国家加强对土壤资源的保护和合理利用。对开发建设过程中剥离的表土，应当单独收集和存放，符合条件的应当优先用于土地复垦、土壤改良、造地和绿化等。禁止将重金属或者其他有毒有害物质含量超标的工业固体废物、生活垃圾或者污染土壤用于土地复垦。"这一条款也是对"十分珍惜、合理利用土地和切实保护耕地"这一基本国策的

---

[1]　生态环境部法规与标准司.《中华人民共和国土壤污染防治法》解读与适用手册［M］.北京：法律出版社，2018：3.

制度落实。此外，《土壤污染防治法》中还有大量与土壤资源保护和合理利用紧密相关的法律条款，本书从以下五个方面举例说明。第一，对土地使用权人开发利用土地的活动提出了明确的要求。《土壤污染防治法》第四条第二款规定："土地使用权人从事土地开发利用活动，企业事业单位和其他生产经营者从事生产经营活动，应当采取有效措施，防止、减少土壤污染，对所造成的土壤污染依法承担责任。"第二，制定土地利用过程进行环境影响评价的相关规则。《土壤污染防治法》第十八条规定："各类涉及土地利用的规划和可能造成土壤污染的建设项目，应当依法进行环境影响评价。环境影响评价文件应当包括对土壤可能造成的不良影响及应当采取的相应预防措施等内容。"第三，制定未污染土壤保护的法律规则。《土壤污染防治法》第三十一条规定："国家加强对未污染土壤的保护。地方各级人民政府应当重点保护未污染的耕地、林地、草地和饮用水水源地。各级人民政府应当加强对国家公园等自然保护地的保护，维护其生态功能。对未利用地应当予以保护，不得污染和破坏。"第四，制定实施风险管控、修复活动的相关法律规则。《土壤污染防治法》第三十八条规定："实施风险管控、修复活动，应当因地制宜、科学合理，提高针对性和有效性。实施风险管控、修复活动，不得对土壤和周边环境造成新的污染。"第五，制定永久基本农田严格保护的法律规则。《土壤污染防治法》第五十条规定："县级以上地方人民政府应当依法将符合条件的优先保护类耕地划为永久基本农田，实行严格保护。在永久基本农田集中区域，不得新建可能造成土壤污染的建设项目；已经建成的，应当限期关闭拆除。"当然，《土壤污染防治法》关于土壤资源保护的法律条款绝不仅仅包括以上所列条款，甚至可以认为，《土壤污染防治法》的每一个条款都与土壤资源的利用和保护密切相关，因为对土壤污染防治的过程实质上就是对土壤资源保护的过程。

2.《水污染防治法》中的自然资源保护与利用法律规则

2017 年 6 月 27 日修正的《中华人民共和国水污染防治法》，对水资源保护与利用作出了明确的要求，相关的规定主要体现在以下六个方面。第一，明确规定了河长制，强化水资源的分级分段组织领导。《水污染防治法》第五条明确规定："省、市、县、乡建立河长制，分级分段组织领导本行政区域内江河、湖泊的水资源保护、水域岸线管理、水污染防治、水环境治理等工作。"第二，明确了水资源保护的监测机构相关的职责。《水污染防治法》第二十六条规定："国家确定的重要江河、湖泊流域的水资源保护工作机构负责监测其所在流域的省界水体的水环境质量状况，并将监测结果及时报国务院环境保护主管部门和国务院水行政主管部门；有经国务院批准成立的流域水资源保护领导机构的，应当将监测结果及时报告流域水资源保护领导机构。"第三，提出了政府开发、利用和调节、调度水资源的基本要求。《水污染防治法》第二十七条规定："国务院有关部门和县级以上地方人民政府开发、利用和调节、调度水资源时，应当统筹兼顾，维持江河的合理流量和湖泊、水库以及地下水体的合理水位，保障基本生态用水，维护水体的生态功能。"第四，对地下水开采提出了明确的环境保护要求。《水污染防治法》第四十一条规定："多层地下水的含水层水质差异大的，应当分层开采；对已受污染的潜水和承压水，不得混合开采。"第五，对地下勘探、采矿等资源利用行为提出了防止地下水污染的要求。《水污染防治法》第四十二条规定："兴建地下工程设施或者进行地下勘探、采矿等活动，应当采取防护性措施，防止地下水污染。报废矿井、钻井或者取水井等，应当实施封井或者回填。"第六，专章规定了饮用水水源和其他特殊水体保护的法律规则。《水污染防治法》第五章对饮用水水源和其他特殊水体保护进行了专章规定，其中包括《水污染防治法》第六十三条关于国家建立饮用水水源保护区制度的规定，《水污染防治法》第六十四条关于在饮用水水源保护区内禁止设置排污口的规定，《水污染防治法》第六十五条关于饮用水水源一级保护区保护的规定，《水污染防治法》第六十六条关于饮用水水源二级保护区保护的规定，等等。

3.《大气污染防治法》中的自然资源保护与利用法律规则

2015 年 8 月 29 日，第十二届全国人民代表大会常务委员会第十六次会议修订了《大气污染防治法》，本次修订主要围绕"政府的环境保护责任""排放总量控制和排污许可""重点领域大气污染防治""重点区域大气污染防治""重污染天气的预警和应对""法律责任"等方面进行了补充或者修改。[1] 2018 年 10 月 26 日，第十三届全国人民代表大会常务委员会第六次会议对《大气污染防治法》的个别条款进行了修正。《大气污染防治法》中关于自然资源保护与利用的规定，主要列举以下三个方面。第一，关于防止、减少大气污染的相关规定。《大气污染防治法》第七条规定："企业事业单位和其他生产经营者应当采取有效措施，防止、减少大气污染，对所造成的损害依法承担责任。公民应当增强大气环境保护意识，采取低碳、节俭的生活方式，自觉履行大气环境保护义务。"第二，关于煤炭项目开发利用过程中防治大气污染的相关规定。《大气污染防治法》第九十条规定："国家大气污染防治重点区域内新建、改建、扩建用煤项目的，应当实行煤炭的等量或者减量替代。"第三，关于煤矿未履行大气污染防治义务之法律责任的规定。《大气污染防治法》第一百零二条规定："违反本法规定，煤矿未按照规定建设配套煤炭洗选设施的，由县级以上人民政府能源主管部门责令改正，处十万元以上一百万元以下的罚款；拒不改正的，报经有批准权的人民政府批准，

---

[1] 参见原环境保护部部长周生贤于 2014 年 12 月 22 日在第十二届全国人民代表大会常务委员会第十二次会议上所作的《关于〈中华人民共和国大气污染防治法（修订草案）〉的说明》。引自：信春鹰. 中华人民共和国大气污染防治法释义 [M]. 北京：法律出版社，2015：371-372.

责令停业、关闭。违反本法规定，开采含放射性和砷等有毒有害物质超过规定标准的煤炭的，由县级以上人民政府按照国务院规定的权限责令停业、关闭。"当然，《大气污染防治法》中与自然资源开发利用相关的法律规则并不仅仅只有上述法律条款。事实上，《大气污染防治法》中的诸多法律条款，都是通过规范自然资源开发、利用行为来实现大气污染防治的。

六、自然资源单行法中的自然资源法律制度

目前，我们尚未制定一部《自然资源法》或者《自然资源利用法》。在立法体例上，主要是按照自然资源要素制定相应的自然资源单行法。下面，以《中华人民共和国土地管理法》《中华人民共和国森林法》《中华人民共和国水法》《中华人民共和国矿产资源法》（以下分别简称《土地管理法》《森林法》《水法》《矿产资源法》）等四部法律为例介绍自然资源单行法中的自然资源保护与利用法律规则。

（一）《土地管理法》中的自然资源保护与利用法律规则

《土地管理法》于 1986 年 6 月 25 日第六届全国人民代表大会常务委员会第十六次会议通过，之后历经一次修订和三次修正，分别是：根据 1988 年 12 月 29 日第七届全国人民代表大会常务委员会第五次会议《关于修改〈中华人民共和国土地管理法〉的决定》第一次修正；1998 年 8 月 29 日第九届全国人民代表大会常务委员会第四次会议修订；根据 2004 年 8 月 28 日第十届全国人民代表大会常务委员会第十一次会议《关于修改〈中华人民共和国土地管理法〉的决定》第二次修正；根据 2019 年 8 月 26 日第十三届全国人民代表大会常务委员会第十二次会议《关于修改〈中华人民共和国土地管理法〉、〈中华人民共和国城市房地产管理法〉的决定》第三次

修正。现行《土地管理法》共八章八十七条，分别是第一章"总则"，第二章"土地的所有权和使用权"，第三章"土地利用总体规划"，第四章"耕地保护"，第五章"建设用地"，第六章"监督检查"，第七章"法律责任"，第八章"附则"。总体而言，《土地管理法》是一部规范土地资源保护与利用的法律，其规定的重要法律规则主要体现在以下五个方面。

第一，把珍惜、合理利用土地和切实保护耕地作为我国法定的基本国策。《土地管理法》第三条规定："十分珍惜、合理利用土地和切实保护耕地是我国的基本国策。各级人民政府应当采取措施，全面规划，严格管理，保护、开发土地资源，制止非法占用土地的行为。"把珍惜、合理利用土地和切实保护耕地规定为我国的基本国策，充分体现了《土地管理法》对合理利用土地和切实保护耕地的重视。《土地管理法》第三章和第四章中关于耕地保护的进一步规定，就是对这一基本国策的制度落实。

第二，明确规定国家实行土地用途管制制度。《土地管理法》第四条规定："国家实行土地用途管制制度。国家编制土地利用总体规划，规定土地用途，将土地分为农用地、建设用地和未利用地。严格限制农用地转为建设用地，控制建设用地总量，对耕地实行特殊保护。前款所称农用地是指直接用于农业生产的土地，包括耕地、林地、草地、农田水利用地、养殖水面等；建设用地是指建造建筑物、构筑物的土地，包括城乡住宅和公共设施用地、工矿用地、交通水利设施用地、旅游用地、军事设施用地等；未利用地是指农用地和建设用地以外的土地。使用土地的单位和个人必须严格按照土地利用总体规划确定的用途使用土地。"自然资源用途管制制度是确保自然资源合理开发利用的一项重要制度，土地用途管制制度在我国各自然资源要素用途管制制度中相对比较成熟。

第三，明确规定实行土地统一管理和监督的体制机制。《土地管

理法》第五条第一款规定："国务院自然资源主管部门统一负责全国
土地的管理和监督工作。"2018 年国务院机构改革之后,自然资源部
正式设立。该条款作为 2019 年修正的内容,从法律上正式确立了土
地统一管理和监督的体制机制。

第四,明确规定我国土地的所有权和使用权制度。这部分内容主
要体现在《土地管理法》第二章"土地的所有权和使用权"之第九条
到第十四条共计 6 个条款中。尽管条款数量不多,但其规定的从土地
所有到利用的权利规则却与土地资源的合理利用休戚相关。

第五,强调要建立国土空间规划体系。《土地管理法》第十八条
规定:"国家建立国土空间规划体系。编制国土空间规划应当坚持生
态优先,绿色、可持续发展,科学有序统筹安排生态、农业、城镇等
功能空间,优化国土空间结构和布局,提升国土空间开发、保护的质
量和效率。经依法批准的国土空间规划是各类开发、保护、建设活动
的基本依据。已经编制国土空间规划的,不再编制土地利用总体规划
和城乡规划。"把"生态优先""绿色、可持续发展"等作为编制国
土空间规划应当坚持的基本原则,充分体现了优化土地资源利用的指
导思想。

（二）《森林法》中的自然资源保护与利用法律规则

《森林法》于 1984 年 9 月 20 日第六届全国人民代表大会常务委
员会第七次会议通过,之后历经两次修正和一次修订,分别是:根据
1998 年 4 月 29 日第九届全国人民代表大会常务委员会第二次会议《关
于修改〈中华人民共和国森林法〉的决定》第一次修正;根据 2009
年 8 月 27 日第十一届全国人民代表大会常务委员会第十次会议《关
于修改部分法律的决定》第二次修正;2019 年 12 月 28 日第十三届
全国人民代表大会常务委员会第十五次会议修订。现行《森林法》自
2020 年 7 月 1 日起施行,共九章八十四条,分别是第一章"总则",
第二章"森林权属",第三章"发展规划",第四章"森林保护",

第五章"造林绿化"，第六章"经营管理"，第七章"监督检查"，第八章"法律责任"，第九章"附则"。总体而言，《森林法》是一部规范森林、林木和林地利用与保护的法律，其规定的重要法律规则主要体现在以下六个方面。

第一，在立法目的条款强调"保护、培育和合理利用森林资源"的要求。《森林法》第一条规定："为了践行绿水青山就是金山银山理念，保护、培育和合理利用森林资源，加快国土绿化，保障森林生态安全，建设生态文明，实现人与自然和谐共生，制定本法。"由此可见，《森林法》在第一条就开宗明义地强调了"保护、培育和合理利用"相结合的要求，并把这一要求与"践行绿水青山就是金山银山理念""保障森林生态安全"等有机统一起来。与此同时，《森林法》第三条进一步明确了保护、培育和合理利用森林资源应当坚持的基本原则。《森林法》第三条规定："保护、培育、利用森林资源应当尊重自然、顺应自然，坚持生态优先、保护优先、保育结合、可持续发展的原则。"

第二，强化森林资源利用应当以保障生态安全为前提条件。除在立法目的条款强调要"保障森林生态安全"之外，《森林法》第五十条第二款明确规定："在保障生态安全的前提下，国家鼓励建设速生丰产、珍贵树种和大径级用材林，增加林木储备，保障木材供给安全。"这也充分体现了《森林法》第三条强调的"生态优先"这一基本原则。值得注意的是，强调生态安全并不是反对合理开发利用森林资源。《森林法》第五十一条明确规定："商品林由林业经营者依法自主经营。在不破坏生态的前提下，可以采取集约化经营措施，合理利用森林、林木、林地，提高商品林经济效益。"

第三，对破坏森林资源造成生态环境损害的救济作出明确规定。《森林法》第六十八条规定："破坏森林资源造成生态环境损害的，县级以上人民政府自然资源主管部门、林业主管部门可以依法向人民法院提起诉讼，对侵权人提出损害赔偿要求。"该条款赋予了县级以上人民政府自然资源主管部门、林业主管部门依法提起破坏森林资源造成生态环境损害侵权之诉的主体资格。

第四，制定建立以国家公园为主体的自然保护地体系的相关规定。《森林法》第三十一条规定："国家在不同自然地带的典型森林生态地区、珍贵动物和植物生长繁殖的林区、天然热带雨林区和具有特殊保护价值的其他天然林区，建立以国家公园为主体的自然保护地体系，加强保护管理。国家支持生态脆弱地区森林资源的保护修复。县级以上人民政府应当采取措施对具有特殊价值的野生植物资源予以保护。"

第五，制定天然林全面保护的相关规定。《森林法》第三十二条规定："国家实行天然林全面保护制度，严格限制天然林采伐，加强天然林管护能力建设，保护和修复天然林资源，逐步提高天然林生态功能。具体办法由国务院规定。"

第六，制定占用林地总量控制的相关规定。《森林法》第三十六条规定："国家保护林地，严格控制林地转为非林地，实行占用林地总量控制，确保林地保有量不减少。各类建设项目占用林地不得超过本行政区域的占用林地总量控制指标。"

（三）《水法》中的自然资源保护与利用法律规则

《水法》于1988年1月21日第六届全国人民代表大会常务委员会第二十四次会议通过，之后历经一次修订和两次修正，分别是：2002年8月29日第九届全国人民代表大会常务委员会第二十九次会议修订；根据2009年8月27日第十一届全国人民代表大会常务委员会第十次会议《关于修改部分法律的决定》第一次修正；根据2016年7月2日第十二届全国人民代表大会常务委员会第二十一次会议《全国人民代表大会常务委员会关于修改〈中华人民共和国节约能源

法〉等六部法律的决定》第二次修正。现行《水法》自 2002 年 10 月
1 日起施行，共八章八十二条，分别是第一章"总则"，第二章"水
资源规划"，第三章"水资源开发利用"，第四章"水资源、水域和
水工程的保护"，第五章"水资源配置和节约使用"，第六章"水事
纠纷处理与执法监督检查"，第七章"法律责任"，第八章"附则"。
总体而言，《水法》是一部规范水资源利用和保护的法律，其规定的
重要法律规则主要体现在以下六个方面。

第一，强调"合理开发、利用、节约和保护水资源"的要求。
《水法》第一条规定："为了合理开发、利用、节约和保护水资源，
防治水害，实现水资源的可持续利用，适应国民经济和社会发展
的需要，制定本法。"由此可见，《水法》的立法目的条款不仅
强调要保护水资源，而且非常重视节约水资源。不仅于此，《水法》
在第五章"水资源配置和节约使用"中明确规定了水资源节约使
用的一系列法律规则，充分体现了《水法》对建立节水制度的重
视程度。

第二，明确规定饮用水水源保护区制度。《水法》第三十三条规
定："国家建立饮用水水源保护区制度。省、自治区、直辖市人民政
府应当划定饮用水水源保护区，并采取措施，防止水源枯竭和水体污
染，保证城乡居民饮用水安全。"《水法》第三十四条第一款规定："禁
止在饮用水水源保护区内设置排污口。"

第三，明确规定河道采砂制度。《水法》第三十九条规定："国
家实行河道采砂许可制度。河道采砂许可制度实施办法，由国务院规
定。在河道管理范围内采砂，影响河势稳定或者危及堤防安全的，有
关县级以上人民政府水行政主管部门应当划定禁采区和规定禁采期，
并予以公告。"

第四，明确规定用水总量控制和定额管理相结合的节水制度。
《水法》第四十七条规定："国家对用水实行总量控制和定额管理相

结合的制度。省、自治区、直辖市人民政府有关行业主管部门应当制订本行政区域内行业用水定额，报同级水行政主管部门和质量监督检验行政主管部门审核同意后，由省、自治区、直辖市人民政府公布，并报国务院水行政主管部门和国务院质量监督检验行政主管部门备案。县级以上地方人民政府发展计划主管部门会同同级水行政主管部门，根据用水定额、经济技术条件以及水量分配方案确定的可供本行政区域使用的水量，制定年度用水计划，对本行政区域内的年度用水实行总量控制。"

第五，明确规定用水实行计量收费和超定额累进加价制度。《水法》第四十九条规定："用水应当计量，并按照批准的用水计划用水。用水实行计量收费和超定额累进加价制度。"

第六，明确规定取水许可制度和水资源有偿使用制度。《水法》第四十八条规定："直接从江河、湖泊或者地下取用水资源的单位和个人，应当按照国家取水许可制度和水资源有偿使用制度的规定，向水行政主管部门或者流域管理机构申请领取取水许可证，并缴纳水资源费，取得取水权。但是，家庭生活和零星散养、圈养畜禽饮用等少量取水的除外。实施取水许可制度和征收管理水资源费的具体办法，由国务院规定。"

（四）《矿产资源法》中的自然资源保护与利用法律规则

《矿产资源法》于 1986 年 3 月 19 日第六届全国人民代表大会常务委员会第十五次会议通过，之后历经两次修正，分别是：根据 1996 年 8 月 29 日第八届全国人民代表大会常务委员会第二十一次会议《关于修改〈中华人民共和国矿产资源法〉的决定》第一次修正，根据 2009 年 8 月 27 日第十一届全国人民代表大会常务委员会第十次会议《关于修改部分法律的决定》第二次修正。现行《矿产资源法》自 1986 年 10 月 1 日施行，共七章五十三条，分别是第一章"总则"，第二章"矿产资源勘查的登记和开采的审批"，第三章"矿产资源的勘查"，第四章"矿产资源的开采"，第五章"集体矿山企业和个体采矿"，第六章"法律责任"，第七章"附则"。总体而言，《矿产资源法》是一部规范矿产资源保护与利用的法律，其在我国矿产资源的开发利用和保护上发挥了重要作用，但随着我国经济社会的不断发展和我国生态文明体制机制改革的不断推进，《矿产资源法》已经无法完全满足矿产资源管理改革和实践发展的需求，修改《矿产资源法》已经成为落实党中央、国务院对矿产资源管理改革部署的内在要求。目前，修改已经被列入全国人大常委会资源利用方面的修法项目。[1]

需要说明的是，自然资源单行法中的自然资源保护和利用规则并非只包括上述提及的法律条款。在上述列举的自然资源单行法中，还有大量的法律条款与自然资源保护和利用密切相关，尤其是自然资源权属的相关规定。对与自然资源保护与利用相关的法律条款，本书将在下文陆续展开研讨。

第二节　自然资源法律制度建设的问题查探

我国是一个自然资源相对短缺的国家，尽管我国在自然资源保护与利用的法律制度建设上已经取得了显著成绩，但仍然存在着诸多制度短板，与保护好、利用好自然资源的要求仍然存在明显的差距。能否保护好自然资源，关系到经济社会的可持续发展，关系到生态文明建设的成效。这就需要我们认真查找在自然资源法律制度建设过程中的问题与差距，这是保护好自然资源的重要前提和基本路径。

---

[1]　张天培. 人大常委会不断完善生态环保法律体系［N］. 人民日报，2021-02-01（11）.

一、立法目的与生态文明建设的要求不相适应

在相当长的一段时间里，我国已有的自然资源立法目的表现为以经济利益目的为主、生态保护目的为辅，重自然资源的开发利用而轻资源环境的保护。[1]党的十八大以来，随着我国生态文明建设的逐步推进，与自然资源开发利用相关的法律制度也在陆续修改，有的法律已经修订完成，如《森林法》；有的法律则正在修订过程中或者刚刚被列入修法项目，如《矿产资源法》、《草原法》、《中华人民共和国渔业法》（简称《渔业法》）。这就出现了在现行有效的自然资源法律之中，立法目的条款各不相同的情况（表2-2）。

表2-2　我国自然资源单行法的立法目的条款一览表

法律名称	立法目的条款	制定时间	最新修订时间
中华人民共和国土地管理法	为了加强土地管理，维护土地的社会主义公有制，保护、开发土地资源，合理利用土地，切实保护耕地，促进社会经济的可持续发展，根据宪法，制定本法	1986年1月20日	1998年8月29日
中华人民共和国水法	为了合理开发、利用、节约和保护水资源，防治水害，实现水资源的可持续利用，适应国民经济和社会发展的需要，制定本法	1988年1月21日	2002年8月29日
中华人民共和国森林法	为了践行绿水青山就是金山银山理念，保护、培育和合理利用森林资源，加快国土绿化，保障森林生态安全，建设生态文明，实现人与自然和谐共生，制定本法	1984年9月20日	2019年12月28日
中华人民共和国草原法	为了保护、建设和合理利用草原，改善生态环境，维护生物多样性，发展现代畜牧业，促进经济和社会的可持续发展，制定本法	1985年6月18日	2002年12月28日

---

[1]　邓君韬，陈家宏.自然资源立法体系完善探析：基于资源中心主义立场[J].西南民族大学学报（人文社会科学版），2011，32（8）：99-102.

续表

法律名称	立法目的条款	制定时间	最新修订时间
中华人民共和国矿产资源法	为了发展矿业，加强矿产资源的勘查、开发利用和保护工作，保障社会主义现代化建设的当前和长远的需要，根据中华人民共和国宪法，特制定本法	1986年3月19日	虽历经两次修正，但该法暂未修订
中华人民共和国渔业法	为了加强渔业资源的保护、增殖、开发和合理利用，发展人工养殖，保障渔业生产者的合法权益，促进渔业生产的发展，适应社会主义建设和人民生活的需要，特制定本法	1986年1月20日	虽历经四次修正，但该法暂未修订
中华人民共和国海域使用管理法	为了加强海域使用管理，维护国家海域所有权和海域使用权人的合法权益，促进海域的合理开发和可持续利用，制定本法	2001年10月27日	该法暂未修正或者修订
中华人民共和国野生动物保护法	为了保护野生动物，拯救珍贵、濒危野生动物，维护生物多样性和生态平衡，推进生态文明建设，制定本法	1988年11月8日	2018年10月26日第三次修正
中华人民共和国长江保护法	为了加强长江流域生态环境保护和修复，促进资源合理高效利用，保障生态安全，实现人与自然和谐共生、中华民族永续发展，制定本法	2020年12月26日	—

注：本表于2021年3月26日统计。

从表2-2可以看出，我国的自然资源单行法大多制定于20世纪80年代，只要是暂未修订的法律，其立法目的条款都有明显的计划经济痕迹，在自然资源保护和利用的关系上，也往往呈现出重利用轻保护的特点。从修订的时间上看，在表2-2所列的自然资源单行法中，除新制定的《中华人民共和国长江保护法》（简称《长江保护法》）之外，在党的十八大之后只有《森林法》《中华人民共和国野生动物保护法》（简称《野生动物保护法》）进行了修改。因此，只有《长江保护法》《森林法》在立法目的条款中体现了"保障生态安全""维护生态平衡""实现人与自然和谐共生"等理念。因为法律修改不及时、不彻底，生态文明建设急需的诸多自然资源保护法律制度也没有在立法中得到确认。例如，《野生动物保护法》虽然在 2018 年进行了修正，但是野生动物保护法的立法目的与法律制度之间存在偏离，普遍保护的理念、维护生物多样性和生态平衡的立法目的因缺少具体制度的落实，难以实现。[1] 自然资源单行法的修法进程与环境保护类单行法的修法进程形成了鲜明的反差。党的十八大以来，全国人民代表大会常务委员会在修订《环境保护法》之后，对一系列污染防治单行法进行了修订，而这些新修订环境保护单行法在立法目的条款中都体现了推进生态文明建设的要求（表 2-3）。

表 2-3　环境保护单行法、污染防治单行法的立法目的条款列举表

法律名称	立法目的条款	制定时间	修改时间
中华人民共和国环境保护法	为保护和改善环境，防治污染和其他公害，保障公众健康，推进生态文明建设，促进经济社会可持续发展，制定本法	1989 年 12 月 26 日	2014 年 4 月 24 日修订
中华人民共和国水污染防治法	为了保护和改善环境，防治水污染，保护水生态，保障饮用水安全，维护公众健康，推进生态文明建设，促进经济社会可持续发展，制定本法（在 2017 年 6 月 27 日修正时对立法目的条款进行了修改）	1984 年 5 月 11 日	2008 年 2 月 28 日修订 2017 年 6 月 27 日修正
中华人民共和国大气污染防治法	为保护和改善环境，防治大气污染，保障公众健康，推进生态文明建设，促进经济社会可持续发展，制定本法	1987 年 9 月 5 日	2015 年 8 月 29 日修订 2018 年 10 月 26 日修正
中华人民共和国土壤污染防治法	为了保护和改善生态环境，防治土壤污染，保障公众健康，推动土壤资源永续利用，推进生态文明建设，促进经济社会可持续发展，制定本法	2018 年 8 月 31 日	—
中华人民共和国固体废物污染环境防治法	为了保护和改善生态环境，防治固体废物污染环境，保障公众健康，维护生态安全，推进生态文明建设，促进经济社会可持续发展，制定本法	1995 年 10 月 30 日	2020 年 4 月 29 日修订

注：本表于 2021 年 3 月 26 日统计。

---

[1]　王敬波，王宏．为谁立法：野生动物保护立法目的再讨论 [J].浙江学刊，2020（3）：4-9.

从表 2-3 可以看出，在 2014 年，《环境保护法》明确将"推进生态文明建设"写入立法目的条款之后，除了暂未修订的《环境噪声污染防治法》《放射性污染防治法》这两部污染防治单行法之外，大多数污染防治单行法都已经将"推进生态文明建设"写入立法目的条款。由此可见，污染防治单行法的修法进程明显快于自然资源单行法的修法进程，污染防治单行法相关法律规则与生态文明建设的契合度也明显高于自然资源单行法的相关法律规则。因此，加快自然资源单行法的修法进程，首先要从立法目的条款入手，把"推进生态文明建设"明确写入立法目的条款，并将习近平生态文明思想贯彻到自然资源保护与利用的具体规则之中。

二、法律原则条款的整体性与协调性明显不足

由于我国的自然资源单行法是在改革开放之后陆续制定的，时间跨度长，不同的自然资源单行法之间不协调甚至相互冲突的情形时常可见。除上文提到的立法目的条款存在不一致的情形之外，在自然资源保护与利用的原则条款上也存在着整体性与协调性明显不足的问题（表 2-4）。

表 2-4　我国自然资源单行法中的原则条款一览表

法律名称	原则条款	制定时间	最新修订时间
中华人民共和国土地管理法	第十七条　土地利用总体规划按照下列原则编制： （一）落实国土空间开发保护要求，严格土地用途管制； （二）严格保护永久基本农田，严格控制非农业建设占用农用地； （三）提高土地节约集约利用水平； （四）统筹安排城乡生产、生活、生态用地，满足乡村产业和基础设施用地合理需求，促进城乡融合发展； （五）保护和改善生态环境，保障土地的可持续利用；	1986 年 1 月 20 日	1998 年 8 月 29 日

法律名称	原则条款	制定时间	最新修订时间
中华人民共和国土地管理法	（六）占用耕地与开发复垦耕地数量平衡、质量相当。 第三十条第二款　国家实行占用耕地补偿制度。非农业建设经批准占用耕地的，按照"占多少，垦多少"的原则，由占用耕地的单位负责开垦与所占用耕地的数量和质量相当的耕地；没有条件开垦或者开垦的耕地不符合要求的，应当按省、自治区、直辖市的规定缴纳耕地开垦费，专款用于开垦新的耕地。 第四十八条第四款　征收农用地以外的其他土地、地上附着物和青苗等的补偿标准，由省、自治区、直辖市制定。对其中的农村村民住宅，应当按照先补偿后搬迁、居住条件有改善的原则，尊重农村村民意愿，采取重新安排宅基地建房、提供安置房或者货币补偿等方式给予公平、合理的补偿，并对因征收造成的搬迁、临时安置等费用予以补偿，保障农村村民居住的权利和合法的住房财产权益	1986 年 1 月 20 日	1998 年 8 月 29 日
中华人民共和国水法	第二十三条第一款　地方各级人民政府应当结合本地区水资源的实际情况，按照地表水与地下水统一调度开发、开源与节流相结合、节流优先和污水处理再利用的原则，合理组织开发、综合利用水资源。 第二十五条第二款　农村集体经济组织或者其成员依法在本集体经济组织所有的集体土地或者承包土地上投资兴建水工程设施的，按照谁投资建设谁管理和谁受益的原则，对水工程设施及其蓄水进行管理和合理使用。 第二十九条　国家对水工程建设移民实行开发性移民的方针，按照前期补偿、补助与后期扶持相结合的原则，妥善安排移民的生产和生活，保护移民的合法权益。 移民安置应当与工程建设同步进行。建设单位应当根据安置地区的环境容量和可持续发展的原则，因地制宜，编制移民安置规划，经依法批准后，由有关地方人民政府组织实施。所需移民经费列入工程建设投资计划。	1988 年 1 月 21 日	2002 年 8 月 29 日

续表

法律名称	原则条款	制定时间	最新修订时间
中华人民共和国水法	第四十四条第二款　水中长期供求规划应当按照补偿成本、合理收益、优质优价、公平负担的原则确定。具体办法由省级以上人民政府价格主管部门会同同级水行政主管部门或者其他供水行政主管部门依据职权制定	1988年1月21日	2002年8月29日
中华人民共和国森林法	第三条　保护、培育、利用森林资源应当尊重自然、顺应自然，坚持生态优先、保护优先、保育结合、可持续发展的原则。 第五十四条　国家严格控制森林年采伐量。省、自治区、直辖市人民政府林业主管部门根据消耗量低于生长量和森林分类经营管理的原则，编制本行政区域的年采伐限额，经征求国务院林业主管部门意见，报本级人民政府批准后公布实施，并报国务院备案。重点林区的年采伐限额，由国务院林业主管部门编制，报国务院批准后公布实施。 第五十五条第二款　省级以上人民政府林业主管部门应当根据前款规定，按照森林分类经营管理、保护优先、注重效率和效益等原则，制定相应的林木采伐技术规程	1984年9月20日	2019年12月28日
中华人民共和国草原法	第十五条第一款　草原承包经营权受法律保护，可以按照自愿、有偿的原则依法转让。 第十八条　编制草原保护、建设、利用规划，应当依据国民经济和社会发展规划并遵循下列原则：（一）改善生态环境，维护生物多样性，促进草原的可持续利用；（二）以现有草原为基础，因地制宜，统筹规划，分类指导；（三）保护为主、加强建设、分批改良、合理利用；（四）生态效益、经济效益、社会效益相结合。 第二十六条第二款　国家鼓励单位和个人投资建设草原，按照谁投资、谁受益的原则保护草原投资建设者的合法权益。 第三十七条　遇到自然灾害等特殊情况，需要临时调剂使用草原的，按照自愿互利的原则，由双方协商解决；需要跨县临时调剂使用草原的，由有关县级人民政府或者共同的上级人民政府组织协商解决	1985年6月18日	2002年12月28日

法律名称	原则条款	制定时间	最新修订时间
中华人民共和国矿产资源法	第三十五条第四款　地质矿产主管部门、地质工作单位和国有矿山企业应当按照积极支持、有偿互惠的原则向集体矿山企业和个体采矿提供地质资料和技术服务	1986 年 3 月 19 日	虽历经两次修正，但该法暂未修订
中华人民共和国渔业法	第二十二条第一款　国家根据捕捞量低于渔业资源增长量的原则，确定渔业资源的总可捕捞量，实行捕捞限额制度。国务院渔业行政主管部门负责组织渔业资源的调查和评估，为实行捕捞限额制度提供科学依据。中华人民共和国内海、领海、专属经济区和其他管辖海域的捕捞限额总量由国务院渔业行政主管部门确定，报国务院批准后逐级分解下达；国家确定的重要江河、湖泊的捕捞限额总量由有关省、自治区、直辖市人民政府确定或者协商确定，逐级分解下达。捕捞限额总量的分配应当体现公平、公正的原则，分配办法和分配结果必须向社会公开，并接受监督。 第二十七条　渔港建设应当遵守国家的统一规划，实行谁投资谁受益的原则。县级以上地方人民政府应当对位于本行政区域内的渔港加强监督管理，维护渔港的正常秩序	1986 年 1 月 20 日	虽历经四次修正，但该法暂未修订
中华人民共和国海域使用管理法	第十一条　海洋功能区划按照下列原则编制： （一）按照海域的区位、自然资源和自然环境等自然属性，科学确定海域功能； （二）根据经济和社会发展的需要，统筹安排各有关行业用海； （三）保护和改善生态环境，保障海域可持续利用，促进海洋经济的发展； （四）保障海上交通安全； （五）保障国防安全，保证军事用海需要	2001 年 10 月 27 日	该法暂未修正或者修订
中华人民共和国野生动物保护法	第四条　国家对野生动物实行保护优先、规范利用、严格监管的原则，鼓励开展野生动物科学研究，培育公民保护野生动物的意识，促进人与自然和谐发展	1988 年 11 月 8 日	2018 年 10 月 26 日第三次修正

续表

法律名称	原则条款	制定时间	最新修订时间
中华人民共和国长江保护法	第六十三条第二款　国家按照政策支持、企业和社会参与、市场化运作的原则，鼓励社会资本投入长江流域生态环境修复。 第六十九条第二款　长江流域县级以上地方人民政府应当按照生态、环保、经济、实用的原则因地制宜组织实施厕所改造。 第七十四条第二款　长江流域地方各级人民政府按照系统推进、广泛参与、突出重点、分类施策的原则，采取回收押金、限制使用易污染不易降解塑料用品、绿色设计、发展公共交通等措施，提倡简约适度、绿色低碳的生活方式。 第七十五条第二款　国务院和长江流域省级人民政府按照中央与地方财政事权和支出责任划分原则，专项安排长江流域生态环境保护资金，用于长江流域生态环境保护和修复	2020 年 12月 26 日	

注：本表于 2021 年 4 月 6 日统计。

从表 2-4 可以看出，虽然不同的单行法都或多或少规定了一些原则条款，但不同的法律存在着明显的差异。有的自然资源单行法规定了较多的原则条款，例如，《土地管理法》规定了编制土地利用总体规划的原则，占用耕地补偿的原则，征收农用地以外的其他土地、地上附着物和青苗等的补偿标准确立的原则；《水法》规定了组织开发、综合利用水资源应当遵循的原则，对水工程设施及其蓄水进行管理和合理使用应当遵循的原则，水工程建设移民安置应当遵循的原则，编制移民安置规划应当遵循的原则，制定水中长期供求规划应当遵循的原则，确定供水价格应当遵循的原则；《森林法》规定了保护、培育、利用森林资源应当遵循的原则，省级林业主管部门编制本行政区域年采伐限额应当遵循的原则，制定林木采伐技术规程应当遵循的原则；《草原法》规定了转让草原承包经营权应当遵循的原则，编制草原保护、建设、利用规划应当遵循的原则，保护草原投资建设者合法权益的原则，临时调剂使用草原应当遵循的原则；《渔业法》规定了确定渔业资源的总可捕捞量应当遵循的原则，分配捕捞限额总量应当体现的原则，渔港建设的原则。有的自然资源单行法则只有一个原则条款，例如，《矿产资源法》只规定了地质矿产主管部门、地质工作单位和国有矿山企业提供地质资料和技术服务应当遵循的原则；《海域使用管理法》只规定了编制海洋功能区划的原则。从内容上看，自然资源单行法规定的原则条款比较随意，有的法律规定了编制自然资源利用规划应当遵循的原则，有的法律则没有就此作出规定；有的法律对较为微观领域的资源利用与保护事项规定了原则条款，有的法律则仅就宏观层面的事项规定了原则条款。从语言表达上看，表2-4中的原则性条款也存在着明显的差异，有的条款具体明确地表达自然资源利用与保护需要坚持的原则，有的条款则是在句子的中间部分简明提出需要遵守的原则。在《长江保护法》中，有的条款虽然使用了"原则"二字，但规定的却不是长江保护应当遵守的基本原则，而是实施具体事项需要遵循的原则。一言以蔽之，我国现行法律中自然资源保护与利用的原则条款千姿百态，自然资源开发与利用的原则条款缺乏整体性和协调性的问题应当引起足够的重视。

三、自然资源资产有偿使用的具体法律规则普遍缺位

推进自然资源资产有偿使用制度改革，对确保全民所有自然资源的所有权人到位、切实落实国家的所有者权益意义重大。然而，从现行有效的自然资源单行法来看，行政法色彩浓厚是其主要特征，自然资源单行法大多数的法律规则聚焦于自然资源管理，有的法律甚至直接在法律名称上冠以"管理"两字，如《土地管理法》和《中华人民共和国海域使用管理法》（简称《海域使用管理法》）。现行的自然资源单行法要么只针对自然资源资产有偿使用作原则性规定，要么没有制定涉及自然资源资产有偿使用的法律规则，普遍缺乏具体可操作的自然资源资产有偿使用法律规则。对我国自然资源单行法中的自然资源资产有偿使用条款进行梳理，可以一窥我国自然资源资产保护的法律现状（表2-5）。

表2-5　我国自然资源单行法中的自然资源资产有偿使用条款一览表

法律名称	自然资源资产有偿使用条款	制定时间	最新修订时间
中华人民共和国土地管理法	第二条 第五款　国家依法实行国有土地有偿使用制度。但是，国家在法律规定的范围内划拨国有土地使用权的除外。 第五十四条　建设单位使用国有土地，应当以出让等有偿使用方式取得；但是，下列建设用地，经县级以上人民政府依法批准，可以以划拨方式取得：（一）国家机关用地和军事用地；（二）城市基础设施用地和公益事业用地；（三）国家重点扶持的能源、交通、水利等基础设施用地；（四）法律、行政法规规定的其他用地。 第五十五条　以出让等有偿使用方式取得国有土地使用权的建设单位，按照国务院规定的标准和办法，缴纳土地使用权出让金等土地有偿使用费和其他费用后，方可使用土地。自本法施行之日起，新增建设用地的土地有偿使用费，百分之三十上缴中央财政，百分之七十留给有关地方人民政府。具体使用管理办法由国务院财政部门会同有关部门制定，并报国务院批准。 第五十六条　建设单位使用国有土地的，应当按照土地使用权出让等有偿使用合同的约定或者土地使用权划拨批准文件的规定使用土地；确需改变该幅土地建设用途的，应当经有关人民政府自然资源主管部门同意，报原批准用地的人民政府批准。其中，在城市规划区内改变土地用途的，在报批前，应当先经有关城市规划行政主管部门同意。 第五十八条　有下列情形之一的，由有关人民政府自然资源主管部门报经原批准用地的人民政府或者有批准权的人民政府批准，可以收回国有土地使用权：…… （二）土地出让等有偿使用合同约定的使用期限届满，土地使用者未申请续期或者申请续期未获批准的；	1986年1月20日	1998年8月29日
中华人民共和国水法	第七条　国家对水资源依法实行取水许可制度和有偿使用制度。但是，农村集体经济组织及其成员使用本集体经济组织的水塘、水库中的水的除外。国务院水行政主管部门负责全国取水许可制度和水资源有偿使用制度的组织实施。 第四十八条第一款　直接从江河、湖泊或者地下取用水资源的单位和个人，应当按照国家取水许可制度和水资源有偿使用制度的规定，向水行政主管部门或者流域管理机构申	1988年1月21日	2002年8月29日

续表

法律名称	自然资源资产有偿使用条款	制定时间	最新修订时间
中华人民共和国水法	请领取取水许可证，并缴纳水资源费，取得取水权。但是，家庭生活和零星散养、圈养畜禽饮用等少量取水的除外	1988 年 1 月 21 日	2002 年 8 月 29 日
中华人民共和国森林法	没有出现明确使用"有偿使用"表述的法律条款	1984 年 9 月 20 日	2019 年 12 月 28 日
中华人民共和国草原法	第十五条　草原承包经营权受法律保护，可以按照自愿、有偿的原则依法转让	1985 年 6 月 18 日	2002 年 12 月 28 日
中华人民共和国矿产资源法	第五条 第一款　国家实行探矿权、采矿权有偿取得的制度；但是，国家对探矿权、采矿权有偿取得的费用，可以根据不同情况规定予以减缴、免缴。具体办法和实施步骤由国务院规定	1986 年 3 月 19 日	虽历经两次修正，但该法暂未修订。
中华人民共和国渔业法	没有出现明确使用"有偿使用"表述的法律条款	1986 年 1 月 20 日	虽历经四次修正，但该法暂未修订。
中华人民共和国海域使用管理法	第三十三条　国家实行海域有偿使用制度。单位和个人使用海域，应当按照国务院的规定缴纳海域使用金。海域使用金应当按照国务院的规定上缴财政。对渔民使用海域从事养殖活动收取海域使用金的具体实施步骤和办法，由国务院另行规定	2001 年 10 月 27 日	该法暂未修正或者修订

注：本表于 2021 年 4 月 7 日统计。

　　全民所有自然资源资产有偿使用制度改革是生态文明体制机制改革的关键一环。随着《国务院关于全民所有自然资源资产有偿使用制度改革的指导意见》（国发〔2016〕82 号）的正式发布，这项改革在全国范围内全面铺开。但在全国人民代表大会常务委员会制定的法律中，我国自然资源资产有偿使用的法律规则普遍缺位。从表 2-5 可以看出，在我国自然资源单行法中，与自然资源资产有偿使用相关的法律规则明显不足。《土地管理法》相对重视土地有偿使用制度建设，共有 5 个相关的法律条文，分别规定了国家依法实行国有土地有偿使用制度、建设单位有偿使用国有土地的要求及其例外情形、依法缴纳土地使用权出让金制度、建设单位有偿使用国有土地的用途管制要求、收回国有土地使用权的情形等。除《森林法》《渔业法》没有规定"有偿使用"的法律条款外，其他的自然资源单行法则只是规定了自然资源资产有偿使用的原则性要求，并未就具体内容作出进一步的规定。尽管不少单行法都写明了"自然资源资产有偿使用的具体实施步骤和办法由国务院另行规定"的条款，但专门规定自然资源资产有偿使用的行政法规并不完善。目前，主要有《农田水利条例》《中华人民共和国矿产资源法实施细则》《国务院关于鼓励投资开发海南岛的规定》《中华人民共和国无线电管理条例》《风景名胜区条例》《中华人民共和国土地管理法实施条例》等规定了自然资源资产有偿使用制度，但这些行政法规的发布时间都早于《国务院关于全民所有自然资源资产有偿使用制度改革的指导意见》，相关法律规则已经明显滞后于自然资源产权制度改革的需要。

四、市场配置自然资源的法律规则供给不充分

充分发挥市场在自然资源配置中的作用，既是实现自然资源合理高效利用的内在要求，又是提高自然资源保护积极性的有效手段。当前，自然资源市场配置的相关规则在自然资源单行法中没有得到应有的重视，重政府管控轻市场调节的现象普遍存在（表2-6）。

表2-6　我国自然资源单行法中的市场配置自然资源条款一览表

法律名称	市场配置自然资源条款	制定时间	最新修订时间
中华人民共和国土地管理法	第二条第三款　土地使用权可以依法转让。 第六十三条第三款　通过出让等方式取得的集体经营性建设用地使用权可以转让、互换、出资、赠与或者抵押，但法律、行政法规另有规定或者土地所有权人、土地使用权人签订的书面合同另有约定的除外	1986年1月20日	1998年8月29日

法律名称	市场配置自然资源条款	制定时间	最新修订时间
中华人民共和国水法	没有水资源权利出让、转让的条款，也没有市场配置水资源权利的条款	1988 年 1 月 21 日	2002 年 8 月 29 日
中华人民共和国森林法	第十六条第一款　国家所有的林地和林地上的森林、林木可以依法确定给林业经营者使用。林业经营者依法取得的国有林地和林地上的森林、林木的使用权，经批准可以转让、出租、作价出资等。具体办法由国务院制定。 第十七条　集体所有和国家所有依法由农民集体使用的林地（以下简称集体林地）实行承包经营的，承包方享有林地承包经营权和承包林地上的林木所有权，合同另有约定的从其约定。承包方可以依法采取出租（转包）、入股、转让等方式流转林地经营权、林木所有权和使用权。 第六十二条　国家通过贴息、林权收储担保补助等措施，鼓励和引导金融机构开展涉林抵押贷款、林农信用贷款等符合林业特点的信贷业务，扶持林权收储机构进行市场化收储担保	1984 年 9 月 20 日	2019 年 12 月 28 日
中华人民共和国草原法	第十五条　草原承包经营权受法律保护，可以按照自愿、有偿的原则依法转让。 草原承包经营权转让的受让方必须具有从事畜牧业生产的能力，并应当履行保护、建设和按照承包合同约定的用途合理利用草原的义务。 草原承包经营权转让应当经发包方同意。承包方与受让方在转让合同中约定的转让期限，不得超过原承包合同剩余的期限	1985 年 6 月 18 日	2002 年 12 月 28 日
中华人民共和国渔业法	只有"捕捞许可证不得买卖、出租和以其他形式转让"的规定，没有规定市场配置条款	1986 年 1 月 20 日	虽历经四次修正，但该法暂未修订
中华人民共和国海域使用管理法	第二十七条第二款　海域使用权可以依法转让。海域使用权转让的具体办法，由国务院规定	2001 年 10 月 27 日	该法暂未修正或者修订
中华人民共和国矿产资源法	第六条　除按下列规定可以转让外，探矿权、采矿权不得转让： （一）探矿权人有权在划定的勘查作业区内进行规定的勘查作业，有权优先取得勘查作业区内矿产资源的采矿权。探矿权人在完成	1986 年 3 月 19 日	虽历经两次修正，但该法暂未修订

续表

法律名称	市场配置自然资源条款	制定时间	最新修订时间
中华人民共和国矿产资源法	规定的最低勘查投入后，经依法批准，可以将探矿权转让他人。 （二）已取得采矿权的矿山企业，因企业合并、分立，与他人合资、合作经营，或者因企业资产出售以及有其他变更企业资产产权的情形而需要变更采矿权主体的，经依法批准可以将采矿权转让他人采矿。 前款规定的具体办法和实施步骤由国务院规定。 禁止将探矿权、采矿权倒卖牟利	1986 年 3 月 19 日	虽历经两次修正，但该法暂未修订
中华人民共和国野生动物保护法	第三十二条　禁止网络交易平台、商品交易市场等交易场所，为违法出售、购买、利用野生动物及其制品或者禁止使用的猎捕工具提供交易服务	1988 年 11 月 8 日	2018 年 10 月 26 日第三次修正
中华人民共和国长江保护法	第六十三条第二款　国家按照政策支持、企业和社会参与、市场化运作的原则，鼓励社会资本投入长江流域生态环境修复。 第七十六条第四款　国家鼓励社会资金建立市场化运作的长江流域生态保护补偿基金；鼓励相关主体之间采取自愿协商等方式开展生态保护补偿	2020 年 12 月 26 日	

注：本表于 2021 年 4 月 8 日统计。

从表 2-6 可以看出，在上述自然资源单行法中，法律条款明确使用"市场"二字的只有《森林法》《野生动物保护法》《长江保护法》，而且条款数量屈指可数。其他的自然资源单行法则对"市场"二字讳莫如深。《土地管理法》没有规定市场配置土地资源的条款，仅有两个条款对土地使用权转让作出了规定，除此之外，《土地管理法》重点在于明确哪些情形之下土地权利不得转让，以及违法转让土地权利的法律责任。《矿产资源法》以例外情形的方式规定了探矿权、采矿权可以转让的两种情形，并明确规定禁止将探矿权、采矿权倒卖牟利。从这一立法模式可以看出，《矿产资源法》是以禁止矿业权转让为基本准则，以矿业权可以转让为例外情形，即使在允许转让的情形之下也禁止牟利，这一规定显然有着浓重的计划经济痕迹。《海域使用管理法》规定"海域使用权可以依法转让"，然而《渔业法》却规定"捕捞许可证不得买卖、出租和以其他形式转让"。既然海域使用权可以依法转让，为什么捕捞权不可以依法转让？自然资源开发利用者在取得捕捞许可证时，难道没有取得捕捞权？显然说不通！出现这种法律冲突的根源在于立法者对市场配置自然资源的先天排斥。而这正是当前市场配置自然资源不充分的原因所在。

五、破坏自然资源的法律责任不统一且震慑力不够

由于我国立法中采取的是按照自然资源类型来制定自然资源单行法，这就出现了破坏自然资源法律责任不统一且普遍缺乏震慑力的问题（表2-7）。

表 2-7　我国自然资源单行法中的法律责任条款列举表

法律名称	破坏自然资源法律责任条款列举	制定时间	最新修订时间
中华人民共和国土地管理法	第七十六条　违反本法规定，拒不履行土地复垦义务的，由县级以上人民政府自然资源主管部门责令限期改正；逾期不改正的，责令缴纳复垦费，专项用于土地复垦，可以处以罚款	1986年1月20日	1998年8月29日
中华人民共和国水法	第六十七条　在饮用水水源保护区内设置排污口的，由县级以上地方人民政府责令限期拆除、恢复原状；逾期不拆除、不恢复原状的，强行拆除、恢复原状，并处五万元以上十万元以下的罚款。 未经水行政主管部门或者流域管理机构审查同意，擅自在江河、湖泊新建、改建或者扩大排污口的，由县级以上人民政府水行政主管部门或者流域管理机构依据职权，责令停止违法行为，限期恢复原状，处五万元以上十万元以下的罚款	1988年1月21日	2002年8月29日

续表

法律名称	破坏自然资源法律责任条款列举	制定时间	最新修订时间
中华人民共和国森林法	第七十六条 盗伐林木的，由县级以上人民政府林业主管部门责令限期在原地或者异地补种盗伐株数一倍以上五倍以下的树木，并处盗伐林木价值五倍以上十倍以下的罚款。滥伐林木的，由县级以上人民政府林业主管部门责令限期在原地或者异地补种滥伐株数一倍以上三倍以下的树木，可以处滥伐林木价值三倍以上五倍以下的罚款	1984年9月20日	2019年12月28日
中华人民共和国草原法	第六十七条 在荒漠、半荒漠和严重退化、沙化、盐碱化、石漠化、水土流失的草原，以及生态脆弱区的草原上采挖植物或者从事破坏草原植被的其他活动的，由县级以上地方人民政府草原行政主管部门依据职权责令停止违法行为，没收非法财物和违法所得，可以并处违法所得一倍以上五倍以下的罚款；没有违法所得的，可以并处五万元以下的罚款；给草原所有者或者使用者造成损失的，依法承担赔偿责任	1985年6月18日	2002年12月28日
中华人民共和国矿产资源法	第四十条 超越批准的矿区范围采矿的，责令退回本矿区范围内开采、赔偿损失，没收越界开采的矿产品和违法所得，可以并处罚款；拒不退回本矿区范围内开采，造成矿产资源破坏的，吊销采矿许可证，依照刑法有关规定对直接责任人员追究刑事责任	1986年3月19日	虽历经两次修正，但该法暂未修订
中华人民共和国渔业法	第三十九条 偷捕、抢夺他人养殖的水产品的，或者破坏他人养殖水体、养殖设施的，责令改正，可以处二万元以下的罚款；造成他人损失的，依法承担赔偿责任；构成犯罪的，依法追究刑事责任	1986年1月20日	虽历经四次修正，但该法暂未修订
中华人民共和国海域使用管理法	第四十五条 违反本法第二十六条规定，海域使用权期满，未办理有关手续仍继续使用海域的，责令限期办理，可以并处一万元以下的罚款；拒不办理的，以非法占用海域论处	2001年10月27日	该法暂未修正或者修订

注：本表于2021年4月10日统计。

从上述列举的法律条款可以看出，目前针对破坏自然资源的行为，自然资源单行法所规定的法律责任普遍较轻。《土地管理法》对拒不履行土地复垦义务的情形，只是规定"可以"罚款，而不是"应当"罚款，对罚款数额也没有明确的规定，这无疑使得该条款成了僵尸条款。即使有明确规定罚款数额的，也只是规定了"五万元以下""二万元以下"甚至"一万元以下"的罚款额度，这些罚款数额在改革开放初期可能会有一定的震慑力，但随着经济的发展与社会的进步，这样的罚款额度显然已经无法起到震慑作用。破坏自然资源的违法成本过低，不仅无法有效遏制破坏资源的行为，反而会助长破坏自然资源的风气。

第三节　自然资源法律制度完善的路径探讨

经过改革开放以来卓有成效的立法工作，我国已经初步形成了自然资源法律制度体系。但通过考察我国现行的自然资源法律制度，可以发现其与推进生态文明制度建设的要求仍然存在着一定的差距，自然资源开发利用的法律原则不统一、自然资源资产有偿使用的法律规则不明确、市场配置自然资源权利的法律规则不完善、自然资源法律责任制度不健全等问题仍然存在，完善自然资源法律制度的任务仍然艰巨而繁重。[1]

一、构建以生态文明制度体系为统领的自然资源法律制度

《中华人民共和国国民经济和社会发展第十四个五年规划和2035年远景目标纲要》明确提出："坚持绿水青山就是金山银山理念，坚持尊重自然、顺应自然、保护自然，坚持节约优先、保护优先、自然恢复为主，实施可持续发展战略，完善生态文明领域统筹协调机制，构建生态文明体系，推动经济社会发展全面绿色转型，建设美丽中国。"

---

[1]　本节提出了关于自然资源法律制度完善路径的初步设想，具体的制度设计将在后续章节中展开探讨。关于自然资源开发与利用法律规则的统合及实现路径，将在后文展开专章论述。

由此可见，构建生态文明体系是我国在推进生态文明建设过程中要努力实现的目标。因此，加快推进自然资源法律制度创新，也应当以构建生态文明制度体系为统领，使自然资源法律制度创新与构建生态文明制度体系的要求相契合。一方面，在修订《矿产资源法》《草原法》《渔业法》等自然资源单行法的过程中，要重视修改、完善这些法律的立法目的条款，使其充分体现推进生态文明建设的要求。另一方面，在具体的法律制度设计上，要充分体现生态文明制度体系建设的要求，使自然资源开发利用的法律规则充分尊重自然规律、顺应自然规律，以实现人与资源的和谐统一、资源保护与自然利用的有机统一作为规则设计的基本准则。

二、统一自然资源保护与利用的基本原则

目前，自然资源单行法关于自然资源利用原则的相关规定很不统一，有的自然资源单行法规定了编制自然资源利用规划应当遵循的原则，有的自然资源单行法则针对资源利用的某一个环节规定了应当遵循的原则，有的资源利用原则在宏观层面提出了要求，而有的资源利用原则针对的则是具体操作层面的事项。要实现山水林田湖草沙的一体利用和保护，应当逐步统一自然资源开发利用的基本原则。《中华人民共和国国民经济和社会发展第十四个五年规划和 2035 年远景目标纲要》在"加快发展方式绿色转型"一章明确提出："坚持生态优先、绿色发展，推进资源总量管理、科学配置、全面节约、循环利用，协同推进经济高质量发展和生态环境高水平保护。"[1]从促进发展方式绿色转型的这一要求出发，建议将自然资源开发利用的基本原则统一概括为"生态优先、总量控制、科学配置、全面节约、高效利用"。一是要坚持自然资源开发利用生态优先的基本原则。这一原

---

[1]　中华人民共和国国民经济和社会发展第十四个五年规划和 2035 年远景目标纲要 [EB/OL]．（2021-03-13）[2021-09-29]．中华人民共和国中央人民政府网．

则强调自然资源的开发利用应当摒弃先开发后修复的痼疾，切实把保护生态作为前置性条件，不符合生态保护要求的禁止开发或者暂缓开发。二是要坚持自然资源开发利用总量控制的基本原则。这一原则旨在推动自然资源的可持续开发利用，避免因自然资源的过度开发利用而加剧资源的稀缺程度。当前，应当促进经济发展与自然资源的消耗开发相协调，着眼于未来资源的长效利用和生态环境的长远保护。[1]三是要坚持自然资源开发利用科学配置的基本原则。这一原则旨在强调充分发挥政府与市场在自然资源配置中的作用。以森林资源的科学配置为例，要充分发挥市场机制和产权机制的资源配置作用，鼓励和引导各种生产要素参与森林经营，有效解决经营管理粗放、质量效益低下的问题。[2]在市场配置的过程中，要积极发挥企业的能动性。在一定可得技术限度内，企业可以根据当时当地的各生存要素价格来改变生产要素的组合。[3]四是要坚持自然资源开发利用全面节约的基本原则。这一原则既强调要充分发掘自然资源的自我生长和更新潜能，也强调要努力促进自然资源的节约利用。正如学者所言，开源和节约是自然资源开发利用中互为依存的两个方面，开源是节约的前提，节约是开源的继续。[4]当前，自然资源节约利用的规则设计要与食物节约立法有效衔接起来。科学划定食物浪费违法行为的类型，是食物节约立法的重中之重。[5]对于自然资源保护与利用的全面节约规则统合而言，也需要在确立全面节约基本原则的前提下，科学划定浪费资源的违法行为类型。五是坚持自然资源开发利用高效利用的基本原则。这一原则既强调提升自然资源的开发利用效率，也强调提升自

---

[1] 刘永红.生态文明建设的法治保障［M］.北京：社会科学文献出版社，2019：74.

[2] 黄民生，何岩，方如康.中国自然资源的开发、利用和保护［M］.2版.北京：科学出版社，2011：146.

[3] 朱迪·丽丝.自然资源：分配、经济学与政策［M］.蔡运龙，杨友孝，秦建新，等，译.北京：商务印书馆，2002：142.

[4] 孟庆瑜，刘武朝.自然资源法基本问题研究［M］.北京：中国法制出版社，2006：107.

[5] 施志源，纪圣驹.食物节约立法中违法行为的类型探讨［J］.重庆大学学报（社会科学版），2021，27（4）：115-125.

然资源开发利用的能力和水平。自然资源开发利用效率的提升，主要依赖于科学技术的不断进步，而自然资源开发利用能力和水平的提升，则有赖于社会各主体综合素质的提升，包括党领导自然资源治理的能力和水平、政府管理自然资源的能力和水平、企业经营自然资源的能力和水平、公众利用自然资源的能力和水平等。

三、完善自然资源资产有偿使用法律制度[1]

目前，我国自然资源单行法中普遍缺乏自然资源资产有偿使用的具体法律规则。推进自然资源资产有偿使用制度改革，对夯实生态文明体制的制度基础、保障国家的自然资源资产保值增值、优化自然资源开发利用秩序等都具有重大意义。[2]为顺利推进改革，在实践层面应当有效落实"资源有价、使用有偿"的准则和"资源有限、使用有序"的准则；在制度保障层面应当加大自然资源资产有偿使用的立法力度，完善与自然资源资产有偿使用相关的政府管制规则、市场化规则、高效利用规则和绿色使用规则。[3]2021年3月21日，自然资源部发布了《自然资源分等定级通则》和《自然资源价格评估通则》两项行业标准，并于2021年6月1日起实施。[4]这两项行业标准的实施，有利于加快自然资源资产有偿使用制度改革的步伐。在完善自然资源资产有偿使用的法律规则时，可适当将这两项行业标准中的部分内容法定化，以进一步提升自然资源分等定级和价格评估的规范化水平。

---

[1] 关于自然资源资产有偿使用的相关问题，将在后文进一步展开专章阐述。

[2] 谷树忠.抓住"最大公约数"形成改革"公倍数"[N].中国国土资源报，2017-01-26（5）.

[3] 施志源.自然资源资产有偿使用的改革难点与规则完善[J].中国特色社会主义研究，2019，10（2）：86-91.

[4] 参见《自然资源部关于发布〈自然资源分等定级通则〉和〈自然资源价格评估通则〉两项行业标准的公告》。

四、完善自然资源权利市场配置法律制度[1]

2019 年，中共中央办公厅、国务院办公厅印发《关于统筹推进自然资源资产产权制度改革的指导意见》，强调要"探索自然资源资产所有者权益的多种有效实现形式，发挥市场配置资源的决定性作用，努力提升自然资源要素市场化配置水平"。落实这一自然资源资产产权制度改革的精神和要求，应当充分发挥市场机制在自然资源权利流转中的作用，完善自然资源权利交易的市场规则，推动自然资源权利按照市场规律有序、便捷、高效流转起来。发挥市场配置自然资源权利的决定性作用，既有利于充分实现国家作为自然资源所有者的权益，也有利于调动一般民事主体开发利用自然资源的积极性，还有利于充分发挥自然资源的"物"之价值。为充分发挥市场作用，首先应当充分挖掘市场配置自然资源权利的实现路径。一方面，可以通过自然资源物权制度设计对自然资源开发利用进行权利配置。通过自然资源物权制度对自然资源权利进行配置，在不改变自然资源所有权主体的前提下，设置自然资源用益物权，从而实现从自然资源国家所有到自然资源开发利用的衔接。通过设置自然资源用益物权，一般的民事主体虽然不能成为自然资源的所有者，却能够通过取得自然资源用益物权来开发利用国家所有或者集体所有的自然资源。发挥市场规则在自然资源权利配置中的决定性作用，关键就是要打通一般民事主体取得自然资源用益物权的制度性障碍，核心就是要改变自然资源用益物权的传统行政审批模式，积极引入自然资源权利竞争性取得的市场规则。随着我国自然资源管理体制机制改革的不断深化，自然资源用益物权制度将在市场配置自然资源权利的过程中发挥日益重要的作用。另一方面，还可以通过合同自由对自然资源进行权利分配与安排。赋予自然资源开发利用主体自然资源用益物权的模式，有利于实现物权法定、

---

[1] 在完善自然资源权利市场配置法律制度的同时，还应当着力完善自然资源用途管制制度，并大力推进自然资源管理体制改革，后文将就这两部分内容展开专章阐述。

赋权于民。但也正是由于我国法律采取了严格的物权法定主义，如果纯粹依赖设定自然资源用益物权的模式，市场在自然资源权利配置中发挥的作用还是非常有限。此时，通过合同自由对资源权利进行分配与安排就应当引起充分的重视。当然，自然资源开发利用权利的市场配置，因自然资源自身的特殊性而需要更多地兼顾社会公共利益和生态环境利益，合同自由在自然资源权利流转过程中会受到更多的限制。这就需要从立法上进一步完善自然资源权利合同流转的限制规则，从而保障自然资源权利市场的健康发展。

五、完善自然资源保护与利用的法律责任制度

针对我国自然资源单行法中的自然资源法律责任规则不统一、违法成本普遍偏低的现状，应当注重完善自然资源法律责任制度，尤其要着力完善违法开发利用自然资源的行政法律责任和民事法律责任。在行政法律责任方面，目前自然资源单行法规定的罚款数额普遍偏低，应当适当提高行政处罚的数额，适当增加行政拘留的法律责任条款，以提升违法开发利用自然资源的成本。在民事法律责任方面，要在《民法典》相关法律规则的基础上，进一步完善自然资源损害赔偿法律责任，在充分评估自然资源损害的基础上，科学确定破坏自然资源所应当承担的民事法律责任。2019 年 4 月 14 日，中共中央办公厅、国务院办公厅印发《关于统筹推进自然资源资产产权制度改革的指导意见》指出，当前自然资源存在底数不清、所有者不到位以及权责不清晰和监管保护制度不健全等问题，上述问题导致了自然资源保护乏力、生态退化严重等现象。[1] 建立健全有关自然资源损害的民事法律规范及相关的救济制度，重点在于理清自然资源损害救济制度与当前有关的环境公益诉讼制度及生态环境损害赔偿制度之异同，应当着眼于理

---

[1] 关于统筹推进自然资源资产产权制度改革的指导意见 [M].北京：人民出版社，2019：2.

清三者的共通之处，并借当前有关制度优势，建立健全较为完善的自然资源损害救济制度，以期实现对国有自然资源权益的保障。

需要说明的是，本章的法律制度考察旨在总体展现我国自然资源保护与利用的法律制度概貌，并没有囊括自然资源保护与利用的所有法律规则。在后续各章的阐述中，如果涉及某类自然资源的具体法律制度或者相关具体的自然资源法律制度，将就相关的法律问题进一步展开分析和探讨。

本章小结

改革开放以来，我国自然资源立法取得了丰富的成果，对自然资源的权利归属、权利设置、权利流转、征收征用、权利行使以及利用保护等进行了较为具体的规定。通过考察我国的自然资源立法现状，可以清晰把握自然资源保护与利用制度的概貌。

《宪法》中关于自然资源的规定具有最高的法律效力。《宪法》（2018 年修正版）关于自然资源的规定主要体现在四个方面：关于自然资源所有者主体的规定、关于自然资源保护与利用的统领规定、关于基于公共利益征用自然资源的规定，以及关于自然资源权利转让的规定。《宪法》对自然资源法律制度的规定在自然资源法律制度体系中起着统领性作用，对引领自然资源法律制度建设方向意义重大。《民法典》关于自然资源法律制度的相关规定明晰了自然资源的权利归属，强化了自然资源的民法保护，并为开展自然资源资产有偿使用制度改革、进行自然资源资产委托代理机制创新提供了法律依据。《刑法》强化了自然资源的刑事法律保护，有助于在此基础上进一步探索替代性修复责任的履行方式创新。《中华人民共和国刑法修正案（十一）》对"破坏环境资源保护罪"作出了多处修改，形成了较为完善的自然资源刑事保护法律制度，主要体现在加大对污染水资源（含江河、湖泊水域）、自然保护地和基本农田等犯罪行为的打击力度，重视对野生动物的保护并补充规定禁止以食用为目的危害陆生野生动物的相关条款，加大对破坏自然保护地犯罪行为的打击力度，加大对非法引进、释放或者丢弃外来入侵物种的打击力度，以及加强对水产资源、土地资源、矿产资源、森林资源（含林木）的刑事法律保护。

在我国现行的自然资源法律制度中，部门法交叉的现象大量存在，对于自然资源开发利用的法律规制，民法、刑法、行政法、环境保护法、自然资源单行法等都发挥着作用，如何使这些分布在各个部门法的法律规则成为一个系统完整且逻辑自恰的法律规则体系，是生态文明法律制度建设的重要任务之一。在法律、行政法规、国务院文件等不同法律位阶之中，都存在着大量和自然资源的保护与利用相关的法律规则。环境法中通过规范自然资源开发利用行为来设计与之相关的环境保护规则，尤其是通过制定限制自然资源开发利用的规则来实现保护生态环境的目标。污染防治单行法中存在着大量和自然资源保护与利用相关的法律规则。例如，《土壤污染防治法》对土地使用权人开发利用土地的活动提出了明确的要求，《水污染防治法》专章规定了饮用水水源和其他特殊水体保护的法律规则，《大气污染防治法》关于煤炭项目开发利用过程中防治大气污染的相关规定，等等。

目前，我们尚未制定一部《自然资源法》或者《自然资源利用法》。自然资源单行法中的自然资源保护和利用规则，是我国自然资源保护与利用法律制度的集中体现。以《土地管理法》为例，其规定的自然资源保护与利用法律规则主要体现在：把珍惜、合理利用土地和切实保护耕地作为我国法定的基本国策，明确规定国家实行土地用途管制制度，明确规定实行土地统一管理和监督的体制机制，明确规定我国土地的所有权和使用权制度，强调要建立国土空间规划体系。尽管我国在自然资源保护与利用的法律制度建设上已经取得了显著的成效，但与新时代生态文明法治建设的时代要求相比，仍然存在着明显的差距。其主要体现在：立法目的与生态文明建设的要求不适应，法律原则条款的整体性与协调性明确不足，自然资源资产有偿使用的具体法律规则普遍缺位，市场配置自然资源规则不充分，破坏自然资源法律责任不统一且缺乏震慑力。为此，应当着力构建以生态文明制度体系为统领的自然资源法律制度，将自然资源开发利用的基本原则统一为"生态优先、总量控制、科学配置、全面节约、高效利用"，明确自然资源资产有偿使用的法律规则，完善市场配置自然资源权利的法律规制，完善自然资源保护与利用的法律责任制度。

第三章　中国自然资源保护与利用的法律制度运行

自然资源保护与利用法律制度不能只是一个"徒有美丽外形"的空壳，这一制度必须能在现实的经济社会中运行起来，在自然资源开发利用的过程中发挥应有的功效，使自然资源充分发挥其服务于人类社会发展的价值。要保障国家作为自然资源所有者的身份到位、权益落实，维护国家的自然资源权益；要保障自然资源得到最合理、充分、有效的利用，让更多的主体有机会参与自然资源的开发利用，共享自然资源的成果。这是实现人与自然和谐相处的重要基础。

第一节　自然资源保护与利用制度运行的基本准则

完善自然资源国家所有权的权力运行机制，既是保护国家作为自然资源所有者与利用者正当权益的迫切需要，也是保护好人类生活、生产和生态空间的关键所在。因此，国家在行使权利的过程中必须树立起正确的指导思想，把维护生态安全作为国家行使自然资源权利的底线要求，把维护环境正义作为国家行使自然资源所有权的价值追求，把规范国家权利行使作为国家行使自然资源权利的基本准线，发挥好政府和市场在自然资源配置中各自的作用，并在此基础上促进人与自然的和谐，使自然资源真正造福人类，使更多的主体共享自然资源成果。

一、实现自然资源的可持续利用

当前，自然资源开发利用中存在的主要问题是自然资源的粗放式开发利用。长期以来，由于相关部门对自然资源粗放式开发利用行为的监管不到位，加上处罚不到位、处罚力度不够等，自然资源过度开发、自然资源严重浪费和生态秩序严重破坏等现象普遍存在，严重威胁到生态安全和自然资源的可持续利用。因此，作为自然资源的所有者，国家必须自觉维护资源安全、保持生态平衡，把实现自然资源的可持续利用作为国家行使自然资源权利的前提和基础。

人类生存于地球之上，因此离不开对自然资源的开发与利用。当我们把人看作与其他生物一样的大自然的一个成员时，自然资源对人而言并无奇特之处，自然界按其自有的规律保持着生态平衡，这时的自然界是一个有着完美循环的生态系统。

在采集时代和农耕时代，人只是大自然的一个微小单元，"日出而作、日落而息"的生活方式表明人类是依附于大自然生存的，尽管不时有毁林耕田的现象出现，但对大自然的影响微乎其微，不足以影响和撼动自然界这一"巨人"，生态环境仍然按照原有的规律保持着平衡的状态。

当人类进入工业化时代，机械革命大大提升了人类控制和改造自然的能力，铁路和航运等交通运输方式的日益发展大大提升了人类利用自然资源的速度，自然界逐渐成为人类征服的对象。随着人类开发利用自然资源能力的不断提高，人的需求和欲望也与日俱增，而当人类开发利用自然资源的速度超过了自然界自我修复的速度时，原有的恰到好处的生态循环系统便被破坏了；当人类无节制地索取自然资源和排放废弃物时，人与自然和谐与平衡的关系就被彻底打破了。这种贪婪掠夺自然资源的行为，必然会带来严重的生态危机[1]。当人类为表面的繁华景象而沾沾自喜时，自然界的报复开始接踵而来：水资源短缺和城市水污染、臭氧层空洞和大气污染、野生动植物物种急剧减少、森林和湿地锐减、全球气候异常、雾霾笼罩……对于生态环境而言，破坏容易恢复难，恢复生态平衡要付出的代价远比从破坏生态中获取的收益要多得多。无数沉痛的教训告诉我们必须理性地对待自然资源。

国家作为自然资源的所有者，应当在自然资源的开发利用和自然资源的保护之间找到平衡点，既不能允许自然资源利用者"盲目利用、无序开发"，也不能对自然资源采取"绝对保护、禁止开发"的一刀切做法，而应当提倡的是保护和利用的双赢。根据对立统一规律的基本原理[2]，人与自然之间应该是对立统一的矛盾体，二者之间并不是绝对对立的，人与自然之间的矛盾也并不是不可调和的。人类为了生活得更加美好，离不开对自然资源的利用，而过度的开发利用又会引发资源和环境危机，进而破坏人类的美好生活，这是二者之间相互对立的一面；同时，随着经济的发展和人类文明的不断进步，人类保护自然资源的外在条件和内在自觉性不断提升，人类在开发利用的同时对自然资源的保护力度也在不断加强，因为自然资源保护好了，又可以给人类发展提供更丰富的资源，从而推动和促进人类经济社会的发展，从这个意义上说，人与自然之间又是和谐统一的。当然，人与自然资源的和谐统一并不是一蹴而就的，消除二者之间的矛盾并实现二者之间的统一，是自然资源所有者即国家的责任与义务。

实施自然资源的可持续利用是国家作为自然资源所有者最明智的

---

[1]　马克思主义基本原理告诉我们，物质决定意识，事物的发展具有其自身的客观规律，人类不能也无法改变事物发展变化的规律。当然，不能因此而否定人类改造客观物质世界的能力，人类与其他动物所不同的就是可以认识规律，并利用规律来改造客观世界，以满足人类自身的需要。

[2]　对立统一规律又称矛盾规律，它揭示了事物发展的源泉、动力和实质内容，是唯物辩证法的实质和核心，是人们认识世界和改造世界的根本原则。参见：李秀林，王于，李淮春.辩证唯物主义和历史唯物主义原理［M］.4版.北京：中国人民大学出版社，1995：178.

选择。"1992 年联合国环境与发展大会通过的《环境与发展的里约宣言》，第一次以联合国大会宣言的形式确立了人类社会环境与发展的基本战略——可持续发展。"[1]当前，促进经济社会可持续发展是世界各国的共识，国家在对自然资源开发利用的过程中也应该积极贯彻"可持续发展"的理念，从保护好人类共同依赖的自然资源出发，促进人口、资源、环境协调发展，既要考虑当代人的发展需求，也要考虑后人的发展需求，不以牺牲后人的利益为代价来满足当代人的需求。应当清醒地看到，包括灰霾天气在内的一系列问题的产生都与我们的生产方式、生活方式、消费方式密切相关，这种不利于资源保护的、不可持续的生产方式、生活方式和消费方式不能再持续下去了。[2]要实现天蓝、水清、地绿的美丽中国，必须走资源可持续利用的生态文明之路。"从总体和长远看，只有资源和环境才是决定生态、经济和社会可持续发展的主要因素，而其中又以资源之利用为中心问题。"[3]国家作为资源所有者，要积极走生态现代化的发展道路。生态现代化的主旨是追求一种绿色的增长，而不是依赖减缓增长的速度来化解经济增长与环境破坏之间的矛盾。所谓的"绿色增长"具体是指，同样的经济增长消耗更少的自然资源或能源，每单位 GDP（国内生产总值）带来的废弃物更少，并且不断追求技术革新，推动循环生产，以促使所有的废弃物都可以被重新或循环使用。[4]生态现代化提倡的是在不影响经济发展速度的前提下，全面提升生产效率、降低环境污染、促进废弃物的再利用，从而实现经济增长与环境保护的双赢。当然，生态现代化不足以克服所有的资源利用难题，往往面临着巨大的传统型国内经济压力。[5]

［1］　杜群.可持续发展与中国环境法创新：环境法概念的复元和范畴的重界［J］.北京师范大学学报（人文社会科学版），2001（3）：116-124.

［2］　全面推进改革 推进生态文明［N］中国环境报，2014-01-01（1）.

［3］　孟庆瑜，刘武朝.自然资源法基本问题研究［M］.北京：中国法制出版社，2006：212.

［4］　罗宾·艾克斯利.绿色国家：重思民主与主权［M］.郇庆治，译.济南：山东大学出版社，2012：61.

［5］　罗宾·艾克斯利.绿色国家：重思民主与主权［M］.郇庆治，译.济南：山东大学出版社，2012：70.

　　国家作为资源所有者，要积极推进资源节约型、环境友好型社会建设。党的十六届五中全会重申了节约资源的基本国策，并提出了加快建设资源节约型、环境友好型社会的目标[1]。党的十七大报告把建设资源节约型、环境友好型社会作为深入贯彻落实科学发展的重要内容予以强调和部署[2]。党的十八大报告指出，我国资源节约型、环境友好型社会建设取得了重大进展，资源循环利用体系初步建立。[3]党的十九大报告指出，必须坚持节约优先、保护优先、自然恢复为主的方针，形成节约资源和保护环境的空间格局、产业结构、生产方式、生活方式，还自然以宁静、和谐、美丽。[4]尽管如此，水资源短缺依然是一个严峻的问题，资源的循环利用能力依然不高[5]，公众的资源节约意识依然不强，资源浪费和破坏依然严重……应当清醒地看到，经济发展与生态保护"双赢"的道路，远非想象中的那样平坦，建设"美丽中国"任重而道远。党的二十大报告指出，大自然是人类赖以生存和发展的基本条件。尊重自然、顺应自然、保护自然，是全面建设社会主义现代化国家的内在要求。必须牢固树立和践行绿水青山就是金山银山的理念，站在人与自然和谐共生的高度谋划发展。[6]当前，要把自然资源的保护与利用纳入中国式现代化的整体战略部署之中，全面促进自然资源的可持续利用。

---

[1]　2005 年 10 月 11 日，中国共产党第十六届中央委员会第五次会议通过的《中共中央关于制定国民经济和社会发展第十一个五年规划的建议》指出，"要把节约资源作为基本国策，发展循环经济，保护生态环境，加快建设资源节约型、环境友好型社会，促进经济发展与人口、资源、环境相协调。"

[2]　参见《高举中国特色社会主义伟大旗帜 为夺取全国建设小康社会新胜利而奋斗：在中国共产党第十七次全国代表大会上的报告》第三节"深入贯彻落实科学发展观"。

[3]　参见《坚定不移沿着中国特色社会主义道路前进 为全面建成小康社会而奋斗：在中国共产党第十八次全国代表大会上的报告》第三节"全面建成小康社会和全面深化改革开放的目标"。

[4]　参见《决胜全面建成小康社会 夺取新时代中国特色社会主义伟大胜利：在中国共产党第十九次全国代表大会上的报告》第九节"加快生态文明体制改革，建设美丽中国"。

[5]　我国水资源的重复利用率只有 40%，水资源的浪费使得城市生活用水及工业用水安全问题越来越严重。参见陈德敏．资源法原理专论［Ｍ］．北京：法律出版社，2011：221.

[6]　参见《高举中国特色社会主义伟大旗帜 为全面建设社会主义现代化国家而团结奋斗：在中国共产党第二十次全国代表大会上的报告》第十节"推动绿色发展，促进人与自然和谐共生"。

二、推进自然资源的公平利用

公平正义，既是人类永恒的价值追求，也是社会主义法治的价值追求。促进社会公平正义、增进人民福祉是当前全面深化改革的出发点和落脚点。[1]"公平正义包括经济公平，政治和文化平等以及社会公正，公平正义要求社会各方面的利益关系得到妥善协调，人民内部矛盾和其他社会矛盾得到正确处理。"[2]马克思认为，"正义"是一个与法律或者说是根据法律享有与权利相关联的概念。[3]在国家行使自然资源权利的过程中，同样存在着正义问题，即环境正义问题。在环境问题日益突出、自然资源保护日益重要的当今社会，维护环境正义，促进自然资源的公平利用，已经成为实现社会公平正义的重要组成部分。历史上的无数次经验教训告诉我们，如果把自然资源纯粹视为公共物品或者纯粹视为私人物品，把自然资源产品等同于普通的商品，必然要付出沉重的代价。在行使自然资源权利的过程中，国家作为所有者，不能只关注自然资源利用的效率价值和经济价值，而忽视环境正义的价值取向。环境正义的最终目标是实现人与自然的和谐，而这也正是生态文明建设要达到的目标，因此，把维护环境正义作为国家行使自然资源所有权的价值取向，契合生态文明建设的内在要求。

1971年，美国哈佛大学约翰·罗尔斯在《正义论》一书里提出了一种他称之为"作为公平的正义"的正义观念[4]，被视为正义理论研究的重大进展[5]。罗尔斯提出，正义的主要问题就是社会的基本

---

［1］ 党的十八届三中全会通过的《中共中央关于全面深化改革若干重大问题的决定》指出："全面深化改革，必须高举中国特色社会主义伟大旗帜，……坚持社会主义市场经济改革方向，以促进社会公平正义、增进人民福祉为出发点和落脚点，……努力开拓中国特色社会主义事业更加广阔的前景。"

［2］ 陈金全.新中国法律思想史［M］.北京：人民出版社，2011：308.

［3］ 中共中央马克思恩格斯列宁斯大林著作编译局.马克思恩格斯选集：第3卷［M］.北京：人民出版社，1995：211.

［4］ 约翰·罗尔斯.正义论［M］.何怀宏，何包钢，廖申白，译.北京：中国社会科学出版社，1988：1.

［5］ 尽管马克思有关于正义的零星讨论，但马克思和恩格斯本人并没有关于正义理论的专著，也没有刻意去建构一个系统的马克思主义正义理论，因而，所谓的"马克思恩格斯的正义理论"不过是后来解释者的理论建构。参见韩立新.何谓马克思的"正义"？作序于王广.正义之后：马克思恩格斯正义观研究［M］.南京：江苏人民出版社，2010：1-2.

结构，即"是社会主要制度分配基本权利与义务，决定由社会合作所产生的利益之划分的方式"[1]，进而提出并逐步完善了"两个正义原则"[2]。"罗尔斯的两个正义原则为我们确定环境正义的分配原则提供了具有强大分析威力的思路和方法。"[3]按照罗尔斯构筑的正义理论，我们可以把环境正义视为"对环境利益的公平分配"。环境正义在广义上是指人类与自然之间实施正义的可能性问题，即种际正义[4]；在狭义上包括两层含义：一是指所有主体都应平等地拥有享用自然资源的权利，这种权利应当免受侵害或不当限制；二是指享有的资源权利和承担的环境义务上的统一性和相生相伴性，以保证环境利益上的社会公正[5]。

就一国范围内的自然资源开发利用而言，环境正义既体现在个人与个人、个人与企业、企业与企业等平等民事主体之间在自然资源利用上的公平，也体现在普通民事主体与政府之间在自然资源利用上的公平，以及代际之间在自然资源利用上的公平。马克思强调，正义不是永恒不变的概念，作为上层建筑的范畴，正义是随着社会经济基础的发展变化而发展变化的。马克思明确指出："人们每次都不是在他们关于人的理想所决定和所容许的范围之内，而是在现有的生产力所决定和所容许的范围之内取得自由的。"[6]可见，正义是具体的，总是与一定社会的生产力状况紧密联系在一起的。维护环境正义，应当与当下中国的自然资源利用现状紧密联系起来。"正义问题在当下中国的凸显表现得比以往任何时候都要突出。正义问题几乎遍及社会

[1] 约翰·罗尔斯.正义论[M].何怀宏，何包钢，廖申白译.北京：中国社会科学出版社，1988：5.

[2] 两个正义原则最初是在《正义论》一书中提出来的，罗尔斯在《作为公平的正义：正义新论》一书中给予了完善，最新的提法应该是这样：（1）每一个人对于一种平等的基本自由之完全适当体制都拥有相同的不可剥夺的权利，而这种体制与适于所有人的同样自由体制是相容的；以及（2）社会和经济的不平等应该满足两个条件：第一，它们所从属的公职和职位应该在公平的机会平等条件下对所有人开放；第二，它们应该有利于社会之最不利成员的最大利益（差别原则）。参见约翰·罗尔斯.作为公平的正义：正义新论[M].姚大志，译.北京：中国社会科学出版社，2011：56.

[3] 王树义，等.环境法基本理论研究[M].北京：科学出版社，2012：314.

[4] 曾建平.环境正义：发展中国家环境伦理问题探究[M].济南：山东人民出版社，2007：9.

[5] 朱贻庭.伦理学大辞典[M].上海：上海辞书出版社，2002：161.

[6] 中共中央马克思恩格斯列宁斯大林著作编译局.马克思恩格斯全集：第3卷[M].北京：人民出版社，1960：507.

的每一个领域、每一个行业。"[1]

环境正义还体现在国家与国家之间在自然资源利用上的公平，主要体现在发达国家与发展中国家之间的公平问题。工业文明给西方国家带来了富庶和繁华，同时也制造了全球性的环境危机。发展中国家丰富的资源并没能给他们带来富庶，而是成为发达国家的廉价原料基地和高污染产业的牺牲品。[2]因此，在实现国家与国家的环境正义上，必须充分关注发达国家与发展中国家的公平。比如，发达国家将清洁工业放在自己国家，而将污染工业建在发展中国家；发达国家无视自身200多年来工业生产带来的污染，却要发展中国家在一夜之间实现低排放，这些都与环境正义的旨趣背道而驰。

作为自然资源的所有者，国家应当保障本国领域内自然资源利用的公平。

第一，国家要保障人与人之间开发利用自然资源的公平。人的生存离不开对自然资源的利用，保障人的基本生存权，就必须保障人的基本资源需求。谚语曰，"法不外乎人情"，一切法律制度的出台，都必须充分尊重群众的法感情，只有这样，法律制度才能得到群众的认同与拥护。因此，如果是基于生存需要而必需的自然资源，国家作为所有者，不但不能随意剥夺任何人的资源利用权，而且还要做到不偏不倚，保障人人平等地利用资源的权利。[3]一是权利取得机会的平等，在设定自然资源权利时，应当做到不歧视、不袒护、不附加不平等条件；二是法律保护的平等，对公民利用自然资源的权利受到侵害的情形，法律应当予以平等保护，做到不偏不倚；三是法律制裁的公平，对公民侵害自然资源的行为，法律应当给予同等的处罚，司法在具体执行法律的过程中也必须做到公正执法，杜绝选择性执法。

[1] 林进平．面向事实本身：反思"马克思与正义"问题的研究方法［J］．马克思主义与现实，2013（5）：8-17．

[2] 曾建平．环境正义：发展中国家环境伦理问题探究［M］．济南：山东人民出版社，2007：26-27．

[3] 开明的人类中心主义认为，地球上的自然资源是所有人（包括现代人和后代人）的共同财富，人类应当作为一个整体在地球上共同生活，人人有权平等地享有地球上的自然资源。参见黄锡生．水权制度研究［M］．北京：科学出版社，2005：49-50．

　　第二，国家要保障个人与企业之间开发利用自然资源的公平。为了提高资源利用的经济效益和社会效益，国家必然要赋予一定的法人或企业开发利用自然资源的权利，这就需要在个人与企业之间找到一个平衡点。相对于个人而言，企业拥有更好的团队、更先进的设备、更娴熟的技术、更科学的经营，在自然资源的开发利用上效率更高、效益更显著，比起个人来有着明显的优势。因此，为了保障资源的有效利用，必须赋予企业开发利用资源的权利。但企业的开发利用行为往往带来了资源的过度开发、环境的污染等负面效益，并损害到个人开发利用自然资源的正当权益，甚至还可能危及人类赖以生存的环境。因此，国家协调个人与企业之间开发利用自然资源的公平，一方面要保护企业的正当权益，不额外增加企业取得开发利用自然资源权利的负担；另一方面，需要有效规制企业的开发利用行为，有效监控企业的污染治理，对违规行为予以及时的制止和制裁。总之，要确保企业的开发利用行为不损害环境公共利益和公民个人的资源需求。

　　第三，国家要保障企业与企业之间开发利用自然资源的公平。对于同等类型的企业，应当建立一个公平的竞争机制，保障机会的平等与程序的公正，让市场机制发挥出其在自然资源配置中应有的作用。与此同时，应当关注企业资源利用的外部性问题，某企业利用自然资源的不良行为，如排放的废气、污水等可能会给附近其他企业的生产经营带来副作用，进而影响该企业的生产成本与生产效益，这就是企业的环境"外部性"问题。对此，可以尝试通过建立排污权交易机制的方式给予解决[1]，即限定企业的排污量，企业需要超标排污的，必须向有剩余排污指标的企业购买，否则，就应当限产或停产。

　　第四，国家要保障一般民事主体与政府之间开发利用自然资源的公平。政府开发利用自然资源，只能是出于社会公共利益的需要，否则，应当由企业（包括国有企业）或者个人来行使开发利用自然资源的权

---

[1]　目前，广东、浙江等多个省份已经稳步推进排污权交易试点。

利。要树立权利平等保护的理念。无论是政府还是一般民事主体，法律对其开发利用自然资源的权利都应当予以平等保护。由于政府的"强势"地位，必须防止政府的权力寻租行为，即防止开发利用自然资源的权利向政府的行政权力不合理演变。这就需要合理界分自然资源国家所有权和自然资源政府管理权之间的界限，尤其要防止自然资源政府管理权的随意逾越，反对权力寻租现象。自然资源"权利"如果被自然资源"权力"所寻租，那么必然的结果是：分配自然资源的过程变成了自然资源权益不受尊重的过程，必然损害国家作为自然资源所有者的权益，也将导致自然资源的不合理配置；公众也可能因制度的不完善而随意使用或者浪费自然资源，从而带来自然资源利用的灾难。

第五，国家还要保障代际之间利用自然资源的公平。代际之间的公平，要求上一代人开发利用自然资源的行为不能损害下一代人的自然资源权益。一是要杜绝自然资源的掠夺性开发利用，尤其是对耗竭性自然资源，必须做好资源开发利用的顶层设计与科学的整体性规划。资源的有限性和日益稀缺，已经不再允许粗放式经营，要求树立精细化管理的理念，在自然资源的开发利用上尤其要注重集约化经营，避免粗放式经营带来的资源浪费和环境污染。要注重技术创新，不断提升资源的使用效率。二是要积极推进自然资源循环利用。资源的循环利用、变废为宝，既是节约资源、促进经济社会可持续发展的重要手段，也是延长资源使用寿命、实现资源利用代际公平的有效方式。以水资源为例，人类需要的水资源远远多于人类可以利用的水资源，如果能对废水和污水进行循环利用的话，将是解决水资源短缺的一剂良方。三是要积极开发利用新能源。新能源的开发利用不仅包括风能、太阳能、核能、地热能、生物能等可再生能源（或者清洁能源），也包括通过新技术对传统石化能源的再利用。[1]水电是可再生能源的

---

[1] 比如，从化石能源中提取氢、二甲醚和甲醇等。参见：吕江.英国新能源法律与政策研究［M］.武汉：武汉大学出版社，2012：1.

重要部分，占可再生能源的 53%。[1]当前，面对石油、煤炭等石化能源日趋紧张的现实背景，如果能有效开发绿色环保的新能源，比如，用太阳能发电、核能发电替代煤炭发电，将有效破解资源利用和能源发展的瓶颈及能源危机，有效缓解代际之间的能源利用矛盾。可见，节能减排是实现自然资源利用代际公平的重要方式，政府在代表国家行使自然资源权利的过程中，应当大力推进节能减排工作[2]。

作为自然资源所有者，国家应当融入维护全球环境正义的行列。在自然资源的开发利用过程中，国家作为自然资源所有者，也应主动融入经济全球化这一浪潮。经济全球化促进了资源的全球流动，要求整个世界经济成为一个统一的大市场；经济全球化还要求不断提高自然资源的使用效率，共同维护全球的环境正义。因此，自然资源国家所有权的权利行使，必须主动融入世界通行的规则体系之中，既要从社会主义国家的性质出发，又要积极借鉴各国的有益经验，并将二者有机结合起来。当前，不少经营自然资源的企业还无法适应现代企业制度的要求，无论是在生产方式、经营模式还是管理队伍上，都有不小的差距，尤其是资源性国有企业经营机制转换缓慢，管理效益较差的现象还比较普遍。随着我国加入 WTO（世界贸易组织），国际国内规则都发生了很大的变化，经营管理国有自然资源的国有企业要积极主动与国际接轨，建立现代企业制度，引进国际上先进的企业管理经验和开发技术。同时，国有自然资源企业在维护全球环境正义中也应当有所作为，尽可能减少排污量，降低开发利用自然资源的外部效应，在我国参与维护全球环境正义的进程中发挥积极的作用。

第一，以温室气体排放为例探讨全球环境正义。气候变化已经

---

［1］　约瑟夫·P.托梅因，理查德·D.卡达希.能源法精要［M］.万少廷，张利宾，顾伟，译.2版.天津：南开大学出版社，2016：381.

［2］　2014 年 3 月 21 日，时任总理李克强在"节能减排及应对气候变化工作会议"上指出："尽管经济存在下行压力、稳增长面临挑战，我们仍要坚定不移地推进节能减排。这是给自己压'担子'，必须努力走出一条能耗排放做'减法'、经济发展做'加法'的新路子，对人民群众和子孙后代尽责。"参见李克强：坚定推进节能减排，对人民和后代尽责［EB/OL］.（2014-03-23）［2014-03-25］.新浪网.

在全球范围内对人类产生重大影响[1]，减少碳排放已经成为减缓气候变化影响的当务之急[2]。在降低碳排放的任务分配上，必须考虑三个因素：一是发达国家200多年工业生产的碳排放比发展中国家几十年工业生产的碳排放要多得多；二是发达国家以发展中国家引进外资为契机，逐步将重污染工业生产转移到发展中国家；三是发达国家的技术、设备比发展中国家先进得多。因此，在制定减排目标和任务时，出于发展中国家经济发展的需要，发达国家与发展中国家在减排目标和责任上应当有所区别。[3]但这并不代表发展中国家可以随意增加碳排放，每一个国家都应该在应对全球气候变化的过程中积极作为。[4]尽管各国已经充分意识到了应对气候变化的重要性，但实现全球气候正义的道路上仍然布满荆棘。[5]

第二，以水资源保护为例探讨全球环境正义。保护水资源，对于国家能源安全战略至关重要。当前，世界各国普遍存在着水资源短缺的问题，水资源一直都是世界各国争夺的重要自然资源之一。以色列前总统列维曾宣称："水是以色列的生命。"埃及前总统萨达特说过："只有一件事可能导致埃及再次走向战争，这就是水。"[6]相邻国家通过签订条约，共同约束水资源的开发与利用，并对水资源进行合理分配，是避免国家冲突、实现国家与国家之间环境正义的有效方式。1909年，美国和加拿大签署了《边界水资源条约》，为一个多世纪以来两国之间友好处理边界水域方面的争议作出了重要贡献，成为有效

---

[1]　杨永龙著《气候战争：一场决定人类未来的生死之战》（2010）阐述了世界政治、经济、历史与气候的不解渊源，指出"气候变化是人类共同的挑战，气候变化已成为'世界上最大的公共产品'"。

[2]　中国清洁发展机制基金管理中心编著的《气候变化融资》指出："气候变化问题的本质是发展问题。低碳发展是应对气候变化的重要手段，是可持续发展的组成部分。"

[3]　2005年2月16日生效的《京都议定书》（全称《联合国气候变化框架公约的京都议定书》）确定了"共同但有区别的责任"，体现了实现国家与国家之间环境正义的理念。

[4]　中国政府已经意识到减缓气候变化的重要性并积极采取行动。李克强指出："中国作为负责任的大国，愿主动积极作为，与世界各国一道，在坚持共同但有区别的责任原则、公平原则、各自能力原则的基础上，为应对气候变化的挑战作出更大努力。"参见李克强：坚定推进节能减排，对人民和后代尽责［EB/OL］.（2014-03-23）［2014-03-25］.新浪网。

[5]　美国政府以"发展中国家也应该承担减排和限温室气体的义务"为借口拒绝批准《京都议定书》，2011年12月，加拿大宣布退出《京都议定书》，给后京都时代的减排前景蒙上了阴影。

[6]　黄锡生.水权制度研究［M］.北京：科学出版社，2005：57.

化解水资源争端、和平共享水资源的佳话。

第三，以野生动植物保护为例探讨全球环境正义。随着人类利用自然资源的步伐不断加速，自然界原有的物种灭绝与物种形成的平衡正在被破坏，动植物资源的物种灭绝速度大大超出了自然界自身的循环规律。[1]作为全人类的宝贵资源和共同财富，野生动植物资源的保护应当由各国共同承担。一是要建立自然保护区制度，对于濒危野生动植物集中的特定区域，从法律上确认该区域为自然保护区的特殊地位，并加以特殊的保护；二是要明确侵害濒危野生动植物资源的法律责任，包括民事责任、行政责任与刑事责任，法律对这三种责任承担方式都应当作出明确而具体的规定；三是要对野生动植物资源贸易进行有效的法律管制，对特别珍贵或濒危的野生动植物资源要禁止采集、捕杀或贸易。这些要求不仅应该体现在各个国家制定的法律上，而且应通过签订国际公约或多边协定的形式在各个国家之间形成共同的约束机制。对于保护野生动植物资源的国际公约[2]，一方面，应当积极推动各国积极加入公约成为缔约国；另一方面，已经签订国际公约的各缔约国必须严格地履行公约的各项规定。只有各国共同努力，全球的环境正义才能真正得到实现。

三、促进自然资源的合理利用与高效利用

自然资源既是保障人类基本生存的生存资料，又是构建生态文明的基本场所，对自然资源的开发利用不能过度，应当要有一个限制权利行使的法律规制，以保障经济社会的可持续发展。生态文明背景下

---

[1]　以高等动物中的鸟类和兽类为例，从1600年至1800年的200年间，总共灭绝了25种，而从1800年至1950年的150年间则共灭绝了78种。参见百度百科关于《濒危野生动植物种国际贸易公约》的介绍。

[2]　比如，1975年7月1日生效的《濒危野生动植物种国际贸易公约》主张用物种分级与许可证的方式，管制而非完全禁止野生物种的国际贸易；1975年12月21日正式生效的《关于特别是作为水禽栖息地的国际重要湿地公约》，旨在保护许多珍稀野生动植物赖以生存的湿地；1983年12月1日生效的《保护迁徙野生动物种公约》旨在保护陆地、海洋和空中的迁徙物种的活动空间范围；1993年12月29日正式生效的《生物多样性公约》旨在保护濒临灭绝的植物和动物，最大限度地保护地球上多种多样的生物资源。以上资料来源于百度百科的相关介绍。

的自然资源国家所有权具有重要的社会功能，不应是罗马法上绝对的个人所有权或者近代私法的绝对所有权，而应是受到一定限制的有限所有权。对所有权的限制，常常被西方学者称为"所有权的社会化""变主观的所有权为社会的功能"。[1] 所有权的社会化，就是要求法律应当制止所有权的滥用[2] 所带来的资源破坏和社会危害，注重引导自然资源的开发利用与社会的发展需求相一致，在行使所有权时要充分顾及社会公共利益。自然资源国家所有权的权利行使，还要以保证人的自由发展为前提，充分顾及个体人的生存和发展需求。正如列宁同志所说的那样："必须把国民经济的一切大部门建立在同个人利益的结合上面。"[3]

对权利行使的限制，往往出于维护公共利益的目的。基于公共利益，对国家行使自然资源所有权进行适当限制是必要的。但必须关注到三个重要的影响因素：第一，公共利益本身就是非常抽象的概念，公共利益的判断标准带有很强的主观性，这种主观性导致公共利益的范围非常宽泛，无法通过列举的方式来给公共利益的外延作一个界定，而且公共利益的内容总是处在不断的变化之中，用得好，会起到调节社会矛盾的作用，但如果用得不好，反而可能成为侵犯国家所有权的借口。第二，公共利益总是和一个国家的具体国情、社情、民情紧密联系在一起的，与一国的意识形态、经济发展水平、风俗习惯、生活方式等都是紧密相关的，某一国的公共利益，在他国未必就是所谓的公共利益；对某个民族而言，某种自然资源可能是公共利益，对于其他民族而言，可能就不是公共利益。第三，公共利益一词会在不同的层面上被运用，对于国家而言，国家主权就是最高的公共利益，对于

---

[1]　弗莱西茨.为垄断资本主义服务的资产阶级民法 [M].郭寿康，译.北京：中国人民大学出版社，1956：9.

[2]　必须注意的是，所有权的社会化不是禁止权利滥用原则的表现形式，禁止权利滥用是民法的基本原则之一，与所有权的社会化不能混用使用。参见李永军.海域使用权研究 [M].北京：中国政法大学出版社，2006：146.

[3]　列宁.列宁全集：第33卷 [M].北京：人民出版社，1985：51.

民众而言，安全有序的社会治安、优美清新的自然环境、方便快捷的公共交通等，都算是公共利益的范畴。国家行使自然资源所有权要受到公共利益的限制，同时，对公共利益的范围也应该有一个反限制，应以保障人的基本生存条件为限，而不作扩张性的解释；对自然资源领域的公共利益，应当以一个国家内大部分人的认知水平为判断标准，而不能以个别人的主观判断为标准。只有这样，才是真正的公共之利益。我们提出保护"公共利益"的主张，并不是主张取消自然资源国家所有权，其目的是要解决好公共利益与自然资源国家所有权之间的平衡，防止把"公共利益"无限扩张，从而保护好国家作为自然资源所有者的正当权益。

促进自然资源的合理利用，应当着力规范国家自然资源权利的行使。第一，要保障自然资源权利行使到位。自然资源国家所有权的权利行使不到位，必然会造成国有资产流失，给国家的权益带来损害。当前，国家所有的自然资源由政府代表行使，政府一般授权国有企业经营管理国有自然资源，由此形成了从国家所有到政府代表国家行使权力再到国有企业经营管理国有自然资源的权利行使模式。在这一模式中，国有企业经营管理自然资源是否到位、是否存在乱作为或者不作为的情形，将直接关系到国家行使自然资源所有权是否到位。"从实践来看，在扩大企业自主权以后，不能放弃国家对企业占有的国家资产的监管，以防止国有资产的流失和浪费。"[1]因此，建立健全自然资源权利行使的监督制约机制，是保障国家作为资源所有人权益的关键所在。第二，要防止政府代表国家行使自然资源权利的越位。政府在代表国家行使自然资源所有权时要做到不越位，关键是要处理好国家所有的自然资源与集体所有的自然资源的边界问题。根据《宪法》和其他法律法规的规定，自然资源并非全部属于国家所有，有一部分自然资源是归集体所有的，比如，农村和城市郊区的土地，根

---

[1]　王利明.物权法论（修订本）[M].北京：中国政法大学出版社，2003：277.

据《土地管理法》第八条的规定，除法律明确规定属于国家所有的土地之外，原则上归村集体所有；再比如，根据《物权法》第四十八条的规定，法律规定属于集体所有的森林、山岭、草原、荒地、滩涂等自然资源不属于国家所有。因此，国家在行使自然资源所有权时，就要做到权利行使不越位，不属于国家所有的自然资源，不能随意处置。第三，要建立自然资源国家所有权行使的自我限制机制。"在自己的所有物上设定利用权，是对所有权的自我限制。"[1]当自然资源利用权设定之后，取得利用权的公民或者法人就有了利用自然资源的合法权利，而此时作为自然资源所有人的国家，其所有权就受到了一定的限制，即国家行使自然资源所有权不能妨碍其他民事主体自然资源利用权的正当行使。就自然资源的开发利用而言，授予其他民事主体开发利用自然资源的权利，既是国家资源权利的部分让渡，又是国家资源权利的有效实现途径。通过权利让渡，更多的主体参与资源的开发利用，有利于引入市场竞争机制，降低资源的开发成本，提升资源的使用效益。因此，建立自然资源国家所有权的自我限制机制，不仅满足了人们利用自然资源的愿望，同时又保障了国家作为自然资源所有人的权益。

自然资源高效利用与自然资源合理利用实际上是紧密相关、密不可分的。或者说，自然资源高效利用是在合理利用的基础上对开发利用自然资源提出的更高要求。关于何谓自然资源高效利用，学界已有诸多探讨。有学者认为，能够实现生态环境、社会效益、经济效益和美好生活需要有机统一的自然资源利用就是高效利用。[2]这一观点提出了自然资源高效利用应当达到"生态环境、社会效益、经济效益和美好生活需要有机统一"的目标，然而关键是如何有效实现这四个方面有机统一的目标。《中共中央关于制定国民经济和社会发展第

［1］ 王利明.物权法论（修订本）［M］.北京：中国政法大学出版社，2003：269.

［2］ 李松龄.自然资源高效利用的理论认识与制度安排［J］.贵州社会科学，2020（8）：112-118.

十四个五年规划和二〇三五年远景目标的建议》对"全面提高资源利用效率"进行了专门的部署，提出要"健全自然资源资产产权制度和法律法规，加强自然资源调查评价监测和确权登记，建立生态产品价值实现机制，完善市场化、多元化生态补偿，推进资源总量管理、科学配置、全面节约、循环利用。实施国家节水行动，建立水资源刚性约束制度。提高海洋资源、矿产资源开发保护水平。完善资源价格形成机制。推行垃圾分类和减量化、资源化。加快构建废旧物资循环利用体系。"[1]这一明确而具体的部署，为促进自然资源高效利用指明了方向，明确了要求。当前，要将这些目标、要求及时落实到自然资源开发利用的具体要求中，在现行有效的自然资源单行法中及时补充自然资源高效利用的法律规则。在制定自然资源高效利用法律规则时，既要注重通过明晰自然资源产权、完善自然资源资产市场配置制度、建立生态产品生态价值实现机制等来实现自然资源高效利用的正向激励，也要注重通过自然资源利用总量控制制度、自然资源利用技术标准制度、自然资源利用生态补偿与修复制度等来完善自然资源高效利用的约束机制，还要强化违反自然资源高效利用规则的法律责任，推动自然资源高效利用的要求落到实处。

四、发挥好政府与市场各自的作用[2]

在完善自然资源国家所有权运行机制的过程中，有一个贯穿始终的主线，那就是自然资源的配置问题，具体而言，就是政府与市场在自然资源配置中各自充当什么样的角色。准确定位政府与市场在自然资源配置中的角色，是自然资源国家所有权运行的关键环节。

政府在自然资源配置中扮演着极其重要的角色。一方面，政府要

---

［1］　参见《中共中央关于制定国民经济和社会发展第十四个五年规划和二〇三五年远景目标的建议》。

［2］　党的十八大报告指出："经济体制改革的核心问题是处理好政府和市场的关系，必须更加尊重市场规律，更好发挥政府作用。"

保障国家自然资源的经济安全，从维护国家自然资源安全的目的出发，管好、用好、保护好关系国计民生和国家经济命脉的重要自然资源。对涉及国家安全的战略性自然资源，政府要积极主动地作为，确保这些重要自然资源的安全。另一方面，政府要从建设生态文明的目标要求出发，充当好自然资源市场体系的组织者、市场竞争规则的出台者和市场争端的裁判者。迈向生态文明新时代，要求我们的政府在发展经济的同时注重保护环境，实现既利用好自然资源又保护好生态环境的良性互动。在自然资源国家所有权的权利行使中，政府始终扮演着极其重要的角色，其基本职能应当是维护市场经济秩序，保障市场交易安全，其角色是充当自然资源市场体系的组织者、市场竞争规则的出台者和市场争端的裁判者。政府既要维护国家作为自然资源所有权人的权益，又要保证自然资源使用人的正当权益，二者不可偏废。在实施自然资源管理工作的过程中，政府要从根本上扭转粗放型的经济增长模式，尤其是要始终把节能减排作为工作的指针，把防污治污作为政府自然资源管理工作的重心。政府在自然资源的开发利用过程中，应当全盘思考、统筹规划，做好顶层设计，提高资源的利用效率，减少资源利用对环境的破坏，大力发展节能清洁产业，并着力避免政府权力异化或寻租，杜绝公共利益部门化或地方保护主义，避免政出多门、各自为政、市场分割，杜绝盲目投资或低效率的开发利用。

市场在自然资源配置中应当起到决定性作用。一种自然物质之所以被视为一种资源，在于其有限性和稀缺性，在于其代表了一定的财产价值。[1]当某一自然物质未出现稀缺性或有限性特征时，人们可以自由地获取该物质；相反，当某一自然物质供不应求时，其资源价值得以凸显，此时就需要一个有效的机制来合理地分配该资

---

[1] 比如，在水资源相对充足的农业社会，由于水资源供大于求，人们并没有清楚地意识到水资源的重要性；而当人类进入 21 世纪，此起彼伏的水荒已经让人们充分意识到了把水当作一种重要自然资源的必要性。

源。党的十八届三中全会强调了市场在资源配置中的决定性作用。党的十八届三中全会通过的《中共中央关于全面深化改革若干重大问题的决定》（简称《决定》）指出："要紧紧围绕使市场在资源配置中起决定性作用深化经济体制改革，坚持和完善基本经济制度，加快完善现代市场体系、宏观调控体系、开放型经济体系，加快转变经济发展方式，加快建设创新型国家，推动经济更有效率、更加公平、更可持续发展。"就完善自然资源的市场机制而言，同样应该发挥好市场在"民用自然资源"配置中的决定性作用。应当强调的是，对于涉及国家资源安全的战略性物资，不能放任市场自由配置，即市场对自然资源的配置，必须在维护好国家自然资源根本利益的前提下进行。市场要在"民用自然资源"配置中起决定性作用，核心是要建立健全自然资源权益交易制度。第一，要明确使用哪些资源是有偿的，使用哪些资源则是无偿的。人人均可无偿使用的自然资源，比如太阳光、自然风光等，就完全没有必要建立自然资源权益交易制度。而对于耗竭性自然资源，或者稀缺性自然资源，因其资源的有限性，就必须建立一套关于自然资源权益交易的法律制度予以规范。第二，在设计自然资源权益交易制度时，不能一味地追求交易的规模、效率或经济效益，应当在效率与公平之间确定一个平衡点，把可持续发展作为重要的价值取向，兼顾自然资源利用的经济效益、社会效益和生态效益。第三，加强资源性产品价格机制形成的市场化程度。当前，水、天然气、石油等自然资源产品的价格形成机制中行政干预的色彩浓厚，市场化程度较低，与优化资源配置的要求还有一段很长的距离，与生态文明建设的要求还不适应，并直接影响到经济发展方式的转变。[1]可见，大力推进资源性产品的价格形成机制改革，是发挥市场在资源配置中的决定性作

---

[1]　《党的十八届三中全会〈决定〉学习辅导百问》编写组.党的十八届三中全会《决定》学习辅导百问［M］.北京：党建读物出版社，学习出版社，2013：45.

用的必然要求。第四，注重与国际规则的对接，主动融入国际交易市场中。一方面，我们要积极参与全球行动，通过签订国际合约、发表联合声明等方式，共同接受条约、议定书、联合声明等的约束，结成共同保护自然资源的联盟；另一方面，要主动掌握制定国际规则的话语权，既要站在全人类发展的角度，又要保护国家的正当资源权益不受侵犯或伤害，尤其要旗帜鲜明地反对针对发展中国家的不平等条款。

五、让更多的主体共享自然资源成果

国家所有权只是形成资源利用秩序的前提，资源物权才是建立秩序的关键。[1] 当前，物权法的功能也在发生变化，从归属到利用的发展是当今物权法发展的潮流与趋势，以"利用"或者"利用的必要性"来代替物的"支配性"，已经逐渐成为物权法发展的一大趋势。一方面，要明晰权属，确定物的归属和权利主体，起到定分止争的作用；另一方面，要注重对物的利用，充分发挥物的使用价值，做到物尽其用。用益物权，是一种对他人的所有物享有的支配权，其设立目的，是利用他人之物的使用价值满足生产或者生活的需要。[2] 对自然资源而言，由于自然资源属于国家所有，从静态的"定分止争"到动态的"物尽其用"的价值转换，必须有一个制度搭建起从自然资源国家所有到自然资源开发利用的桥梁，这个制度就是自然资源用益物权制度。可见，构建起一套有效的用益物权制度，其目的就是要让一般民事主体取得开发利用自然资源的权利。自然资源用益物权，是指非自然资源所有人依法取得开发利用自然资源并获得收益的权利。这一制度的构建，着眼于充分发挥自然资源的使用价值，也保障了人们对自然资源的利用需求。在资源有限的现代社会，建立健全自然资

---

[1] 巩固.自然资源国家所有权公权说［J］.法学研究，2013，35（4）：19-34.

[2] 尹田.物权法［M］.北京：北京大学出版社，2013：375.

源用益物权制度，可以满足人类不断增长的消费需求，提高资源的利用效率，成为解决有限资源与无限需求之间矛盾的最佳办法。自然资源用益物权制度，就是要在社会主义市场经济体制下，使得一般民事主体可以开发利用国家所有的自然资源，其目的是实现从国家所有到民事主体使用的有效衔接。

在迈向生态文明新时代的进程中，完善自然资源用益物权制度具有重大的现实意义。第一，自然资源用益物权制度有利于缓解自然资源稀缺性，促进人与自然的和谐相处。自然资源的有限性与人类需求的无限性是一对时刻存在的矛盾，出现这一矛盾的根本原因在于自然资源的稀缺性，而解决这一矛盾的根本出路则是完善自然资源用益物权制度。通过完善自然资源用益物权制度，可以使用益物权人明确对某一自然资源享有的权利内容、行使权利的方式、享有权利的期限，以及当用益物权人不需要该自然资源时可以自由地流转，既保证了用益物权人的财产权利，又满足了另一主体开发利用该自然资源的需要。可见，建立健全自然资源用益物权制度，对充分发挥自然资源的价值、实现人与自然和谐相处具有重要的现实意义。第二，自然资源用益物权制度有利于实现物尽其用，充分发挥自然资源的使用价值。在我国，提倡多种所有制经济共同发展，国有企业不能也不应该垄断自然资源的生产经营。长期以来，国有企业在自然资源的开发利用上占据绝对的优势，其他的企业或法人只是配角。于是，出现了一部分自然资源长期由国有企业垄断经营的局面，缺乏市场竞争的有效机制。"在各类企业中，国有企业只能是少数，而不能成为普遍适用的企业形式。"[1] 因此，资源型国有企业经营的对象，应当是关系国家安全和国民经济命脉的重要自然资源，而不是所有的自然资源。自然资源用益物权制度赋予了民事主体一定的自然资源财产权利，有利于提升人们保护自然资源的自觉性和积极性。当某一自然资源是人人可随

---

[1]　杨淦，邓律文.国有企业改革与国有资产管理［M］.北京：中国言实出版社，2003：11.

意获得的公共资源时，人们必然不会重视对该资源的保护，而只会考虑尽量从中获取更多的利益，甚至可能因无法利用该资源而故意破坏该资源。而科学合理的自然资源用益物权制度，则可以促进人们更加珍惜自身的自然资源权益，更加注意合理使用自然资源，以保持对该资源的可持续利用。以水资源为例，合理使用的本质是保证水资源不被浪费，不进行过量使用或者因使用而损害其他人的利益。[1] 简言之，自然资源用益物权制度既推进了资源的开发利用，也提升了保护资源的自觉性，从而防止因过度开发利用自然资源而带来的生态破坏。第三，自然资源用益物权制度有利于促进市场在自然资源配置中发挥决定作用。"国家专属财产所有权不得进入民事流转，即不得作为交易的标的物。但在某些国家专属财产上可以依法设立民法上的用益物权，用益物权为民事主体所享有，可以进入民事流转。"[2] 建立自然资源用益物权制度改变了主要依赖行政审批或行政许可方式配置自然资源开发利用的局面。一方面，减少行政干预，引入市场的自由竞争机制，在资源利用者的选择上实现了优胜劣汰，这将不断提升资源利用的效率，降低自然资源开发利用的成本；另一方面，开发利用成本降低的同时，资源产品的价格也将随之降低，广大资源消费者则是最终的受益者，从而进一步满足了人民群众日益增长的资源需求。第四，自然资源用益物权制度有利于促进自然资源权益交易制度的完善。通过构建自然资源用益物权制度，可以使自然资源开发利用权利在不同的民事主体之间流转起来，这既避免了原先的开发利用者的前期投入血本无归，也防止了因资源开发利用的半途而废而造成的资源浪费。

---

[1]　戴维·H.格奇斯.水法精要 [M].陈晓景，王莉，译.4 版.天津：南开大学出版社，2016：111.

[2]　尹田.物权法 [M].北京：北京大学出版社，2013：293-294.

第二节　自然资源保护与利用制度运行的关键环节

自然资源国家所有权的所有权人不到位，所有权人权益不落实，是当前保护生态环境、建设生态文明的两个突出问题。[1]党的十八届三中全会对我国生态文明制度的重要性给予了充分重视[2]，并规定了生态文明制度建设的具体目标[3]。这就要求我们在自然资源开发利用的过程中必须注重对自然资源的保护，按照生态文明制度建设的总体部署，加强与自然资源开发利用相关的制度建设，充分保障国家的自然资源权益。

一、落实自然资源用途管制制度

合理规划自然资源空间体系，划定生产、生活、生态空间开发管制界限，落实自然资源用途管制制度，是加快生态文明制度建设的重要内容之一。[4] "总体上存在生产空间偏多、生态空间和生活空间偏少等问题，一些地区由于盲目开发、过度开发、无序开发，已经接近或超过资源环境承载能力的极限。"[5]建立健全自然资源用途管制制度，表明国家作为自然资源的所有者，可以按照生产空间、生活空间、生态空间对自然资源进行划分，从而实现对自然资源用途或功能的监管。科学合理的自然资源类型区分是落实自然资源用途管制制度的关键，也对明确自然资源的用途和功能至关重要。

---

[1]　习近平总书记在《关于〈中共中央关于全面深化改革若干重大问题的决定〉的说明》中指出，我国生态环境保护中存在的一些突出问题，一定程度上与体制不健全有关，原因之一是全民所有自然资源资产的所有权人不到位，所有权人权益不落实。

[2]　党的十八届三中全会公报指出："建设生态文明，必须建立系统完整的生态文明制度体系，用制度保护生态环境。"

[3]　具体包括了要健全自然资源资产产权制度和用途管制制度，划定生态保护红线，实行资源有偿使用制度和生态补偿制度，改革生态环境保护管理体制等。

[4]　党的十八届三中全会通过的《中共中央关于全面深化改革若干重大问题的决定》在涉及"加快生态文明制度建设"时强调："建立空间规划体系，划定生产、生活、生态空间开发管制界限，落实用途管制制度。"

[5]　张高丽.大力推进生态文明 努力建设美丽中国［J］.求是，2013（24）：3-11.

要科学合理地划分自然资源空间体系，核心问题是要明确哪些自然资源是生产资料的来源、哪些自然资源是人们生活资料的来源、哪些自然资源又是用于保障生态环境的。这就要求在设计制度时要做到统筹兼顾：一是要充分意识到自然资源是人类生存与发展的基本物质条件，既要保证人类可以正常地利用自然资源，又要在开发利用的同时维护好生态环境；二是由于自然资源具有社会性和公共性特征，自然资源的类型与用途要进行科学界定与合理区分，并以此进一步落实自然资源的用途管制制度。自然资源用途管制制度的完善是本书的重点内容之一，将在后续章节专门展开研讨，此处不再赘述。

二、完善生态保护红线相关法律制度

（一）划定生态保护红线的意义与要求

划定生态保护红线，是保障生态环境安全的内在要求。党的十八届三中全会把划定并严守生态保护红线上升为国家战略，体现了以强制性手段推进自然资源保护的国家意志。就自然资源的开发利用而言，划定生态保护红线就是要科学、合理地确定开发利用自然资源的界线，并用制度来保障开发利用行为不过界、不压线。"自然资源利用上线应符合经济转型发展的基本需求，与现阶段的环境承载能力相适应。"[1]确定自然资源开发利用红线，既要保障自然资源的正常需求，又要明确开发利用的合理限度。尤其是对耗竭性自然资源（如矿藏资源），在制度设计时必须明晰几个基本内容：谁有权对其进行开发使用（开发利用主体的资质），如何开发利用（杜绝粗放式的开发利用），开发利用的限度（杜绝掠夺式的开发利用）以及相应的法律责任问题（不当或违法的开发利用行为需要承担什么样的法律

---

[1] 高吉喜.生态保护红线：维护国家生态安全的"生态线"——国家生态保护红线体系建设构想[J].环境保护，2014，42（Z1）：18-21.

责任），等等。明晰以上内容一方面有利于明确自然资源所有人、使用人等权利主体的权利、义务与法律责任，保障权利人的合法权益；另一方面，有利于有序地开发利用自然资源，避免因争夺资源开发而破坏生态环境的混乱局面。

（二）完善相关的生态法律制度

从建设生态文明的要求出发，为了避免因过度开发利用自然资源而带来的生态破坏，守住自然资源开发利用的底线，应当配套相应的监管制度，把开发利用自然资源的行为关到制度的笼子里。

第一，完善与自然资源开发利用相关的生态区域功能规划制度。维护生态安全必须充分考量自然资源开发利用的负效应，这就需要对开发利用自然资源的全过程进行有效的监督和制约。生态功能规划制度的目的就在于对自然资源开发利用的行为进行限制，对自然资源的开发利用进行统筹的区域规划与设计，明确什么区域的自然资源能开发，什么区域的自然资源暂缓开发，什么区域的自然资源不能开发。同时，制定自然资源生态区域功能规划制度时，应与落实自然资源用途管制制度有机结合起来，避免制度之间出现矛盾或法律监管真空，使这两个制度有效衔接起来，相得益彰。

第二，完善与自然资源开发利用相关的环境影响评价制度。环境影响评价制度的核心目标在于控制自然资源开发利用的度，对开发利用过程造成环境污染的，及时地予以通报和警示，并责令加以纠正，限期整改。环境影响评价制度是由一系列子制度组成的制度系统，其中，建立有效的环境信用评价机制是关键的环节之一。[1] 通过建立健全与自然资源开发利用相关的环境影响评价制度，对造

---

[1]　企业环境信用评价，是指环境保护部门根据企业环境行为信息，按照规定的指标、方法和程序，对企业遵守环保法律法规、履行环保社会责任等方面的实际表现，进行环境信用评价的一种环境管理手段。党的十八届三中全会之后，原环境保护部会同国家发展改革委员会、中国人民银行、中国银行业监督管理委员会联合发布了《企业环境信用评价办法（试行）》，意在约束和惩戒企业环境失信行为，并解决环保领域违法成本低的不合理问题。参见我国将实行企业环境信用评价制度［N］.经济日报，2014-1-3（6）.

成资源浪费、破坏生态安全的行为第一时间发出警示或警告，及时制止不法行为，并予以必要的制裁和惩罚。同时，定期公布企业的环境信用情况，加强环境影响评价的警示效应。这种具有社会公信力的评价机制，对督促企业自觉履行保护自然资源的法定义务，提升企业保护生态环境的社会责任感，约束和惩戒自然资源企业的环境失信行为具有积极的推动作用。当然，并非所有开发利用自然资源的行为都需要对其进行环境影响的跟踪与评价，比如，对清洁能源的开发利用就应当以鼓励性、扶持性制度或者政策为主，这样节省了不必要的监管成本。

第三，完善与自然资源开发利用相关的环境标准制度。2015年1月1日，新修订的《环境保护法》正式施行。在这部新法中，有7个条文是关于环境标准的规定，占整部法律条文的十分之一，充分表明了环境标准制度在整个环境法律制度中的地位和作用。新《环境保护法》关于环境标准的一系列规定，进一步充实和丰富了环境标准制度，同时，也对自然资源的开发利用提出了全新的目标和更高的要求。尽管我国现行有效的国家环境保护标准数量已达1598项[1]，但我国的环境标准制度却没能发挥出其应有的功能，制定的环境标准越来越多，生态污染和生态破坏的形势却越来越严峻。其根本原因在于，我们在制定环境标准的过程中往往过于考虑"经济合理性"和"技术可行性"，生怕过高的标准影响到企业的生产积极性，制约了经济的发展，这样就把人与自然的和谐相处放在了相对次要的位置。建设社会主义生态文明，需要我们重新审视环境标准与经济发展的关系，要求在完善与自然资源开发利用相关的环境标准制度的过程中，始终坚持促进人与自然和谐相处的价值取向。加快空白领域环境标准的制定，避免环境标准的制度真空，并建立环境标准的动态调整机制，对已经过时的环境标准进行及时的修改或废除，使环境标准提出的环

---

[1]　完善法规标准 确保执法有据［N］.中国环境报，2014-12-01（1）.

境质量标准和重点污染物排放标准兼具科学性、合理性和可操作性。一要完善落实重点污染物排放总量控制的实施细则，包括根据不同的区域特点科学确定重点污染物的排放总量控制目标，完善排放总量控制指标的动态调整机制，落实排放总量控制目标的地方政府责任，等等。二要完善制定或者修订环境标准的公众参与制度。当前，在编制环境标准的过程中，公众反映意见或提出建议的渠道并不通畅，提前参与介入的机制更是缺乏。因此，在制定环境标准或者修订环境标准的过程中，应注重吸纳公众参与，广泛听取公众的意见或建议。三要完善环境标准的监管执法制度。要严厉打击各类违反环境标准制度的排污行为，遏制开发利用自然资源的违法行为转嫁环境成本的现象。在具体实践中，环境执法部门有环境标准可执行却不执行的事件屡见不鲜，因此必须对环境标准执法部门进行有效的监管。当前，要以落实《国务院办公厅关于加强环境监管执法的通知》为契机，从加强环境标准执法稽查、加强社会监督环境标准执法等方面进一步明确环境标准执法的具体要求，为环境执法部门的执法行为戴上"紧箍咒"。

　　第四，完善与自然资源开发利用相关的环境信息公开制度。及时公开环境信息，是自然资源开发利用企业应尽的义务，也是保护生态环境的客观要求。但长期以来，我国的环境信息公开与生态保护的现实需要相去甚远。2003 年，原国家环境保护总局发布《关于企业环境信息公开的公告》，要求加大环境信息公开力度，但是许多自然资源开发利用企业并不买账，相关的要求没有得到有效的执行。之后，原国家环境保护总局、环境保护部又陆续出台了部分规章。2007 年，原国家环境保护总局发布了《环境信息公开办法（试行）》；《政府信息公开条例》于 2008 年 5 月 1 日起试行，环境保护部门随即出台了实施细则；2013 年，环境保护部出台了《建设项目环境影响评价政府信息公开指南（试行）》《环境保护部关于加强污染源环境监管信息公开工作的通知》《国家重点监控企业自行监测及信息公开办法（试行）》和《国家重点监控企业污染源监督性监测及信息公开办法（试行）》。2014 年，新修订的《环境保护法》专章规定了"信息公开与公众参与"，从法律层面对环境信息公开作出了规定。新《环境保护法》赋予了公民、法人和其他组织依法享有获取环境信息、参与和监督环境保护的权利，规定了政府的信息公开责任，以及重点排污单位和有关建设项目的信息公开义务。尽管如此，现有的制度规定仍然存在过于笼统宽泛、缺乏可操作性和有效性不足等方面的问题，与保护环境、维护公众的环境利益等方面的要求还存在着不小的差距。因此，需要进一步完善自然资源开发利用企业环境信息公开的法律制度。一是强化企业的环境信息公开义务，建立起有效的约束机制和监管机制，变企业的被动公开为主动公开。二是完善违反环境信息公开义务的法律责任制度。对隐瞒环境信息或者环境信息公开不到位的排污企业，要建立健全惩罚机制，明确单位及其相关责任人的法律责任。三是完善环境信息公开制度必须注重差异性。不同个体、组织，在不同的区域，对环境信息公开的供给和需要可能不同，环境信息公开制度应当提高信息的针对性、实效性。四是确保环境信息的科学性、真实性与完整性。公布的环境信息应当以科学的标准为依据，而不能误导公众的价值判断；坚持环境数据来源的可靠性和计算的准确性，不允许凭空捏造或者随意篡改环境数据；环境信息必须客观全面，反对以偏概全、断章取义或者避重就轻。

三、建立健全生态保护补偿制度

党的二十大报告强调，要"完善生态保护补偿制度"。生态保护补偿制度强调开发利用自然资源与保护生态平衡应该是同步进行的，而不能等出了问题再予以补救或治理。2021 年 9 月，中共中央办公厅、国务院办公厅印发的《关于深化生态保护补偿制度改革的意见》

强调，要坚持和加强党的全面领导，统筹谋划、全面推进生态保护补偿制度及相关领域改革，加强各项制度的衔接配套。按照生态系统的整体性、系统性及其内在规律，完善生态保护补偿机制，促进对生态环境的整体保护。[1]建立生态保护补偿机制的基本原则是"谁开发谁保护、谁受益谁补偿"，对这一基本原则的贯彻落实是完善生态保护补偿制度的关键。因此，国家在赋予一定的民事主体开发利用自然资源权利的同时，要明确其保护生态环境的义务，以及破坏生态环境需要承担的法律责任。这就需要尽快完善生态保护补偿法律法规[2]，通过建立健全生态保护补偿机制[3]，全面保障国家作为自然资源所有者的权益。生态保护补偿制度的设计初衷就在于要求开发利用自然资源的主体要积极主动地回报大自然，作为开发利用自然资源的受益者，应当从其收益之中划出一定比例用于生态保护补偿。

第一，生态保护补偿关键是要完善生态补偿的方式。国家作为自然资源的所有者，应当在建立健全生态保护补偿相关制度的基础上，通过有效的生态保护补偿方式把这一机制落到实处，并授权相应的政府部门监管生态保护补偿机制的落实。比如，建立专门的自然资源开发利用生态保护补偿基金，完善自然资源开发利用生态保护补偿基金的管理和使用办法。必须强调的是，维护公共利益的资金不能与生态保护补偿等同，也不能把这部分资金算入国家生态保护补偿的支出。国家出于公共利益对自然资源进行开发利用时，这种开发利用的行为如果造成了生态的破坏，同样需要对造成的破坏进行补偿。不能以国家开发利用国家所有的自然资源为由不去落实生态保护补偿，也不能以开发利用是为了人民群众的利益为由不去补偿受到实际损害的民事主体。因此，国家有必要设立专项的自然资源开发利用生态保护补偿

---

[1]　参见中共中央办公厅、国务院办公厅 2021 年 9 月印发的《关于深化生态保护补偿制度改革的意见》。

[2]　通过法律或者行政法规的形式，明确生态补偿的原则、补偿主体、补偿对象、补偿资金来源、补偿方式、补偿标准、补偿项目审计以及资金使用监管等内容。

[3]　用体制机制来解决"谁来补、补给谁、补什么、怎么补"的问题。

资金，用于修复国家出于公共利益开发利用自然资源所带来的生态破坏。

第二，要把完善生态保护补偿机制与优化国土空间开发格局有机结合起来。优化国土空间开发格局，必然要根据各地的特点进行自然资源开发利用的统筹配置，使不同区域之间的自然资源实现资源共享与优势互补。而要打破地方保护主义的痼疾，提高地方政府之间共享自然资源的积极性，不能仅仅依赖国务院发布的指令性文件，市场化的生态保护补偿机制在其中起到了不可或缺的平衡作用。通过建立健全区域之间的横向生态补偿制度[1]，用市场化的手段化解区域间资源利用的矛盾，既可以有效解决跨流域、跨省份之间资源利用的矛盾，也将有效推进国土空间开发格局的优化。[2]

第三，要提升全民参与自然资源保护的意识，探索多样化补偿方式，积极完善与生态保护补偿相关的社会公益基金制度。当前，加强自然资源保护、推进生态文明建设已经成为全民关注、全民期盼的目标和方向。在全民建设生态文明的过程中，我们要积极构建政府、企业、公众、NGO等广泛参与的资源保护大格局。鼓励和提倡社会团体或公益组织建立生态补偿公益基金，发动公众参与生态保护的力量。一方面，政府要积极主办官方的全国性公募基金会，比如，成立"中国绿色碳基金"，依法筹集和接收自然人、法人、其他组织的捐赠和政府资助，组织实施绿化公益项目及开展相关活动[3]；另一方面，政府应当鼓励绿色非政府组织的存在，支持环境

---

[1]　比如，上游省份修建水库，必然影响下游省份的水资源供给；上游省份大量砍树带来水土流失，容易导致下游省份河道淤积，从而直接影响下游省份的经济发展。解决这种区域间的资源利用矛盾是优化国土空间开发格局的重要内容之一。

[2]　比如，北京市与周边省市之间进行的生态补偿。河北省几个县"稻改旱"之后节省的水资源调给北京市，北京市则按照农民种植水稻的收入给予现金补偿。参见孙久文.优化国土空间开发格局要点在哪？[N].中国环境报，2013-01-07（2）.

[3]　由于国家生态文明进程不断推进，划定生态红线的力度不断加大，原有的部分商品林也开始禁止砍伐，但这些林木如果没有达到生态林的要求，就无法得到政府的生态补偿，这就使林农权益与生态补偿之间出现了一些真空地带，这时，就需要生态补偿公益基金主动介入，适当补贴林农的损失，或者用基金里的资金逐步购买林农手中被划入生态保护的林权，以此保证林农的正当权益。比如，国家林业和草原局、中国绿化基金会、中国石油天然气股份有限公司联合主办了"中国绿色碳基金"，对加快中国森林恢复进程起到了积极的推动作用。

NGO 自主开展环境公益活动[1]。公众的参与，尤其是非政府环保组织（含非政府国际环保组织）的参与，是加强自然资源保护的重要途径。非政府环保组织为公众参与自然资源保护提供了不可或缺的途径，在提升公众环境保护意识、保护生态安全方面发挥了甚至连政府都无法替代的作用。

四、健全自然资源权益的司法救济途径

当公民个人的私有财产受到侵犯时，受害人可以向法院提起侵权之诉，要求法院维护自身合法的财产权益。那么，当国家的自然资源权益受到侵害时，如何通过有效的司法救济来保护国家作为自然资源所有者的合法权益？提起环境公益诉讼，提请司法机关制裁破坏自然资源和不当开发利用自然资源的行为，并从中获得损害赔偿，是保护好国家自然资源权益的有效方式之一。同时，企业在开发利用自然资源的过程中，往往带来了资源污染与环境破坏，致使自然资源企业周边的生态环境受到破坏，甚至影响到企业周边群众的生命健康和财产安全，在这种情形下，提起环境公益诉讼，也是维护国家自然资源权益和受害人正当权益的有效途径之一。环境公益诉讼的出现和推广，对促进社会公平与正义、推进环境决策的民主化进程等具有积极作用。[2]

在与自然资源保护相关的诉讼中，破坏自然资源的或者违法开发利用自然资源的是被告，这是非常明确的。关键的问题是谁有权提起自然资源保护诉讼，抑或，在与自然资源开发利用相关的诉讼中，哪一类诉讼可以最大程度保护各主体的自然资源权益？首先，要解决好自然资源保护公益诉讼与自然资源损害赔偿诉讼如何选择的问题。国

---

[1]　目前，联合国环境规划署支持的环境非政府组织（NGO）就有 7000 多个，其中，有许多已经成为世界著名的非政府国际环保组织，比如：国际自然和自然资源保护联盟（IUCN）、国际地球之友（FOE）、绿色和平组织（Greenpeace）等。参见张岂之.关于环境哲学的几点思考［J］.西北大学学报（哲学社会科学版），2007，37（5）：5-9；彼得·S.温茨.环境正义论［M］.朱丹琼，宋玉波，译.上海：上海人民出版社，2007：6.

[2]　刘年夫，李挚萍.正义与平衡：环境公益诉讼的深度探索［M］.广州：中山大学出版社，2011：3.

家是自然资源的所有者，当国家的自然权益受到侵害时，国家完全有理由成为原告。但"国家"本身是一个抽象的主体，必须授权检察机关代表国家提起自然资源保护公益诉讼，或者由国家授权政府相关部门提起自然资源损害赔偿诉讼。应当看到，政府通过行政管理的方式保护自然资源是更为及时和高效的，因此，只有当行政管理的方式无法有效保护自然资源时，才有必要由检察机关提起自然资源保护公益诉讼，或者由国家授权相应的管理部门作为原告提起自然资源损害赔偿诉讼。比如，对于在野生动物保护区高速行驶造成野生动物死亡的，由于缺乏相关的行政处罚制度，国家就需要授权一定的政府部门，通过提起公益诉讼的方式来保护国家的野生动物资源权益。[1]其次，如何有效发挥社会公益组织提起的环境公益诉讼在保护各主体自然资源权益中的作用？《民事诉讼法》赋予了法律规定的机关和有关组织可以提起环境侵权公益诉讼的权利，当然，社会公益组织提起环境侵权公益诉讼也存在诸多制度性难题，比如，如何判断社会公益组织是否真正代表受害主体的权益，如何有效确定自然资源权益损害的范围，如何判断损害赔偿的数额是否合理，多个社会公益组织就同一侵害行为在不同法院同时提起诉讼时如何确定法院管辖，等等。最后，如何切实有效地保护公众在自然资源保护诉讼中的合法权益？环境信息与污染数据往往掌握在政府环保部门手里，如何有效地获取相关自然资源受污染的数据，是受害者群体提起自然资源保护诉讼的一大难题。同时，加害企业的干扰或者政府的干预也会影响到受害人参加诉讼的决定。加害企业自不必说，有时行政方与企业合为一体，对准备提起诉讼的人们施加种种压力，并试图不断分裂和瓦解受害人。[2]此外，在诉讼过程中需要支付聘请律师的费用、技术鉴定的费用、获取证据的费用、参加诉讼的交通费用等等。这些诉讼费用对受害者而言往往

---

[1]　在汽车驾驶人高速行驶致使野生动物损害时，相关政府部门可以代表国家提起公益诉讼，起诉肇事者，要求侵害人承担侵权责任。

[2]　日本律师协会.日本环境诉讼典型案例与评析［M］.皇甫景山，译.北京：中国政法大学出版社，2011：9.

是一个沉重的负担。与加害企业雄厚的财力相比，受害人的财力处于劣势。由于诉讼过程需要大量的费用，而双方财力悬殊，受害人胜诉的难度很大。受害者往往不愿或者无力承担诉讼过程中的高额费用，参加自然资源保护诉讼的积极性和主动性都不高。

当然，环境污染、生态破坏具有时间的长期性、地域的广阔性以及伤害的不确定性，这些因素使环境侵权公益诉讼的难度陡增。由于与自然资源开发利用相关的诉讼制度还不完善，目前我国自然资源保护的诉讼案件数量不多，司法制度在保障国家自然资源权益、维护人民群众正当自然资源权益等方面的作用还有待提升。尽管如此，对环境公益诉讼制度的作用也不应全盘地加以否定。随着法律制度的不断完善和司法体制改革的不断深化，自然资源保护的司法救济制度也必将日趋完善。

第三节　自然资源保护与利用制度运行的立法保障

一、加快自然资源单行法修法进程

总体而言，我国自然资源单行法的修改工作滞后于生态文明制度体系建设的步伐。目前，《森林法》已于 2019 年 12 月 28 日完成修订，但是仍然有一大批自然资源单行法亟待完善。《矿产资源法》的修订就是一个艰难曲折的过程。早在 2017 年 5 月 25 日，原国土资源部成立了《矿产资源法》修改小组，标志着新一轮《矿产资源法》修改正式启动。[1] 但时至 2021 年 4 月，《矿产资源法》的修法工作仍未完成。2019 年 12 月 17 日，自然资源部发布公告，公开征求矿产资源法修订草案意见。公告指出，根据十三届全国人大常委会立法规

---

[1]　全国人大代表丁士启：建议修改《矿产资源法》有关条款 [EB/OL]．（2019-03-14）[2020-04-14]．中国矿业网．

划要求，自然资源部起草了《中华人民共和国矿产资源法（修订草案）》（征求意见稿），但各界对其争议较大。例如，2020 年 1 月 19 日，中国生物多样性保护与绿色发展基金会（下文简称"中国绿发会"）微信公众号发布了中国绿发会向自然资源部递交的《矿产资源法（修订草案）》修改建议稿。该修改建议稿从调整体例结构、强化矿产资源规划的法律地位、解决好信息公开和公众参与问题、突出矿产资源的节约和综合利用、加强矿产资源的司法保护、增加矿产资源国际贸易问题的相关规定等六个方面提出了修改建议。这些修改建议的提出，一方面说明了《矿产资源法（修订草案）》确实存在大量需要进一步改进的法律条款，另一方面也表明了修订《矿产资源法》是一个艰巨复杂的立法工程。[1] 此外，《水法》《草原法》《渔业法》等也亟待立法机关加快推进立法进程。

二、尽快启动自然资源开发利用基本法的立法工作

全国人大常委会预算工作委员会、全国人大财政经济委员会、全国人大环境与资源保护委员会关于 2020 年度国有自然资源资产管理情况的调研报告指出，自然资源领域的法制建设仍相对滞后，尚无自然资源领域的综合性法律，既有的土地管理法等都基于分散立法方式重点对某一类自然资源管理作出规范，对于一些共性、基础性问题缺乏统一性、协调性的规定。[2] 尽管各类自然资源要素具有各自的秉性和特征，但制定一部可以统领自然资源开发利用的基本法是可行且必要的。目前自然资源单行法基本上是由全国人大常委会制定，建议由全国人民代表大会制定一部自然资源基本法。这既可以解决自然资源单行立法不统一、不协调的问题，也可以进一步提升自然资源法律的立法位阶。制定自然资源开发利用基本法，关键要提取自然资源

---

[1] 相关信息可进一步查阅百家号。

[2] 朱宁宁. 加快自然资源领域立法修法补齐短板［N］. 法治日报，2021-10-23（2）.

开发利用的公因式，找准自然资源开发利用的共性法律问题，从而进行有针对性的制度设计。一是要统一自然资源利用规划制度。无论何种自然资源的开发利用，都要服从于自然资源利用规划，统一自然资源利用规划制度，并使其与国土空间规划制度相衔接，这是实现山水林田湖草沙一体保护的重要前提。二是要统一自然资源节约和高效利用制度。无论何种自然资源的开发利用，都应当把节约利用作为一条基本准则，把高效利用作为一项根本要求。三是要统一自然资源权利市场配置法律制度。这是目前自然资源单行法立法冲突较为明显的地方，如《海域使用管理法》第二十七条允许海域使用权通过市场规则进行流转，而《渔业法》第二十三条明确禁止捕捞许可证的市场流转。四是要统一自然资源用途管制的基本准则。当前，我国自然资源的无序开发、过度开发等现象大量存在，这与自然资源用途规划不合理、自然资源管控措施不恰当、自然资源用途监管责任没落实等密切相关。应当着力改变我国自然资源管理部门各自为政、自然资源用途管制制度零散杂乱的现状，推进自然资源用途的整体性管制及其制度建设。[1] 五是要统一自然资源法律责任的确定尺度。尽管不同自然资源的经济价值、生态价值各不相同，但这并不表明可以随意确立违法开发利用自然资源的法律责任。通过制定自然资源开发利用基本法，有助于统一确立自然资源法律责任的标准，避免自然资源单行立法中出现的自然资源法律责任高低不一的局面。

三、积极筹备自然资源法典的编撰工作

随着我国《民法典》的正式颁布实施，制定部门法法典已经成为当下研究热点之一。编撰环境法法典的研究探索工作正在如火如荼地开展，但鲜有学者提及自然资源法典的编撰工作。以篇名包含"环

---

[1]　施志源.自然资源用途的整体性管制及其制度设计［J］.中国特色社会主义研究，2017，8（1）：81-87.

境法法典"在中国知网进行搜索，截至 2021 年 4 月 15 日共检索到论文 45 篇，最早的一篇文章可追溯至 2003 年，在 2019 年和 2020 年出现了一波环境法法典化研究小高潮，分别发表了 9 篇和 6 篇相关的研究论文。而以篇名包含"自然资源法典"在中国知网进行搜索，截至 2021 年 4 月 15 日仅能检索到论文 1 篇，即王禾于 1992 年发表在《中国人口·资源与环境》第十二期上的论文《制定我国自然资源法典的设想》。这是否意味着我国不需要制定自然资源法典了？其实不然！通过上文的制度梳理，不难发现自然资源单行立法的各种弊端。当然，也需要充分评估编撰自然资源法典的难度。首先，编撰自然资源法典不同于编撰民法典。民法典编撰在国外已有诸多成功经验可以借鉴，加上民法典的体系架构已经在学界形成了广泛的共识（仅有人格权编存在较大争议）。然而，自然资源法典的编撰既缺乏充分的域外立法经验，也缺乏充足的理论准备。因此，尽管编撰自然资源法典的意义毋庸置疑，但应当充分预估到这项工作的长期性、复杂性和艰巨性。就自然资源法学研究者而言，应当加强自然资源法典编撰的理论研究，为将来立法机关着手编撰自然资源法典提供充足的理论依据。

四、不断提升自然资源地方立法质量

目前，自然资源领域的立法得到了地方立法机关的普遍重视，但自然资源领域的地方立法的区域不平衡、立法质量不高等问题仍然较为凸显。以水资源地方立法为例，目前各省普遍制定了《水法》实施办法或者《水法》实施条例，但各省重视程度不一。《甘肃省实施〈中华人民共和国水法〉办法》于 1990 年 7 月 2 日甘肃省第七届人民代表大会常务委员会第十五次会议通过，之后分别于 1997 年 5 月 28 日、2010 年 9 月 29 日、2012 年 3 月 28 日、2013 年 11 月 29 日进行了四次修正，于 2004 年 11 月 26 日和 2020 年 6 月 11 日进行了两次修订。由此可见，甘肃省立法机关对实施《水法》的地方立法给予了高度关注和充分重视，在 30 年时间里修改了 6 次。但这种频繁的修法从某种程度上也反映出了地方立法的预见性不足。其中，在 2010 年至 2013 年期间修改了 3 次，这在某种程度上表明了地方立法机关修法的随意性，同时也直接影响了法的稳定性和权威性。与之形成鲜明对比的则是《四川省〈中华人民共和国水法〉实施办法》，该地方性法规于 1992 年 3 月 13 日四川省第七届人民代表大会常务委员会第二十八次会议通过，而最近的一次修正则是在 2012 年 7 月 27 日。四川省的《水法》实施条例体现了法的稳定性，但在 2012 年没有任何的修法动作，法的滞后性问题也随之凸显了出来。《水法》在各个省份基本上都有地方性法规，与之形成鲜明对比的是《矿产资源法》——仅山东省和河南省制定了实施《矿产资源法》办法。《草原法》也仅有青海、新疆、四川、陕西等少数省份制定了地方性法规，而作为草原大省的内蒙古竟然没有制定实施《草原法》地方性法规，这无疑是自然资源地方立法的又一"奇观"。由此可见，克服自然资源领域地方立法的随意性，提升自然领域地方立法质量，是统筹推进自然资源法律制度建设进程中应当引起重视的一个重要课题。

本章小结

　　完善自然资源国家所有权的运行机制，既是保护国家作为自然资源所有者权益的迫切需要，也是促进自然资源合理高效利用的关键之所在。在这一过程中，既要注重维护生态安全、保持生态平衡，把生态环境保护与自然资源可持续利用作为自然资源国家所有权运行的前提和基础。国家作为自然资源的所有者，其对自然资源的所有权具有物权属性。政府行使自然资源国家所有权应当通过构建有效的权利运行机制，而不是依靠传统的权力运行机制。关键是要明确自然资源部、各级人民政府在行使自然资源国家所有权时的定位、权利、义务与责任，既要解决好自然资源所有者不到位、所有权人权益不落实的问题，也要解决好自然资源权利体系不完善、权责不明晰、保护不严格、追责不及时、修复不科学等权力运行过程中的实际问题。

公平正义，既是人类永恒的价值追求，也是自然资源法治建设的价值追求。把维护环境正义作为行使自然资源国家所有权的价值取向，契合生态文明建设的内在要求。作为自然资源的所有者，国家应当保障本国领域内自然资源利用的公平，既要保障人与人之间开发利用自然资源的公平，也要保障个人与企业之间开发利用自然资源的公平，还要保障企业与企业之间开发利用自然资源的公平；既要保障一般民事主体与政府之间开发利用自然资源的公平，也要保障代际之间利用自然资源的公平。要促进自然资源的合理利用与高效利用，防止过度开发利用自然资源，注重引导自然资源的开发利用与社会的发展需求相一致。在行使自然资源国家所有权时，既要充分顾及社会公共利益也要充分顾及个体人的生存和发展需求。促进自然资源的合理利用，应当着力规范自然资源权利的行使。既要保障自然资源权利行使到位，也要防止自然资源权利行使越位，还要建立自然资源国家所有权行使的自我限制机制。

自然资源高效利用与自然资源高水平保护的双赢是自然资源法治建设的重点任务之一。当前，需要在现行有效的自然资源单行法中及时补充自然资源高效利用及高水平保护的法律规则。在制定自然资源高效利用的法律规则时，既要立足新发展阶段对自然资源利用的新要求，也要注重将自然资源高效利用与空间规划体系、自然资源利用总量控制制度、自然资源利用技术标准制度、自然资源利用生态补偿与修复制度等有效衔接，还要通过推进自然生态空间整体保护、加强执法监督、完善考核评价机制等推动自然资源的科学配置与高效利用。

　　准确定位政府与市场在自然资源配置中的作用，是形成自然资源高效利用与高水平保护的关键环节。政府在自然资源配置中扮演着极其重要的角色。政府要从促进绿色发展的目标要求出发，统筹推进自然资源资产制度改革，大胆探索和完善划拨、出让、租赁、作价出资等配置政策，让市场在自然资源配置中发挥出决定性作用。市场配置自然资源要以保护优先、合理利用、维护权益、提升效益为导向，以加强与自然资源开发利用相关法律制度建设为基石，着力推进自然资源开发利用效率与公平相统一。为推动自然资源保护与利用法律制度的有效运行，还应强化自然资源保护与利用制度运行的立法保障，加快自然资源单行法修法进程，尽快启动自然资源开发利用基本法的立法工作，积极筹备自然资源法典的编撰工作，不断提升自然资源地方立法质量。

第四章　自然资源资产有偿使用制度建设

　　全民所有自然资源资产有偿使用制度改革是生态文明体制机制改革的关键一环。《国务院关于全民所有自然资源资产有偿使用制度改革的指导意见》（国发〔2016〕82号，以下简称《自然资源资产有偿使用指导意见》）的正式发布，标志着全民所有自然资源资产有偿使用制度改革全面铺开。《自然资源资产有偿使用指导意见》提出了"基本建立产权明晰、权能丰富、规则完善、监管有效、权益落实的全民所有自然资源资产有偿使用制度"的目标。[1]这一目标的实现，既要找准自然资源资产有偿使用制度改革的难点，也要着力完善自然资源资产有偿使用的相关法律规则。

第一节　自然资源资产有偿使用制度改革的难点探析

　　推进自然资源资产有偿使用制度改革，对夯实生态文明体制的制度基础、保障国家的自然资源资产保值增值、优化自然资源开发利用秩序等都具有重大意义。[2]但既然是改革，就会存在种种障碍和困难。找出全民所有自然资源资产有偿使用制度改革的运行难点与制度困境，是顺利推进这项改革的前提和基础。

---

[1]　国务院关于全民所有自然资源资产有偿使用制度改革的指导意见［EB/OL］.（2017-01-16）［2018-03-02］.中华人民共和国中央人民政府网.

[2]　谷树忠.抓住"最大公约数"形成改革"公倍数"［N］.中国国土资源报，2017-01-26（5）.

一、 自然资源资产有偿使用制度改革"因时而变、因地制宜、因俗而定"难

　　自然资源类型众多，每一类自然资源的生长规律、自然储量、功能作用都各不相同。即使是同一类型的自然资源，在不同的区域其丰裕程度不同；在不同的时期其所能发挥的作用不同；在不同的技术条件下其所能创造的经济效益不同。这些因素，都会影响开发利用自然资源的成本，进而影响自然资源资产的价格。此外，自然资源的开发利用是一个持续的过程，这个过程并不会因开展自然资源资产有偿使用改革而中断。这就要求开展自然资源资产有偿使用制度改革接地气并具有现实针对性，全面地、客观地对待自然资源开发利用中的历史传承问题、民族习惯问题或者历史遗留问题。当前的难点在于，在避免"一刀切"的同时，如何使这项改革真正做到"因时而变、因地制宜、因俗而定"。例如，在草原资源资产有偿使用制度改革的进程中，必须纠正牧区工作中的"重农轻牧"和"牧业落后论"的错误倾向。[1]简言之，自然资源资产有偿使用制度改革应当根据不同类型自然资源的不同特点，制定有针对性的改革举措，以确保自然资源资产有偿使用制度改革的成效。

二、 自然资源的资产价值计算难

　　自然资源是整个生态系统的有机组成部分，自然资源功能的多样性决定了自然资源资产评估的复杂性。以林木资源为例。树木不仅可以用来生产家具等木制品，它还有固碳功能和观赏价值。在核算林木资源资产时，不能仅考虑每一棵树木所可能产生的经济效益，还应当综合考虑由树木组成的森林所具有的生态价值和社会价值。热带森林会为 300 万 ~ 700 万种动植物提供生境，从全球来说热带森林生物群

[1]　李显冬，孟磊. 新中国自然资源法治创新 70 年［M］. 北京：中国法制出版社，2019：264.

区拥有无与伦比的科学和教育价值。[1]问题在于，如何评估某一自然资源资产的生态价值和社会价值。正如学者所言，自然资源兼具财产价值、生态价值和社会价值，但其生态价值并非如财产价值一样具有可分性。[2]但在核算自然资源资产时，又不能仅考虑其自身的经济价值。这就需要制定出一套切实可行的自然资源资产核算方法。当前的难点在于，如何将自然资源具备的生态价值与社会价值换算成可支付对价的资产价值。传统自然资源的管理主要强调人类利用自然资源的经济价值和对其进行短期调控；生态系统的管理以可持续发展为目标，强调生态系统的"自然"属性；而社会系统的管理强调人类活动的影响，其本质是系统性。[3]因此，评估自然资源的资产价值，核心问题就是其经济价值、生态价值和社会价值的比例权衡与综合考量。需要注意的是，自然资源价格与自然资源资产价值是两个不同的概念。自然资源价格，是指在市场条件下形成的自然资源权利价格，是自然资源经济价值在市场中的货币化体现。[4]而自然资源资产价值不仅包括自然资源经济价值，还应当包括自然资源资产所附属的社会价值和生态价值。因此，自然资源价格评估只是完成了自然资源经济价值的测算，而如何计算自然资源所附属的社会价值和生态价值，仍然需要深入研究。

三、有偿使用的自然资源资产范围确定难

开展自然资源资产有偿使用制度改革，首先应当明确哪些自然资源的开发利用需要纳入有偿使用的范围。如上文所述，《自然资源资

[1]　Daniel D Chiras, John P Reganold. 自然资源保护与生活［M］. 黄永梅，段雷，等译. 北京：电子工业出版社，2016：419.

[2]　焦艳鹏. 自然资源的多元价值与国家所有的法律实现：对宪法第 9 条的体系性解读［J］. 法制与社会发展，2017，23（1）：128-141.

[3]　刘金龙. 自然资源治理［M］. 北京：经济科学出版社，2020：46-47.

[4]　参见《自然资源价格评估通则》（TD/T 1061—2021），中华人民共和国自然资源部 2021 年 3 月 2 日发布，2021 年 6 月 1 日施行。

产有偿使用指导意见》列明了需要实行有偿使用制度的六类自然资源，但需要进一步明确的是，在这六类自然资源中，也并非全部实行有偿使用。以国有土地资源为例，《自然资源资产有偿使用指导意见》明确提出要"扩大国有建设用地有偿使用范围，加快修订《划拨用地目录》"，但并未明确扩大到什么范围。2016 年 12 月 31 日，原国土资源部等 8 个部门印发了《关于扩大国有土地有偿使用范围的意见》（国土资规〔2016〕20 号），提出将"公共服务项目用地"和"国有企事业单位改制建设用地"纳入国有建设用地有偿使用的范围。那么，除此之外的其他国有建设用地是否应当纳入有偿使用的范围？比如，对于被符合无偿划拨条件的单位取得但又被长期闲置的国有建设用地，有关部门是否可以回收并纳入有偿使用的范围？目前，陕西省、湖北省、福建省等部分省份出台了扩大国有土地有偿使用范围的实施意见，但基本上停留在细化或者落实国家政策的层面，并没有就"扩大有偿使用的范围"提出实质性的制度方案。当前的难点在于，如何将原先被不合理无偿使用的自然资源资产重新划入有偿使用的范围，如何将原先被不合理有偿使用的自然资源资产重新回归其公益属性。中共中央办公厅、国务院办公厅印发的《天然林保护修复制度方案》强调，严格控制天然林地转为其他用途，除国防建设、国家重大工程项目建设特殊需要外，禁止占用保护重点区域的天然林地。这一要求强化了天然林的保护，难点在于如何准确把握和权衡哪些情形属于"国家重大工程项目建设"的特殊需要。

四、政府与市场在制度改革中的关系平衡难

《自然资源资产有偿使用指导意见》明确提出，要把"坚持发挥市场配置资源的决定性作用和更好发挥政府作用"作为这项改革的指导思想之一。发挥好政府的作用，最关键的是要完善政府的自然资源资产有偿使用监管机制。在相当长的一段时间里，中央部门

之间、中央和地方之间没有形成综合监管机制，一些领域仍然存在有法不依、执法不严、违法不究等现象，影响有偿使用政策实施和目标实现。[1]自然资源向资产转化的最大困难在于市场不完善，市场无法界定资源产权进而无法为资源定价，导致资源资产化存在困难。[2]但必须注意到，市场机制不是万能的，这项改革不能也不应完全依赖市场的作用。这就表明，自然资源资产有偿使用制度改革既不能由政府一手操盘，而必须充分发挥市场机制的决定性作用；也不能将这项改革全部推给市场，而必须发挥好政府在其中的服务监管作用。当前的难点在于，如何从制度层面划清政府职能和市场机制在自然资源资产有偿使用改革进程中的边界，以及如何使政府和市场在这场改革中的作用有效衔接起来。为充分发挥好政府与市场在自然资源资产有偿使用制度改革中各自的作用，应当着力强调自然资源的合理高效利用原则。判断自然资源最为合理有效的利用方式，通常以是否符合其自身利用条件、法律法规政策规定、规划限制及其生态保护要求、市场需求等为依据。[3]同时，还应当建立自然资源使用权转让、出租、作价出资、抵押制度等，明确自然资源使用权实行划拨、出让、租赁、作价出资、授权经营的范围、期限、条件、程序和方式。[4]在这个过程中，既要注重政府在规划限制、用途管制、生态保护等方面的政策引导和行政监管，也要注重发挥好市场在资源供需关系、价格形成机制等方面的作用，并着力推动二者形成自然资源保护与利用的合力。

---

[1]　全民所有自然资源资产有偿使用制度怎么改？：国土资源部调控和监测司负责人解读《关于全民所有自然资源资产有偿使用制度改革的指导意见》[N].中国矿业报，2017-02-10（2）.

[2]　朱清.求同存异，推进自然资源有偿使用[N].中国国土资源报，2017-12-14（5）.

[3]　参见《自然资源价格评估通则》（TD/T 1061—2021），中华人民共和国自然资源部2021年3月2日发布，2021年6月1日施行.

[4]　张秋红.关于自然资源资产有偿使用制度改革的思考[J].海洋开发与管理，2016，33（9）：37-40.

第二节　自然资源的市场配置及其制度完善

党的十八届三中全会通过的《中共中央关于全面深化改革若干重大问题的决定》指出："紧紧围绕使市场在资源配置中起决定性作用深化经济体制改革，坚持和完善基本经济制度，加快完善现代市场体系、宏观调控体系、开放型经济体系，加快转变经济发展方式，加快建设创新型国家，推动经济更有效率、更加公平、更可持续发展。"[1]这里的"资源"，是我国范围内的物力、财力、人力等各种物质要素的总和，具体可以分为自然资源和社会资源（包括人力资源、信息资源以及经过劳动创造的各种物质财富）这两大类型。本节主要针对自然资源领域的市场配置展开研究，分析市场配置自然资源的现实困境，界定需要市场配置的自然资源的范围，并就相关法律制度的完善提出建议。

一、市场配置自然资源的现实困境

（一）市场配置自然资源的范围不明确

自然资源包罗万象，根据不同的标准，可以对自然资源进行不同的分类。比如，根据自然资源的可耗竭性、可更新性等自然资源本身固有的属性进行分类，可以分为耗竭性资源（包括可更新资源和不可更新资源）和非耗竭性资源（包括恒定性资源、亚恒定性资源和易误用易污染的资源）[2]；按自然因素在经济部门的地位来划分，可以分为农业自然资源（包括土地资源、气候资源、生物资源和水资源）和工业自然资源（包括矿产资源、森林资源、草场资源

---

[1]　中共中央关于全面深化改革若干重大问题的决定［EB/OL］.（2013-11-16）［2017-12-10］.新华网.

[2]　蔡运龙.自然资源学原理［M］.2版.北京：科学出版社，2007：26.

等）。[1] 林林总总的自然资源，是否都需要市场进行配置？由于我国现行的法律对市场配置自然资源的范围没有作出明确的规定，人们对自然资源市场配置的作用难免存在这样或者那样的误解。比如，晒太阳是否需要缴费？长江之水滚滚入海算不算国有资产流失？这些本不是问题的疑惑，来自对市场配置自然资源范围的模糊认识。应当明确，并非所有的自然资源都需要市场进行配置，比如，人人生存都需要的自然资源，就不需要市场对其进行配置，当然，也就更谈不上市场如何发挥决定性作用的问题。因此，要彻底消除人们的疑虑，应当清晰界定需要市场配置的自然资源的范围。

（二）政府行使自然资源权利不到位

市场在自然资源配置中起决定性作用，核心问题是处理好政府与市场的关系，而这恰恰是当前的薄弱环节。习近平总书记在《关于〈决定〉的说明》中指出，我国生态环境保护中存在的一些突出问题，一定程度上与体制不健全有关，原因之一是全民所有自然资源资产的所有权人不到位，所有权人权益不落实。全民所有自然资源资产的所有权人不到位，具体就表现在政府行使自然资源权利上的不到位。一方面，政府还未能从根本上扭转粗放型的自然资源开发利用模式，自然资源利用效率低下、环境破坏严重的现象普遍存在，权力异化或寻租、自然资源利益部门化或地方保护主义的现象时常存在，政出多门、各自为政、盲目投资等问题屡见不鲜。另一方面，在自然资源国家所有权的具体实现上，中央政府与地方政府存在利益博弈。在实践中，关系国计民生的重要自然资源都由中央政府控制，中央政府往往采取授权给中央企业开发利用自然资源的方式进行资源的开发和利用，并占有较大部分经济收益，取得了较高的利润，地方政府虽然依托资源引进了资金、技术等，却难以获得收益或只能分享较小部分的收益，

---

[1] 陈永文.自然资源学［M］.上海：华东师范大学出版社，2002：3.

与理想的利润相去甚远，这就导致了资源所在地政府与央企在资源配置和利用上的权益博弈。近年来，此类事件屡见不鲜，且有升级的趋势。[1]

（三）自然资源权益流转的市场机制不通畅

党的十八大报告在谈到全面深化经济体制改革时强调，要"建立公共资源出让收益合理共享机制"。自然资源是主要的公共资源之一，理当建立健全出让收益合理共享机制。当前，最核心的任务是要让更多的民事主体能够参与进来，共同开发利用自然资源，共享自然资源的成果。要实现这一目标，最重要的是要让开发利用自然资源的权利在普通民事主体之间流转起来。然而，在我国现有的法律框架内，普通民事主体参与开发利用自然资源的市场机制还很不成熟，比如，探矿权、采矿权、渔业权等自然资源用益物权的流转都是被限制的，取水权的转让甚至是被某些地方性法规明令禁止的。取水权交易制度在我国的发展缺乏与之匹配的法律环境，水权的深层次内涵并没有得到全面挖掘。[2]可见，完善自然资源权益流转制度还有一段很长的路要走。国家通过市场竞争方式将资源性国有资产有偿授予符合条件、具备法定资质的矿业权申请人，是一种理性的选择和制度设计上的进步。[3]由于一般民事主体在取得开发利用自然资源权利的过程中受到了较多的行政干预，因此通常需要比较烦琐的行政审批手续，致使自然资源的流转效率偏低。自然资源用益物权的取得与流转中的制度性障碍，直接影响了人们开发利用自然资源的愿望与积极性。

（四）自然资源企业缺乏经营自主权

中华人民共和国成立之后，受到苏联"左"的思想的影响，政府

---

[1]　张娜.能源博弈百态：地方政府不再欢迎央企圈资源［J］.中国新能源，2011（8）：12-15.

[2]　田贵良，王希为.自然资源资产产权视角下的水资源现代治理制度改革取向［J］.水利经济，2021，39（2）：24-29，49.

[3]　刘欣.物权法背景下的矿业权法律制度探析［D］.北京：中国人民大学，2008：148.

偏好行政干预，我国的政府机构长期大包大揽、越俎代庖，对自然资源的配置管得过细过死，市场的作用没有得到充分发挥，自然资源企业（尤其是国有企业）的经营自主性没有得到充分尊重，使企业的运行与市场经济的运行规律脱轨。以行政干预替代市场机制，必然使企业丧失经营自主权；企业缺乏经营自主权，就无法充分调动企业的生产积极性。随着我国经济体制改革的不断推进，大部分企业包括国有企业获得了独立的法人地位，成为独立的市场主体。《中华人民共和国公司法》（简称《公司法》）明确承认了国有企业的独立法人地位，正是我国还处于社会主义市场经济的背景，赋予了国有企业经济上的相对独立性。尽管如此，在与自然资源相关的国有企业里，仍然存在着浓厚的国家行政干预色彩，企业缺乏经营自主权的现象仍然普遍。比如，水价的调整一般都是政府行为，而非企业的市场行为。今后改革的趋势应当是：凡是市场能形成的价格，政府就不应当干预，包括水、石油、电力等自然资源。[1]当然，对于水、石油、电力等领域的价格改革，要充分考虑市场的风险和群众的承受能力。

二、市场配置自然资源的范围界定

自然资源是一种普遍存在的财产形态，大部分的自然资源能够创造经济价值，自然资源的开发利用需要市场进行有效的配置。但自然资源包罗万象，类型繁多，并非所有的自然资源都需要市场进行配置。明确市场配置自然资源的范围，是研究相关法律制度完善的前提和基础。界定市场配置自然资源的范围，需要明确的是哪些自然资源需要市场配置？

第一，人类暂时还无法对其进行开发利用的自然资源，或者虽能进行开发利用但没有实际使用价值的自然资源，不需要市场对其进行

---

[1]　于祥明.发改委推进经济体制改革 中央层面审批固投将减6成［EB/OL］.（2013−11−26）［2013−12−15］.新浪网.

配置。第二，对于取之不尽、用之不竭的恒定自然资源，虽然其对人类有用，但因其随处可得，不具有交换价值，不需要市场对其进行配置。一种自然物质，之所以被视为一种资源，在于其有限性和稀缺性。当某一自然物质未出现稀缺性或有限性特征时，人们可以自由地获取该物质；相反，当某一自然物质供不应求时，其资源价值得以凸显，此时就需要一个有效的市场机制来合理地分配该资源。第三，对用于维持人类基本生存需要的自然资源，法律赋予了人人均可无偿使用该自然资源的权利，市场也必须充分尊重此种法定权利。比如，为了基本生活需要的少量取水是一种法定取水权，既不需要政府许可也不需要缴费，也就无需市场进行配置。实际上，优先保障人的家庭生活用水是世界各国普遍认可的一个规则。自然水流理论会给予每一个河岸土地所有者利用流经其土地一定数量或质量的水资源的权利，该权利仅会受到其他河岸权人的家庭用水的限制。[1] 依据这一理论，家庭用水需求优先于开发利用土地资源的用水需求。第四，对于涉及国家安全的战略性物资，比如专用于军事用途的稀有自然资源，不允许私人持有，不能进入自由流通领域，更不能放任由市场来自由配置。即，市场对自然资源的配置，必须在维护好国家自然资源安全的前提下进行。可见，需要市场配置的自然资源，是指兼具使用价值和交换价值的"民用自然资源"。

三、市场配置自然资源的制度完善

根据我国的法律规定，自然资源在通常情形下属于国家所有，而普通的自然人或者法人无权享有自然资源的所有权。自然资源国家所有权不可能通过市场机制进行流转，这是自然资源与社会资源最大的不同。但这并不表明，市场机制不能在自然资源配置中发挥作用。自

---

[1] 戴维·H.格奇斯.水法精要[M].陈晓景，王莉，译.4版.天津：南开大学出版社，2016：58.

然资源国家所有权制度是市场配置自然资源的制度基础。国家享有自然资源所有权，表明了国家对其所有的自然资源享有的占有、使用、收益和处分的权利。其中，国家对自然资源的收益权和处分权是市场配置自然资源的源泉，正是由于政府代表国家行使了自然资源的收益权和处分权，市场配置自然资源才具有可操作性。完善市场配置自然资源的相关制度，应当从自然资源国家所有权的制度框架出发，完善政府行使自然资源的法律制度、自然资源用益物权流转制度和自然资源权益交易的市场机制。

（一）政府行使自然资源权利的制度完善

市场要在自然资源配置中起决定性作用，核心是要处理好市场与政府的关系。自然资源在通常情形下归属国家所有，国家是自然资源国家所有权的权利主体，但由于其本身乃是一个抽象的概念，法律一般赋予"政府"代表国家行使自然资源权利。比如，《土地管理法》第二条规定："中华人民共和国实行土地的社会主义公有制，即全民所有制和劳动群众集体所有制。全民所有，即国家所有土地的所有权由国务院代表国家行使。"《水法》第三条规定："水资源属于国家所有。水资源的所有权由国务院代表国家行使。"《海域使用管理法》第三条规定："海域属于国家所有，国务院代表国家行使海域所有权。任何单位或者个人不得侵占、买卖或者以其他形式非法转让海域。"可见，国家的自然资源权利是由政府来具体行使的。这就需要完善政府行使自然资源权利的相关制度，明确政府在自然资源配置中的作用。明确了哪些自然资源权利该由政府来行使、哪些自然资源领域该由政府进行管理，也就明确了市场配置自然资源的边界。

自然资源属于国家所有，是"国家所有"而不是"政府所有"。尽管政府在具体行使自然资源国家所有权，但其也必须始终牢记自身的角色——政府只是"代表"国家行使所有权，而不是"代替"国家行使所有权。国家所有即全民所有，而政府所有并不必然与全民所有画等号。一方面，政府所有的财产普通民众一般是不可以"用"的，而国家所有的自然资源民众并不一定就不可以"用"，因此，界分自然资源的国家所有与政府所有可以打消民众对使用自然资源的不必要担忧；另一方面，政府要牢记自身只是"国家代表"的角色和定位，要求政府要真正从人民群众的根本利益出发，积极构建有限政府、法治政府、为民政府。在这个过程中，政府既要做好自然资源的管理者，也要行使好自然资源国家所有权，这一目标的实现有赖于自然资源管理制度与自然资源权利行使制度之间的法律调适。有学者以水资源为例，建议构建和完善水资源确权登记制度、水权交易价格形成机制、水权交易利益补偿制度、水市场运行的支持保障体系，实现水资源用途管制与市场配置的协调、良性互动。[1]当然，不同类型的自然资源，在自然资源管理和自然资源市场配置的法律调适难度、侧重点都会有所不同，应当根据不同类型自然资源的各自特点进行有针对性的制度设计。

党的十八届三中全会通过的《中共中央关于全面深化改革若干重大问题的决定》明确提出了"健全国家自然资源资产管理体制，统一行使全民所有自然资源资产所有者职责"的要求。习近平总书记在《关于〈决定〉的说明》中进一步指出："国家对全民所有自然资源资产行使所有权并进行管理和国家对国土范围内自然资源行使监管权是不同的，前者是所有权人意义上的权利，后者是管理者意义上的权力。总的思路是按照所有者和管理者分开和一件事由一个部门管理的原则，落实全民所有自然资源资产所有权，建立统一行使全民所有自然资源资产所有权人职责的体制。"政府如何处理好作为自然资源所有者代表与自然资源管理者的关系是一个难点问题。为了提高自然资源的利用效率，实现国家的自然资源收益，政府的角色是国家自然资源所有权的代表人，主要通过市场机制开发利用自然资源，并从中获

---

[1] 孟庆瑜，张思茵.论水资源用途管制与市场配置的法律调适［J］.中州学刊，2021（9）：56-65.

得一定的经济收入。为了保障资源开发利用的秩序和生态安全，政府的角色是自然资源的管理者，通过行政管理的方式对开发利用自然资源的行为进行必要的干预、限制或矫正。自然资源部成立之后，关键是要把行使自然资源国家所有权的职能从原先的各个管理部门有效剥离出来，使自然资源所有者与自然资源管理者分开，并从制度上明确自然资源国家所有权统一行使的内容与统一行使的方式。要避免政府权力的异化或寻租，"权利"如果被"权力"寻租，那么结果是：分配自然资源的过程变成国家剥夺公民的过程，必然导致资源的不合理配置；民众也可能因机制的混乱而随意使用或者浪费自然资源，从而带来自然资源利用的灾难。

政府代表国家行使自然资源所有权，应当是积极的、有作为的。与普通公民行使私人财产权的最大不同在于，政府代表国家行使自然资源权利是不能随意放弃的或者行使不到位的，当权利受到侵害时，也不能随意放弃追究侵权人的法律责任。现实中，国家作为自然资源所有者的"虚位"，往往是政府对自然资源权利的不当行使、不重视行使或无力行使引起的。一方面，政府要保障国家自然资源的经济安全，从维护国家资源安全的目的出发，管好、用好、保护好关系国计民生和国家经济命脉的重要自然资源。对涉及国家安全的战略性自然资源，政府要积极主动地作为，确保这些重要自然资源的安全。另一方面，政府要充当好自然资源市场体系的组织者、市场竞争规则的出台者和市场争端的裁判者。其基本职能应当是维护自然资源权利流转的市场秩序，保障自然资源权益交易的安全。政府既要维护国家作为自然资源所有权人的权益，又要保证自然资源使用人的正当权益，二者不可偏废。现行资源法对资源开发利用权利的重重限制，如依行政行为取得、投资性转让、禁止牟利性转让等都可能扼制产权主体的权利能力。[1]政府在行使自然资源国家所有权的过程中，应当注重充

［1］ 肖国兴.破解"资源诅咒"的法律回应［M］.北京：法律出版社，2017：396.

分发挥市场在自然资源配置中的作用，能交给市场的要尽量交给市场，而不能一味地通过行政权设置限制，给自然资源开发利用者带来不便与负担。

完善政府行使自然资源权利的制度，还要合理划分中央政府与地方政府在自然资源配置中的职权。应当看到，中央政府与地方政府在自然资源的开发利用上是存在着利益博弈的。《宪法》赋予了各级地方政府管理本区域范围内行政工作的职权，并明确由国务院规定中央和省、自治区、直辖市的国家行政机关的职权的具体划分。但由于我国目前中央财政和地方财政是分开的，这一体制必然导致中央政府和地方政府在自然资源的开发利用上，经常存在着管理权限、税收分配、财政收入等争议。因此，在自然资源国家所有权的具体实现上，合理配置中央与地方的权限成为一个至关重要的问题。一方面，我们应当坚持国家所有权的统一性，各级政府都只是代表国家行使国家所有权的机构，其本身并不是所有人，所有人只有一个，那就是国家。另一方面，我们也必须充分调动地方发展经济的积极性，承认地方政府对其在自然资源领域投资所得收益的合法性，鼓励地方政府在法律允许的范围内合理开发利用自然资源。

（二）完善自然资源用益物权流转制度

对自然资源而言，由于其归属国家所有，所以从静态的"定分止争"到动态的"物尽其用"的价值转换，必须有一个制度搭建起从自然资源国家所有到自然资源开发利用的桥梁，这个制度就是自然资源用益物权制度。自然资源用益物权，是指非自然资源所有人依法取得开发利用自然资源并获得收益的权利。构建自然资源用益物权制度，其目的就是让一般民事主体取得开发利用自然资源的权利；而完善自然资源用益物权流转制度，则可以使自然资源开发利用权利在不同的民事主体之间流转起来。国家专属财产所有权不得进入民事流转，但在某些国家专属财产上可以依法设立民法上的用益物权，用益物权为民事主体所享有，可以进入民事流转。[1]自然资源用益物权流转制度，就是要在社会主义市场经济体制下，让一般民事主体可以通过市场机制取得开发利用国家所有的自然资源。这打通了国家所有权进入市场的制度性障碍，是市场在自然资源配置中发挥决定性作用的关键一步。

第一，要完善自然资源用益物权的主体资格制度。自然资源的开发和利用达到一定的规模，自然资源用益物权的取得要求主体具有一定的资格条件，[2]即具备什么样的资质，才能有开发利用某一自然资源的资格，才能参与某类型自然资源用益物权的开发利用。有的自然资源对用益物权人并没有太高的技术含量（比如：土地承包经营权、林权等），可在普通的民事主体之间进行流转，对自然资源开发利用权利主体的资格无须进行限定；有的自然资源则需要用益物权人具备一定的资质（比如：探矿权、采矿权），在这种情形下，要明确规定用益物权人的资质要求，这类自然资源用益物权的开发利用者必须是具备了一定人员队伍、技术水平、硬件设备等条件的主体，相关的自然资源开发利用权利也只能在具备一定资质条件的主体之间流转。只有明确了可以在哪些主体之间进行某一类自然资源权利的流转，自然资源用益物权的流转才能有效运行起来。自然资源用益物权的有效流转，使得技术更优、利用效率更高的企业获得开发利用该自然资源的权利，从而提高自然资源的开发利用效益，自然资源的高效利用才有可能得以实现。

第二，要完善自然资源权利取得制度。加快自然资源用益物权的流转效率，就要使自然资源用益物权的取得尽可能去行政化，满足人们便捷、高效地开发利用自然资源的愿望，尽量降低取得自然资源用益物权的经济成本与时间成本。在制度设计时，要尽可能用财产权流转制度来替代行政许可制度。发达国家在这方面有着成功的经验，比

---

[1]　尹田.物权法［M］.北京：北京大学出版社，2013：293-294.

[2]　黄锡生.自然资源物权法律制度研究［M］.重庆：重庆大学出版社，2012：45.

如，新西兰的海洋水产养殖权是能够再次出租和交易的排他性权利；澳大利亚的《渔业管理法》允许通过财产权利管理渔业。[1]自然资源他物权的取得有原始取得和继受取得之分，继受取得依据继受方式不同又可以分为创设继受取得和移转继受取得之分。[2]因此，在完善自然资源权利取得制度时，应当根据不同取得方式，进行有针对性的规则设计。在创设继受取得上，要重点完善自然资源许可使用规则。通过行政特许，申请人可以获得某种自然资源使用权，但并不意味着所有的自然资源使用权都必须通过行政特许的方式来授予。[3]可见，在自然资源使用权特许规则设计上，首先应当明确需要行政许可来授予自然资源权利的范围。此外，还应当注意把握好行政干预的度。干预的度可以保证资源合理利用，同时强化自然资源使用权的物权保护。[4]在移转继受取得上，要重点完善自然资源权利流转规则，尤其是要注重自然资源市场流转的去行政化。以海域使用权流转为例，现行海域使用权流转制度行政管理色彩浓厚，海域使用权的私权性未得以彰显。[5]

　　第三，要完善自然资源统一登记制度，不断健全自然资源资产产权制度。我国《民法典》第二百零九条第二款规定："依法属于国家所有的自然资源，所有权可以不登记。"那么，这是不是意味着国家所有的自然资源就没有必要纳入统一确权登记的范畴了呢？其实，民法典规定的是"可以不登记"，而不是"不用登记"。民法典的这一规则是基于中国自然资源权属登记的国情而制定的，旨在表明不登记并不影响国有自然资源的权利归属，并不是说不登记是一个永远不变的选择项。正如学者所言，国有自然资源所有权豁

［1］　崔建远．论争中的渔业权［M］．北京：北京大学出版社，2006：17．

［2］　王洪亮，等．自然资源物权法律制度研究［M］．北京：清华大学出版社，2017：67-68．

［3］　欧阳君君．自然资源特许使用的理论建构与制度规范［M］．北京：中国政法大学出版社，2016：182．

［4］　何登辉．论自然资源国家所有权的实现路径［J］．苏州大学学报（法学版），2016，3（3）：39-50．

［5］　程博．海域使用权流转制度研究［D］．大连：大连海事大学，2019：1．

免登记与自然资源统一确权登记具有不同的功能、目的，不存在冲突。[1]自然资源统一确权登记是我国健全自然资源资产产权制度的一项重大改革举措。[2]自然资源统一确权登记在公示物权秩序的传统功能之外，还承接了生态保护与监管的全新制度目标。[3]因此，健全自然资源资产产权制度，要求不断完善自然资源统一确权登记制度。《中共中央关于全面深化改革若干重大问题的决定》提出："对水流、森林、山岭、草原、荒地、滩涂等自然生态空间进行统一确权登记，形成归属清晰、权责明确、监管有效的自然资源资产产权制度。"完善的自然资源权属登记制度，既有利于自然资源用益物权流转的安全，也是完善自然资源资产产权制度的关键一步。2015年3月1日起施行的《不动产登记暂行条例》将森林所有权、林木所有权、海域使用权等自然资源权利纳入不动产统一登记的范畴，迈出了自然资源统一登记的重要一步，但只有三种自然资源纳入统一登记的范畴，显然离自然资源统一登记的目标还有不小的差距。完善自然资源权属统一登记制度，应当尽快制定出台《自然资源登记法》，改变登记制度散见于各自然资源单行法、行政法规或部门规章的现状，因此可用一部统一的法律把自然资源登记行为规范起来。正如学者所言，未来立法应重释"生态—物"的物权客体特定性标准，将管制性事项回归至权利登记。[4]简而言之，自然资源登记的立法完善，应当着力避免自然资源行政管理的固化思维，把自然资源登记法律制度有效融入自然资源物权制度，使之成为自然资源物权制度的一个有机组成部分。

---

［1］　许瀛彪.民法典视域下的国有自然资源所有权豁免登记规则［N］.民主与法制时报，2021–07–01（6）.

［2］　余姝辰，余德清，彭璐，等.自然资源统一确权登记的相关问题雏探［J］.国土资源情报，2018（2）：13–19.

［3］　韩英夫，佟彤.自然资源统一确权登记制度的嵌套式构造［J］.资源科学，2019，41（12）：2216–2226.

［4］　郭洁.自然资源统一登记的物权法问题及其破解［J］.法学，2020（3）：124–141.

（三）建立健全自然资源权益交易机制

建立健全自然资源权益交易机制，单凭完善自然资源用益物权流转制度是不够的，还需要明确自然资源权益交易的具体规则，完善资源性产品市场化定价机制，并不断完善与自然资源权益相关的法律制度。只有这样，自然资源权益交易市场才可能不断走向成熟。

第一，要根据不同的情形，制定相应的自然资源权益交易规则。要明确使用哪些资源是有偿的，使用哪些资源则是无偿的。人人均可无偿使用的自然资源，比如太阳光、自然风光等，就完全没有必要建立自然资源权益交易的市场机制。而对于耗竭性自然资源，或者稀缺性自然资源，鉴于其资源的有限性，必须建立一套关于自然资源权益交易的法律制度予以规范。当国有财产进入市场时，合同的保护方法和保护机制就应当发挥其应有的作用，比如合同自由原则、实际履行原则、正确履行原则、公平原则、公序良俗原则等，以此确保自然资源在流通领域不受侵害。党的十八届四中全会审议通过的《中共中央关于全面推进依法治国若干重大问题的决定》强调："健全以公平为核心原则的产权保护制度，加强对各种所有制经济组织和自然人财产权的保护，清理有违公平的法律法规条款。"因此在设计自然资源权益交易制度时，不能一味地追求交易的规模、效率或经济效益，应当在效率与公平之间确定一个平衡点，把促进可持续发展作为重要的价值取向，兼顾自然资源利用的经济效益、社会效益和生态效益。

第二，完善资源性产品市场化定价机制，从制度上保障自然资源企业享有更大的定价自主权。对自然资源的"价值"的认识与"价格"管理机制的优化，关系到对商品经济规律的认识与利用，关系到市场经济的完善与发展。[1]当前，在水、天然气、石油等自然资源产品的价格形成机制中行政干预的色彩浓厚，市场化程度较低，与优化资源配置的要求还有一段很长的距离，与市场决定资源配置的要求还不

---

[1]　陈星.自然资源价格论［D］.北京：中共中央党校，2007：1.

适应，并直接影响到经济发展方式的转变。[1]大力推进资源性产品的价格形成机制改革，是在资源配置中发挥市场决定性作用的必然要求。其根本途径是要改变原有的自然资源国家所有权行使方式，赋予企业经营管理自然资源更多的自主权，尤其是国有自然资源企业在资源产品定价中的自主权。国有企业作为独立的法人单位，应当从制度上保障其享有必要的占有权、使用权和一定程度的收益权和处分权。实现的根本途径是，从制度上保障国有企业对其经营管理的自然资源享有独立的法人财产权。

　　第三，完善与自然资源权益交易相关的生态保护法律制度。自然资源的市场配置与自然资源产品的市场配置是不同的，自然资源权益交易常常伴随着生态利益的得失。一是，要建立健全与自然资源权益交易相关的环境监管制度，比如，完善自然资源权益交易的环境影响评价制度，对开发利用过程造成环境污染的，及时地予以通报和警示，并责令加以纠正，限期整改。二是，要积极试点和推行水权交易、排污权交易、碳排放权交易等以保护生态环境为目的的自然资源权利交易，并逐步完善相应的市场机制。以排污权交易为例，应在各地试点工作的基础上，重点完善公开挂牌交易的市场机制，不断完善交易的流程设计、交易结果的认定程序和相关环保权益保障机制，逐步形成比较成熟的市场定价机制和市场交易机制。这样，既完善了自然资源权利交易的市场体系，又起到了保护生态环境的作用。三是，要通过建立健全区域之间的横向生态补偿制度，完善市场化生态补偿机制。健全自然资源产权交易市场，必须依靠合理的产权界定，并辅之以完善的生态补偿等机制，推动自然资源的定价趋于合理。[2]用市场化的手段协调区域间的自然资源权益，根据各地的特点进行自然资源开发利用的统筹配置，使不同区域之间的自然资源实现资源共享与优势

――――――――――
　　[1]　《党的十八届三中全会〈决定〉学习辅导百问》编写组.党的十八届三中全会《决定》学习辅导百问［M］.北京：党建读物出版社，2013：45.
　　[2]　肖翔.中国的走向：生态文明体制改革［M］.北京：北京时代华文书局，2014：18.

互补。这既可以有效解决跨流域、跨省份之间资源利用的矛盾，也将有效推进国土空间开发格局的优化。四是要不断完善生态系统服务价值的评估制度。生态系统服务价值评估可以提高人们的生物多样性保护意识和对"自然资源有价"的认识，促进将自然资源纳入国民经济核算体系。[1]例如，有学者通过对河北省草地生态系统的分析，发现草地生态系统的间接生态价值远大于其直接提供的生产价值。[2]为有效开展生态系统服务价值评估，应当从制度上不断完善评估标准、评估方法等。评估自然资源生态价值时，应以生态系统服务价值为主导，针对不同自然资源类型合理设置服务功能指标。[3]例如，广西在评估淡水生态服务系统价值时，按照水面类型划分为河流、湖泊等6个评估单元，再分别计算其直接经济价值、间接经济价值、生态与环境价值等。[4]由此可见，应当根据不同类型自然资源的特点，制定有区别的自然资源生态服务系统价值评估标准和评估方法。

第三节　自然资源资产有偿使用制度改革的基本准则

　　在完善自然资源市场配置相关制度的基础上，还应当进一步明晰自然资源资产有偿使用制度改革的基本准则，以促进这项改革稳步有序开展。当前，最核心的是要落实"资源有价、使用有偿"和"资源有限、使用有序"这两项基本准则。

一、落实"资源有价、使用有偿"的准则

　　从《自然资源资产有偿使用指导意见》的要求看，推行自然资源

---

［1］　杜乐山，张风春. 为什么要开展生态系统服务价值评估［N］. 中国环境保护报，2021–8–4（5）.

［2］　刘治国，刘玉华，于清军，等. 河北省草地生态系统服务价值评估［J］. 河北师范大学学报（自然科学版），2021，45（3）：304–313.

［3］　参见《自然资源价格评估通则》（TD/T 1061–2021），中华人民共和国自然资源部 2021 年 3月 2 日发布，2021 年 6 月 1 日施行。

［4］　陶昌弟，占炜. 广西淡水生态系统服务价值评估［J］. 广西水利水电，2021（2）：30–33.

资产有偿使用制度改革的根本目的，在于不断提升自然资源的保护力度和合理利用水平。这要求在努力提高自然资源利用效率的同时，切实维护国家作为自然资源资产所有者的权益。受计划经济的影响，自然资源无价的观点曾经长期居支配地位，但这对自然资源的节约利用和有效保护极其不利。[1] 随着自然资源稀缺性的日益凸显和生态文明建设的不断推进，"资源有价，使用有偿"的观念逐渐得到公众的认同，但将这一共识落实到实处并非易事，尤其是如何合理定价是一大难题。[2]

落实"资源有价、使用有偿"，核心环节是要建立健全资源性产品的价格体系，合理确定自然资源的使用成本。在确定自然资源的价格构成时，应当着力推行全成本定价，不仅应当包括开采自然资源的成本，还应当包括产权有偿取得、生态补偿和环境治理等成本。[3] 要引导自然资源使用者从自然生态系统的整体性视角来认识自然资源的价值。对一种自然资源的利用，可能会损害与其相互依存的自然资源，进而影响其周边的生态环境质量。比如，开发利用矿产资源，可能会损坏与之相连的土地、树木，还可能破坏周边野生动植物的生存环境。可见，利用自然资源的行为，不仅会导致该自然资源的减损，还可能对生态环境造成损害。使用者如果不需要付出对等的价格，那么，对社会的其他主体而言也是不公平的。在进行自然资源资产评估与核算时，其生态价值往往被忽略了。对自然资源的认识和把握，必须摆脱实用主义的束缚，重视自然资源的生态价值与功能。[4] 总之，不能仅仅依据资源性产品所能产生的经济价值来核算自然资源资产价值，而应当从经济价值、生态价值、社会价值等多维度综合考虑自然资源资产价值，并以此科学地确定使用某一自然资源所应当支付的对价。

---

[1] 谷树忠，李维明．自然资源资产价值及其评估［N］．中国经济时报，2015-11-27（14）.

[2] 赵娜．资源有价 何以度量？：社科院采用市场估价法试编《自然资源资产负债表》［N］．中国环境报，2015-05-26（6）.

[3] 高兴佑，高文进．自然资源价格理论与实践［M］．北京：光明日报出版社，2015：67.

[4] 张梓太．自然资源法学［M］．北京：北京大学出版社，2007：2.

落实"资源有价、使用有偿"，应当结合区域特点来完善自然资源资产价格的评估方法。不同的区域，其经济实力、环境特征和资源储备等各不相同，在自然资源资产价格形成的过程中，对同一种自然资源不宜一律实行"全国统一价"。比如，对于存量巨大但区域储量不平衡的水资源，应当根据区域的水资源充裕状况合理确定用水成本。当然，在赋予地方政府自然资源定价裁量权的过程中也应当切实保障国家作为所有者的正当权益，不能放任各地自由定价。2018 年机构改革之后新设立的自然资源部，应当担负起行使自然资源国家所有权的职责，定期发布各类自然资源资产有偿使用的指导价格。各地方政府可根据指导价适当浮动当地自然资源有偿使用的价格，但不应严重偏离自然资源部确定的指导价格。

落实"资源有价、使用有偿"，应当根据自然资源的不同特点确定有区别的自然资源价格形成机制。对于不可再生的自然资源（比如矿产资源），由于其将随着资源的开发利用而日益减损直至耗竭，因此应当尽可能控制其开发利用，或者通过提高开发利用成本减缓耗损速度，尽可能延长其使用周期。对于可再生自然资源（比如林木资源），关键在于通过资源定价控制好开发利用的"度"，使该自然资源耗损的速度与更新的速度保持平衡。对于数量无穷大的恒定自然资源（比如太阳能资源），也不需要付出资源更新成本，因为这类自然资源不存在耗尽或者灭失的风险，目前《自然资源资产有偿使用指导意见》并没有明确将该类型自然资源纳入有偿使用的范围，但并不表明任何人可以无条件地无偿使用该类型自然资源。尽管该类自然资源的储量本身是无穷大的，但在特定的时期和特定的空间范围内，可以开发利用的恒定自然资源数量却是有限的。当开发利用恒定自然资源出现需求冲突时，就有必要将其纳入有偿使用的范围。此时，对此类自然资源的定价，主要取决于维持该类自然资源开发利用秩序所需要付出的成本。此外，随着科学技术的进步，人类对自然资源的利用水平的提升，自然资源的资产价值也在发生着变化，资源价格也应作出相应的变化。比如，随着科技的进步，某类不可再生自然资源的替代性资源被研发了出来，此时，该资源是否耗竭已经不再关乎人类的生存与发展，那么该资源的价值就需要重新评估了。

落实"资源有价、使用有偿"，应当完善自然资源资产价格形成的过程性程序。一是要完善自然资源资产定价的信息公开制度，保障公众对自然资源资产价格形成过程的知情权。公开透明是法治政府的基本特征，应当严格落实"以公开为常态、不公开为例外"的原则，用政府信息公开监督和规范行政权力运行，不断提升自然资源系统的法治化水平。[1]自然资源资产定价的信息公开，不仅要让公众意识到确定自然资源资产价格的必要性，也要让公众充分知晓自然资源价格的具体构成及其计算依据。二是要完善自然资源资产定价公众参与制度。在自然资源管理过程中引入公众参与是为了满足公众自身利益，提高决策的科学性，最终达到自然资源效率提升和可持续利用的双重目标。[2]公众参与的目的在于防止政府的国有自然资源配置权"异化"，实现国有自然资源的公平、公正使用。[3]对于与民生休戚相关的自然资源资产定价，应当设置必要的听证程序，广泛征求公众的意见或者建议。三是要畅通自然资源资产定价的信息反馈制度。对于已经确定的自然资源资产价格，要追踪该定价的公众认可度，及时评估自然资源资产定价的合理性，允许公众对不合理定价的情形提出建议或者意见，定期公布自然资源资产价格波动情况，并根据公众意见定期修改资源性产品指导价格。

落实"资源有价、使用有偿"，还应当充分尊重市场规律。尊重市场客观规律，首先应当严格控制自然资源资产的无偿划拨范围，不允许假"公共利益"之名行"无偿划拨"之实，尽可能将自然资源资

---

[1]　《中国自然资源报》报社.以信息公开监督规范权力运行：就新修订《政府信息公开条例》访自然资源部法规司司长魏莉华[J].国土资源，2019（5）：34-36.

[2]　卢小丽，赵奥，王晓岭.公众参与自然资源管理的实践模式：基于国内外典型案例的对比研究[J].中国人口·资源与环境，2012，22（7）：172-176.

[3]　欧阳君君.论国有自然资源配置中的公众参与[J].江汉论坛，2018（4）：124-131.

产纳入有偿使用的范畴，充分保障国家自然资源权益不因自然资源资产的"无偿"流转而受到损害。其次，要发挥好市场机制在自然资源资产价格形成中的作用。对于适合开展竞争性使用的自然资源，政府只需把握住最低价，并在此基础上积极推行竞争性使用全民所有自然资源的市场机制，让市场主体通过公平竞争的方式取得开发利用自然资源的资格。当然，在自然资源竞争性使用的过程中，不能单纯依赖"价高者得"的规则来选择自然资源使用者，而应当综合考虑其技术水平、设备条件、环保信用、违法记录等因素，合理确定各个因素的权重，从中选出既能实现资源经济效益又能保护好生态环境的最优的自然资源利用者。

二、落实"资源有限、使用有序"的准则

党的二十大报告指出："尊重自然、顺应自然、保护自然，是全面建设社会主义现代化国家的内在要求。"自然资源与普通物品的不同之处在于，大部分自然资源的储量是有限的，相当一部分自然资源还将随着时间的推移而耗竭。从人类社会持续发展的角度出发，针对自然资源的有限性，合理利用和保护自然资源就显得尤为重要。[1]因此，不能任凭使用者随意开发利用自然资源，必须建立起既符合人类社会发展需求又符合生态环境保护要求的自然资源开发利用秩序。

落实"资源有限、使用有序"，关键是要提升自然资源的利用效率。长期以来，自然资源开发利用者往往注重资源的短期回报，不愿意在技术改进、设备更新、员工培训等方面加大投入，导致自然资源的低效率利用普遍存在，这显然与开展自然资源有偿使用制度改革的初衷相背离。习近平总书记《在十八届中央政治局第六次集体学习时的讲话》指出："要大力节约集约利用资源，推动资源利用方式根本

---

[1] 梁吉义. 自然资源总论［M］. 太原：山西经济出版社，2011：9.

转变，加强全过程节约管理，大幅度降低能源、水、土地消耗强度。"[1]
当前，要把资源高效利用的理念与自然资源可持续利用的理念有机结合起来，建立以提升资源利用效益为核心的考核评价体系，设置必要的自然资源产业准入门槛，对开发利用资源的技术、设备、人员等方面作出明确的要求。

落实"资源有限、使用有序"，核心环节是要把握好使用的"度"。这就需要通过有效的自然资源利用管控措施，在促进自然资源"有序"开发利用和实现自然资源"永续"开发利用这二者之间找到一个最佳的平衡点。促进自然资源的可持续开发利用，不能"一禁了之"，而应当"用管结合"。当前，开展自然生态空间用途管制的手段较为单一，基本上是采用划定生态红线的办法。这就容易出现以"控"代"管"的被动局面，对于"管"自然资源和"用"自然资源之间的有效衔接缺乏系统性的思考。其根本原因在于过多地依赖行政命令式的管制手段，而忽视了运用科学技术促进自然资源更为合理地开发利用。自然资源的可持续开发利用、日益增长的人口与资源有限的矛盾，最终要靠科学技术去解决。[2] 在强调科学技术对自然资源高效利用之重要性的同时，还应当审慎应用新发明的科学技术。只有在确认科学技术的可靠性与安全性之后，才能对新技术加以推广适用。

落实"资源有限、使用有序"，应当明确"不能开发利用"的自然资源的范围。"不能开发利用"的范围，应当排除在自然资源资产有偿使用的范围之外。以自然保护区资源利用范围为例，应该控制在自然保护区的试验区内，并且是经过科学论证的特定区域，资源开发绝不能在任何类别、任何级别的自然保护区核心区中进行。[3] 对于非人类生存所必需的，而又具备巨大生态价值的稀有自然资源，或者

[1]　中共中央文献研究室.习近平关于社会主义生态文明建设论述摘编［M］.北京：中央文献出版社，2017：45.

[2]　梁吉义.自然资源总论［M］.太原：山西经济出版社，2011：132.

[3]　黄民生，何岩，方如康.中国自然资源的开发、利用和保护［M］.2版.北京：科学出版社，2011：304.

关系国家经济安全、军事安全的战略性自然资源，应当纳入自然资源开发利用的负面清单。尤其是要慎重开发利用需要付出巨大生态保护成本的自然资源，比如，对海底稀有自然资源的开发要慎之又慎。对于经济社会发展所需要的稀有自然资源，要本着谨慎开发利用的态度，权衡稀有资源开发利用的利弊，科学评估、核算开发利用稀有自然资源的成本，并保护好储量有限的稀缺自然资源。

第四节　自然资源资产有偿使用制度改革的规则完善

自然资源资产有偿使用制度的建立，有助于促进自然资源的合理开发和节约使用，有利于自然资源的保护与恢复，以至最终实现自然资源的可持续利用。[1] 随着自然资源资产有偿使用制度改革的不断推进，《自然资源资产有偿使用指导意见》提出的一系列部署应当通过科学立法逐步转化为法律规则。当前，应当着重完善自然资源资产有偿使用的政府权责规则、自然资源资产有偿使用的市场化规则、自然资源资产的合理利用规则、自然资源资产的绿色使用规则。

一、完善自然资源资产有偿使用的政府权责规则

完善自然资源有偿使用的政府权责规则，首先要明确自然资源资产有偿使用的范围。《自然资源资产有偿使用指导意见》明确提出了"实现对全民所有自然资源资产有偿使用全程动态有效监管"的要求。落实这一要求，一是要完善与自然资源开发利用相关的清单制度，既要制定可以纳入自然资源资产有偿使用范围的自然资源开发利用正面清单，也要制定不适宜纳入自然资源资产有偿使用范围的自然资源开发利用负面清单。对于划入严格生态保护的自然资源、国防战略性资源、稀有自然资源等，是禁止普通民事主体开发利用的自然资源，

---

[1]　孟庆瑜，刘武朝.自然资源法基本问题研究［M］.北京：中国法制出版社，2006：259.

不可以设置自然资源开发利用权利，应当在法律制度上将此种情形列入政府资源开发利用行政许可的负面清单中。比如，在国家公园里的国有林木资源资产之上，不应当设置林木采伐权。对于限制开发利用的自然资源，应当谨慎设置自然资源开发利用的权利类型，比如，矿业权的设置要求各级自然资源部门严格依据各自的权限进行审批，不得越权审批。二是要注重自然资源资产有偿使用制度与自然资源用途管制制度的动态衔接。人口增长、经济发展、文化演进等方面的因素可能带来自然资源用途的转化。[1]自然资源用途发生变化之后，政府对自然资源开发利用的管制措施必然也要随之改变，这些因素同样也可能给自然资源开发利用权的设置带来重要的影响。三是政府要加强对自然资源开发利用过程的动态监管。把定时检查与不定时抽查有机结合起来，实现自然资源开发利用的全过程监督。对于不正确行使自然资源使用权的，及时提出纠正的意见或者建议；对于滥用权利又不及时改正的，可以取消该主体的自然资源开发利用权，回收国家所有的自然资源资产。对于原先无偿划拨之后因不当利用被回收的自然资源资产，也应当将其纳入有偿使用的范围，而不宜二次划拨给其他民事主体无偿使用。

在完善自然资源资产有偿使用的政府权责规则时，还应当明确规定自然资源行政权的行使边界。有效率的行政权制度安排对于自然资源配置是必需的，但行政主体往往根据自己的利益得失行使权力，致使行政权力经常处于掣肘状态，行政执法的难点往往转向处理政府及部门之间的权限争议。[2]因此，通过制定各个自然资源管理部门的权力清单和责任清单，明确各自的自然资源行政权力范围和行使边界，就显得尤为重要。但这还不足以充分消解政府在自然资源有偿使用中的制约因素。政府自然资源管理部门通过制定自然资源开发利用标准

---

[1]　施志源.自然资源用途管制的有效实施及其制度保障：美国经验与中国策略［J］.中国软科学，2017（9）：1–9.

[2]　肖国兴.破解"资源诅咒"的法律回应［M］.北京：法律出版社，2017：379.

来实现政府规制科学化是一个明智之举。就立法机构标准的制定以及授权立法的制定过程而言，其本身存在程序要求和监督机制，这些制度设计有助于普遍提升法律规则的正当性。[1]因此，自然资源资产有偿使用的政府规制是一个系统化的规则体系，在这个规则体系中，自然资源开发利用清单、自然资源有偿使用监管机制、自然资源权力行使清单、自然资源开发利用标准等各就其位，从而整体提升政府在自然资源资产有偿使用中的规制水平。

二、完善自然资源资产有偿使用的市场化规则

长期以来，自然资源开发利用权利的市场流转受到了诸多的限制。以取水权的取得为例，不少地方性法规明确规定取水权只能通过政府的行政许可取得，比如，2018 年 11 月 23 日修正的《江苏省水资源管理条例》第三十四条第一款规定："直接从江河、湖泊、水库或者地下取用水资源的单位和个人，应当向水行政主管部门申领取水许可证，按照取水许可规定条件取水，并缴纳水资源费，取得取水权。"而水利部印发的《水权交易管理暂行办法》却是明确鼓励开展取水权交易的。[2]地方性法规与政府部门规章之间的规则冲突，表明自然资源开发利用权利市场流转的规则还很不完善，需要由更高位阶的法来明确自然资源开发利用权利市场交易的法律规则。《中华人民共和国水法》的相关规定比较笼统[3]，应当对"如何按照水资源有偿使用制度的规定取得取水权"作进一步的细化规

---

[1] 科林·斯科特.规制、治理与法律：前沿问题研究［M］.安永康，译.北京：清华大学出版社，2018：75.

[2] 2016 年 4 月 19 日，水利部印发的《水权交易管理暂行办法》第三条第二项明确规定："获得取水权的单位或者个人（包括除城镇公共供水企业外的工业、农业、服务业取水权人），通过调整产品和产业结构、改革工艺、节水等措施节约水资源的，在取水许可有效期和取水限额内向符合条件的其他单位或者个人有偿转让相应取水权的水权交易。"

[3] 《中华人民共和国水法》第四十八条规定："直接从江河、湖泊或者地下取用水资源的单位和个人，应当按照国家取水许可制度和水资源有偿使用制度的规定，向水行政主管部门或者流域管理机构申请领取取水许可证，并缴纳水资源费，取得取水权。但是，家庭生活和零星散养、圈养畜禽饮用等少量取水的除外。"

定。2021 年 9 月，中共中央办公厅、国务院办公厅印发的《关于深化生态保护补偿制度改革的意见》强调，要明确取用水户水资源使用权，鼓励取水权人在节约使用水资源基础上有偿转让取水权。[1]因此，立法应当紧跟深化生态保护补偿制度改革的步伐，加快有偿转让取水权的法律供给。

保障各类主体公平地取得自然资源资产使用权，是设计自然资源开发利用权利市场规则的核心任务。但是，在现行自然资源单行法中，各个自然资源开发利用市场主体的平等法律地位却没能得到充分体现。例如，依据现行《矿产资源法》的规定，集体矿山企业与个人所能开采的矿产资源范围存在着显著的差异，集体矿山企业可以开采国家指定范围内的矿产资源，个人只能采挖零星分散资源和只能用作普通建筑材料的砂、石、黏土以及为生活自用采挖少量矿产。[2]无论是国有矿山企业还是民营矿山企业，都应当给予其平等参与市场竞争的机会，平等保护其合法权益，这样更有利于矿产资源的合理开发利用。[3]因此，法律规则不应当对开发利用自然资源市场主体的类别进行限制或者排除，而只能就市场主体的资格规定一定的门槛条件，比如，人员规模、技术水平、设备标准等。只要达到了开发利用自然资源的门槛条件，不论是国有企业还是私营企业，都应当给予其平等参与自然资源开发利用市场竞争的机会。

自然资源国家所有的法律意蕴是指自然资源所具有的财产价值、生态价值、社会价值等全部价值应通过法律机制公平地惠及全民。[4]自然资源国家所有的制度性保障应当使国民能够公平地获取自然资源物，并对之切实享有所有权、用益物权等权益。[5]因此，自然资源

［1］　参见中共中央办公厅、国务院办公厅于 2021 年 9 月印发的《关于深化生态保护补偿制度改革的意见》。

［2］　参见《中华人民共和国矿产资源法》第三十五条。

［3］　王继军，赵大为，王彬 . 矿产资源有偿取得法律问题研究：以山西煤炭资源有偿使用为例［M］. 北京：商务印书馆，2014：344–345.

［4］　焦艳鹏 . 自然资源的多元价值与国家所有的法律实现：对宪法第 9 条的体系性解读［J］. 法制与社会发展，2017，23（1）：128–141.

［5］　刘练军 . 自然资源国家所有的制度性保障功能［J］. 中国法学，2016（6）：73–92.

有偿使用的市场化规则应当具有自身的特殊性。第一，要把自然资源开发利用权利纳入公共资源交易平台。通过公平竞争的方式取得开发利用自然资源的权利，是体现自然资源开发利用权利取得规则公平性的重要途径。《自然资源资产有偿使用指导意见》明确提出了"推动将全民所有自然资源资产有偿使用逐步纳入统一的公共资源交易平台"的工作部署，其目的也是实现自然资源开发利用权利取得体现"公开、公平、公正和竞争择优"的要求。第二，要完善自然资源权利交易市场主体的信用体系建设，建立开发利用自然资源黑名单制度。明确自然资源权利交易市场的准入条件，对于信用等级评价不合格的市场主体，既要取消其向有关部门申请自然资源使用许可的资格，也要取消其参与自然资源开发利用权利交易的资格。第三，要注重扩权赋能，充分调动市场的积极性。《自然资源资产有偿使用指导意见》提出要"适度扩大使用权的出让、转让、出租、担保、入股等权能"，这为制定具体的授权性规则指明了方向。在制定具体规则时，还应当结合各类自然资源的不同特征，明确各类自然资源实施有偿使用过程中所应当赋予的权利内容和行使方式。

三、完善自然资源资产的合理利用规则

自然资源有偿使用与其他物品有偿使用的最大区别在于，自然资源具有自然性、有限性等特征，部分自然资源属于不可更新资源，伴随着人类的不断索取将面临耗竭的境地。因此，自然资源开发利用者不可以随心所欲地开发利用自然资源，而应当有节制地、高效地开发利用自然资源。在完善自然资源资产有偿使用法律制度时，应当注意不断完善自然资源资产的合理利用规则。在具体规则的设计上，重点完善三个方面的法律规则。一是明确自然资源开发利用权利不得滥用的法律规则。有偿使用并非表明在付出使用费之后可以随心所欲地开发利用自然资源。法律规则应禁止不当开发利用自然资源的行为，

比如，应当对矿产资源的开采效率设定最低门槛，禁止因低效率开发利用而导致资源的浪费。此外，对于不同类型的自然资源，在开发利用的门槛规则设计上也应根据资源的特点有所区别。二是明确自然资源开发利用权利的及时行使规则。自然资源使用者不得怠于行使自然资源开发利用权利。取得自然资源开发利用权利之后，不允许出现"圈而不用、坐等起价"等投机行为。对怠于行使自然资源开发利用权利，导致自然资源被荒废的，相关的资源管理部门应当及时对其发出警示，要求权利人在合理期限内对自然资源加以开发利用，超过规定期限的，应当回收其有偿取得的自然资源开发利用权利。三是明确开发利用自然资源的保护公益规则。自然资源是人类生存和发展的重要来源，开发利用自然资源不得损害社会公共利益和他人的合法权益。这一规则已经得到部分自然资源单行法的认可，比如《中华人民共和国水法》第二十八条明确规定："任何单位和个人引水、截（蓄）水、排水，不得损害公共利益和他人的合法权益。"当前，应当将这一法定要求在自然资源有偿使用制度中进一步加以推广。

在设计自然资源资产的合理利用规则时，还应当根据不同类型自然资源的不同特点进行有针对性的规则设计。对于可更新的自然资源，在规则设计上主要关注两个方面，一方面，要完善可更新资源开发利用规划制度，自然资源开发利用的速度要与自然资源更新成长的速度相匹配；另一方面，要完善开发利用资源的生态环境影响评价制度和生态环境修复制度，明确自然资源的开发利用行为带来的生态破坏及其相应的生态修复规则。例如，对于森林资源有偿使用的规则设计，既要使采伐林木的速度与林木栽种成长的速度相匹配，也要严控采伐林木可能对其所处生态系统造成破坏，如果有些影响是不可避免的，那就需要赋予其及时进行生态修复的义务。对于不可更新的自然资源，除要注重完善资源开发利用的环境影响评价制度和生态修复制度之外，还应当重点完善三个方面的制度：一是要完善不可更新资源利用管控制度，严格控制利用规模和开发进度，能不开发利用的就不开发利用，能延迟开发利用的就延迟开发利用；二是要完善自然资源利用效率评估制度，淘汰低效率、高能耗、低产出的低水平开发利用；三是要完善战略性不可更新自然资源储备制度，确保在未来的全球稀缺资源竞争中立于不败之地。以稀有矿产资源战略储备制度为例，稀有矿产资源战略储备立法的价值标准被定义为"三个有利于"的标准：有利于保障国防安全；有利于保障经济安全；有利于维护生态安全。[1] 对于恒定自然资源，因其储量无穷大，无须控制利用规模或者利用速度，但需要建立恒定自然资源开发利用风险评估制度。有些恒定自然资源，虽然其本身不会对生态环境或者生态系统带来不利影响，但开发利用该自然资源所需的设备可能带来环境负外部性，那就需要充分评估这种负外部性可能带来的生态环境风险。

四、完善自然资源资产的绿色使用规则

自然资源资产的绿色使用规则与自然资源资产的合理利用规则是相互联系、密不可分的，二者在规则上也不可避免地存在交叉之处。自然资源资产的合理利用规则设计，既要关注自然资源的利用效率，也要注重预防自然资源利用可能带来的生态环境风险。而自然资源利用生态环境风险的有效预防，则离不开自然资源资产的绿色规则之完善。具体而言，应当着重完善三个方面的法律规则。一是明确"边开发边保护"的绿色使用规则。这要求行使权利时坚守"在利用中保护、在保护中利用"的准则，摒弃"先开采、后治理"或者"只利用、不保护"的落后方式，以最合理的方式使用全民所有自然资源资产。这就需要明晰开发利用者取得各类自然资源开发利用权利分别应当达到的环保准入条件。在签订矿产资源开发利用协议时，应当把环境保护标准、设备节能环保要求、技术环保操作流程等作为协议的必

[1]　张平，黎永红，韩艳芳．稀有矿产资源战略储备立法的价值研究［J］．华东理工大学学报（社会科学版），2015，30（4）：75-85.

备条款，明确约定开采矿产资源的主体所应当承担的环保义务。二是明确尊重自然界客观规律的生态使用规则。自然资源与普通的物的区别在于，自然资源存在于自然界之中，自然资源资产可能因自然界的某些因素而发生非人为因素的变化，此时就应当尊重自然界的客观规律来判断自然资源资产是否发生了变化。比如，江河里的水总是在不停地流动，不能因水的流动而判断水资源存在资产流失问题，更不能据此而拦坝贮水。在制定判断水资源资产增减的法律规则时，应当尊重自然界的客观规律，以一定空间范围内河水流量的增减来加以辨别。对于自然因素引起的自然资源资产变化，法律应当予以认可。[1] 三是要完善开发自然资源的环境预警制度。预警的关键环节是要完善预警标准的制定程序及其动态调整机制。[2] 对于开发利用可能影响或者破坏生态的自然资源，自然资源管理部门应当加大制定自然资源利用预警标准的力度。同时，还应当明确规定发出资源环境承载能力监测预警信息的责任单位，确保第一时间发出过度开发利用自然资源的环境超载预警信息。

自然资源资产的绿色使用规则，同样应当根据不同类型的自然资源进行有针对性的规则设计。有的自然资源开发利用行为对生态环境影响较小或者甚微，无需其他的自然资源利用防控制度。比如在耕地上种植农作物，主要管控土地利用行为，不使土壤受到农药超负荷污染。政府对土地的控制主要是对土地所有者和土地使用者使用土地的权利和义务以及使用条件、行为的控制。[3] 有的自然资源开发利用行为则会对周边的生态环境带来较大的影响，比如，开采矿产资源可能导致周边地面下沉、山体滑坡等，尾矿处置不当还可能带来生态破坏等。尾矿是矿山采选的必然产物，传统的尾矿处置方法会引起严

[1]　施志源.民法典中的自然资源国家所有权制度设计：基于多国民法典的考察与借鉴 [J].南京大学学报（哲学・人文科学・社会科学），2018，55（2）：36-45.

[2]　黄锡生，张真源.中国突发环境事件预警法律制度的困境与出路 [J].甘肃政法学院学报，2017（2）：27-33.

[3]　张全景，欧名豪.中国土地用途管制制度的耕地保护绩效研究 [M].北京：商务印书馆，2008：25.

重的安全及环境问题，尾矿的资源化利用是解决尾矿处置难题的重要途径。[1]对于可能带来较大生态环境影响的自然资源开发利用行为，需要建立健全自然资源开发利用全过程利用管控制度，加强事前预防、事中监管、事后评估，将自然资源开发利用的负外部性降至最低。有的资源开发利用行为不但不会对环境造成负面影响，还有助于改善生态、提升生态环境质量。例如，承包荒山种植、培育林木并借此开展生态旅游的行为，不仅不会破坏环境，反而有利于改善环境。生态旅游的可持续发展需要充分考量本地生态系统、地理地貌、环境容量、经济社会发展现状和游客特征，进行科学合理的旅游功能分区，最终形成平衡生态环境保护和旅游产业发展的生态旅游规划。[2]对于此类资源开发利用行为，应当完善相关的激励性规则，引导自然资源开发利用行为向生态产业发展。

本章小结

全民所有自然资源资产有偿使用制度改革是加快推进生态文明制度建设的关键一环。经过一段时间的探索，这项关于全民所有自然资源资产有偿使用的制度改革在全国各地陆续铺开。自然资源资产有偿使用制度改革的难点主要表现在：自然资源资产有偿使用制度改革"因时而变、因地制宜、因俗而定"难；自然资源的资产价值计算难；有偿使用的自然资源资产范围确定难；以及政府与市场在自然资源资产制度改革中的关系平衡难。针对上述难点问题，既需要明晰市场配置自然资源的范围，也需要围绕自然资源资产有偿使用中的定价机制、交易过程、利用限制等完善相应的法律规则。

市场要在自然资源配置中起决定性作用，要求政府要牢记自身只

［1］ 杜艳强，段文峰，赵艳. 金属尾矿处置及资源化利用技术研究［J］. 中国矿业，2021，30（8）：57-61.

［2］ 张扬. 生态旅游，白山给出绿色发展新答案［N］. 长白山日报，2021-09-08（2）.

是"国家代表"的角色和定位，要求政府要真正从人民群众的根本利益出发，积极构建有限政府、法治政府、为民政府。在这个过程中，要将自然资源的管理者与自然资源国家所有权的行使者分开，统筹推进自然资源资产委托代理机制试点工作，从制度上明确自然资源国家所有权的行使目标、行使主体、行使方式与行使要求。政府在行使自然资源国家所有权的过程中，应当注重保障公众开发利用自然资源的正当需求，通过完善自然资源使用权制度体系，让公众可以通过公平竞争取得开发利用自然资源的权利。完善政府行使自然资源国家所有权的制度，还要合理分配中央政府与地方政府的自然资源收益比例，充分调动各级政府推动自然资源资产有偿使用制度改革的积极性与主动性。

同时，还要根据不同的情形，制定相应的自然资源权益交易规则。不能一味地追求自然资源利用的规模或经济效益，应当在效率与公平之间确定一个平衡点，统筹兼顾自然资源利用的经济效益、社会效益和生态效益。要从制度上保障自然资源企业享有更大的定价自主权，并完善与自然资源权益交易相关的生态保护法律制度。落实"资源有价、使用有偿"，核心环节是要建立健全资源性产品的价格体系。合理确定自然资源的使用成本，应当结合区域特点来完善自然资源资产价格的评估方法，着力完善自然资源资产价格形成的过程性程序。落实"资源有限、使用有序"的准则，关键是要提升自然资源的利用效率，核心环节是要把握好使用的"度"，需要在促进自然资源"有序"开发利用和实现自然资源"永续"开发利用这二者之间找到一个最佳的平衡点，并明确"不能开发利用"的自然资源的范围。随着自然资源资产有偿使用制度改革的不断推进，应当加快自然资源资产有偿使用的立法步伐。当前，应当着重完善自然资源资产有偿使用的政府权责规则、自然资源资产有偿使用的市场化规则、自然资源资产的合理利用规则和自然资源资产的绿色使用规则。

第五章　自然资源用途管制制度建设

党的十八届三中全会通过的《中共中央关于全面深化改革若干重大问题的决定》在关涉"加快生态文明制度建设"时强调："建立空间规划体系，划定生产、生活、生态空间开发管制界限，落实用途管制制度。"[1]可见，合理规划自然资源空间体系，划定生产、生活、生态空间开发管制界限，落实自然资源用途管制制度，是加快生态文明制度建设的重要内容之一。2015 年，《生态文明体制改革总体方案》明确提出了"构建以空间规划为基础、以用途管制为主要手段的国土空间开发保护制度"的战略部署。[2]在之后关于生态文明制度的一系列国家顶层制度设计之中，自然资源用途管制始终是不可或缺的一环。通过建立健全自然资源用途管制制度，自然资源的所有者可以按照生产空间、生活空间、生态空间对自然资源进行划分，从而实现对自然资源用途或功能的监管。自然资源用途管制作为优化国土空间开发的主要手段，已经成为生态文明体制机制改革的重点领域。借鉴美国在自然资源用途管制中的有益经验，促进中国自然资源用途管制的有效实施，既有利于保护好自然资源，也有利于促进经济社会的可持续发展。自然资源用途管制是自然资源监管体制的重要组成部分，完

---

［1］　中共中央关于全面深化改革若干重大问题的决定［EB/OL］.（2013–11–16）［2017–12–10］.新华网.

［2］　2015 年 9 月，《生态文明体制改革总体方案》明确提出了"构建以空间规划为基础、以用途管制为主要手段的国土空间开发保护制度"的目标。参见中共中央、国务院印发《生态文明体制改革总体方案》［EB/OL］.（2015–09–21）［2017–12–08］.新华网.

善自然资源用途管制制度，是自然资源管制制度顶层设计的重要内容之一。

第一节　自然资源用途管制的内涵与制度构成

一、自然资源用途管制的内涵

　　界定自然资源用途管制的含义，需要弄清什么是"自然资源的用途"。自然资源的用途是一个十分久远、庞大而且复杂的问题。由于自然资源的内涵和外延均十分丰富而广阔，至今还没有一个完善的自然资源的分类系统。[1]尽管如此，有一点是人们所普遍认同的，那就是不同类型的自然资源其用途不同。有的自然资源是人类生存所必需的，有的自然资源主要是有助于提升人类生活品质的；有的自然资源枯竭后可以找到替代品，比如煤炭资源；有的自然资源则是其他类型的自然资源无法替代的，比如水资源；有的自然资源侧重于经济用途，有的自然资源侧重于社会用途，有的自然资源则侧重于生态用途。自然资源的用途可能因时间、空间以及所处的经济社会条件不同而改变。在不同的环境和条件之下，同一类型的自然资源的用途不尽相同。自然资源的用途与普通商品的用途不尽相同，普通商品的用途一般都比较单一，自然资源的用途则涵盖了经济用途、生态用途和社会用途。大部分自然资源具有多种功能和用途。例如，一条河流既可以用于水利发电，也可以用于农田灌溉，还可以用作航运通道，甚至可以用作观光风景。[2]

　　第一，自然资源用途的时代性。不同时代的人们，其掌握的科学技术水平不同，对自然资源的开发利用水平自然也就不同。在人类开

---

[1]　谢高地.自然资源总论［M］.北京：高等教育出版社，2009：43.

[2]　王文革.自然资源法：理论·实务·案例［M］.北京：法律出版社，2016：3.

发利用自然资源的过程中，人类的主观能动性发挥着积极的推动作用，随着人类科学技术水平的不断提升，原先没有用处的自然界物质可能变为重要的自然资源。因此，同一种自然资源在不同的科学技术条件下，其用途也会发生变化。随着越来越多的自然界物质被人类利用，自然资源的种类也越来越丰富。比如，在原始社会，土地对人类而言其基本功能就是用于种植农作物。随着探矿、采矿技术的出现，人类具备了开采矿产的能力，矿产资源随之出现；在很长一段时间里，采矿留下来的地下管道是没有任何利用价值的，但随着碳捕获、碳封存等技术的出现，这些原先没有用处的地下管道成了可以利用的地下空间资源。

第二，自然资源用途的地域性。同一种自然资源处于不同的区域，其用途和功能也不尽相同。缺水的区域，水资源的主要用途在于保障人们的基本用水需求，其他方面的用途则要严加管控；而对于水资源相对丰富的区域，水资源除用作生活用水之外，还可以用于水力发电、水产养殖、水利灌溉等各种用途。由于地理位置、自然资源蕴藏、气候条件、人口密度等方面的差异，自然资源在不同的区域可能表现出用途的差异性。同样是土地资源，在有的区域适用于农业生产，在有的区域适用于牧业养殖，在有的区域适用于工业开发。不同区域的自然资源会直接影响该区域农业生产的特点，区域自然资源状况决定了区域间农业生产的界限以及区域内农业的构成。[1]

第三，自然资源用途的多样性。自然资源的用途往往不是单一的。以森林资源为例，首先它有物质资源的用途，可以提供大量的木材，用于建筑、家具、造纸等，还能为人类提供大量的食用果实，作为食品或者饲料的来源；其次，它有旅游资源的用途，成片的森林其本身就是一道美丽的风景线；再次，它还有吸收二氧化碳的功能，获得林业碳汇也是其重要的功能之一，森林对维持全球碳平衡也有着巨大的

［1］　李艳红.山西省农业自然资源的地域差异研究［J］.经济师，2010（10）：191-192.

贡献。[1]除此之外，森林资源还有蓄水功能。因此，我们不能从单一的视角考量某一种自然资源的用途，在进行用途管制的过程中，还应当在综合权衡的基础上采用最有利于生态平衡的管制措施。

第四，自然资源用途的负外部性。企业或者个人在开发利用自然资源的过程中，其负面效应常常是相伴相随的，自然资源的开发利用如果给他人带来的是福利损失（成本），则可称之为负外部性。[2]比如，在人类开采矿产资源的过程中，地质结构破坏、环境污染、物种减少、生态平衡被打破等负效应不可避免地出现。在储存性自然资源开发和利用的每一个阶段，都少不了各种相关环境资源的配合。开矿会破坏土壤、植被和排水系统，还会产生一定程度的大气污染或者水污染，降低周边风貌的观赏价值，如果开采不慎可能还会引发事故，危及周边居民的生命健康和财产安全。[3]然而，在很长的一段时间内，人类忽视了开发利用自然资源的负外部性。科学技术的进步使人类非常自豪和骄傲，人类越来越相信自己生活在自然界之上，失去了对自然的尊重。[4]如果开发利用自然资源时使用的技术是不可持续的，那么资源开发将面临一个严重的问题，那就是未来的资源福利将减少。此时，进行有效的资源管制是必要的，以避免不可逆转的可再生资源不断退化。[5]因此，在人类自信地应用科学技术的同时，必须把科学技术的应用与生态的保护综合起来考虑。比如，保护湿地的目的不仅是保护湿地本身，保护生物多样性、减缓气候变化、恢复自然景观也是保护湿地的功能体现，在考量湿地用途时应当从防止湿地减少、生物多样性减少、湿地功能衰退等方面进行综合的权衡。可见，自然资源开发利用负外部性效应的出现，是加强自然资源用途管制的重要

［1］　孙清芳，刘延坤，李云红，等.森林碳汇功能的研究进展［J］.环境科学与管理，2013，38（3）：47-50.

［2］　唐跃军，黎德福.环境资本、负外部性与碳金融创新［J］.中国工业经济，2010（6）：5-14.

［3］　朱迪·丽丝.自然资源：分配、经济学与政策［M］.蔡运龙，杨友孝，秦建新，等译.北京：商务印书馆，2002：70.

［4］　谢高地.自然资源总论［M］.北京：高等教育出版社，2009：22.

［5］　JESSICA C，THOMAS S.Natural Resource Management: Challenges and Policy Options［J］，Annual Review of Resource Economics，2011，3（1）：203-230.

原因。通俗地说，自然资源用途管制，就是对一定国土空间里的自然资源按照自然资源属性、使用用途和环境功能采取相应方式的监管；用途管理实质上就是功能管理。[1]

综上，自然资源用途管制是指政府在特定的国土空间中，依法对自然资源的利用与保护进行的带有强制力的行政管制。对自然资源开展用途管制，不仅应当考虑不同时期、不同地域的自然资源用途差异性，还应当考虑同一种自然资源用途的多样性特征以及其自身可能存在的负外部性特征。需要用途管制的"自然资源"主要是指生态文明建设过程中必须被法律保护的自然界的天然物质。有些自然资源不需要进行用途管制，这些自然资源具体包括三种类型：当前无法提升人类福利的自然界物质、自身存储量无穷大的恒定资源，以及人类无法开发利用的自然界物质。

二、自然资源用途管制的制度构成

（一）自然资源用途管制的主体

1. 自然资源用途管制的权力主体：管制者

自然资源用途管制的实施主体是依法实施自然资源管理的相关政府部门或者有关组织。首先，担负管理自然资源职能的政府部门，是负责实施自然资源用途管制的最主要的主体。[2]在过去很长一段时间里，我国管理自然资源的部门比较分散，部门之间职能不清、推诿扯皮的现象屡见不鲜，有的部门有利则管、无利则躲。自然资源用途管制的职能不能由一个统一的部门来行使，是当前我国生态文明制度建设必须攻克的一个难题。自然界的各种资源是有机联系的、不可随意分割的整体，将自然资源用途管制的职能分散在不同的部门，显然

---

[1]　王玮.自然资源资产产权制度十问［N］.中国环境报，2013-11-29（3）.
[2]　施志源.自然资源用途的整体性管制及其制度设计［J］.中国特色社会主义研究，2017，8（1）：81-87.

不利于从整体上去规划生态环境的保护，甚至可能因部门的权力之争、利益之争导致生态环境的破坏。作为自然资源用途的管制者，保持自身的廉洁是首要要求。国外学者的研究结果表明，当政府督察腐败时，资源用户更可能出现违反国家规则的意图；要提高资源保护政策的有效性，应当需要更多的努力，以减少执行自然资源法规的政府官员的受贿行为。[1] 在 2018 年国务院机构改革之后，自然资源部已经正式成立。在此背景之下，自上而下的自然资源管理职能必将重新整合。当前，应当利用好这一有利的改革契机，大力推进自然资源用途的整体性管制。

2. 自然资源用途管制的义务主体：受管制者和一般民众

自然资源用途管制的受管制者主要是有可能对该自然资源进行开发利用的各类主体。自然资源用途管制的受管制者主要包括三类：一类是以营利为目的的自然资源开发利用者，这类主体违法开发利用自然资源将承担相应的法律责任；一类是以公益为目的的自然资源开发利用者，对于该类主体的开发利用资源的行为总体上应当以鼓励为主，以管制为辅，当然，该类主体应当事先取得相应的资质，并严格控制在"公益"的领域，不得以"公益"之名谋取"私益"；一类是以保障基本生存为目的的自然人，对该类主体的基本生存资源需求，法律应当予以绝对的保障，不得假借管制之名限制人的基本资源需求，对该类主体的更高福利资源需求，应当给予逐步满足，这是社会不断进步的表现。当然，也需要采取适当的管制措施，以促进人们的资源需求与经济社会的可持续发展相合拍。对于个别人的奢侈资源需求，应当采取严格的管制措施；对于触犯法律的浪费资源行为，应当追究相应的法律责任。研究结果表明，大多数用水者遵守用水规则主要是出于强烈的自发合规性，用水者意识到需要一个维护水资源的共同规则。但也存在为牟利而非法取水的情形，强大的威慑对解决故意非法

---

[1] SUMDSTRÖM A.Corruption and Violations of Conservation Rules：A Survey Experiment with Resource Users［J］.World Development，2016，85：73-83.

夺取水资源的特定情况是必要的，水行政程序的改进可以最大限度地减小违法者逃避处罚的可能性。[1]

在自然资源用途管制法律关系中，普通的民众一般承担着不作为的义务，对于自然资源实施用途管制，意味着开发利用自然资源的各类主体必须符合自然资源用途管制的要求；对于一般民众而言，则意味着增加了不违反该用途管制要求的不作为义务。比如，原本可以自由取水的区域被确立为饮用水水源一级保护区域之后，政府可能在该区域实施封闭式管理，该区域周边居民的取水、用水自由就会受到一定的限制。与此同时，实施自然资源用途管制之后，可能会给原先的自然资源利用人带来生活的不便，甚至增加其生活成本。这就需要政府在进行自然资源用途管制的同时采取相应的配套措施，比如，提供替代的资源利用渠道或者给予利益受损者必要的经济补偿等。总之，只有充分考量自然资源用途管制可能带来的负面影响，并辅之以必要的补救措施，自然资源用途管制的各项要求才有可能得到公众的普遍认同和自觉遵守，一般民众的不作为义务也才会真正落到实处。

（二）自然资源用途管制的对象

自然资源用途管制的对象是法律法规明确规定的、需要政府采取一定管制措施的自然资源。研究自然资源用途管制，首先要研究用途管制的对象，只有弄清楚哪些类型的自然资源需要进行用途管制，它们具备哪些基本特征，自然资源用途管制才有可能做到有的放矢。

第一，并非全部的自然资源都需要进行用途管制。根据自然资源的可再生程度，自然资源可以分为可再生资源、不可再生资源和恒定资源。[2]对于自然界中大量存在的恒定资源，由于在可预期的未来并不具有稀缺性，无论人类如何开发利用，它的存量仍然是无穷大的，

---

[1]　ROMY G, LEANNE F, Fiona M, et al.Reasons Why Some Irrigation Water Users Fail to Comply with Water Use Regulations：A Case Study from Queensland, Australia［J］. Land Use Policy, 2016, 51：26-40.

[2]　张梓太.自然资源法学［M］.北京：北京大学出版社，2007：2.

因此不需要从法律上进行用途管制。对于可再生资源，则需要对其实施适当的管制措施，以保证其消耗的速度与再生的速度保持大体平衡。对于不可再生资源，其总储量将随着人类的不断开发利用而不断耗竭，需要采取最有效的用途管制措施，以尽量延长该资源的使用寿命。

第二，对于某一类型的自然资源，其管制措施可能随着科学技术的进步而发生变化。这种变化包括了两种可能，放松管制和加强管制。一是，科学技术的进步促使对某一资源放松管制。比如，对于煤炭等不可再生资源，如果人类找到了可以替代其功能的其他资源，则可以适当放松原先的管制。二是，科学技术的进步促使加强对某种资源的管制。自然界中的某种物质，如果人类无法对其进行开发利用，那么其对人类没有利用价值，无须对其进行用途管制。随着科学技术的进步，人类发现了某种物质的稀缺性和巨大的利用价值，并且拥有了对其进行开发利用的技术条件，此时，自然界物质就转化为人类可以开发利用并且可以提升人类福利的自然资源，对这些新型自然资源实施用途管制就是必要的。比如，对于气候资源的开发利用，广西壮族自治区、黑龙江、山西等省份已经制定了气候资源地方性法规，安徽等省份也已经把气候资源立法纳入未来5年的立法规划。目前，学界对气候资源开发利用的管制看法不一，尚未形成共识。从生态文明的建设目标和总体要求出发，为实现气候资源的可持续利用，以构建有序的气候资源开发利用秩序为基本目标，对气候资源的开发利用进行必要的政府管制，对促进气候资源的有序开发利用是非常必要的。

（三）实施自然资源用途管制的行政手段

自然资源用途管制主要靠政府部门来实施，政府实施自然资源用途管制依赖于有效的行政手段。当前，需要综合运用行政规划、行政许可、行政指导、行政强制、行政处罚等手段，以有效落实自然资源的用途管制。

　　自然资源用途管制中的行政规划，是指政府为了有效实施自然资源用途管制，按照法定职责与权限，编制自然资源的开发利用计划，以明确自然资源开发的空间范围、时间范围和利用强度等。自然资源用途管制的行政规划是实施自然资源用途管制的首要环节，只有制定出科学、合理的行政规划，自然资源用途管制才能做到有的放矢。按照自然资源用途规划的年限不同，自然资源用途规划可以分为长期规划、中期规划和短期规划，一般而言，10 年以上的规划称为长期规划，5 年左右的规划称为中期规划，年度规划称为短期规划。按照自然资源用途规划的范围不同，自然资源用途管制规划可以分为总体规划和专项规划，比如，《主体功能区规划》就是一个总体规划，而《国土资源利用专项规划》《海岛保护规划》等则属于专项规划。按照制定规划的政府部门层级，自然资源用途管制规划可以分为国家规划、部门规划和地方规划。由国务院发布的自然资源用途管制规划属于国家规划，由国务院部委发布的自然资源用途管制规划属于部门规划，地方政府出台的自然资源用途管制规划属于地方规划。一般而言，自然资源规划方案要综合权衡资源评价、环境影响评价、经济效益评价和社会评价等各种因素。[1]

　　自然资源用途管制中的行政许可是一种行政行为，是指有权进行自然资源用途管制的行政主体，根据行政相对方的申请，经依法审查，在法定权限内通过颁发许可证、执照等形式，赋予或确认行政相对方从事自然资源开发利用的法律资格或法律权利。对自然资源开发利用主体的行政许可，往往是与自然资源的有偿使用联系在一起的，即：对于可以开发利用且需要缴纳一定使用费用的自然资源，政府往往采取行政许可的方式来赋权，此时，行政许可成了政府最常用的一种自然资源用途管制手段。从某种意义上讲，用途管制与行政许可之间存在着辩证关系：一方面，用途管制与行政许可存在一定的矛盾，用途

[1]　施志源. 自然资源用途管制的有效实施及其制度保障：美国经验与中国策略［J］. 中国软科学，2017（9）：1-9.

管制意在控制自然资源开发利用规模的无限扩大，行政许可则在于赋予行政相对人开发利用自然资源的权利，某种资源开发利用行政许可的力度越大，往往表明该自然资源用途管制的程度越松；另一方面，资源利用行政许可又是实现资源用途管制最行之有效的手段之一，限缩行政许可可以有效控制自然资源开发利用的规模，从而实现用途管制的目的。由此可见，自然资源用途管制中的行政许可，难点在于如何把握好"度"，其核心是要把握好资源许可中自由裁量权的运用。既要充分保障行政相对人的资源开发权利，不可随意地限缩申请人的权利范围，侵犯行政相对人开发利用自然资源的合法权益；又要充分关注自然资源开发利用的负面影响，对于技术条件要求较高的资源开发利用，应当严格审查申请人的人员、设备等条件，不能随意地放宽申请人的资质条件。

自然资源用途管制中的行政指导，是指政府在实施用途管制过程中，适当运用指导、劝告、建议等非强制性方法，谋求行政相对人的同意、配合或协助，以实现自然资源用途管制目的之行为。行政指导的最大优点在于通过引导、协商等宣传沟通机制实施自然资源用途管制，不容易引起受管制者的抵触。如果方法得当，比较容易获得行政相对人的理解与配合，管制的效果也往往比较理想。有效开展资源用途管制的行政指导，首先需要有一套规范的行政指导规程。行政指导的主观能动性比较大，指导得好可以起到规范自然资源开发利用的作用，但若是指导不恰当，就既影响了资源开发利用的效率，又可能造成更为严重的负外部效应。因此，在开展行政指导之前，有必要由现有的各个自然资源管理部门出台一个通行的操作规程，把资源利用行政指导作为一种"规范活"，规定好资源用途管制行政指导的规定动作，避免出现太多的自选动作。有效开展资源用途管制的行政指导，还需要有一批善于资源开发利用指导的行政人员。盲目地指导，不但达不到行政指导的预期目标，还可能起到反作用。这就需要通过有效的培训机制，尤其是加强资源利用相关科学技术领域知识的培训，大力提升负责自然资源用途管制的行政人员的整体素质。只有把资源用途管制的行政指导当成一种"技术活"，行政指导才能真正有效地指引资源的开发利用。

自然资源用途管制中的行政强制，是指行政主体为了实现用途管制之目的，对违反用途管制法律制度的相对人，根据法定权限并按照法定程序，对行政相对人的人身、财产和行为等采取强制性措施。行政强制的有效运用，表明自然资源用途管制是一种具有国家强制力保障管制威慑力的有效手段。应当注意到，行政强制措施只是一种暂时性的管制措施[1]，且容易激化行政主体与行政相对人的矛盾，在自然资源用途管制中应当谨慎使用。在实施自然资源用途管制的过程中，不能一味地依赖政府的行政强制措施，加强法律、法规、政策的宣传与普及，做好耐心细致的解释引导工作同样是非常重要的。当然，这并不意味着行政强制措施在自然资源用途管制中毫无用处。恰恰相反，对于置管制措施于不顾的资源开发利用者，在引导或者劝告之后仍然我行我素的，应当及时采取必要的强制措施，以避免其资源开发利用行为造成更大的生态破坏。

自然资源用途管制中的行政处罚，是指实施自然资源用途管制的行政主体，对于违法开发利用自然资源的相对人，依法定职权和程序给予行政制裁的行政行为。对违法开发利用自然资源的相对人实施行政处罚，应当按照法定权限和法定程序依法进行。行政处罚是对尚未构成犯罪的违法者的一种法律制裁，是有效落实自然资源用途管制的重要手段，也是体现自然资源用途管制强制性的一道屏障。如果说行政强制着重体现的是自然资源用途管制的威慑力，那么行政处罚则是给予违法开发利用自然资源的主体一种实在的法律制裁，要求资源开发利用者对其行为所带来的不利后果承担相应的对价。当然，行政处罚是一种严厉的法律措施，应当谨慎运用这一手段，并尽量避免激化

---

[1] 蔡道利.健全自然资源资产产权与用途管制制度[N].广西日报，2013-12-24（11）.

矛盾。首先，作出相关行政处罚决定的主体要适格。只有有权进行自然资源用途管制的行政主体，才可以对资源开发利用的不当行为作出相应的处罚。其次，自然资源用途管制中的行政处罚应当严格依法处罚，行政主体不能创设处罚品目或者任意扩大处罚的适用范围。不同类型的自然资源开发利用的要求不同，同一性质的行为用于开发不同类型的自然资源可能产生截然不同的后果，行政主体的行政处罚不能仅仅认定行为的性质，还应当统筹行为特征、行为后果与自然资源本身的特殊性来考量行政处罚的适用。比如，任意采摘普通的草药和珍稀的野生植物这两种情形的法律后果具有明显不同。而行政主体在法律的适用上应当根据法律的不同规定作出相应的行政处罚。最后，自然资源用途管制中的行政处罚应当遵循法定程序，尤其是要慎用简易程序。环境问题成因复杂，周期性较长，开发利用自然资源给周边环境带来了多大的破坏，在环境损害的估算上往往具有较大的难度。因此，在认定自然资源开发利用者的行政责任上，应当给予自然资源利用者充分的申辩权利。只有在充分论证的基础上作出行政处罚，才能真正实现资源用途管制的目的。

可见，自然资源用途管制制度，是为明确自然资源的用途、规范行政主体的管制行为而制定的制度。自然资源用途管制制度的主要内容，包括用途管制的实施主体、用途管制的受管制者、用途管制的对象、用途管制的实施策略以及用途管制的法律手段。自然资源部正式成立之后，自然资源管理职能将重新整合，应当利用好这一契机，努力实现自然资源用途的整体性管制。自然资源用途管制的义务主体包括受管制者和一般民众。受管制者是指对该自然资源进行开发利用的各类主体，普通民众一般承担着不作为的义务。并非所有的自然资源都需要进行用途管制，在管制的对象上，应当明确需要用途管制的自然资源之范围。在管制的行政手段上，需要综合运用行政规划、行政许可、行政指导、行政强制、行政处罚等手段。

第二节　中国自然资源用途管制法律制度的现实困境

目前，我国没有制定专门的自然资源用途管制的基本法律，关于自然资源用途管制的法律规定散见于部门法、行政法规、地方性法规或者地方政府规章之中。与此同时，不同领域自然资源的用途管制制度建设步伐不一致。长期以来，不同类型的自然资源由不同的部门负责管理，自然资源管理的"各自为政"问题由来已久。比如，原国土资源部主要承担保护与合理利用土地资源、矿产资源等自然资源的责任；原国土资源部的下设机构国家海洋局负责海洋资源的管理，水利部主要负责水资源的开发利用和保护；原国家林业局主要负责森林资源的开发利用和保护；等等。随着自然资源管理体制机制改革的不断深化，2018年自然资源部正式设立，自然资源用途管制职责逐步集中到自然资源部，自然资源用途管制制度"散"与"杂"的局面得到了一定程度的改善。但这并不表明自然资源用途管制制度已经健全，立法的滞后性导致自然资源用途管制仍然面临诸多困境。

一、自然资源用途管制的立法指导思想不明确

在我国的环境法治进程中，自然资源用途管制制度的立法指导思想在促进经济发展与环境保护之间举棋不定，在保护当代人利益与保护后代人利益之间模棱两可，未能把保护生态环境作为调整自然资源利用关系的根本指导思想，甚至以牺牲环境为代价来换取经济的发展。由于缺乏明确的指导思想，资源利用过程中的环境代价过大，不可再生性资源日益枯竭，使人与自然的矛盾不断尖锐起来。人与自然的关系，是人类社会最基本的关系。自然界是人类社会产生、存在和发展的基础和前提，人类归根到底是自然的一部分，在开发利用自然中，人类不能凌驾于自然之上，人类的行为方式必须符合自然规律。[1]

---

[1]　中共中央宣传部．习近平总书记系列重要讲话读本：2016年版 [M]．北京：学习出版社，人民出版社，2016：231.

可见，明确自然资源用途管制的立法指导思想，核心是要协调好人与自然的关系，而这正是我国自然资源用途管制制度的一大缺憾。

二、自然资源用途管制的立法步调不一致

通过分析土地资源、水资源、林业资源等三类自然资源的用途管制制度，可以一窥我国自然资源用途管制的立法现状。长期以来，我国的自然资源用途管制主要集中在土地用途管制领域，土地用途管制的制度建设起步较早，相关的用途管制制度也较为完善，相关的规定主要集中在《土地管理法》《农业法》《基本农田保护条例》《农村土地承包法》等法律和行政法规之中，建立了土地利用规划制度、基本农田保护制度、土地督察制度等土地用途管制制度，但由于这些制度散见于不同的法律文件之中，缺乏完整的制度体系，不同的法律制定的时间不同，相关的规定缺乏有效的衔接。在水资源用途管制制度建设方面，《水法》等相关法律仅有粗犷的原则性规定，2016 年 7 月，《关于加强水资源用途管制的指导意见》（水资源〔2016〕234 号）进一步明确水资源的生活、生产和生态用途，落实水资源用途管制各项措施，并强调了水资源用途的监管，这是目前为数不多的专门针对自然资源用途管制的规范性文件。但这些制度尚未上升到法律层面。在林业资源用途管制方面，则尚未出台林业用途管制方面的规范性文件，仅仅是在《林业发展"十三五"规划》中以"建立健全林业资源用途管制制度"为题提出了宏观意见。用途管制立法步调的不一致，导致了不同类型自然资源用途管制力度不均衡的现状。

长期以来，在制度设计中往往把自然资源用途管制制度规定在自然资源管理的相关法律制度或者政策性文件之中，自然资源管理部门也习惯性地把自然资源用途管制作为自然资源规划管理的组成部分来看待。比如，土地用途管制的立法主要体现在《土地管理法》的总则部分和第三章"土地利用总体规划"里，《土地管理法》明确了土地

用途管制制度的法律地位和总体内容[1]，并对土地用途的变更规则进行了规定[2]。由于自然资源类型繁多，且不同类型自然资源的用途管制由不同的自然资源管理部门负责实施，所以相关领域的用途管制制度也往往具备浓厚的部门色彩。通过对比土地资源、林业资源、水资源等领域的资源用途管制制度建设情况，可以窥见中国自然资源用途管制制度的概貌（表 5-1）。

表 5-1　三类典型自然资源用途管制制度建设对比表

观测点	土地资源	林业资源	水资源
负责实施自然资源用途管制的政府部门	县级以上人民政府国土资源管理部门	县级以上人民政府林业资源管理部门	县级以上人民政府水资源管理部门
相关的政策性文件、行政法规或者部门规章列举	《关于全面深化改革若干重大问题的决定》（2013 年）、《关于加快推进生态文明建设的意见》（2015 年）、《生态文明体制改革总体方案》（2015 年）、《关于进一步加强城市规划建设管理工作的若干意见》（2016 年），等等		
	《基本农田保护条例》（1998 年，2011 年修订）、《关于深化改革严格土地管理的决定》（2004 年）、《关于严格管理防止违法违规征地的紧急通知》（2013 年）、《节约集约利用土地规定》（2014 年，2019 年修订），等等	《森林公园管理办法》（2016 年）、《沿海国家特殊保护林带管理规定》（1996 年，2011 年修订）、《森林法实施条例》（2018 年）、《退耕还林条例》（2002 年，2016 年修订）、《森林采伐更新管理办法》（2011 年）、《国有林场管理办法》（2011 年），等等	《关于推进水价改革促进节约用水保护水资源的通知》（2004 年）、《实行最严格水资源管理制度考核办法》（2013 年）、《水利部关于加强水资源用途管制的指导意见》（2016 年），等等

---

[1]　《中华人民共和国土地管理法》第四条规定："国家实行土地用途管制制度。国家编制土地利用总体规划，规定土地用途，将土地分为农用地、建设用地和未利用地。严格限制农用地转为建设用地，控制建设用地总量，对耕地实行特殊保护。前款所称农用地是指直接用于农业生产的土地，包括耕地、林地、草地、农田水利用地、养殖水面等；建设用地是指建造建筑物、构筑物的土地，包括城乡住宅和公共设施用地、工矿用地、交通水利设施用地、旅游用地、军事设施用地等；未利用地是指农用地和建设用地以外的土地。使用土地的单位和个人必须严格按照土地利用总体规划确定的用途使用土地。"

[2]　《中华人民共和国土地管理法》第二十五条规定："经批准的土地利用总体规划的修改，须经原批准机关批准；未经批准，不得改变土地利用总体规划确定的土地用途。"《中华人民共和国土地管理法》第三十五条规定："永久基本农田经依法划定后，任何单位和个人不得擅自占用或者改变其用途。国家能源、交通、水利、军事设施等重点建设项目选址确实难以避让永久基本农田，涉及农用地转用或者土地征收的，必须经国务院批准。禁止通过擅自调整县级土地利用总体规划、乡（镇）土地利用总体规划等方式规避永久基本农田农用地转用或者土地征收的审批。"

续表

观测点	土地资源	林业资源	水资源
相关的规划文件列举	《全国主体功能区规划》（2011年）、《全国生态功能区划》（2015年）、《中华人民共和国国民经济和社会发展第十三个五年规划纲要》（2016年），等等		
	《国土资源"十三五"规划纲要》（2016年）	《林业发展"十三五"规划》（2016年）	《国家农业节水纲要（2012—2020年）》
相关的法律文件列举	《农村土地承包法》（2018年）、《土地管理法》（2019年）、《农业法》（2012年），等等	《森林法》（2019年）、《种子法》（2015年）、《农业法》（2012年），等等	《水法》（2016年）、《水污染防治法》（2017年）、《水土保持法》（2010年），等等

  纵览中国自然资源用途管制的制度现状，"分散"和"杂乱"是其明显的缺陷，突出的问题便是不同类型自然资源的制度建设步调不一致。从表5-1可以看出，土地资源用途管制制度建设起步最早，相关法律对土地资源用途管制作了较为全面的规定，目前已经建立了从土地规划到土地利用再到土地督察的相对完善的用途管制制度体系。其他自然资源用途管制方面的全国人大立法则相对滞后，水资源、林业资源的用途管制虽然在相关立法中有所体现，但都是一些零碎的规则，用途管制制度不成体系。水资源用途管制制度在部委的规范性文件中得到了较为充分的体现，如2016年出台的《关于加强水资源用途管制的指导意见》（水资源〔2016〕234号），就对水资源用途管制的具体实施进行了较为全面的规定。就出台专门性的规范性文件而言，水资源用途管制的制度建设走在前头。相对而言，林业资源的用途管制则还停留在规划的层面，尽管已经确立了限额采伐制度和退耕还林制度，但林业用途管制制度的系统性不足。[1]用途管制制度建设步调不一致，导致了同一生态系统下的不同类型自然资源其用途管

---

［1］ 《林业发展"十三五"规划》（林规发〔2016〕22号）以"建立健全林业资源用途管制制度"为题，提出了林业资源用途管制的指导性意见，但这些意见过于宏观且缺乏可操作性。参见国家林业局关于印发《林业发展"十三五"规划》的通知［EB/OL］.（2016-05-20）［2016-12-10］.中华人民共和国中央人民政府网.

制的力度不平衡。[1]缺乏整体性和协调性的自然资源用途管制制度显然不利于生态环境保护。改变这种"不统一""不均衡""不到位"的自然资源用途管制局面，成了当前生态文明体制改革进程中亟待解决的一个问题。

三、自然资源用途管制法律制度的实施效果不佳

由于目前我国自然资源用途管制制度的"散"与"杂"，无法从自然空间的整体性保护来有效实施自然资源的用途管制，我国自然资源用途管制的效果堪忧。以土地资源为例，虽然已经建立了一系列土地用途管制制度，但土地用途管制的效果却差强人意。耕地面积逐年减少的趋势没有得到有效控制，截至 2015 年末，全国耕地面积为20.25 亿亩，2015 年全国因建设占用、灾毁、生态退耕、农业结构调整等原因减少耕地 450 万亩；[2]"有地不耕、有田不种"的"抛荒"现象日益普遍，近年来农村弃耕抛荒的情况越来越多，不少地区出现了耕地闲置撂荒、无人耕种的现象；[3]土壤污染日益严重，2015 年《全国土壤污染状况调查公报》显示，全国土壤环境状况总体不容乐观，耕地土壤环境质量堪忧，耕地的土壤点位超标率为 19.4%，其中轻微、轻度、中度和重度污染点位比例分别为 13.7%、2.8%、1.8% 和 1.1%。[4]改变这种局面，必须着力推进自然资源用途的整体性管制，走出"各自为政"的自然资源用途管制困局。自然界的各种资源是一个有机联系的、不可随意分割的整体，将自然资源用途管制的职能分散在不同的部门，显然不利于从整体上去规划生态环境的保护。当用途管制过程中涉及部门利益时，甚至可能由于部门之间的权力之争、利益之争

---

[1] 施志源.自然资源用途的整体性管制及其制度设计[J].中国特色社会主义研究，2017，8（1）：81-87.

[2] 国土资源部发布《2015 中国国土资源公报》[EB/OL].（2016-04-22）[2016-12-10].中华人民共和国中央人民政府网.

[3] 农村弃耕抛荒 现象需警惕[EB/OL].（2016-08-21）[2016-12-10].环球网.

[4] 全国土壤污染调查公报[EB/OL].（2015-12-09）[2016-12-10].北极星节能环保网.

带来生态环境的破坏。另外，我国的用途管制制度也没能很好地解决自然资源开发利用过程中相关主体的利益冲突问题。环境决策所涉及的利益冲突主体包括代内利益冲突、代际利益平衡以及国际利益影响等三个方面。[1] 要提升用途管制的效果，不能仅仅考虑其中一方主体的利益，而应当综合权衡用途管制各方主体的环境权益。只有这样，作为接受用途管制的公众或者相关的自然资源开发利用主体才能积极主动地配合用途管制的要求，用途管制的意图才能在管制者与管制对象之间实现有效的传导，从而实现用途管制的目标。

近年来，党中央颁布的一系列关于生态文明建设的政策文件已经注意到这一突出的制度性难题[2]，并试图从生态文明制度建设的总体布局入手健全自然资源用途管制制度。因此，加强自然资源用途管制制度建设，应当契合当前生态文明制度建设的顶层设计，从加强生态环境保护、促进自然资源高效利用的实际需要出发，确立适合中国国情的自然资源用途管制实施策略，并加强相关的制度建设步伐，形成有效的自然资源用途管制制度保障。

第三节　自然资源用途管制的美国经验及其借鉴

美国是开展自然资源用途管制最早的国家之一。尽管美国是以判例法为主的国家，但仍然注重通过制定法案或法令来规范自然资源的开发利用，形成了较为成熟的自然资源用途管制制度。考察美国自然资源用途管制的立法与实践，对推进我国自然资源用途管制制度建设具有借鉴价值。

---

[1]　汪劲.环境法学［M］.3 版.北京：北京大学出版社，2014：81.

[2]　比如，2015 年 9 月中共中央、国务院印发的《生态文明体制改革总体方案》明确提出了"构建以空间规划为基础、以用途管制为主要手段的国土空间开发保护制度，着力解决因无序开发、过度开发、分散开发导致的优质耕地和生态空间占用过多、生态破坏、环境污染等问题"的目标。参见：中共中央、国务院印发《生态文明体制改革总体方案》［EB/OL］.（2015-09-21）［2016-05-05］.新华网.

一、美国自然资源用途管制的立法与实践

（一）美国自然资源用途的分级管制及其立法特点

美国的自然资源用途管制主要由中央监管和地方监管两个层面组成。美国国有的土地、矿产、森林等自然资源所有权和处置权分别属于联邦政府和州政府。公有自然资源资产管理遵循"谁所有—谁管理—谁受益"的原则，如联邦（中央）政府负责管理联邦公有土地，省（州）政府负责管理省（州）公有土地。[1]联邦和州对各自所有的自然资源进行管理，管理权限明确，比如，在联邦政府公有土地上的矿产资源由联邦政府进行管理、州政府对州属土地上的矿产开发进行管理、管理权限不会交叉或扯皮。[2]在联邦层面，由内政部集中统一管理土地、矿产、森林（部分）等自然资源。[3]在州层面，州政府是本州资源管理的领导者，美国各州的自然资源管理体制以综合管理为主，少部分州采用分散管理的模式。因管理模式不同，各州管理自然资源的机构也不尽相同，比如，宾夕法尼亚州设立政府绿色委员会，佛蒙特州设立直接向州长负责的自然资源委员会，弗吉尼亚州则是由州长通过任命自然资源大臣分管自然资源保护的各个州部门。[4]各省（州）对州这一级管理的自然资源采取的用途管制措施不尽相同。一般来说，各州有权自主监管影响自然资源和人类健康的活动。[5]各州有义务站在特定的立场促进可持续发展，但这也带来了挑战，因为如何判断是否达到可持续发展的标准是一个政治、经济

---

[1]　国土资源部信息中心课题组.国外自然资源管理的基本特点和主要内容［J］.中国机构改革与管理，2016（5）：25-28.

[2]　姚金蕊，任清宇.美国、加拿大矿业管理制度及启示［J］.矿业快报，2006（1）：1-4.

[3]　周进生.国外自然资源管理模式及选择动因分析［J］.国土资源情报，2005（2）：1-6.

[4]　刘丽.美国州级自然资源管理体制［J］.国土资源情报，2007（8）：1-5.

[5]　POWERS E C. Fracking and federalism：Support for an adaptive approach that avoids the tragedy of the regulatory commons［J］. Journal of Law and Policy，2011，19（2）：9.

和社会力量综合作用的过程。[1]

　　尽管美国是以判例法为主的国家，但仍然注重加强自然资源用途
管制法律制度建设。比如，在水资源用途管制方面，美国联邦政府颁
布了《清洁水法案》《安全饮用水法案》《水质量法案》，美国国家
环境保护署（简称"美国环保署"）发布了《分散处理系统手册》和《分
散处理系统管理指南》[2]；在矿产资源用途管制方面，美国联邦政
府颁布了《通用矿业法案》《矿产标定法案》和《矿产租赁法案》，
美国内政部联邦地质调查局发布了《国内矿产保护法案》，美国联邦
环保局发布了《固体废料排放法案》[3]，等等。在美国的自然资源
管理体制中，各州级政府的自然资源管理职能相对独立。因此，各州
也积极出台各自的自然资源法令，以管理好各自领域内的自然资源。
比如，乔治亚州于 1989 年通过了《综合自然资源规划法》（或称为《乔
治亚州规划法案》），法案要求对供水流域、地下水补给地区、湿地
和河流廊道进行规划，1992 年州大会制定了《乔治亚州水保护方法》，
1994 年制定了《强制性水资源规划》；同时，为了缓解乔治亚州水资
源日益紧缺的压力，乔治亚州大会于 1995 年制定了 SB202 法令，以
弥补《综合自然资源规划法》的不足。[4]总体而言，美国联邦政府
和各州制定的法案或者法令对各自领域内的自然资源用途管制起到了
推动和规范的作用。

（二）美国自然资源用途管制中的科技态度

1. 积极引入新技术加强自然资源用途管制

　　美国内政部认为自然资源管理是"通过综合技术控制或指导自然

[1]　INGELSON A. Sustainable development and the regulation of the coal bed methane industry in the United States [J]. J. nat. resourCes & enVtl. l., 2005, 20: 51.

[2]　刘俊新. 国外农村污水治理经验的三大启示 [EB/OL].（2016–11–12）[2016–11–15]. 中国水网.

[3]　卢朝栋. 美国矿产资源管理简况 [J]. 矿产保护与利用，1985（3）：1–6.

[4]　BEBERMAN J A. Conservation and natural resources water resources: extend maximum duration of water use permits; provide for water development and conservation plans; preserve the department of natural resources' right to appeal decisions of administrative law judges [J]. Georgia State University Law Review, 1995, 12（1）: 51–64.

资源的利用，实现既定目标，达到可持续利用"，这里的综合各类技术管理包括自然资源调查、评价、生态系统监测、综合利用技术指导等。[1]有学者指出，美国环境监管在传统方法上一般依赖于标准或技术要求，以此判断是否满足环境质量的目标。[2]也有学者指出，美国关于食品能源的改进措施以及与之紧密相关的生态足迹，与区域农业实践的整体资源管理直接联系在一起；通过资源管理改变农业作业的相关指标可以直接提高生态系统健康。[3]可见，美国在进行自然资源用途管制的过程中，非常注重运用新的技术提升自然资源用途管制的效率。其中，将碳吸收与封存等生态系统评估服务[4]引入自然资源用途管制便是一个典型。美国政府和立法机构意识到人类可持续的健康和幸福将会受到来自人类利用生态系统的方式和生态系统所提供的效益的威胁，在自然资源管理中积极引入生态系统评估服务。目前，生态服务机制已被美国《国家环境政策法案》《清洁水法案》《海岸区域管理法》《自然资源损害评估报告》《石油污染法案》等多项政策或者法案吸收，并在相关的资源管制中得到有效实施。[5]其中，《清洁水法案》禁止填筑材料进入美国水域，要求采取减缓行动来降低湿地和水产资源在流域功能的损失，这些功能通常包括给鱼类和野生动物提供栖息地，保护和改善水质以及降低风暴潮带来的破坏。这里的补偿性缓解指的是：恢复、建立、增强或在某种情况下保护湿地、

---

[1] 唐京春，王峰.国外自然资源公共服务及对我国的启示 [J].中国国土资源经济，2015，28（1）：16–19.

[2] SEGERSON K.Government regulation and compensation：implications for environmental quality and natural resource use [J].Contemporary Economic Policy，1997，15（4）：28–31

[3] PERRYMAN M E，SCHRAMSKI J R. Evaluating the relationship between natural resource management and agriculture using embodied energy and eco–exergy analyses：a comparative study of nine countries [J].Ecological Complexity，2015，22：152–161.

[4] 从2000年起，联合国呼吁开展千年生态系统评估（The Millennium Ecosystem Assessment），旨在通过评估人类健康和生态系统健康的关系，推动生态系统的保护和资源的可持续利用，促进生态系统更好地满足人类的需求。参见：百度百科关于千年生态系统评估的介绍。

[5] SUTTON–GRIER A E，MOORE A K，WILEY P C，et al. Incorporating ecosystem services into the implementation of existing U.S. natural resource management regulations：operationalizing carbon sequestration and storage [J].Marine Policy，2014，43：246–253.

溪流或其他水产资源用于抵消不可避免的不良影响。[1]美国将碳服务纳入现有环境法规的实施中，已经在保护和恢复沿海栖息地上取得了良好的效果，是成功地将科技运用于自然资源用途管制的一个典范。

2. 重视科学技术的负面效应并加强管制

科学技术可以提升环境保护的水平，但科学技术的发展也可能给环境保护带来新的更大的挑战。水力压裂法[2]的广泛使用就是一个典型的例子。水力压裂法可以大大提升资源的利用效率，但也可能带来污染地下水的风险。在美国，水力压裂法的实施带来水监管和健康方面的担忧。因此，需要由美国联邦政府对水力压裂法的利用进行直接监管，并建立起一个全面的监管体制。在美国联邦层面，对水力压裂的做法持谨慎态度，《安全饮用水法案》[3]提供了一个潜在可行的机制规范水力压裂法的运用并以此保证水质。《安全饮用水法案》允许环保署通过权衡达到一个特定污染水平所付出的代价与这么做对公众健康带来的益处来进行监管并作出决定；法案还要求环保署采用最好的、经过同行审查的科学方法和由可接受的方法搜集到数据。不少美国学者提出，"最好的""可接受的"等表述缺乏一个明确的标准，导致了监管标准的模糊，进而致使执法部门拥有较大的自由裁量权，并可能带来监管随意性大等弊端。[4]这也是美国《安全饮用水法案》在实施之后备受争议的重要缘由。因此，2005 年《能源政策法案》正

---

[1]　Environmental Protection Agency. Wetlands compensatory mitigation. EPA-843-F08-002：2003. See SUTTON-GRIER A E，MOORE A K，WILEY P C, et al. Incorporating ecosystem services into the implementation of existing U.S. natural resource management regulations：operationalizing carbon sequestration and storage [J]. Marine Policy，2014，43：246-253.

[2]　水力压裂法的运作如下：把水、砂子和化学试剂的混合液高压泵入地层深处的岩石，打开小的缝隙以便石油和天然气更流畅地流到钻井口。水平钻探首先垂直向下 1 英里（1 英里 ≈ 1.61 米）或更深开一个钻井，然后再朝水平方向同样以一英里或更长的距离打开另外一个钻井。这样一来，水平钻探便能进入大面积区域的储油岩石。和水平钻探结合，水力压裂法促进了美国产油量的大幅增长。水力压裂法也遭到了部分人的批评，称水力压裂法引起了美国境内的地震。参见水力压裂可释放 1400 亿桶石油中国、俄罗斯受益最大 [EB/OL]．（2015-05-18）[2016-11-18]．中国经济网．

[3]　美国《安全饮用水法案》最初是于 1974 年由美国国会通过的，分别于 1986 年和 1996 年进行了两次修改。参见美国安全饮用水法简介 [EB/OL]．（2013-05-27）[2016-11-19]．泗水县水利局官网．

[4]　WEINSTEIN M. Hydraulic fracturing in the United States and the European Union：rethinking regulation to ensure the protection of water resources [J]. Wisconsin International Law Journal，2013，30：881.

式废除了环保署监管水力压裂法的权力。但也有学者认为，将水力压裂监管从《安全饮用水法案》中免除是很不明智的，饮用水的地下水源监管表明了政府对民生的关注。[1]尽管争论还在继续，但《安全饮用水法案》的相关规则表明了美国联邦政府注意到了水力压裂技术可能存在的弊端与风险，并希望从立法上减缓其可能带来的环境污染。这也给中国开展自然资源用途管制一个重要的启示：不可忽视科技进步可能带来新的环境破坏，应当充分关注和评估科技运用可能给自然资源用途管制带来的风险与挑战。

（三）美国自然资源用途管制的基本手段

1.通过限制自然资源财产权加强自然资源用途管制

在美国，开展自然资源用途管制常常是与加强对自然资源财产权的限制联系在一起的。随着美国公有土地的私有化，几乎不受限制地使用和滥用土地导致大部分森林资源毁坏。随着土地利用规划和环境法律制度的发展，私人矿产的开采利用越来越受到政府的控制。[2]美国尽管存在大量的私人所有的自然资源，但美国的自然资源国有化趋势日益加强，即使对仍属于私人所有的自然资源，国家也不断加强对它们的监督和管理，限制私人所有者对其拥有的自然资源进行滥采。在美国立法者和选民的眼里，阻止矿产的滥采被认为是一种"公共利益"。[3]为全面把握自然资源财产权的总体情况，美国重视自然资源产权登记工作，并把自然资源产权登记作为加强自然资源用途管制的一项基础性工作。美国在自然资源产权登记方面不断加强信息系统建设，比如，通过美国土地管理局的土地登记系统，可获取针对油气、煤炭、土地标桩立界、矿业权状况等各种相关资料。[4]

---

［1］　WISEMAN H. Untested waters：The rise of hydraulic fracturing in oil and gas production and the need for revisit regulation［J］. Fordham Environmental Law Review，2009，20（1）：115–195.

［2］　SCOTT A. The evolution of resource property rights［M］. Oxford University Press，2000：335，439.

［3］　刘卫先. 自然资源权体系及实施机制研究：基于生态整体主义视角［M］.北京：法律出版社，2016：118，128.

［4］　陈丽萍，吴初国，刘丽，等.国外自然资源登记制度及对我国启示［J］.国土资源情报，2016（5）：3–10.

2. 通过自然资源规划加强自然资源用途管制

美国自然资源规划是国家以公共利益为原则行使用途管制职能的表现。编制自然资源规划是美国开展自然资源用途管制的核心环节，通过制定规划确定自然资源用途管制的总体布局和具体部署是美国联邦政府和各州的通行做法。美国注重做好自然资源规划工作，自然资源的用途通常由各类规划来确定，编制规划必须充分考虑自然资源用途的合理分配。[1] 在规划制定之后，规划主管部门负责对因自然资源产权人（所有权人、使用人）引起的用途转变进行监管，自然资源资产的使用与处置必须遵循各类国家规划的要求，改变用途必须得到规划部门的许可。资源规划方案的确定是编制资源规划最重要的一步。一般而言，自然资源规划由政府部门、非政府组织、企业和社会进行磋商，综合权衡资源评价、环境影响评价、经济效益评价和社会评价等各种因素，确定最佳的资源规划方案。在规划方案确定之后，还经过了规划文件的起草、规划的实施以及实施过程中的监测与修改等步骤。[2]

3. 通过审批许可加强自然资源用途管制

审批许可是美国自然资源管理部门管理自然资源的基本手段，也是加强自然资源用途管制的基本方式。美国自然资源管理部门以审批许可的方式，发放各类开发利用自然资源的许可证书，或者出售国有自然资源所有权或使用权。比如，《美国联邦土地政策和管理法》规定，通过行使地役权，颁发许可证、租契，发布规章及采用其他恰当的措施，对公有土地的利用、占用和开发依法加以管理；乔治亚州制定的《自然资源与保护 SB 375 法令》授权自然资源保护署署长在一般水污染排放许可证中对水侵蚀和沉降控制可以采取污水限制与相关的最佳管理措施。[3] 在自然资源用途管制上，美国还注重资源许可与资源规

---

[1]　比如，《美国联邦土地政策和管理法》规定，应当在遵守国家分区等区域性用途管制的规定下编制土地利用规划，对公有的某块土地或某地区的使用作出规定。参见国土资源部信息中心课题组. 国外自然资源管理的基本特点和主要内容［J］. 中国机构改革与管理，2016（5）：25-28.

[2]　胡德斌. 国外自然资源规划方法及启示［J］. 国土资源情报，2003（8）：1-5.

[3]　Anon.Conservation and natural resources control of soil erosion and sedimentation：establish "best management practices as" standard for general permits for land-disturbing activities［EB/OL］.1995-12-27［2016-11-21］.http//digitalarchive.gsu.edu/gsulr/vol12/iss1/46.

划制度之间的衔接。[1]

4. 根据资源稀缺性程度不同有区别地制定自然资源用途管制策略

一方面，对于本土储量较为丰富的自然资源，美国注重运用法律保护本国的资源产业。比如，为应对国外自然资源的低价格影响，美国政府意识到需要严格的贸易法律和有效的救济机制。面对不间断的产业援助请求，美国通过了《1979 年贸易协定法》，该法案第三百零三节规定美国政府可对进口的产品征收"反补贴税"，以弥补外国政府提供的"奖励或补助"。[2]另一方面，对于本土比较稀缺的自然资源，美国积极寻找价格低廉且清洁的替代能源，以缓解自然资源用途管制可能导致的资源紧张。美国联邦与各州都把液化天然气作为弥补北美天然气产量下降的核心策略，因为液化天然气是一个相对清洁且廉价的燃料来源，并且可以从海外以低廉的价格购得。[3]由此可见，如果能找到某一类型自然资源的替代资源，那么对原有稀缺自然资源的用途管制将更为有效。

二、美国自然资源用途管制的经验探析

（一）发挥好政府在自然资源用途管制中的作用

自然资源用途管制的有效实施主要依赖于政府。自然资源用途管制的实施主体是依法实施自然资源用途管制的相关政府部门或者有关

---

[1]　比如，乔治亚州制定的《自然资源与保护 SB 202 法令》规定：超过 25 年的水资源使用许可需要有水保护和发展的规划作为依据。参见 BEBERMAN J A. Conservation and natural resources water resources: extend maximum duration of water use permits; provide for water development and conservation plans; preserve the department of natural resources' right to appeal decisions of administrative law judges [J]. Georgia State University Law Review, 1995, 12（1）: 51–64.

[2]　BARSHEFSKY C, DLAMOND R, ELLIS N R. Foreign government regulation of natural resources: problems and remedies under United States international trade laws [J]. Stanford Journal of International Law, 1985, Vol.21（1）: 29–93.

[3]　SCOTT A Z. Feds and fossils: meaningful state participation in the development of liquefied natural gas [J].Ecology Law Quarterly, 2006, 33（3）: 789–824.

组织。美国联邦政府及各州政府能对自然资源用途管制取得成功，很大原因就在于其普遍推行统一管理的模式。就中国的现状而言，自然资源用途管制的职能没能由一个统一的部门来行使，管理自然资源的部门比较分散，常出现部门与部门之间职能不清、推诿扯皮的现象。自然界的各种资源是一个有机联系的、不可随意分割的整体，将自然资源用途管制的职能分散在不同的部门，显然不利于从整体上去规划生态环境的保护，甚至可能由于部门之间的权力之争、利益之争带来生态环境的破坏。当前，要通过深化行政管理体制改革，把自然资源的所有者与管理者分开，由一个部门来统一行使自然资源用途的监管职能[1]，在此基础上，做好自然资源开发利用规划，明确自然资源用途管制的总体目标和具体要求，并履行好自然资源开发利用的审批许可。

我国是单一制国家，与美国的政府体制有着明显的区别，但美国自然资源用途的分级管制体制仍然可以为我国政府开展自然资源用途管制提供一个可借鉴的模式。其中，最重要的启发就是中央政府与地方各级政府之间在自然资源用途管制的权责上应当有一个合理的分工。要建立健全纵向的自然资源用途管制机制，保证自然资源用途管制从中央到地方的有效实施。政府要有效实施自然资源用途管制，明确各级政府的权限是关键。美国矿业管理给中国一个很重要的启示，那就是要明确各级政府的矿业管理权限，发挥地方政府在自然资源用途管制中的能动性和自觉性。只有明确特定区域内的某一具体类型的自然资源归属于哪一层级的哪一个部门管辖，自然资源用途管制才能得以有效实施。要建立有效的监督制约机制，促使政府在实施自然资源用途管制过程中摈弃部门利益的思想，真正从保护自然资源的可持续开发利用的角度来实施自然资源的用途管制。比如，在实施土地环

---

[1] 习近平同志在十八届三中全会上指出，山水林田湖是一个生命共同体……如果种树的只管种树、治水的只管治水、护田的单纯护田，很容易顾此失彼，最终造成生态的系统性破坏。可见，由一个部门对自然资源进行统一管理是非常必要的。

保督察中，不能仅仅关注土地资源的保护，还应当关注水资源的保护、湿地资源的保护以及大气资源的保护。在这一过程中，至少需要国土资源管理部门、水资源管理部门、林业管理部门以及环境保护主管部门等四个部门的通力协作。

（二）着力提升自然资源用途管制的针对性

从美国政府开展自然资源用途管制的基本手段可以看出，自然资源用途管制要取得理想的效果，就必须注重提升管制措施的针对性。的确，自然资源类型多样，不同类型的自然资源，其用途管制措施、用途管制程度也不尽相同。比如，对非生物资源的管制与对生物资源的管制应当有所区别。对于非生物资源，管制以促进其循环使用为根本原则，管制的幅度应当控制在使人类开发利用的速度不超越其更新和恢复的速度，只要在这一限度内，就应当允许和满足人类的资源需求；而对于生物资源，其管制则应当以保持生态平衡为基本原则，比如，对于某种珍稀野生动物，尽管其自身也会繁衍和壮大，但出于生态保护的需要，可以采取严格的管制措施，禁止对其捕杀或者利用。2016年新修订的《中华人民共和国野生动物保护法》把"积极驯养繁殖、合理开发利用"改成"规范利用"，强调了野生动物利用的"规范性"，体现了对野生动物开发利用的严格管制。这一立法经验值得在其他生物资源用途管制立法中推广。

在我国广阔的空间领域内，无论是气候、地形，还是土壤等，其空间变化都很大。由于温度带、季风、地势的影响，我国土地地域条件差异很大，土地资源类型丰富、土地利用形式多样是我国的一大特征。不同的区域对同一种自然资源的用途管制措施是不尽相同的，应当根据本地区的资源储量和当地的经济社会发展需要，制定相应的自然资源用途管制制度。在美国，国家监管的反对者们认为联邦政府无法形成一个有效的"一刀切"的做法，因为各地区的地理和经济情况各自不同。对自然资源采取何种管制措施，在很大程度上取决于其所处的地理位置。同一种自然资源在不同的区域，其空间区域不同，自然环境条件不同，资源的稀缺程度不同，所需要采取的用途管制措施自然也就不同。以水资源的管制为例，在水资源相对充沛的南方地区，对水资源的使用管控相对较松，一般以提倡不浪费水资源为主要措施；而在水资源稀缺的西北地区，则需要采取严格的管控措施，限时、限量使用水资源，或者，根据人口来确定水资源的使用指标，等等。比如，甘肃省张掖市甘州区为持续推进节水型社会建设，着力推进"明晰水权，总量控制，定额管理，以水定地（产），配水到户，公众参与，水量交易，水票流转，城乡一体"的节水型社会运行体系建设。[1] 而对于水资源相对丰富的广东省，则无须采用"以水定产，配水到户"等管制措施，其管制的目的是节约保护与合理开发利用水资源，防治水害，实现水资源统一管理和可持续利用，其主要的管制手段则为建立用水总量控制制度、用水效率控制制度、水功能区限制纳污制度和责任考核制度。[2]

自然资源的用途可能因自然条件变化而变化，也可能因人文社会环境的变化而转化。因此，在对自然资源进行用途管制时，应当重视自然资源用途管制中的人文环境因素，充分考虑自然资源用途转化的成因，尤其是要注重分析人口增长、经济发展、文化演进等方面的因素可能带来的自然资源用途的转化。比如，由于人口的增长和社会的发展，对居住、交通、商业等用地的需求不断地加大，需要将一部分农业用地转化为建设用地。这一土地资源的用途转化回应了经济社会发展的正常需求，应当予以鼓励和保证。随着中国经济规模的扩张和增长，土地资源的流动性发生了巨大的变化，这种流动主要体现在农

---

[1] 朱兴忠.甘州区节水型社会建设成效显著［EB/OL］.（2014-11-12）［2016-06-24］.张掖政府官网.

[2] 《广东省实施〈中华人民共和国水法〉办法（2014年修订）》第一条规定："为了节约保护与合理开发利用水资源，防治水害，实现水资源统一管理和可持续利用，推进生态文明建设，根据《水法》等有关法律、行政法规，结合本省实际，制定本办法。"第五条规定："县级以上人民政府应当建立用水总量控制制度、用水效率控制制度、水功能区限制纳污制度和责任考核制度。"

业用地转化为建设用地上。[1]当然，这种土地资源用途的转化应当控制在合理的范围之内，转化太多或者太少都不利于经济社会的可持续发展。对农业用地用途管制太严，可能出现城市用地过分紧张，城市过于拥挤可能会带来交通堵塞、环境质量下降、就学就医困难等一系列的社会问题；反之，对农业用地用途管制太宽，可能导致城镇化进程过快，地方政府的土地财政容易引发土地利用失控，大量良田被用于工业开发。因此，对土地资源用途的转化应当建立在科学合理的基础之上，其中，合理的土地空间利用规划和基本农田红线控制是最为关键的环节。对其他自然资源用途的转化，也应当建立在合理规划的基础之上，并施以严格的生态红线控制。

（三）借助科技手段提升自然资源用途管制的科学性

随着科学技术的进步，人类对自然资源的最终利用极限的判断也在不断发生变化，评估方法的不同使得自然资源资产的估算值出现各种各样的结论，这些结论甚至大相径庭，比如，目前仅"探明储量"就已经超过了 20 世纪 40 年代一致认可的石油最终开采数量，过去 40 年来对石油最终可采资源的估计已经增加了 4 倍。[2]当今时代是一个科学技术日新月异的时代，人类开发利用自然资源的能力在不断提升，开发利用资源的方式在不断发生变化，许多传统的自然资源用途管制方法已经无法适应时代的需要。自然资源用途管制要得到有效实施，应当充分借助科学技术手段，以提升自然资源用途管制的效率。但如何运用好科学技术，也应当引起充分的重视。

应当看到，科学技术是一把双刃剑，运用得好可以提升自然资源用途管制的效率，运用得不好则会给自然资源用途管制带来新的压力和挑战，甚至产生新的污染而破坏原有的生态平衡。美国政府关于水

---

［１］　谢高地.自然资源总论［M］.北京：高等教育出版社，2009：189.

［２］　朱迪·丽丝.自然资源：分配、经济学与政策［M］.蔡运龙，杨友孝，秦建新，等，译.北京：商务印书馆，2002：28，40.

力压裂法的监管带来的最大启发就是：不能仅仅考虑科学技术对生产效率的提升，还要注意分析该技术可能给生态环境带来的风险。因此，针对科学技术在自然资源领域的运用，建立一个风险评估机制就显得尤其必要。自然资源管理部门有必要成立一个专门的技术指导委员会来承担科学技术运用风险评估的职能，委员会成员可以由环境科学、地理科学、农林技术、水利工程等相关领域的专家组成，以加强对运用相关技术的指导与把关。对于可能给生态环境带来重大影响的科技运用，应当广泛听取各领域专家和公众的意见，在进行充分的可行性论证之后再加以运用。对于无法准确预判其负面效应程度的新技术新发明，应当持谨慎态度，以免给生态环境造成无法修复的破坏。当然，也不应当一味地排斥新的技术或者发明，因为那可能错过一次"具有革命性的提升"[1]。对于无法准确评估其影响程度的新兴技术，可以采取由点及面的办法，先选择一定的区域进行新技术运用的试点，待效果得到实践检验后再全面铺开。美国关于运用水力压裂法的争议就是一个很好的先例，提醒我们对新技术的运用应当持审慎的态度。这同时也表明，对自然资源的用途管制，包含了对自然资源开发利用技术的管制。

三、美国自然资源用途管制的经验借鉴

尽管中美两国国情不同，两国的立法体制也存在着很大的差异，但自然资源作为人类普遍需要的物质财富，自然资源的有用性、稀缺性、分布不均匀性等共性特征决定了实施自然资源用途管制在全球范围内存在着一些共通的规则。美国是开展自然资源用途管制较早的国家，在自然资源用途管制方面取得了较大成功，尽管其关于水力压裂监管等一些举措也遭遇到较大的争论，但无论是其成功的经验抑或是

---

[1]　比如，美国第一口油井的钻工德雷克（Drake）发现了缆索方法，就使我们关于探明储量的观念发生了革命性的变化。参见：朱迪·丽丝.自然资源：分配、经济学与政策［M］.蔡运龙，杨友孝，秦建新，译.北京：商务印书馆，2002：28，34.

不成功的探索，对于中国制定自然资源用途管制实施策略都具有不可忽视的借鉴和参考价值。

（一）自然资源用途管制制度建设的基本要求

一是要把促进绿色发展作为贯穿始终的指导思想。促进绿色发展不应成为一句口号，而应当把促进绿色发展的具体要求体现到自然资源用途管制的具体制度之中。绿色发展要求处理好生产、生活、生态三者之间的关系，促进人类社会的永续发展。实现这一目标的基本手段便是通过有效的科学技术手段，合理划分生活空间、生产空间与生态空间，从而构建科学合理的城市化格局、农业发展格局、生态安全格局、自然岸线格局。[1]总之，自然资源用途管制的制度创新，必须始终围绕着绿色发展的总体部署来展开。二是要把协调好管制者与被管制者的关系作为制度设计的基本准则。"管制"意味着行政权力在自然资源开发利用领域得到了运用，"被管制"意味着开发利用自然资源的自由受到了一定的限制，从这个意义上讲，管制者与被管制者是存在着资源利益冲突的。当然，这个冲突并不是绝对的。从长远看，管制是为了自然资源能够得到可持续的利用，而这恰恰也是被管制者追求的目标。因此，在设计自然资源用途管制制度时，关键是要把握好管制的"度"，在促进自然资源"有序"开发利用和实现自然资源"永续"开发利用这二者之间找到一个最佳的平衡点。既要在自然资源的"可用"与"禁用"之间进行正确的抉择，又要在自然资源的"多用"与"少用"之间进行适当的取舍。三是要把区域协作作为制度设计的重要内容。不同省份的自然资源管理部门负责各自省域内自然资源用途管制的实施，这是政府部门分工负责的具体体现。然而，自然生态空间却是一个不可分割的整体，同一流域流经多个省份、同一山脉链接相邻省份的现象是普遍存在的。人为的区域划分可能会

[1]　施志源．绿色发展：新时期生态文明制度建设的指针［EB/OL］.（2015-11-06）［2017-04-20］.中国社会科学网．

给自然资源用途管制带来不利的影响。此时，建立健全相邻区域的协作机制就显得尤为重要。为了实现"有度有序利用自然，调整优化空间结构""加大禁止开发区域保护力度"等绿色发展目标，相邻地区就必须围绕自然资源开发利用与生态环境保护进行区域协作[1]。

（二）自然资源用途管制制度建设的路径探讨

1.建立健全政府规范行使用途管制权的制度保障

政府在实施自然资源用途管制的过程中，必须制定管制的行为准则和行为规范，明确管制的范围、管制的手段和管制的力度。如果没有一个明确的制度规范，自然资源用途管制在具体操作过程中就容易出现随意性，甚至可能出现以用途管制为借口侵犯公众自然资源合法权益的情形。这就需要通过将用途管制职权法制化，规范政府的权力运行。政府管制一定要把握好度，该管的管，不该管的坚决不管。在政府不该管的领域就要放松政府管制。一个有为的政府，需要在自然资源管理中发挥出积极、有效的作用，而政府能否有效地开展自然资源的用途管制工作，则是检验政府管理自然资源成效的一个重要指标。根据管制的手段和刚性程度，自然资源的用途管制可以分为强制性管制和倡导性管制。[2]强制性管制是指政府通过强制力推行管制措施，要求管制对象必须遵循管制规则，不受管制或者违反管制规则的，将承担相应的不利法律后果。倡导性管制是指政府制定若干倡导性标准，并采取一定的鼓励性措施，引导被管制者自愿履行政府倡导的标准或者准则。倡导性管制一般没有强制性要求，但其管制规则具有较强的引导作用。强制性管制和倡导性管制措施并不是截然分开的，对于某些管制对象，既需要强制性管制措施，也需要倡导性管制措施。

---

[1] 施志源.区域协作促进绿色发展［N］.中国社会科学报，2016-11-01（8）.

[2] 有学者提出，根据管制的手段，自然资源的用途管制可以分为指挥式管制和诱导式管制两种类型。参见王雨瀠.土地用途管制与耕地保护及补偿机制研究［M］.北京：中国农业出版社，2013：19-20.

2. 建立健全开发利用自然资源的环境影响评价制度

只有进行环境影响评价，才能有效评估和预防开发利用自然资源对环境可能产生的负面效应或者损害。以水资源的开发利用为例，只有做好环境影响评价，才能有效地确定水利规划的整体设计是否存在价值，是否发挥着可行性作用。[1] 在建立健全自然资源用途管制制度的过程中，完善自然资源开发利用的环境影响评价机制是不可或缺的前置环节。自然资源的开发利用规则涉及公众的切身利益，建立自然资源开发利用的环境影响评价制度，尤其要注重完善相关的公众参与机制。公众参与贯穿环境影响评价的全过程，是行政决策民主化的重要体现。[2] 让公众参与环境影响评价不能流于形式，一方面，要做好自然资源开发项目的信息公开工作，相关的自然资源开发利用信息应当尽早公开、及时公开、全面公开，让公众全面了解自然资源开发利用项目的规模、强度、时限等信息；另一方面，应当将公众参与的程序贯穿资源开发利用环境影响评价的全过程，尤其是在作出环境影响评价报告书之前，一定要畅通公众参与的渠道。只有这样，才能客观、公正地作出开发利用自然资源的环境影响评价。

3. 建立健全科学规划主体功能区的制度规范

将用途管制扩展到所有的自然资源空间，是自然资源用途管制制度的根本目标。[3] 但这并不表明所有的空间应当采取统一的自然资源用途管制措施，相反，应当根据不同区域的特点采取有针对性的用途管制措施，因地制宜地开展自然资源的用途管制工作。长期以来，同质化政府对异质区域进行同质化管理引发区域发展的不协调，推进

［1］ 高延霞.论述水利工程规划设计中环境影响评价［J］.中国新技术新产品，2016（16）：107-108.

［2］ 汪劲.环境影响评价程序之公众参与问题研究：兼论我国《环境影响评价法》相关规定的施行［J］.法学评论，2004，22（2）：107-118.

［3］ 《2016年深化经济体制改革的重点工作方案》提出："制定自然生态空间用途管制办法，将用途管制扩大到所有自然生态空间。"参见关于2016年深化经济体制改革重点工作的意见［EB/OL］.（2016-03-31）［2016-08-05］.国务院官网.

主体功能区建设，可以有效克服这些弊端，促进区域的协调发展。[1]
主体功能区规划是我国国土空间开发的战略性、基础性和约束性规划。
编制实施主体功能区规划，对于推进形成人口、经济和资源环境相协
调的国土空间开发格局具有重要战略意义。[2]在编制主体功能区划
的过程中，要尤其注重资源型区域的可持续发展。资源型区域的可持
续发展，不但是其自身的现实需要，也是我国和谐社会构建的关键所
在。[3]可见，完善主体功能区规划制度，是落实自然资源用途管制
措施必不可少的一环。科学规划主体功能区建设，应当建立健全空间
规划体系，做好自然资源开发利用的空间规划，在划分好生产空间、
生活空间和生态空间的基础上，明确不同自然资源空间所应当采取的
不同程度的用途管制措施。

4. 建立健全自然资源用途管制效果评价的相关制度

检验自然资源用途管制是否达到了保护生态环境的预期目标，
需要建立一个科学的效果评价机制。一是要完善自然资源用途管制的
评价指标体系。紧密结合绿色发展的要求，建立以提升资源利用效益
为核心的评价指标体系，充分考量自然资源利用带来的社会效益、经
济效益及其对生态环境的影响，对自然资源利用的正外部性和负外部
性作出客观的评价。科学的自然资源用途管制评价机制，对准确评价
自然资源的耗损和自然资源的补给情况，引导自然资源产业结构的合
理布局，促进资源利用的供给侧结构性改革同样具有重大意义。二是
要完善与自然资源用途管制相关的环境标准制度。要把是否符合环境
标准作为评价自然资源利用效益的重要指标，鼓励资源紧缺地区的地
方政府制定严于国家标准的地方自然资源开发利用标准和环境保护标
准，从而把环境标准体系纳入自然资源开发利用效果的评价体系，促
进自然资源用途管制与生态环境保护的有效衔接。三是要把自然资源

---

［1］ 邓玲，杜黎明.主体功能区建设的区域协调功能研究［J］.经济学家，2006（4）：60-64.

［2］ 我国首次公开出版国家主体功能区规划［EB/OL］.（2015-07-14）［2016-07-20］.新华网.

［3］ 彭皓玥.自然资源约束下的我国资源型区域可持续发展研究［D］.天津：天津大学，2009：1.

用途管制的效果评价与政府的效能考评、领导干部的政绩考核联动起来。把自然资源用途管制的成效纳入政府的效能考评和领导干部的政绩考核体系，既有利于促进政府认真落实自身的自然资源用途管制的职责，也有利于引导领导干部树立珍惜资源、节约资源的理念，更加自觉地落实自然资源用途管制的各项要求。

第四节　自然资源用途的整体性管制及其实现路径

自然资源用途管制制度是我国生态文明制度的重要组成部分，是促进绿色发展过程中亟待完善的一项制度。当前，我国自然资源的无序开发、过度开发等现象大量存在，这与自然资源用途规划不合理、自然资源管控措施不恰当、自然资源用途监管责任不落实等密切相关。规范自然资源开发利用的秩序，应当按照自然资源属性、使用用途及其环境功能，对一定国土空间里的自然资源按照生活空间、生产空间、生态空间等用途或功能进行监管。在这一过程中，应当着力改变我国自然资源管理部门各自为政、自然资源用途管制制度零散杂乱的现状，推进自然资源用途的整体性管制及其制度建设。

一、自然资源用途整体性管制的必要性分析

（一）应对自然资源的稀缺性要求自然资源用途的整体性管制

"稀缺性"是自然资源的固有特性，因为人类的需要实质上是无限的，而自然资源是有限的。自然资源相对于人类的需要而言在数量上是不足的。[1] 由于自然资源存在稀缺性，自然资源的开发利用必须有规划、有统筹、有控制。尽管幅员辽阔的中国自然资源蕴藏丰富，但从总体上看，我国是一个自然资源稀缺的国家，自然资源的日益紧

---

[1]　王文革.自然资源法：理论·实务·案例［M］.北京：法律出版社，2016：3.

缺成为我国经济社会可持续发展的瓶颈。中国土地资源的绝对数量虽然较大，但人均占有少；山地多，平原少，耕地与林地所占的比例小；各类土地资源地区分布不均，耕地主要集中在东部季风区的平原和盆地地区，林地多集中在东北、西南的边远山区，草地多分布在内陆高原、山区。[1] 因此，自然资源的稀缺不在于其数量上的多寡，而在于可以被人类有效利用的资源数量及其分布情况。尽管某种资源的绝对数量很大，但其储存于不便人类开发利用的区域，或者，人类对其进行开发利用需要耗费大量的成本，对于人类的需要而言，该自然资源仍然存在着明显的稀缺性。既然存在着这种稀缺性，就有了对该自然资源进行用途管制的必要。有效应对自然资源的稀缺性，不能仅对某种自然资源或者某几类自然资源进行用途管制，而应当把每一种自然资源都视为生态环境的有机组成部分，全面从自然界整体性保护的视角来确定对其中某一类自然资源的管控程度，不能在保护某一类自然资源存量的同时却加剧了其他自然资源的稀缺性。

（二）削减自然资源开发利用过程的负外部性要求自然资源用途的整体性管制

对自然资源的利用，有别于对一般物品的利用；对自然资源的管制，有别于对一般物品的管制。对一般物品的利用，只会导致该物品的消耗或者减损，不会直接影响周边的事物。过量地利用某一类型的自然资源，其后果可能不仅是该自然资源数量的减少，还可能影响其周边的整体生态环境，进而影响处于该环境之中的人居环境，引发人与自然的不和谐。这种不和谐，就是自然资源开发利用的负外部性。外部性指个人或企业不必完全承担其决策成本或不能充分享有其决策成效，即成本或收益不能完全内生化的情形；如果给他人带来的是福利损失（成本），则可称之为负外部性。[2] 在开发利用自然资源的

---

[1]　中国自然资源概况［EB/OL］.（2010-02-02）［2016-12-10］.中国网.

[2]　唐跃军，黎德福.环境资本、负外部性与碳金融创新［J］.中国工业经济，2010（6）：5-14.

过程中，其负面效应常常是相伴相随的，比如，砍伐树木不纯粹是森林资源的开发利用问题，对树林的用途管制也不能仅仅考量森林资源的可持续利用，而应当从生态的整体性平衡来把握自然资源的用途管制。在一个生态系统之中，森林资源的变化将直接影响与之相关的土地、草原、河流、野生动植物等多种自然资源类型的存在状态和功能发挥的相关性。[1]再比如，开发矿产资源的本意在于获得矿物产品，但其可能带来环境污染、地表下沉、岩石开裂等负面因素，物种减少、生态平衡被打破、气候变化等负效应不可避免地存在，直接影响到周边居民的居住环境和生活品质。以"聂胜等149户辛庄村村民与平顶山天安煤业股份有限公司五矿等水污染责任纠纷案"为例，二审法院认为产矿企业的排污行为是导致下游村庄地下水受到污染的重要原因，并致使当地井水不能满足饮用水要求，应当承担村民到别处拉水带来的误工损失。[2]这是一起因矿业生产引发的环境侵权案件，要求侵权人赔偿村民因到别处取水而产生的误工损失，无疑显示了法律对利益受损者的保护，合理合法却不是治本之策，如何从制度上杜绝此类纠纷的大量出现才是值得我们去深思的问题。通过完善自然资源用途的整体性管制制度，限制甚至禁止在村民聚居的区域从事此类开发利用资源的行为，才能从根本上避免此类生态破坏的一再出现。当前，自然资源用途整体性管制是世界保护生态环境的普遍选择。尽管人们往往不愿意承认，但是以整体主义的观点看待环境问题是现在的主流趋势。[3]

（三）完善国土空间治理体系要求自然资源用途的整体性管制

按照《全国主体功能区规划》，国土空间按开发方式可以划分为优化开发区域、重点开发区域、限制开发区域和禁止开发区域。《国

[1]　张梓太.自然资源法学［M］.北京：北京大学出版社，2007：5.
[2]　法律出版社专业出版编委会.环境侵权索赔技巧和赔偿计算标准［M］.3版.北京：法律出版社，2015：137-142.
[3]　约瑟夫·绍尔卡.法国环境政策的形成［M］.韩宇，等译.北京：中国环境科学出版社，2012：1.

土资源"十三五"规划纲要》也提出："要落实国家区域发展总体战略，完善国土空间用途管制制度，促进区域协调、城乡协调和陆海统筹，形成均衡的国土资源开发利用格局。"由此可见，完善国土空间开发利用格局，离不开自然资源用途的整体性管制。木桶效应告诉我们必须把握好自然资源开发利用的均衡性。木桶效应也称为短板效应，是指欲将一只木桶盛满水，必须每块木板都一样平齐且无破损，如果这只桶的木板中有一块不齐或者某块木板下面有破洞，这只桶就无法盛满水。[1] 在建立科学空间规划体系和划定生产、生活、生态空间开发管制界限的前提下，要实现自然资源开发利用的空间均衡，应当统筹协调、因地制宜、合理规划，以自然资源用途的整体性管制为基本手段，统筹各类自然资源空间利用规划，从而形成科学的自然生态空间治理体系。实施自然资源用途的整体性管制，有利于维护自然生态空间的平衡，可以促进自然资源的开发利用与资源环境承载能力相匹配，与环境容量相适应，与生态系统承载能力相适应，从而不断优化自然生态环境。

二、自然资源用途整体性管制的考量因素

（一）自然资源用途管制过程中政府与市场的关系

市场要在资源配置中起决定性作用是深化经济体制改革的必然要求。党的十八届三中全会通过的《中共中央关于全面深化改革若干重大问题的决定》指出："要紧紧围绕使市场在资源配置中起决定性作用深化经济体制改革，坚持和完善基本经济制度，加快完善现代市场体系、宏观调控体系、开放型经济体系，加快转变经济发展方式，加快建设创新型国家，推动经济更有效率、更加公平、更可持续发展。"自然资源是最重要的资源，市场在资源配置中的决定性作用应当延伸

---

[1]　潘家华.中国的环境治理与生态建设［M］.北京：中国社会科学出版社，2015：122.

到自然资源领域。完善自然资源配置的市场机制，有助于完善自然资源的市场流转机制和实现各个相关主体的自然资源权益，有助于激发资源市场的活力和提升保护生态环境的积极性。通过市场配置自然资源，自然资源的权利主体得到明确，可以避免出现"公地悲剧"。作为自然资源的权利主体，为了保护好自身的自然资源权益，相关主体落实自然资源用途管制要求的积极性更高、主动性更强、能动性更足，从而促使自然资源按用途得到更合理的利用和更有效的保护。但市场配置自然资源同时也存在诸多风险。

首先，市场的逐利性容易导致自然资源的无节制开发，如果缺乏必要的管制措施，自然资源开发利用者在经济利益的驱使之下很难进行理性的开发利用，其结果必然导致生态环境的破坏。第二，市场机制提供了一个平等协商的氛围，相关的权利主体可以通过自由协商来确定自然资源的开发利用方案，但这种协商往往只关注相关主体的利益分配，缺乏资源利用的整体规划和生态保护的宏观思维，并因此忽视了对生态环境利益的保护。第三，市场机制的自由性赋予了自然资源开发利用者行使开发利用权利的自由，但这种自由有可能被滥用，导致资源的过度开发、无效率开发等短期利益行为；同时，如果权利人怠于行使开发利用权利或者基于经济利益的考量故意拖延开发利用自然资源的进程，这种囤积资源的行为可能会导致大量的自然资源被闲置，而自然资源产品的紧缺却带来了资源价格的不合理上涨。完善市场配置自然资源的相关制度，应当明确自然资源权益交易的具体规则，完善资源性产品市场化定价机制。[1]第四，并非所有的自然资源都适合通过市场机制来配置，关系国家安全的重要自然资源，更多的是需要政府对资源的管控。对于关系到自然资源结构、自然资源安全等领域的重大问题，都需要政府的介入和干预，实现"无形之手"

　　[1]　施志源.自然资源的市场配置及其制度完善：基于生态文明制度建设视角［J］.中国特色社会主义研究，2015（2）：90-95.

和"有形之手"的协同并用和优化配合。[1]由此可见，促进市场配置自然资源与政府管制自然资源之间的无缝对接，对实现自然资源用途的整体性管制至关重要。

当前，要注重发挥好政府管制与市场机制的各自作用，既要重视发挥市场在自然资源配置中的决定性作用，也不能放松自然资源用途的整体性管制，使二者在自然生态空间的开发、利用和保护过程中相互配合、相得益彰。市场配置自然资源存在的种种缺陷，需要通过完善自然资源用途管制制度加以补强。首先，要理性看待市场在自然资源中的作用，既不能无视市场机制的作用，也不能放任市场机制可能带来的负面作用，要通过适当的政府管制措施弥补市场机制的不足。对于能够通过市场机制来平衡自然资源权益、保护生态环境的，就应当充分发挥市场配置自然资源的作用。第二，要认识到自然资源不是普通的资源，自然资源兼具经济价值、社会效益和生态价值，也正因为自然资源的多种价值，对自然资源的配置不能仅仅考量它的经济价值，还要考量它的社会效益和生态价值，这就需要通过政府的用途管制对自然资源的市场机制进行必要的纠偏，以保证自然资源的开发利用不偏离生态保护的轨道。第三，与普通资源的不当利用不同，自然资源的不当开发利用带来的后果可能是无法补救或者无法修复的。尤其对耗竭性自然资源的开发利用，其储量将随着开发利用的进程而减少，而这种减少是不可逆的、不可恢复的，一旦缺乏有效的规划或者管制，该种自然资源很可能因无序利用而提前耗尽。因此，进行合理的自然资源开发利用规划，明确开发利用的红线，并实施有效的政府管制就显得尤为重要而迫切。

（二）自然资源用途管制中的央地关系

自然资源用途管制的实施，是一个从中央到地方逐级落实的过程。

---

[1]　王文革.自然资源法：理论·实务·案例［M］.北京：法律出版社，2016：32.

中央的自然资源用途管制措施，如果没有地方政府的积极配合与有效执行，中央的用途管制意图将无法得到贯彻落实；但地方政府实施自然资源用途管制的过程，往往是减缓地方经济的发展速度，这是制约地方政府开展自然资源用途管制积极性的关键之所在。可见，建立用途管制中的利益平衡机制，充分调动地方政府开展自然资源用途管制的积极性，成了提升自然资源用途管制实效的关键。

一是要把财政转移支付作为配合实施用途管制的重要手段，对在用途管制过程中地方经济发展机会受到限制或者影响的，要给予适当的财政补贴。同时，要建立常态化的制度补偿机制，通过完善生态补偿机制或者生态损害赔偿制度，对在自然资源用途管制过程中受到损失的区域进行适当的弥补。二是要注重发挥区域间的协作优势，促进相邻区域的地方政府加强合作，形成自然资源用途管制的合力。要健全和完善自然资源用途管制的区域协作机制，尤其是要完善相邻省份之间在自然资源用途管制上的区域协作机制和同一流域相关省份在自然资源用途管制上的区域协作机制。比如，中央政府可以通过制定区域空间的自然资源开发利用规划，指引地方政府之间的协同与协作，从而发挥出自然资源的效用。比如，水利部于 2016 年 5 月印发的《京津冀协同发展水利专项规划》，根据京津冀协同发展对水利提出的新要求，提出了节约用水与水资源配置、水资源保护与水生态修复等方面的建设任务。三是要把精准扶贫的理念贯彻到处理自然资源用途管制央地关系的各项工作之中。处理好自然资源用途管制中的央地关系，应当积极贯彻精准扶贫的理念，根据不同区域的经济发展水平不同，制定科学的自然资源空间开发利用的总体规划，确立合理的自然资源用途管制力度，使自然资源用途管制的实施与区域经济的发展水平相协调。既要保持用途管制措施的连贯性，也要根据不同的区域特征，采取不同的管制措施，因地制宜地开展自然资源用途管制工作。《关于印发〈建立精准扶贫工作机制实施方案〉的通知》指出："精准扶贫是党中央和国务院对扶贫开发工作的新要求，是解决扶贫开发工作中底数不清、目标不准、效果不佳等问题的重要途径。"当前，要精准安排扶持项目、精准落实扶贫措施、精准跟踪扶贫效果，不断改善贫困地区的自然生态条件。

（三）自然资源用途管制中权力与权利的关系

从生态文明制度的顶层设计来看，自然资源物权制度和自然资源用途管制制度是自然资源制度体系的两大组成部分。如果说自然资源物权制度界定的是自然资源的权利边界，那么，自然资源用途管制制度则是要规范政府管理自然资源的权力边界。二者有着紧密的联系，自然资源管理权力的边界恰好是行使自然资源开发利用权利的边界。对自然资源开发利用的权利一般是需要有所有权基础的，要么是所有权人对自己所有的自然资源进行开发利用，要么是取得了所有权人的授权或者许可，取得了自然资源开发利用的权利。而用途管制则要规范自然资源的开发利用行为，防止因无限制行使自然资源"权利"可能带来的生态破坏，补齐了自然资源所有权制度在预防权利滥用方面的短板。因此，自然资源用途管制的过程，就是管制"权力"与开发利用"权利"相互交织的过程。

在一定的条件下，管制"权力"与开发利用"权利"可能存在冲突，需要处理好二者之间的关系。自然资源用途管制是一种主要依赖"公权力"实施的行为，自然资源用途管制表明一定国土空间里的自然资源无论所有者是谁，都要按照用途管制规则进行开发，不能随意改变用途。[1]自然资源管制者所使用的"公权力"对自然资源所有权人"私权利"的干预，其本身就是对所有权行使的一种限制，管制不当或者过分管制可能导致自然资源权利人的正当权益受到侵害。我国目前对自然资源的用途管制属于国家公权力的行使，在自然资

---

[1] 健全自然资源资产产权与用途管制制度［EB/OL］.2013–12–24［2016–12–10］.共产党员网.

源产权与用途管制之间必然存在着博弈。[1]因此，必须明确自然资源用途管制的限度，或者说，需要明确自然资源制度体系中公权与私权之间的边界。

值得注意的是，管制手段的介入在某些情形之下甚至可能导致自然资源开发利用权利的丧失。比如，在商品林被划为生态林之后，原先的权利人采伐林木的权利将不复存在。在实践中，因自然资源用途规划变更导致自然资源权利受限的案例比比皆是，比如，"石光银的困惑"一案中，石光银承包的林区的林木经济价值原本达3000多万元，但这片林子在1998年被国家划为生态林之后，因其林木不能砍伐，经济价值根本无法变现，石光银变成了负债累累的"生态富翁"。[2]用途管制是对自然资源开发利用的一种限制，这种限制无疑会限缩原有权利人的利益。因此，政府管制权的行使与被管制者的自然资源开发利用权益就产生了冲突。应当看到，既然要实施自然资源的用途管制，那么这种权益冲突就不可避免。因此，在实施自然资源用途整体性管制过程中，要把握好自然资源用途管制的广度和力度，把这种冲突控制在合理可控的范围之内，并建立健全缓解冲突的利益补偿机制。对于因管制而给自然资源权利人的利益造成的损失，应当给予相应的补偿或者赔偿。

三、自然资源用途整体性管制的实现路径

完善自然资源用途管制制度，要从绿色发展的理念出发，以我国生态文明体制机制改革的顶层设计为指引，树立发展和保护相统一的理念，在自然资源的开发利用和自然资源的保护之间找到平衡点，促进自然资源的可持续开发利用。在制度内容的设计上，要在绿色发展

---

[1] 唐孝辉．自然资源产权与用途管制的冲突与契合 [J]．学术探索，2014（10）：27-30.

[2] 郜永昌．土地用途管制法律制度研究：以土地用途管制权为中心 [M]．厦门：厦门大学出版社，2010：111.

理念的指引下，重点解决自然资源用途管制的"主体不明确、措施不合理、监管不到位、责任不落实"等问题。要通过完善的自然资源用途管制制度，努力实现自然资源开发利用和生态保护的有机统一，实现"绿色"与"发展"的辩证统一。

（一）自然资源用途管制主体的"三统一"

谁来实施自然资源的用途管制？这是完善自然资源用途管制制度的核心问题。自然资源用途管制的实施主体是依法实施自然资源管理的相关政府部门或者有关组织。首先，担负管理自然资源职能的政府部门，是负责实施自然资源用途管制的最主要的主体。当前，突出的问题是不同类型的自然资源用途管制权力分散在不同的管理部门，管水的部门只考虑水资源的用途管制，管土地的部门只考虑土地资源的用途管制，其结果必然是保护好了水资源，土地资源却没有得到很好的保护；保护好了土地资源，水资源又没有得到保护。由不同的部门管理自然资源，可以实现资源管理的精细化，但也容易出现部门与部门之间职能不清、推诿扯皮的现象，有的部门有利则管、无利则躲。改变这一现状，应当形成自然资源用途管制的大格局，将不同类型的自然资源的用途管制措施统一起来，由一个统一的部门来实施自然资源用途管制。

在机构设置上，法国于1993年设立的可持续发展委员会（CFDD）是推进环境资源综合管理的一次尝试，该委员会力主采取可持续发展所需的综合手段，以革除法国机构条块分割严重的弊端，但由于该机构级别不高，其所能发挥的作用也是有限的。[1]这对我国的自然资源管理机构的改革具有启发意义，即，在将分散在各部门的有关用途管制职责逐步统一到一个部门的同时，还应当提升这一部门的层级，其行政级别应当略高于专门从事自然资源管理的部委。自然资源部的

---

[1] 约瑟夫·绍尔卡.法国环境政策的形成[M].韩宇,等译.北京:中国环境科学出版社,2012:155—156.

设立虽然迈出了自然资源用途整体性管制的重要一步，但并不意味着大功告成。

同时，还要建立健全纵向的自然资源用途管制机制，保证自然资源用途管制从中央到地方的有效实施。要合理划分中央地方事权和监管职责，明确中央政府与地方政府在自然资源用途管制中的权限与分工，完善相邻区域的地方政府之间在自然资源用途管制方面的分工协作机制，从制度上保障自然资源的监管不争权夺利、不推诿扯皮。

（二）自然资源用途管制领域的"全覆盖"

随着生态文明建设的不断深入，将自然资源用途管制措施拓展到所有的自然生态空间是一个趋势。以美国为例，美国的资源保护管制体系经历了从最早的森林保护、水利开发领域扩展到土壤、矿业、渔业、野生动物保护等领域，从美国的西部逐步扩展到全美，从公地逐步扩展到私人土地，从乡村扩展到城市，从陆地扩展到海洋。[1]可以预见，随着自然生态空间保护意识的日益加强，所有的自然生态空间都要实施必要的用途管制措施。

自然资源用途管制的制度完善，必须明确在什么区域可以进行自然资源作业，在什么区域禁止对自然资源开发利用，以及开发利用自然资源应当遵守的基本准则，等等。只有这样，人与自然的和谐才能真正实现，生态文明建设也才能得以顺利推进。然而，在很长的一段时间内，人类忽视了开发利用自然资源的负外部性。科学技术的进步使人类非常自豪和骄傲，人类越来越相信自己生活在自然界之上，失去了对自然的尊重。[2]自然资源开发利用负外部性效应的出现，是加强自然资源用途整体性管制的重要原因。对自然资源权利进行适当的限制是必要的，而将这些限制措施法治化，则是自然资源管制法治进步的表现。

---

［1］　高国荣.三次浪潮催生美国环境管制［N］.中国社会科学报，2016-06-20（4）.

［2］　谢高地.自然资源总论［M］.北京：高等教育出版社，2009：22.

党的二十大报告强调，要"坚持山水林田湖草沙一体化保护和系统治理"。当前，要通过建立健全自然资源空间规划制度，严禁任意改变自然资源用途。完善自然资源空间规划制度，要按照主体功能定位控制开发强度，调整空间结构，树立空间均衡的理念，通过建立空间规划体系，划定生产、生活、生态空间，明确开发利用自然资源的管制界限，将用途管制扩大到所有自然生态空间。构建以空间治理和空间结构优化为主要内容，全国统一、相互衔接、分级管理的空间规划体系，从法律制度上解决空间性规划重叠冲突、部门职责交叉重复、地方规划朝令夕改等问题。要通过完善国土空间开发保护制度，着力解决因无序开发、过度开发、分散开发导致的优质耕地和生态空间占用过多、生态破坏、环境污染等问题。

（三）健全自然资源用途管制的监管机制

一是要建立自然资源资产核算体系。进行自然资源用途管制，必须弄清我国境内到底有多少自然资源可以被开发利用，又有哪些类型的自然资源需要严格控制开发利用的程度，这就需要通过建立自然资源资产核算体系来摸清家底。2015年11月，国务院办公厅印发了《编制自然资源资产负债表试点方案》，提出通过探索编制自然资源资产负债表，推动建立健全科学规范的自然资源统计调查制度，努力摸清自然资源资产的家底及其变动情况，为有效保护和永续利用自然资源提供信息基础、监测预警和决策支持；提出要根据自然资源保护和管控的现实需要，先行核算具有重要生态功能的自然资源，主要包括土地资源、林木资源和水资源。[1]可见，完善自然资源用途管制制度，必须建立健全具有重要生态功能的自然资源资产负债表编制制度，使之成为自然资源资产核算体系的核心制度。

二是要完善用途管制中的领导干部自然资源资产离任审计制度。

---

[1] 国务院办公厅印发《编制自然资源资产负债表试点方案》［EB/OL］.（2015–11–17）［2016–12–10］.新华网.

长期以来，相当部分的领导干部盲目追求 GDP，重经济发展轻生态保护的政绩观导致了自然资源的无序开发利用。自然资源用途管制的有效落实，离不开政府及其相关职能部门的积极作为，尤其是对领导干部的政绩考核评价体系，将直接影响领导干部的政绩观。引导领导干部树立正确的政绩观，除加强生态文明理念的灌输之外，还必须配套有相应的制度约束。通过自然资源资产离任审计制度给领导干部戴上"紧箍咒"，是落实领导干部生态责任的有效制度。

三是要建立健全自然资源开发利用的资源环境承载能力监测预警机制。建立资源环境承载能力监测预警机制，有助于实行最严格的自然资源开发利用保护制度。在第一时间获取环境超载信息，就可以在第一时间调整自然生态空间的开发规划，在第一时间控制重点生态功能区的开发强度。当前，资源环境承载能力监测预警机制已经成为自然资源规划不可或缺的内容之一。加强自然资源用途管制制度建设，必须注重完善与自然资源开发利用相关的资源环境承载能力监测预警机制，并将其规范化、制度化。

第五节　自然资源用途管制的理念更新与立法完善

加快推进我国自然资源用途管制制度建设，应当以绿色发展理念为指引，并明确政府和市场在其中的各自作用。发挥好政府的作用，需要厘清不同管理部门之间的权责边界，并理顺用途管制中的央地关系。发挥好市场机制的作用，要注重推进资源价值化，并合理布局资源产业结构。在立法上，要重点解决管制的主体、措施、监管与责任等问题。

一、自然资源用途管制制度建设的理念更新

实施自然资源用途管制，是我国推进生态文明建设的必然要求。

近年来，我国以生态文明制度建设为抓手，大力推进生态文明体制机制改革，在这一过程中，自然资源用途管制制度的顶层设计逐步清晰，相关制度建设的步伐也在不断加快。当前，要从国家的顶层设计出发，把促进绿色发展作为加快自然资源用途管制制度建设的指导思想。从党的十八大以来党中央、国务院以及国务院相关部委的一系列政策文件可以看出，我国对如何开展自然资源用途管制已经有了一个清晰的规划和设计，对自然资源用途管制制度建设也有了一个明确的安排和部署，实现了从党中央高度重视到具体部署再到政府抓紧落实的有效衔接。但也应当看到，中国的自然资源用途管制制度建设才刚刚起步，尤其是在立法上相对滞后，缺乏完整的法律体系来保障自然资源用途管制的实施。国家"十三五"规划建议不仅明确了"绿色发展"这一新的发展理念，而且明确了绿色发展的目标、要求及其实现路径。这一新的发展理念，为新时期完善自然资源用途管制制度指明了方向。加强自然资源用途管制制度建设，必须把绿色发展的理念贯穿于始终。

贯彻绿色发展的理念，要把自然资源用途管制作为促进人与自然和谐相处的重要举措，统筹协调不同生态空间的自然资源开发利用强度，有序有度地开发利用自然资源。人类既要有效地利用自然资源，又要很好地保护自然资源，这就需要树立正确的发展理念。要注重发挥好自然资源的多重功能，使自然资源按照用途得到有序的开发利用，使自然资源用途管制成为生态文明建设的助推器。[1]绿色发展要求我们要始终树立尊重自然、顺应自然、保护自然的理念。绿色发展要树立节约集约循环利用的资源观，这就要求通过有效的用途管制措施促进资源的节约使用、集约利用和循环利用，使自然资源用途管制措施与绿色低碳循环发展新方式相契合。绿色发展要处理好生产、生活、生态三者之间的关系，着眼于国土空间开发的合理布局，从源头上保

---

[1] 施志源.生态文明背景下国家自然资源权益的制度保障[J].福建论坛（人文社会科学版），2015（2）：46-50.

护好生态环境。

　　贯彻绿色发展的理念，要通过自然资源用途管制促进不同自然资源利用主体的利益平衡。对自然资源进行用途管制，不能厚此薄彼，不能以牺牲一部分人的利益为代价满足另一部分人的自然资源利用需求，也不能以牺牲后代人的资源利益为代价来满足当代人不合理的资源需求。当然，如果根据生态空间的总体布局确实需要牺牲部分人的利益，应当以促进生态权益的总体平衡为基本准则来完善相关的利益补偿机制。完善自然资源用途管制制度，还需要以充分的实证调查作为基础，尤其是要对自然资源的可持续能力作出一个合理的估算。可更新（可再生）自然资源的利用要在时间上进行分配，以便为后代人利用自然资源留下平等的机会；还要科学估算可更新资源的承载能力，应把资源利用限制在不使环境发生显著变化或者使资源生存力得以长期维持的水平上。对于不可更新（不可再生）自然资源的利用则要着力减缓资源的耗损速度，以尽可能延长资源的使用周期。应当把利用的必要性论证作为开发利用不可更新自然资源的前置程序，可用可不用的情形禁止开发利用；还要通过技术创新不断提升自然资源的利用效率，例如，通过提升化石能源的提炼技术，使同等数量的化石能源发挥出更高的效能。必须注意到，不可更新自然资源总会在未来的某个时间点耗竭，最佳方案是尽早研发可更新的替代资源并加以有效运用，届时不可更新自然资源的耗竭威胁将不复存在。例如，佛罗里达大学的研究人员研发了一种突破性的混合纳米材料，通过太阳能的力量将海水变成氢燃料，如果能通过技术创新将海水变成氢燃料的技术实现低成本的运行，化石燃料将成为历史。[1]

　　贯彻绿色发展的理念，要从生态文明制度建设的整体要求把握自然资源用途管制制度建设的方向，注重与生态文明制度体系中的其他相关制度有效衔接。既要注重制度与制度之间的功能区别，防止出现

---

[1]　参见百度百科"革命性技术改变世界！海水提取氢能源，化石燃料成历史？"

重复性的制度建设，避免出现制度建设的低效重复或者相互冲突；也要注重制度与制度之间的衔接，防止出现制度的割裂或者断层，避免影响制度的有效实施。这就需要加强生态文明制度的整体性建设，避免制度之间的无谓重复或冲突矛盾。此外，还要注意重要政策文件关于自然资源用途管制表述的连贯性和一致性。近年来，党中央、国务院出台了一系列促进绿色发展、推进生态文明建设的政策文件，这些文件对加强自然资源用途管制都给予了充分的重视（表 5-2）。

表 5-2　三个政策文件中关于自然资源用途管制的部署一览表

文件名称	关于自然资源用途管制的部署
《关于加快推进生态文明建设的意见》（2015 年）	完善自然资源资产用途管制制度，明确各类国土空间开发、利用、保护边界
《生态文明体制改革总体方案》（2015 年）	将分散在各部门的有关用途管制职责，逐步统一到一个部门，统一行使所有国土空间的用途管制职责
《关于统筹推进自然资源资产产权制度改革的指导意见》（2019 年）	加强陆海统筹，以海岸线为基础，统筹编制海岸带开发保护规划，强化用途管制

从表 5-2 可以看出，陆续出台的政策文件都对自然资源用途管制作出了部署，但侧重点却各不相同。《关于加快推进生态文明建设的意见》重在强调明确开发、利用和保护的边界，《生态文明体制改革总体方案》重在强调统一自然资源用途管制职责，《关于统筹推进自然资源资产产权制度改革的指导意见》则强调要加强自然资源用途管制的陆海统筹。这表明了党中央、国务院对自然资源用途管制制度建设的认识在不断深化，而如何将不同时期出台的文件精神有效衔接起来，形成系统的自然资源用途管制制度，则需要通过立法加以回应。

二、自然资源用途管制中的政府作用

政府如何正确实施用途管制是完善自然资源用途管制制度的一个核心问题。明确政府在自然资源用途管制中的职能，是保证国家自然资源权益的内在要求。政府通过建立健全自然资源用途管制制度，可以按照生产空间、生活空间、生态空间对自然资源用途进行总体的设计与合理的安排，从而在最大限度上实现自然资源开发利用的效益。

将用途管制扩大到所有自然生态空间，会不会导致政府管制权力的无限扩张？会不会给政府侵犯自然资源开发利用者权益一个合法的借口？这是实施自然资源用途管制必须正面回应的问题。当前，政府仍然管了很多不该管的事，一些该管的却没有管或没有管住、管好，转职能、提效能还有很大空间。[1]用途管制是对自然资源开发利用的一种限制，这种限制无疑会限缩原有权利人的利益。因此，政府管制权的行使与被管制者的自然资源开发利用权益就产生了冲突。应当看到，既然要实施自然资源的用途管制，那么这种权益冲突就不可避免，关键是要把握好自然资源用途管制的广度和力度，把这种冲突控制在合理可控的范围之内，并建立健全缓解冲突的利益补偿机制。政府既要实施用途管制，又不能管制过度；既要赋予政府对自然生态空间管制的权力，又要明确政府进行用途管制的权力边界，约束政府管制权的无限膨胀，保障自然资源开发利用者的正当权益。

明确政府在自然资源用途管制中的职能，需要厘清不同管理部门之间在自然资源用途管制中的职权界限，并把各部门的职责有机协调起来。通过 2018 年的国务院机构改革，我国新组建了自然资源部。[2]这标志着由一个部门统一行使自然资源用途管制职责迈出了关键性一步，也更有利于实现自然资源用途管制的陆海统筹。当前，需要进一步理顺的是，自然资源部的用途管制职责与其他部委的资源开发利用职责如何有效衔接起来。以水资源用途管制为例，机构改革之后水利部负责保障水资源的合理开发利用，自然资源部负责水资源用途管制，

---

[1]　李克强.深化简政放权放管结合优化服务 推进行政体制改革转职能提效能：在全国推进简政放权放管结合优化服务改革电视电话会议上的讲话 [J].中国应急管理，2016（5）：20–25.

[2]　依据自然资源部官方网站公布的《自然资源部职能配置、内设机构和人员编制规定》，自然资源部履行全民所有土地、矿产、森林、草原、湿地、水、海洋等自然资源资产所有者职责和所有国土空间用途管制职责。

水利部拟订的水利战略规划和政策与自然资源部拟订的水资源用途管制规划和政策应当有效地衔接起来，而不能出现规划之间的矛盾或者冲突。

明确政府在自然资源用途管制中的职能，需要理顺用途管制中的央地关系，处理好实施用途管制过程中中央与地方的利益平衡。中央出台自然资源用途管制办法之后，如果没有地方政府的贯彻、落实，这些办法无疑将被束之高阁。因此，处理好用途管制中的央地关系，关键是要建立用途管制之后的利益平衡机制。要注重发挥区域间的协作优势，促进相邻区域的地方政府加强合作，形成自然资源用途管制的合力。要把精准扶贫的理念贯彻到处理自然资源用途管制央地关系的各项工作之中。处理好自然资源用途管制的央地关系，应当积极贯彻精准扶贫的理念，根据各省市的区域经济发展水平不同，制定科学的自然资源空间开发利用的总体规划，确立合理的自然资源用途管制力度，使自然资源用途管制的实施与区域经济的发展水平相协调。由于农村贫困人口严重依赖土地和其他自然资源，发展中国家的自然资源退化是其努力脱贫面临的主要挑战之一。[1]就我国的现状而言，在开展自然资源用途管制的过程中要精准安排扶持项目、精准落实扶贫措施、精准跟踪扶贫效果，不断改善贫困地区的自然生态条件。

三、自然资源用途管制中的市场机制

政府管制与市场机制应当在自然生态空间的开发、利用和保护过程中相互配合、相得益彰。对于不能通过市场机制来调节的领域，政府要切实履行好自然资源用途管制的职责，采取有效的管制措施，确保国家自然资源安全战略的有效实施，维护国家的自然资源安全。同

[1] NKONYA E, PENDER J, KATO E. Who knows, who cares? The determinants of enactment, awareness, and compliance with community Natural Resource Management regulations in Uganda[J]. Environment and Development Economics, 2008, 13（1）：79-101.

时，自然资源用途管制的实施还离不开市场机制的作用。依靠政府强制力的推进，可以高效实施自然资源的用途管制，这是政府管制的优势所在。但政府如果一味地依赖命令式的手段来实施用途管制，容易引起被管制者的不配合，甚至会引起不必要的冲突。因此，对于能够通过市场机制来平衡自然资源权益、保护生态环境的，政府就应当引导相关主体通过市场配置的方式来应对，不该管的绝对不管。

党的十八届三中全会明确了市场配置自然资源的改革路径，提出了在符合用途管制前提下市场作用的发挥机制。[1]市场配置自然资源应当以符合自然资源用途管制为前提，不能无节制地自由放任。同时，应当看到市场机制的积极效应，发挥好市场机制的作用，这样可以促进自然资源用途管制的落实。通过市场配置自然资源，自然资源的相关权利主体进一步明确。作为自然资源的权利主体，为了保护好自身的自然资源权益，其落实自然资源用途管制要求的积极性更高、主动性更强、能动性更足，从而促使自然资源按用途得到更合理的利用和更有效的保护。对自然资源进行政府管制，还要符合国际通行的市场规则。世贸组织成员方需要以符合市场规律的措施管理其自然资源，构建符合世贸组织规则的中国战略性自然资源治理机制。[2]由此可见，不符合市场规则的自然资源管制措施，可能会让中国在自然资源开发利用的国际纠纷中处于不利地位。

发挥好市场机制在自然资源用途管制中的作用，要注重推进自然资源价值化。在推进自然资源价值化的过程中，不能仅考虑资源所能产生的经济价值，如何将自然资源具备的生态价值与社会价值换算成可支付对价的资产价值是需要解决的关键问题。[3]因此，合理确定开发利用自然资源所需要支付的生态成本和社会成本，成了自然资源

---

[1]　《中共中央关于全面深化改革若干重大问题的决定》指出，在符合规划和用途管制前提下，允许农村集体经营性建设用地出让、租赁、入股，实行与国有土地同等入市、同权同价。

[2]　胡德胜.市场全球化下的战略性自然资源国家治理［J］.重庆大学学报（社会科学版），2016，22（3）：129—135.

[3]　施志源.自然资源资产有偿使用的改革难点与规则完善［J］.中国特色社会主义研究，2019（2）：86—91.

用途管制过程中发挥市场机制的重要环节。生态成本和社会成本的确定，既需要考量被开发利用自然资源自身所具备的价值损失，也需要考量利用该资源可能给其所处的外部环境所造成的价值损失。当前，应当把开发利用自然资源而造成的外部不经济性作为加强用途管制的重要考量因素，利用市场机制实现外部不经济性的内部化。例如，通过完善自然资源开发利用相关的排污权市场交易机制，使之与资源利用人的效益有效挂钩起来，以实现外部性与开发利用资源成本的有效衔接。

发挥好市场机制在自然资源用途管制中的作用，要注重自然资源产业结构的合理布局，尤其是要按照供给侧结构性改革的要求调整自然资源的开发利用格局，防止出现产能过剩。如何规范资源开发产业是资源管理面临的重要问题之一，尤其是要规范好不同派系的不同资源开发模式，许多法律都是在行业派系为获得分配利益而产生冲突之后的结果。[1]要把自然资源用途管制作为化解产能过剩的有效手段之一加以推进，通过有效的自然资源管制措施，实现自然资源耗损和自然资源补给的平衡，提升自然资源产品的供给质量，实现自然资源需求与自然资源供给的平衡。在自然资源用途管制过程中，既要保障正常的自然资源需求，又要控制好资源的消耗总量和强度。在供给侧结构性改革中，要充分重视各类自然资源供给的平衡，应当根据不同类型资源的特点灵活确定自然资源体制机制改革的重心。[2]资源价格的波动会对自然资源的供给产生明显的影响。对于储存性资源而言，价格的上涨可能会促使原先开采起来不合算的矿藏变得经济起来，这将鼓励资源利用者寻求新的能源供给，并改进萃取技术以便提高有效

---

[1]　ACHESON J M, ACHESON A W. Factions, Models and Resource Regulation: Prospects for Lowering the Maine Lobster Trap Limit [J]. Human Ecology, 2010, 38（5）: 587-598.

[2]　比如，土地资源供给的重心要放在调控区域经济平衡，倒逼土地利用方式转型，引导土地利用结构优化，促进土地用途混合布局；矿产资源则要改革传统的"由政府出资，通过地勘单位总承包（地质项目承包），为出资者找矿"的机制，鼓励矿业企业探采结合，通过企业内部机制来提高资源供给的效益。参见刊评. 供给侧结构性改革与国土资源供给 [J]. 中国国土资源经济，2016，29（2）: 1.

产量。[1]市场机制应当在促进新能源和可再生能源产业的发展方面发挥积极的推动作用。目前，我国可再生能源政策的执行效果与预期目标有着较大的差距，主要原因就在于缺乏以市场为导向的运行机制，行业投资渠道单一，竞争机制、融资机制、补偿机制、交易机制等都有待于完善，没能形成连续稳定的市场需求来拉动发展。[2]由此可见，完善的市场机制是平衡自然资源供给与需求的需要，对提升自然资源用途管制效果也有着重要的意义。

四、自然资源用途管制的立法建议

（一）加快自然资源用途管制立法的必要性

1.加快自然资源用途管制的立法，是落实绿色发展理念的内在要求

绿色发展理念是新时期生态文明法律制度建设的指针。促进绿色发展，既要尽量满足人类开发利用自然资源的合理需求，又要尽可能地保护好自然资源和生态环境，二者之间存在着一定的矛盾，制定自然资源用途管制制度是协调二者关系的最佳途径。促进绿色发展，要求有节制地开发利用自然资源。在完善自然资源产权制度的同时，必须建立健全"源头严防、过程严管、损害严惩、责任追究"的自然资源用途管制制度。产权制度解决"谁有权开发利用"自然资源的问题，用途管制制度则解决"如何开发利用"自然资源的问题。通过制定区域／产业的环境准入行政管制、社会公共环境资源的配置等制度，推进绿色转型。[3]可见，完善自然资源用途管制法律制度，既是加强生态文明制度建设的重要内容，也是实现绿色发展的必然要求。

---

[1]　朱迪·丽丝.自然资源：分配、经济学与政策［M］.蔡运龙，杨友孝，秦建新，等译，北京：商务印书馆，2002：56.

[2]　王革华.新能源概论［M］.2版.北京：化学工业出版社，2012：186.

[3]　张世秋.绿色发展的制度和政策改革分析［J］.环境保护，2016，44（11）：34-37.

2. 加快自然资源用途管制的立法，是适度限制自然资源开发利用者权利的客观需要

自然资源权利与普通物权的最大不同在于自然资源不仅承载着财产功能，更承载着社会功能和生态功能。对自然资源的开发利用，不能仅考虑如何实现其财产利益的最大化，还要平衡其可能带来的社会利益损失和生态环境破坏。因此，自然资源的开发利用，应当以不能给社会公共利益和他人的生态利益造成损害为限度。例如，美国马萨诸塞州的一个法令就禁止家禽在小岛上过度吃草和奔跑，防止灌木和草地因过度使用而给公众的利益造成损害；马萨诸塞湾州的另一个法令把屠宰场、肥皂制造商等其他一些会造成环境损害的活动分配在波士顿等特定的地点，这些自然资源使用强度或者空间的限制措施，都是为了健康、安全等公共利益而对私人的土地利用行为进行限制或者规范，可以说是最早的土地用途管制的实例。[1]再比如，加拿大制定的濒危物种管制措施就对石油资源的开发带来了影响，加拿大阿尔伯塔省出于保护濒危驯鹿的需要而对土地使用进行管制，在此地提取石油的生产者就需要支出更大的土地成本。[2]这些措施告诉我们，对自然资源权利进行适当的限制是必要的，而将这些限制措施法治化，则是自然资源管制法治进步的表现。

3. 加快自然资源用途管制的立法，规范政府管制权行使的必然要求

政府在实施自然资源用途管制的过程中，必须确立明确的行为准则和行为规范。如果没有一个明确的制度规范，自然资源用途管制在具体操作过程中就容易出现随意性，甚至可能出现以用途管制为借口侵犯自然资源合法权益的情形。这就需要通过将用途管制职权法制化，规范政府的权力运行。同时，用途管制还需要明确管制的范围、管制

[1] 魏莉华. 美国土地用途管制制度及其借鉴 [J]. 中国土地科学，1998（3）：43-47.

[2] BOSKOVIC B, NOSTBAKKEN L.The cost of endangered species protection：Evidence from auctions for natural resources [J]. Journal of Environmental Economics and Management, 2017, 81：174-192.

的手段和管制的力度。当前，最有效的途径是制定自然资源用途管制
的权责清单，通过立法明确政府实施自然资源用途管制的权力边界。
我国各级政府权力清单制度建设通过清权厘权、科学确权、简政放权
和严格制权等改革步骤，逐步清晰权力边界，压缩寻租和自由裁量空
间。[1]可见，要有效约束政府在行使自然资源用途管制过程中的自
由裁量权，就必须将政府及其相关部门的职权制度化、规范化，通过
加快相关领域的立法，使自然资源用途管制有法可依。

（二）自然资源用途管制立法的路线图

1.在中央立法层面，要探索一条循序渐进的立法路径

自然资源用途管制的立法完善不可能一蹴而就，应当遵循循序渐
进的原则。当前，可以探索一条从"发展规划纲要"到"部门规范性
文件或部门规章"到"国务院规范性文件或者行政法规"再到"法律"
的立法层级逐步提升的立法路径。加强自然资源的用途管制立法，第
一步是要把自然资源用途管制的思路写入各个层面的经济社会发展规
划和各个资源管理部门的自然资源管理规划里。目前，用途管制的要
求在各级规划的内容之中得到了一定的体现[2]，为自然资源用途管
制立法奠定了一定的基础。由于发展规划本身不是法的渊源，没有强
制执行的约束力，因此，在规划制定出来之后需要通过"部门规范性
文件或部门规章"来加以落实，涉及全局性的问题则需要通过"国务
院规范性文件或者行政法规"来加以推进，将需要共同遵守的用途管
制规则通过行政法规的途径表现出来，使这些规则具有强制力和约束
力。在经过一段时间的政府立法摸索和实践的检验之后，将需要法律

---

［1］　胡税根，徐靖芮.我国政府权力清单制度的建设与完善［J］.中共天津市委党校学报，2015（1）：
67—77.

［2］　比如，《中华人民共和国国民经济和社会发展第十三个五年（2016—2020年）规划纲要》第
四十二章"加快建设主体功能区"第三节"建立空间治理体系"提出："以市县级行政区为单元，建立
由空间规划、用途管制、差异化绩效考核等构成的空间治理体系。"《林业发展"十三五"规划》第五
章"制度体系"第二节以"建立健全林业资源用途管制制度"为题，阐述了开展林业资源用途管制的总
体规划。

化的自然资源用途管制规则纳入全国人民代表大会的立法规划，通过立法机关制定统一的《自然生态空间用途管制法》，在法律层面明确自然资源用途管制的规则，使自然资源用途管制的立法层级逐步提高，相关的法律规则也在这一过程中得到逐步完善。

2. 在地方立法层面，要鼓励先行先试，加快制度创新的步伐

根据新《立法法》的有关精神，环境保护方面的立法是地方立法的重点领域之一。[1] 随着我国生态文明制度建设的不断推进，空间规划、生态环境保护、自然资源保护等方面的地方立法得到进一步的加强。比如，厦门市开展了多规合一的立法，《厦门经济特区多规合一管理若干规定》于 2016 年 5 月 1 日起正式施行，出台该《规定》的主要目的就在于通过加强多规合一管理实现城乡空间的优化布局。该《规定》通过立法明确空间战略规划是国民经济和社会发展规划、城市总体规划、土地利用总体规划、环境保护规划等涉及空间的规划编制的依据[2]，从而使这些规划的编制有了一个统一的依据。这一有益的地方立法尝试，可以避免因制定不同规划而各行其是的局面，有利于从整体上规划自然生态空间的用途。这些地方立法的经验，可以为其他地区提供可复制的蓝本，还能为国家层面的立法奠定良好的基础。当然，我们也应正视地方立法可能遇到的难题。一方面，如何实现地方立法与中央立法的衔接，在不违反上位法的情形之下制定出有效的自然资源用途管制措施，是摆在地方自然资源管制立法面前的一大难题。另一方面，如何平衡好经济发展与环境保护的关系，既不影响地方经济又能有效进行资源用途管制，是摆在地方自然资源管制立法面前的又一大难题。管制的措施太严、要求太高，必然可以减缓当地的自然资源开发速度，但其往往也带来经济增长速度的减缓，而这恰恰是地方政府不愿意看到的情形。如何实现既能消除贫困又能保护自然资源的双赢，是自然资源用途管制地方立法必须重视的课题。

---

[1]　参见《中华人民共和国立法法》第七十二条的规定。
[2]　参见《厦门经济特区多规合一管理若干规定》第八条的规定。

（三）具体的立法建议

1. 明确自然资源用途管制的主体

在明确自然资源部统一行使自然资源用途管制职责之后，应当加快制定有利于管制权力统一行使的自然资源用途管制法律制度。一方面，要建立健全政府综合运用各种自然资源调控手段的法律制度。例如，可以通过构建包含空间开发许可、陆海统筹的国土空间开发适宜性评价、地上地下空间的统筹利用规划等多种调控手段综合运用的资源用途管制制度[1]，实现自然资源用途管制手段的综合运用。立法应当将与自然资源用途管制相关的行政规划、行政许可、行政指导、行政督察、行政强制、行政处罚等行政手段有效衔接起来，形成一个内在逻辑连贯、环环相扣、运行顺畅的自然资源管制权力综合运用体系。另一方面，要建立健全纵向的自然资源用途管制机制，合理划分中央地方职权和监管职责，明确中央政府与地方政府在自然资源用途管制中的权限与分工，保证自然资源用途管制从中央到地方的有效实施。要从法律制度上保障自然资源的监管不争权夺利、不推诿扯皮，做到监管全覆盖、零死角。

2. 建立健全稀有自然资源储备制度

要从保障国家资源安全的战略要求出发，建立健全稀有自然资源储备制度。针对不同类型的稀有自然资源，应当分别采取限制开发、禁止开发等不同的开发策略。比如，美国采取的"低封高采"稀土储备政策[2]，对我国制定稀土资源的储备制度、保障稀土资源供应安全有重要的借鉴价值。要权衡稀有自然资源开发的利弊，科学评估、核算开发利用自然资源的成本，尤其是要慎重开发利用需要付出巨大生态保护成本的自然资源，比如，对海底自然资源的开发要慎之又慎。

---

[1]　林坚，武婷，张叶笑，等.统一国土空间用途管制制度的思考[J].自然资源学报，2019，34（10）：2200-2208.

[2]　2002年，美国稀土矿全面停止开采，此后美国的稀土供给全部从国外购买。2009年，美国稀土进口量1.3万吨，75%来源于中国。参见：任忠宝，余良晖.稀土资源储备刻不容缓[J].地球学报，2011，32（4）：507-512.

要着力加强不可再生资源战略性储备的立法力度，在制度设计上要避免优势矿产资源的廉价流失，注重为后代人积累资源遗产。[1]在开展用途管制的过程中，不能把所有的视线放在自然资源开发利用的限制方面，自然资源的安全利用应当成为重点关注的一个方面。效率并非总是足够的，在一个充满不确定性和风险的世界里，其他准则，如产生切实可行的结果的准则，可能更为重要。[2]另外，保障国家的资源安全，还应当改变采取限额配置等限制出口的末端管理方式，从源头上建立健全资源储备制度，杜绝资源的无序开发或者低水平开发利用。

3. 完善与开发利用自然资源相关的环境标准制度

环境与自然资源管理的一切活动应当把环境标准作为基本依据。[3]环境标准的确立，有利于规范自然资源的开发利用行为，引导自然资源开发利用尽量契合环境保护的需要。用途管制中环境标准的制定，既要重视环境基准研究，又要注重落实绿色发展的具体要求。环境标准的制度完善，应当重视完善制定环境标准的程序性规定。[4]科学合理的环境标准，有助于明确自然资源用途管制的"度"，对建立健全自然资源用途管制的标准体系具有重要意义。当前，要建立以促进资源可持续利用为目标的环境标准指标体系，在制定环境标准时应当建立一个合理的权重系统，包括合理地平衡自然资源的现有储量与自然资源的剩余寿命。[5]要着力完善自然资源开发利用的污染物排放标准，针对各个行业的不同特点，加大制定行业环境标准的力度，

［1］　纪玉山，刘洋.构建国家统一管理下的不可再生自然资源战略储备体系［J］.社会科学家，2012（8）：44-47，51.

［2］　托马斯·思德纳.环境与自然资源管理的政策工具［M］.张蔚文，黄祖辉，译.上海：上海三联书店，上海人民出版社，2005：702.

［3］　胥树凡.环境标准作用非凡［N］.中国环境报，2001-10-22（4）.

［4］　施志源.环境标准的现实困境及其制度完善［J］.中国特色社会主义研究，2016（1）：95-99.

［5］　HARRISON T A, COLLINS D. Sustainable use of natural resources indicator［C］// Proceedings of the Institution of Civil Engineers-Engineering Sustainability. Thomas Telford Ltd，2012，165（2）：155-163.

尤其是要加快重点行业的污染物排放标准制修订工作[1]，以明确自然资源开发利用中的"排污"尺度。

4. 把自然资源资产管理制度与自然资源用途管制制度衔接起来

一方面，要建立自然资源资产核算体系。进行自然资源用途管制，必须弄清我国境内到底有多少自然资源可以被开发利用，又有哪些类型的自然资源是需要严格控制开发利用的程度，这就需要通过建立自然资源资产核算体系来摸清家底。[2]可见，自然资源用途管制的立法完善，必须在健全自然资源资产负债表编制制度的基础上对自然资源的用途作出合理规划，使自然资源资产核算体系与用途管制制度有效链接起来。另一方面，要完善用途管制中的领导干部自然资源资产离任审计制度。如何处理好环境保护与经济发展的关系，是检验领导干部政绩观的重要指标之一。长期以来，相当部分的领导干部盲目追求 GDP，重经济发展轻生态保护的政绩观导致了自然资源的无序开发利用。进行自然资源用途管制制度建设，就应当着力引导领导干部树立正确的生态政绩观。[3]当前，应当把经济发展与环境保护的核算有机结合起来，形成以绿色 GDP 为指引的环境资源会计核算制度。比如，南非设立了环境账户制度，环境账户汇集了经济和环境信息的共同框架，以全面衡量环境对经济的贡献以及经济发展对环境的影响，这使得政府可以更准确地监控经济政策，制定更有效的环境法规和资源管理战略，为环境政策设计更有效的市场工具。[4]引导领导干部树立正确的政绩观，除加强生态文明理念的灌输之外，还必须有配套的环境与经济相互制约的制度规范。

---

[1]　郭薇.重点制定行业型污染物排放标准［N］.中国环境报，2008-03-18（6）.

[2]　2015 年 11 月，国务院办公厅提出通过探索编制自然资源资产负债表，努力摸清自然资源资产的家底及其变动情况，为有效保护和永续利用自然资源提供信息基础、监测预警和决策支持。参见国务院办公厅印发《编制自然资源资产负债表试点方案》［EB/OL］.（2015-11-10）［2019-05-28］.新华网.

[3]　温莲香.生态政绩观：生态文明建设中政绩观的新向度［J］.行政论坛，2013，20（1）：22-26.

[4]　LANGE G M，HASSAN R，ALFIERI A.Using environmental accounts to promote sustainable development：Experience in southern Africa［C］//Natural Resources Forum. Oxford，UK and Boston，USA：Blackwell Publishing Ltd，2003，27（1）：19-31.

现阶段，要在完善自然资源资产核算的基础上，不断完善领导干部自然资源资产离任审计制度。[1]

5. 完善与自然资源开发利用相关的信息公开制度

开发利用自然资源可能会对周边的环境安全、居住安全等带来一定的威胁，这种潜在的危险应当以一定的方式告知利益相关者。对开发利用自然资源的企业而言，追求经济效益最大化是其本能，这种趋利本能往往致使其不愿过多地公开企业资源开发过程中的负外部性。此时，就需要政府的资源管制部门介入，以促使相关资源开发利用的环境影响信息能够及时公开、有效公开和全面公开。因此，自然资源开发利用的主体是资源利用信息公开的责任主体，负责资源管制的政府部门则应当担负起监管的职责，对不可再生资源的监管尤其要注意信息对称的问题，应当在信息对称下开展自然资源管理工作。[2]因此，还要从制度层面对如何实现相关信息的及时公开、有效公开和全面公开作出明确的规定。及时公开，要求的是在第一时间公开自然资源开发利用的有关资讯，让民众有一个了解相关信息的合理缓冲时间，以便公众特别是项目周边的居民充分了解该资源开发利用项目可能产生的后果。有效公开，要求所公开的资源利用信息从内容到形式都是有效的，判断是否做到有效公开的标准应当是相关的资讯是否做到家喻户晓、众所周知，而不能仅仅从信息公开的形式上或者公开的载体上进行简单的判断。全面公开，强调的是所公开的资源利用信息要全面、准确，要着力避免资源利用信息公开中的避重就轻，防止出现只公开少部分信息或者以偏概全的情形。

---

[1]　2015 年 11 月初，中共中央办公厅、国务院办公厅印发《开展领导干部自然资源资产离任审计试点方案》，旨在推动领导干部守法、守纪、守规、尽责，切实履行自然资源资产管理和生态环境保护责任。参见开展领导干部自然资源资产离任审计试点 [EB/OL].2015-11-10 [2019-05-28].人民网.

[2]　487 GAUDET G, LASSERRE P.The management of natural resources under asymmetry of information [J].Annual Review of Resource Economics，2015，7（1）：291-308.

6. 明确自然资源用途管制的相关法律责任

一是要明确违法开发利用主体的法律责任。对于违反用途管制制度的违法者，应当追究违法者的法律责任。因此，如果自然资源用途管制制度中只有用途管制的措施，却没有违反管制措施的制裁措施，这一制度就很难得到有效的实施。完善自然资源用途管制制度，应当从民事责任、行政责任和刑事责任等方面健全违反自然资源用途管制的法律责任体系，明确违反用途管制的主体所应当承担的法律责任。二是要建立健全自然资源用途管制中的政府责任。要明确监管不到位的法律责任，以督促自然资源监管部门及相关人员正确履职为目标，建立健全自然资源用途管制中有关管制者和监管者责任的法律制度。三是要明确公众在自然资源用途管制过程中的法律责任。公众既有利用自然资源保障自身生存需求的基本权利，也有服从自然资源用途管制的法律义务。比如，公众有获取水资源的权利，但在开采地下水时应当服从政府关于地下水开采的管理规定，在地下水禁采区开采地下水，在限采区超采地下水，都违反了水资源的用途管制措施。如果这些行为没有得到有效制止和相应制裁，水资源用途管制很可能会流于形式。在确定相关法律责任时，应当在保障公众生存需求和维护生态安全之间找到一个平衡点，既要保障公众的基本生存需求，又要保障自然资源用途监管措施的权威性。

本章小结

自然资源用途管制是指政府在特定的国土空间下，依法对自然资源的利用与保护进行的带有强制力的行政管制。政府在开展自然资源用途管制的过程中，应当注重自然资源用途的时代性、地域性、多样性和负外部性等特征。自然资源用途管制的实施主体是依法实施自然资源管理的相关政府部门或者有关组织。在 2018 年国务院机构改革之后，自然资源部正式成立。在此背景之下，自上而下的自然资源管理职能必将重新整合。自然资源用途管制的义务主体包括了受管制者和一般民众。受管制者是指对该自然资源进行开发利用的各类主体，受管制者应当按照自然资源用途管制的要求履行相关的义务。普通民众一般承担着不作为的义务。

长期以来，不同类型的自然资源由不同的部门负责管理，自然资源管理的"各自为政"问题由来已久，立法的滞后性导致自然资源用途管制仍然面临诸多困境。其主要表现在：自然资源用途管制的立法指导思想不明确，自然资源用途管制的立法步调不一致，自然资源用途管制的效果不佳等方面。加强自然资源用途管制制度建设，应当从加强生态环境保护与合理利用自然资源的实际需要出发，确立适合中国国情的自然资源用途管制实施策略。

美国是开展自然资源用途管制最早的国家之一，也是自然资源用途管制制度相对完善的国家之一。在科技态度上，美国一方面重视在自然资源用途管制中积极引入新技术，另一方面重视科学技术的负面效应并加强管制；在自然资源用途管制的基本手段上，美国通过限制自然资源财产权、强化自然资源规划、完善审批许可等来加强自然资源用途管制，并根据资源稀缺性程度不同有区别地制定自然资源用途管制策略。美国联邦政府及各州政府普遍推行统一管理的模式，这是其用途管制制度得以有效实施的主要原因之一。我国是单一制国家，与美国的政府体制有着明显的区别，但美国自然资源用途的实践探索及其自然资源用途管制的实施策略，仍然值得借鉴。其中，最重要的启发就是上下级政府之间在自然资源用途管制的权责上应当有一个合理的分工。就中国自然资源用途管制制度建设而言，应当把促进绿色发展作为贯穿始终的指导思想，把协调好管制者与被管制者的关系作为制度设计的基本准则，把区域协作作为制度设计的重要内容。在自然资源用途管制制度的建设路径上，要建立健全政府规范行使用途管制权的制度保障、开发利用自然资源的环境影响评价制度、科学规划主体功能区的制度规范、自然资源用途管制效果评价的相关制度。

推进自然资源用途的整体性管制，可以有效应对自然资源的稀缺性，削减自然资源开发利用过程的负外部性，维护自然生态空间的平衡，不断优化自然资源开发利用的效率。自然资源用途整体性管制应当处理好政府与市场的关系。自然资源用途管制的实施，是一个从中央到地方逐级落实的过程。明晰自然资源用途管制中的中央政府与地方政府的权责清单，建立科学有效的激励机制、考核评价机制与监督制约机制，既要充分调动地方政府实施自然资源用途管制的积极性，又要确保自然资源用途管制的各项制度能够在实践中得到落实。在立法完善上，要重点解决自然资源用途管制的主体、措施、监管与责任等问题。

第六章 自然资源管理体制改革及其制度创新

　　自然资源管理制度创新是一门大学问，需要在全面深化改革的过程中不断总结经验，努力探索出一条既符合全球自然资源管理潮流，又切合中国国情的可行之路。要把自然资源管理制度创新融入生态文明体制机制改革这一系统工程之中，使之成为促进绿色发展的重要推动力。自然资源管理制度创新，最核心的问题是自然资源管理主体的改革，其根本方向便是自然资源管理大部制改革，从根本上改变自然资源的分散管理模式，这项改革的关键是在进行自然资源权属统一登记制度的基础上，将各个自然资源管理部门的职能进行优化整合，并明确统一行使管理权的自然资源部门的职权边界。

第一节 自然资源管理体制改革的总体思路

　　根据现有的法律规定，自然资源国家所有权制度是我国宪法和法律关于自然资源归属的制度设计，是开发、利用和保护自然资源的制度源泉和基础。在我国境内，除法律明确规定属于集体所有或者个人所有的自然资源外，绝大多数的自然资源都属于国家所有。长期以来，国家并没有真正扮演好作为自然资源所有者的角色。正如习近平总书记在《关于〈决定〉的说明》中指出的那样，我国生态环境保护中存在的一些突出问题，一定程度上与体制不健全有关，原因之一是全民所有自然资源资产的所有权人不到位，所有权人权益不落实。可见，建立统一行使全民所有自然资源资产所有权人职责体制，是我国在全面推进深化改革过程中必须迈出的一步。改革的根本路径，则在于推进自然资源管理大部门体制（简称"大部制"）改革。在2018年的国务院机构改革方案中，自然资源部正式设立。新设立的自然资源部，将统一行使全民所有自然资源资产所有者职责，统一行使所有国土空间用途管制和生态保护修复职责，着力解决自然资源所有者不到位、空间规划重叠等问题，实现山水林田湖草整体保护、系统修复、综合治理。[1]

一、大部制改革：自然资源管理体制改革的必然选择

自然资源管理制度创新，最核心的问题是推进自然资源管理大部制改革。设立自然资源部，标志着自然资源管理体制改革迈出了实质性的一步，但绝不意味着这项改革已经大功告成。自然资源管理体制改革仍然存在一系列亟待攻克的难题，比如，自然资源管理职权如何有效运行，自然生态空间用途管制如何有效实施，自然资源系统治理如何真正落实，等等。

推进自然资源管理大部制改革，具有重要的现实意义。第一，自然资源管理大部制改革是深化行政管理体制改革的重要组成部分。探索实行职能有机统一的大部制，是党的十七大和十七届二中全会作出的深化行政管理体制改革的重要部署。党的十八大要求稳步推进大部门体制改革的重要任务，党的十八届三中全会进一步提出了"积极稳妥实施大部门体制"的改革思路，广受关注的我国政府大部制改革由此迈入新阶段，其中就包括自然资源管理大部制改革。第二，自然资源管理大部制改革，是有效行使自然资源国家所有权的必然选择。把

---

[1]　王勇.关于国务院机构改革方案的说明：二〇一八年三月十三日在第十三届全国人民代表大会第一次会议上［N］.人民日报，2018-03-14（5）.

自然资源的所有者与管理者分开，由一个部门统一行使国家的自然资源所有权，是党的十八届三中全会作出的战略性部署。党的十八届三中全会通过的《中共中央关于全面深化改革若干重大问题的决定》明确提出了"健全国家自然资源资产管理体制，统一行使全民所有自然资源资产所有者职责"。习近平总书记专门对此作了说明。他指出："全会决定提出健全国家自然资源资产管理体制的要求。总的思路是按照所有者和管理者分开和一件事由一个部门管理的原则，落实全民所有自然资源资产所有权，建立统一行使全民所有自然资源资产所有权人职责的体制。"从这一总体思路出发，2018 年 3 月，第十三届全国人民代表大会通过了《国务院机构改革方案》，组建自然资源部，不再保留国土资源部、国家海洋局、国家测绘地理信息局，自然资源管理大部制改革向前迈了一大步，自然资源部的职责也逐渐明晰。[1]

第三，自然资源管理大部制改革，是保护生态环境、建设生态文明的客观要求。习近平总书记在党的十八届三中全会上还指出，山水林田湖是一个生命共同体，如果种树的只管种树、治水的只管治水、护田的单纯护田，很容易顾此失彼，最终造成生态的系统性破坏。可见，要对山水林田湖进行统一管理、统一保护，由一个部门对自然资源进行统一管理是非常必要的。

推进自然资源管理大部制改革，要正确判断和分析改革过程中可能遇到的各种困难和问题。自然资源大部制改革的最大难点，在于如何在机构整合的基础上实现自然资源的统一管理。自然资源大部制管理的关键，是要把行使自然资源国家所有权的职能从原先的各个管理部门有效剥离出来，使自然资源所有者与自然资源管理者分开，并从

---

[1]　将国土资源部的职责，国家发展和改革委员会的组织编制主体功能区规划职责，住房和城乡建设部的城乡规划管理职责，水利部的水资源调查和确权登记管理职责，农业部的草原资源调查和确权登记管理职责，国家林业局的森林、湿地等资源调查和确权登记管理职责，国家海洋局的职责，国家测绘地理信息局的职责整合，组建自然资源部，作为国务院组成部门。其主要职责是，对自然资源开发利用和保护进行监管，建立空间规划体系并监督实施，履行全民所有各类自然资源资产所有者职责，统一调查和确权登记，建立自然资源有偿使用制度，负责测绘和地质勘查行业管理等。参见王勇 . 关于国务院机构改革方案的说明：二〇一八年三月十三日在第十三届全国人民代表大会第一次会议上［N］. 人民日报，2018-03-14（5）.

制度上明确自然资源国家所有权统一行使的内容与统一行使的方式。自然资源大部制改革的难点之二，在于如何保障这项改革从中央到地方的一以贯之和有效衔接。目前，我国中央财政和地方财政是分开的，在自然资源开发利用的利益分配中，中央政府与地方政府经常存在利益博弈。自然资源大部制改革应该正视这一现状，从保护好生态环境这一基本点出发，在科学权衡中央和地方的利益的基础上稳步推动自然资源管理大部制改革。自然资源大部制改革的难点之三，在于如何根据自然资源的不同属性进行有所区别的管理。不同类型的自然资源，其所承载的生态功能、社会功能和经济功能各不相同，相应的管理方式和管理手段也应当有所区别。比如，公益性自然资源的管理与经营性自然资源的管理应当有所区别，处于生态空间、生活空间或者生产空间之下的自然资源的管理也应当有所区别。因此，在做好顶层设计的同时，要考虑自然资源权属的多样性、类型的复杂性与分布的地域性，稳步推进自然资源大部制改革。

推进自然资源管理大部制改革，需要明晰改革的实施路径。第一，推进自然资源管理大部制改革，要在法治的框架内依法进行。党的十八届四中全会提出了全面推进依法治国的目标，提出要"实现立法和改革决策相衔接，做到重大改革于法有据、立法主动适应改革和经济社会发展需要"。由此可见，自然资源管理大部制改革首先应当做到于法有据，依法而改。在改革过程中，发现现有法律规定存在缺陷的，应当修改法律在先，推进改革在后；发现需要填补法律空白的，应当及时将实践中证明是有效的好经验、好做法上升为法律，为顺利推进改革铺平道路。第二，推进自然资源管理大部制改革，需要事前进行充分的风险评估，并建立健全事中事后监管机制。这项改革，不仅涉及机构的设置、职能的整合和人员的调整，还涉及中央与地方自然资源管理体制的理顺，涉及的部门众多、人员广泛。因此，在改革的过程中，必须做好充分的事前风险评估，并建立健全事中事后监管机制，避免因改革出现管理上的真空，避免国有自然资源权益在改革过程中遭受不必要的损失。第三，自然资源管理大部制改革，需要统筹推进，切实做好顶层设计。在自然资源治理体系构建完善的过程中，要坚决防止"只见树木、不见森林，整个体系必须根据其机构职能进行全流程、全系统、全覆盖设计"[1]。习近平总书记在党的十八届三中全会上强调，需要完善自然资源监管体制，统一行使所有国土空间用途管制职责，使国有自然资源资产所有权人和国家自然资源管理者相互独立、相互配合、相互监督。第四，自然资源管理大部制改革应当与环保大部制改革协同推进。实行环保大部制，其根本目的就在于把自然资源监管的权力集中起来，建立统一的环境执法监管体制，从而加强环境保护的效率与力度。环保大部制改革与自然资源管理大部制改革的协同推进，可以实现自然资源开发利用与自然资源保护的有效衔接、良性互动。第五，自然资源管理大部制改革，必须明确市场与政府配置自然资源的边界。自然资源是人类生产生活不可或缺的重要资源，市场在自然资源配置中也应起到决定性作用。因此，在改革过程中要确定政府在自然资源管理中的职权与范围，政府只管该管的事，其他的交由市场去配置。

二、治理现代化：自然资源管理体制改革的努力方向

党的十九届四中全会对坚持和完善生态文明制度体系做出重要部署，进一步明确提升自然资源治理能力和水平的目标要求。加速自然资源治理能力提档升级，实现自然资源治理能力和治理水平现代化，是当前自然资源管理体制改革的努力方向。做好自然资源工作、提升自然资源治理能力是一项系统工程，我们必须牢固树立系统观念，掌握运用系统方法，围绕调查、保护、规划、利用、权益维护等环节，

---

[1]　顾龙友.加快完善治理体系 着力提升治理能力：以江苏省泰州市自然资源管理开拓创新实践为例[N].中国自然资源报，2021-01-22（3）.

着力健全完善自然资源全链条管理机制，推进自然资源全生命周期管理。[1] 为切实提升自然资源治理能力和治理水平，各省、自治区、直辖市也积极行动起来，围绕提升自然资源治理能力和治理水平展开了诸多有益的实践。

切实推进自然资源资产产权委托代理机制建设，是提升自然资源治理能力和治理水平的重点领域。2019 年 4 月，中共中央办公厅、国务院办公厅印发的《关于统筹推进自然资源资产产权制度改革的指导意见》将福建省作为探索全民所有自然资源资产所有权委托代理机制的试点省份，要求福建省在委托代理行使所有权的资源清单、管理制度和收益分配机制等方面先行先试，为全国范围内自然资源资产产权制度改革提供可复制、可借鉴的实践经验。目前来看，福建省级自然资源管理部门在这项工作上办法不多，尚未将自然资源确权登记的成果有效应用到委托代理行使所有权资源清单的制定之中，委托行使自然资源所有权过程中各方主体的收益分配规则不具体，对于委托代理可能出现的"信息不对称、责任不对等、激励不兼容"缺乏有效的监督管理机制，与《关于统筹推进自然资源资产产权制度改革的指导意见》的目标和要求存在不小差距。在资源清单的制定上，建议分两步走建立起分级代理制度：第一步要制定省政府代理行使全民所有自然资源资产所有权的资源清单，明确省政府行使自然资源权利的范围与边界；第二步要分别明确省、市、县三级政府行使全民所有自然资源资产所有权的资源清单。自然资源治理体系与治理能力现代化需要落实各类责任主体的资源保护责任体系，形成责任清单，明确各级政府的国土空间开发保护责任，以及自然资源开发利用者的保护治理责任。[2] 在制度建设上，建议在自然资源资产有偿使用制度、自然保护地制度、海洋开发利用制度等方面加大建设力度。在收益分配机制

---

[1] 陈建军.坚持系统观念 加强整体统筹 全面提升自然资源治理能力[N].广西日报，2021–09–30（14）.

[2] 王峰.自然资源治理体系与治理能力现代化的建设方向和思路[J].国土资源情报，2021（5）：27–30.

上，建议根据各省及各市、县的资源禀赋、经济条件和社会发展状况，探索各级政府可支配的自然资源收益比例分配办法，并明确自然资源收益支出结构。

加快建立无居民海岛等自然资源有偿使用制度体系，是提升自然资源治理能力和治理水平地方实践的重要内容。2018 年 7 月，国家海洋局印发了《关于海域、无居民海岛有偿使用的意见》，明确提出"更多引入竞争机制配置资源、逐步提高经营性用海用岛的市场化出让比例"的意见，并提出"2019 年全面推广实施无居民海岛使用权市场化出让"的目标要求。福建省有 1419 个面积在 500 平米以上的无居民海岛，约占全国的 21.2%，无居民海岛数量仅次于浙江省。广东省自然资源厅已于 2019 年 4 月印发了《关于无居民海岛使用权市场化出让办法（试行）》。福建省无居民海岛的数量是广东省的近 2 倍，但在无居民海岛有偿使用制度建设上却相对滞后，对于如何通过"招拍挂"方式取得无居民海岛使用权、市场主体之间可否转让无居民海岛使用权以及如何转让无居民海岛使用权等问题缺乏明确的法律依据。应加快制定无居民海岛有偿使用的政府规章，并着力完善无居民海岛使用权市场化出让的实施机制。一是在福建省实施省级海域、无居民海岛不动产登记工作的基础上，探索凭海域、无居民海岛使用手续办理基本建设手续的实施机制。二是建立海域、无居民海岛使用金征收标准的动态调整机制，根据实际情况合理划分海域级别，制定科学的地方海域使用金征收标准。三是完善用海用岛的市场化机制。建议更多引入竞争机制，逐步提高经营性用海用岛的市场化出让比例。浙江省大羊屿通过"招拍挂"方式出让无居民海岛使用权值得借鉴。四是落实好《福建省自然资源产权制度改革实施方案》，适度扩大海域海岛资源产权权能，探索完善海域、无居民海岛使用权转让、抵押、出租、作价出资（入股）等权能。五是尽快制定与无居民海岛有偿使用相关的法规规章。浙江省于 2013 年出台了《浙江省无居民海岛开发利用管理办法》，并于 2018 年 12 月下发了《浙江省自然资源厅关于加强无居民海岛开发利用申请审批管理工作的通知》，可资福建省参考与借鉴。

在提升自然资源治理能力和治理水平的进程中，地方应注重加快推进自然保护地相关政府规章修订工作。2019 年 6 月，中共中央办公厅、国务院办公厅印发了《关于建立以国家公园为主体的自然保护地体系的指导意见》，要求"解决好自然保护地重叠设置、多头管理、边界不清、权责不明、保护与发展矛盾突出等问题"，并强调要"加快推进自然保护地相关法律法规和制度建设，加大法律法规立改废释工作力度"。2014 年以来，福建省先后出台了《福建省森林公园管理办法》《福建武夷山国家级自然保护区管理办法》《福建省水利风景区管理办法》等政府规章，在加强自然资源保护过程中发挥了重要作用。但总的来看，福建省已经出台的规章与《关于建立以国家公园为主体的自然保护地体系的指导意见》提出的"推动各类自然保护地科学设置，建立自然生态系统保护的新体制新机制新模式，建设健康稳定高效的自然生态系统"的要求还存在不小差距。因此，有必要对照《关于建立以国家公园为主体的自然保护地体系的指导意见》的目标要求，查找目前福建省与自然保护地相关法规规章的差距和不足，尽快修改上述政府规章中的相关规定，并适时出台《福建省自然保护地条例》，通过制定地方性法规一揽子解决自然保护地的制度建设问题。

三、系统推进：自然资源管理体制改革的内在要求

自然资源管理体制改革是一项系统工程，需要在全面深化改革的过程中做好顶层设计，努力探索出一条既符合全球自然资源管理潮流，又切合中国国情的可行之路。全面梳理与自然资源资产管理相关的法律、法规、规章、制度，厘清自然资源资产管理体制改革后可能存在的法律冲突与制度困境。在此基础上，通过建章立制，

及时制定相关的地方性法规或者政府规章，将自然资源管理体制改革纳入法治化轨道。

建立健全政府行使国有自然资源资产所有者职责的有效机制，系统推进自然资源管理体制改革的重中之重。党的十九大报告提出了"设立国有自然资源资产管理和自然生态监管机构"的部署，为国有自然资源资产所有者职责的行使主体明确了改革路径。当前，关键是要把行使自然资源国家所有权的职能从原先的各个管理部门有效剥离出来，整合分散在不同部门的全民所有自然资源资产所有者职责，使自然资源所有者与自然资源管理者分开。理顺不同层级政府间的关系，制定全民所有自然资源资产管理责任清单，明确各级政府的权责边界。对省域范围内经济发展和生态功能具有重大意义的全民所有自然资源资产，如武夷山国家公园等，由省级自然资源管理机构直接管理，并制定具体的管理细则。要促进全民所有自然资源资产有偿使用制度改革的有效实施。福建省国有自然资源资产管理局要整合全民所有自然资源资产所有者职责，将分散在国土资源、林业、水利、农业农村等部门的全民所有的土地、矿产、森林、水资源等自然资源资产所有者职责整合起来，根据授权统一行使矿藏、水流、森林、山岭、荒地、海域、滩涂等各类国有自然资源资产所有权。为了充分保障国家作为自然资源所有者的权益，应当实行权力和权力清单管理，明确各类自然资源管理者主体和产权主体权利，创新自然资源全民所有权和集体所有权的实现形式，建立覆盖各类全民所有自然资源资产的有偿使用制度。相关部门在依法行使自然资源国家所有权的过程中，应当清晰地认识到自然资源管理者与自然资源权利行使者是不同的。作为自然资源管理者的自然资源管理部门，其行使的是法律赋予的公权力，此时可以通过制定权力清单来规范其权力的行使；作为自然资源国家所有权行使的相关主体，其主要是基于自然资源资产委托代理机制行使权利，此时则应当通过制定权力清单来规范其权利的行使。在这个过程中，要充分发挥社会各主体的作用。通过鼓励多元产权主体的积极参与，可有效整合其背后的多元利益，并充分调动产权人的积极性，亦有助于促成自然资源开发利用的福祉共享。[1]

系统推进自然资源管理体制改革，应当注重协调好政府与市场的关系。政府履行好管理自然资源的职能，绝不意味着政府要包办到底，应当发挥好市场机制的作用。以水权交易为例，福建省人民政府在2015年已经提出了"加快建立水权制度"的具体政策要求，水利部于2016年颁布了《水权交易管理暂行办法》，但福建省作为生态文明试验区，其先行先试的举措体现不够明显，没有形成统一的地方性规范性文本，因而导致水价在资源配置节约保护中的杠杆作用尚未充分发挥。再比如，福建省自2014年启动排污权有偿使用和交易工作，在8个试点行业推广的基础上，2017年1月1日起在所有工业排污单位全面实施排污权交易，但仍然存在市场不活跃、政府拉郎配等现实困境。当前，应当加快地方立法进程，进一步健全排污权储备体系，完善排污权交易制度，扩大参与碳排放权交易市场，完善碳排放权交易市场体系。

系统推进自然资源管理体制改革，还应当注重加强与自然资源管理体制改革相适应的立法工作。由于改革前的自然资源管理职责分散在国土资源、林业、水利、农业农村等部门，各个部门各自出台相关的规章制度，这就难免存在着不相协调甚至互相冲突的法律规则。因此，制定与改革相配套的地方性法规或者政府规章，是推进自然资源管理体制改革的一项重要任务。以福建省为例，作为生态文明试验区，可以在制定相关的地方性法规或者政府规章等方面先行先试，为自然资源管理体制改革的地方立法提供可复制的经验。

---

[1] 黄贤金，自然资源产权改革与国土空间治理创新［J］.城市规划学刊，2021（2）：53-57.

第二节　土地资源管理体制改革及其制度创新

土地是人类赖以生存的空间，是人类社会生产中重要的自然资源和生产资料，是一切生产和一切存在的源泉。[1]可见，土地资源是最重要的自然资源，是人类赖以生存和发展的物质基础。土地资源能否得到高效利用，是检验自然资源高效利用水平的方向标。我国《宪法》第十条第五款明确规定："一切使用土地的组织和个人必须合理地利用土地。"这既是对土地利用者的要求，也是对土地管理者的要求。《中华人民共和国国民经济和社会发展第十四个五年规划和2035年远景目标纲要》明确提出了"加强土地节约集约利用，加大批而未供和闲置土地处置力度，盘活城镇低效用地，支持工矿废弃土地恢复利用，完善土地复合利用、立体开发支持政策"的要求。实现这一目标要求，需要努力提升土地资源管理水平，不断推进土地资源管理制度创新，并加快相关领域的立法进程。

一、土地资源管理的立法现状

经过几十年的土地立法探索，我国已经建立起较为完善的土地法律制度。除《宪法》《民法典》中关于土地权属、土地保护与利用的相关规定之外，我国的土地管理立法也取得了丰硕的成果。

（一）土地资源管理的中央层面立法现状

1. 土地管理法律

在法律层面，我国已经形成了以《中华人民共和国土地管理法》《中华人民共和国农村土地承包经营法》《中华人民共和国城市房地产管理法》《中华人民共和国土壤污染防治法》为主要表现形式的"土地管理—农村/城市土地开发利用—土壤污染防治"三足鼎立的制度

---

[1]　黄民生，何岩，方如康.中国自然资源的开发、利用和保护［M］.2版.北京：科学出版社，2011：1.

体系（表6-1）。

表 6-1　法律层面土地管理相关立法情况一览表

法律名称	制定或者修改情况	主要内容
中华人民共和国土地管理法	1986 年 6 月 25 日第六届全国人民代表大会常务委员会第十六次会议通过； 根据 1988 年 12 月 29 日第七届全国人民代表大会常务委员会第五次会议《关于修改〈中华人民共和国土地管理法〉的决定》第一次修正； 1998 年 8 月 29 日第九届全国人民代表大会常务委员会第四次会议修订； 根据 2004 年 8 月 28 日第十届全国人民代表大会常务委员会第十一次会议《关于修改〈中华人民共和国土地管理法〉的决定》第二次修正； 根据 2019 年 8 月 26 日第十三届全国人民代表大会常务委员会第十二次会议《关于修改〈中华人民共和国土地管理法〉、〈中华人民共和国城市房地产管理法〉的决定》第三次修正	第一章　总则 第二章　土地的所有权和使用权 第三章　土地利用总体规划 第四章　耕地保护 第五章　建设用地 第六章　监督检查 第七章　法律责任 第八章　附则
中华人民共和国农村土地承包法	2002 年 8 月 29 日第九届全国人民代表大会常务委员会第二十九次会议通过，2002 年 8 月 29 日中华人民共和国主席令第七十三号公布； 根据 2009 年 8 月 27 日第十一届全国人民代表大会常务委员会第十次会议《关于修改部分法律的决定》第一次修正； 根据 2018 年 12 月 29 日第十三届全国人民代表大会常务委员会第七次会议《关于修改〈中华人民共和国农村土地承包法〉的决定》第二次修正	第一章　总则 第二章　家庭承包 第三章　其他方式的承包 第四章　争议的解决和法律责任 第五章　附则
中华人民共和国城市房地产管理法	1994 年 7 月 5 日第八届全国人民代表大会常务委员会第八次会议通过； 根据 2007 年 8 月 30 日第十届全国人民代表大会常务委员会第二十九次会议《关于修改〈中华人民共和国城市房地产管理法〉的决定》第一次修正； 根据 2009 年 8 月 27 日第十一届全国人民代表大会常务委员会第十次会议《关于修改部分法律的决定》第二次修正； 根据 2019 年 8 月 26 日第十三届全国人民代表大会常务委员会第十二次会议《关于修改〈中华人民共和国土地管理法〉、〈中华人民共和国城市房地产管理法〉的决定》第三次修正	第一章　总则 第二章　房地产开发用地 第三章　房地产开发 第四章　房地产交易 第五章　房地产权属登记管理 第六章　法律责任 第七章　附则

续表

法律名称	制定或者修改情况	主要内容
中华人民共和国土壤污染防治法	2018 年 8 月 31 日第十三届全国人民代表大会常务委员会第五次会议通过	第一章　总则 第二章　规划、标准、普查和监测 第三章　预防和保护 第四章　风险管控和修复 第五章　保障和监督 第六章　法律责任 第七章　附则

注：以上数据来自国家法律法规数据库，统计截止时间：2021 年 10 月 25 日。

从表 6-1 可以看出，全国人大及其常委会一直以来对土地管理立法都是给予了高度关注和重视。迄今为止，《土地管理法》已经进行了三次修正、一次修订，《农村土地承包法》已经进行了两次修正，《城市房地产管理法》也已经进行了三次修正。其中，2018 年和 2019 年的土地管理立法力度最大，不仅新出台了《土壤污染防治法》，而且对《土地管理法》《农村土地承包法》《城市房地产管理法》都进行了再次修正。可见，随着我国自然资源管理体制改革的不断纵深推进，土地管理法律制度也得到了不断的修正与完善。

此外，与土地资源管理相关的规定也散见于其他法律之中。例如，《中华人民共和国城乡规划法》（2019 年修正）、《中华人民共和国测绘法》（2017 年修订）、《中华人民共和国气象法》（2016 年修正）、《中华人民共和国防沙治沙法》（2018 年修正）、《中华人民共和国体育法》（2016 年修正）、《中华人民共和国电影产业促进法》（2016 年制定）等等。以上这些法律中的法律规则涉及土地利用规划、土地测量、土地利用监管、特定行业 / 产业用地需求管理等方面，是土地管理法律制度的重要组成部分。

2. 土地资源管理行政法规

在行政法规层面，《土地管理法实施条例》是最重要的一部土地管理行政法规。该条例于 1998 年 12 月 27 日由中华人民共和国国务院令第 256 号发布，根据 2011 年 1 月 8 日《国务院关于废止和修改部分行政法规的决定》第一次修订，根据 2014 年 7 月 29 日《国务院关于修改部分行政法规的决定》第二次修订，2021 年 7 月 2 日中华人民共和国国务院令第 743 号第三次修订。自 2021 年 9 月 1 日起施行的新《土地管理法实施条例》亮点颇多，对完善我国土地管理法律制度具有重大意义。新《土地管理法实施条例》，首次明确了国土空间规划的法律地位，并对国土空间规划与土地利用总体规划、城乡规划之间的衔接作出规定[1]；对新《土地管理法》中有关农村宅基地的规定予以进一步细化和落实，对农村宅基地的申请主体、申请对象、报批程序、批准机关等进行了规定[2]；扩大了集体建设用地使用范围和方式，明确了集体经营性建设用地使用和入市管理措施[3]；进一步将督察范围和机构职责、职权具体化，绘制出土地督察运作的基本规则框架[4]；大幅提高了违法用地的罚款额度，进一步强化了违法用地的法律责任，加大惩戒力度，震慑违法行为[5]；等等。从以上对新《土地管理法实施条例》的系列解读可以看出，这部新修订的条例较为全面地反映了新时期土地管理法律制度的需求，及时弥补并细化落实了《土地管理法》的相关法律规则，对推进土地管理制度创新必将起到积极作用。

除《土地管理法实施条例》之外，与土地资源管理密切相关的主要行政法规还有《不动产登记暂行条例》（2014 年 11 月 24 日发布，2019 年 3 月 24 日修订）、《中华人民共和国城镇国有土地使用权出让和转让暂行条例》（1990 年 5 月 19 日发布，2020 年 11 月 29 日修订）、《中华人民共和国城镇土地使用税暂行条例》（1988 年 9

[1] 李文谦.落实国土空间规划制度 促进土地资源可持续利用［N］.中国自然资源报，2021-08-13（6）.

[2] 马琳.完善宅基地管理制度 保障农民合理用地需求：新《土地管理法实施条例》系列解读之四［N］.中国自然资源报，2021-09-03（6）.

[3] 常江.完善集体经营性建设用地入市法律制度［N］.中国自然资源报，2021-09-08（6）.

[4] 宋歌.土地督察制度全面步入法治轨道［N］.中国自然资源报，2021-09-15（6）.

[5] 蓝天宇.采取"长牙齿"措施强化违法用地法律责任［N］.中国自然资源报，2021-09-24（6）.

月 27 日发布，2019 年 3 月 2 日第四次修订）、《土地复垦条例》（2011
年 3 月 5 日发布）、《国有土地上房屋征收与补偿条例》（2011 年 1
月 21 日发布）、《中华人民共和国土地增值税暂行条例》（1993 年
12 月 13 日发布，2011 年 1 月 8 日修订）、《土地调查条例》（2008
年 2 月 7 日发布，2018 年 3 月 19 日第二次修订）。这些条例对土地
资源的合理利用与规范管理起到了重要作用。例如，《不动产登记暂
行条例》将"集体土地所有权，耕地、林地、草地等土地承包经营权，
建设用地使用权，宅基地使用权以及地役权"等土地相关权利纳入不
动产登记范围，对于完善相关权利的取得、流转与保护制度发挥了举
足轻重的作用；《土地复垦条例》对于规范土地复垦活动，加强土地
复垦管理，提高土地资源的利用效益等方面发挥了重要作用；《国有
土地上房屋征收与补偿条例》对于规范国有土地上房屋征收与补偿活
动，维护公共利益，保障被征收房屋所有权人的合法权益等发挥出重
要作用；《土地调查条例》对于科学、有效地组织实施土地调查，保
障土地调查数据的真实性、准确性和及时性发挥出积极作用；等等。

3. 土地资源管理相关的国务院文件

土地管理体制机制改革中，国务院文件发挥着政策先行、推动立
法的重要作用。例如，在保护耕地方面，2017 年 1 月印发的《中共中
央 国务院关于加强耕地保护和改进占补平衡的意见》对于进一步加
强耕地保护和改进占补平衡工作发挥出重要的作用；在国土空间规划
方面，2019 年 5 月印发的《中共中央、国务院关于建立国土空间规划
体系并监督实施的若干意见》为建立国土空间规划体系并监督实施发
挥出重要的作用；在农村土地制度方面，2019 年 11 月印发的《中共
中央 国务院关于保持土地承包关系稳定并长久不变的意见》为充分保
障农民土地承包权益，进一步完善农村土地承包经营制度发挥出重要
的作用；在要素配置市场化方面，2020 年 4 月印发的《中共中央 国
务院关于构建更加完善的要素市场化配置体制机制的意见》对于推进
土地要素市场化配置发挥出重要的作用；在土地出让收入分配方面，

2020 年 9 月中共中央办公厅、国务院办公厅印发的《关于调整完善土地出让收入使用范围优先支持乡村振兴的意见》对于深入贯彻习近平总书记关于把土地增值收益更多用于"三农"的重要指示精神发挥出重要的作用；等等。通过制定国务院文件的方式来推动土地管理体制改革有其自身的优势，一方面可以避开立法的诸多程序而实现政策文件的快速出台，这有助及时解决土地资源管理体制机制改革过程中遇到的亟须解决的问题；另一方面，有助于推动相关立法领域的及时跟进，倒逼相关的法律法规进行必要的修改，这有助于不断提升土地资源管理立法的整体质量。

4. 土地资源管理相关的部门规章

在土地资源管理的法律制度体系中，部门规章发挥着细化法律法规相关规定的重要功能，对于促进土地合理开发利用、有效保护耕地、防治土壤污染等起到了积极而重要的作用。例如，《土地复垦条例实施办法》（2012 年 12 月 27 日国土资源部第 56 号令公布，根据 2019 年 7 月 16 日自然资源部第 2 次部务会议《自然资源部关于第一批废止和修改的部门规章的决定》修正）对生产建设活动损毁土地的复垦进行了专章规定，对土地复垦方案应当符合的具体条件进行了明确的规定，对土地复垦义务人应当履行的复垦义务、相关费用预存、义务移转等都进行了明确的规定[1]；《不动产登记暂行条例实施细则》（2016 年 1 月 1 日 国土资源部令第 63 号公布，根据 2019 年 7 月 16 日自然资源部第 2 次部务会《自然资源部关于第一批废止和修改的部门规章的决定》修正）进一步细化了不动产统一登记制度，对于方便人民群众办理不动产登记、保护权利人合法权益等起到了积极作用；《土地调查条例实施办法》（2009 年 6 月 17 日国土资源部第 45 号令公布根据 2016 年 1 月 5 日国土资源部第 1 次部务会议《国土资源部关于修改和废止部分部门规章的决定》第一次修正根据 2019 年 7 月

---

[1] 参见《土地复垦条例实施办法》第二章的相关规定。

16 日自然资源部第 2 次部务会议《自然资源部关于第一批废止和修改的部门规章的决定》第二次修正）对土地调查机构及人员、土地调查的组织实施、调查成果的公布和应用等方面的内容进行了专章规定，并进一步明确了相关的法律责任，对于保证土地调查的有效实施起到重要作用；等等。简言之，通过制定出台土地资源管理部门规章，有助于弥补土地资源管理法律法规相关规定较为宏观或者宽泛之不足，使得土地管理相关法律制度更具可操作性，从而促进各项土地资源管理制度落到实处。

（二）土地资源管理的地方层面立法现状

土地是最重要的自然资源，土地资源管理是地方立法机关立法的重点领域之一。大多数省份都制定了土地资源管理方面的地方性法规（表 6-2）。

表 6-2　省级立法机关制定的土地资源管理相关地方性法规一览表

地方性法规名称	制定及最新修改时间
辽宁省实施《中华人民共和国土地管理法》办法	2002 年 1 月 31 日通过，2020 年 11 月 24 日第七次修正
天津市土地管理条例	1992 年 9 月 9 日通过，2006 年 12 月 18 日第二次修订，2018 年 12 月 14 日第三次修正
福建省实施《中华人民共和国土地管理法》办法	1999 年 10 月 22 日通过，2013 年 7 月 25 日第三次修改
宁夏回族自治区土地管理条例	1983 年 12 月 24 日通过，2012 年 3 月 29 日第二次修正
河南省实施《土地管理法》办法	1994 年 9 月 24 日通过，2009 年 11 月 27 日第二次修正
青海省实施《中华人民共和国土地管理法》办法	1990 年 8 月 31 日通过，2006 年 7 月 28 日修订，2010 年 5 月 27 日修正
安徽省实施《中华人民共和国土地管理法》办法	1987 年 12 月 20 日通过，1997 年 11 月 2 日第三次修正，2000 年 9 月 22 日修订，之后又修正两次，2015 年 3 月 26 日第二次修正

续表

地方性法规名称	制定及最新修改时间
江苏省土地管理条例	2000 年 10 月 17 日通过，2004 年 4 月 16 日第二次修正，2021 年 1 月 15 日修订
广西壮族自治区实施《中华人民共和国土地管理法》办法	2001 年 7 月 29 日通过，2019 年 7 月 25 日第二次修正
吉林省土地管理条例	1994 年 1 月 15 日通过，2002 年 8 月 2 日修订，2019 年 5 月 30 日第七次修改
上海市实施《中华人民共和国土地管理法》办法	1994 年 2 月 4 日通过，2000 年 11 月 17 日修订，2018 年 12 月 20 日第三次修正
贵州省土地管理条例	2000 年 9 月 22 日通过，2018 年 11 月 29 日第四次修正
黑龙江省土地管理条例	1999 年 12 月 18 日通过，2018 年 6 月 28 日第四次修正
海南经济特区土地管理条例	1994 年 6 月 24 日通过，1999 年 9 月 24 日修订，2018 年 4 月 3 日第五次修正
山东省实施《中华人民共和国土地管理法》办法	1987 年 2 月 25 日通过，2015 年 7 月 24 日第三次修正
湖北省土地管理实施办法	1987 年 9 月 3 日通过，1999 年 9 月 27 日修订，2014 年 9 月 25 日第三次修正
内蒙古自治区实施《中华人民共和国土地管理法》办法	2000 年 10 月 15 日通过，2012 年 3 月 31 日第二次修正
浙江省实施《中华人民共和国土地管理法》办法	已被 2021 年 9 月 29 日通过的《浙江省土地管理条例》所取代
广东省实施《中华人民共和国土地管理法》办法	1999 年 11 月 27 日通过，2008 年 11 月 28 日第二次修正
西藏自治区实施《中华人民共和国土地管理法》办法	1992 年 6 月 27 日通过，1999 年 11 月 25 日第二次修正
甘肃省实施《中华人民共和国土地管理法》办法	1999 年 9 月 2 日通过，2002 年 3 月 30 日修正
湖南省实施《中华人民共和国土地管理法》办法	2000 年 3 月 31 日通过，2016 年 7 月 30 日第二次修正
新疆维吾尔自治区实施《中华人民共和国土地管理法》办法	1989 年 6 月 24 日通过，2010 年 7 月 28 日第四次修正

续表

地方性法规名称	制定及最新修改时间
云南省土地管理条例	1999 年 9 月 24 日通过，2015 年 9 月 25 日第三次修正
四川省《中华人民共和国土地管理法》实施办法	1987 年 11 月 2 日通过，2012 年 7 月 27 日第四次修正
陕西省实施《中华人民共和国土地管理法》办法	1999 年 11 月 30 日通过，2012 年 1 月 6 日第二次修正
江西省实施《中华人民共和国土地管理法》办法	1986 年 12 月 27 日通过，2000 年 4 月 28 日修订，2011 年 12 月 1 日第六次修正
河北省土地管理条例	1987 年 4 月 27 日通过，1999 年 9 月 24 日修订，2014 年 9 月 26 日第七次修正

注：以上数据来自国家法律法规数据库，统计截止时间：2021 年 10 月 25 日。

　　从表 6-2 可以看出，截至 2021 年 10 月 25 日，我国已经有 28 个省级立法机关制定了土地资源管理相关的地方性法规，可见地方立法机关对于制定土地资源管理地方性法规给予了高度重视。那么，表 6-2 中没有出现的北京、重庆、山西等省级立法有没有制定过土地资源管理方面的地方性法规呢？北京市曾于 1991 年 3 月 15 日由北京市第九届人民代表大会常务委员会第二十六次会议通过了《北京市实施〈中华人民共和国土地管理法〉办法》，但根据《北京市人民代表大会常务委员会关于废止部分地方性法规的决定》（北京市人民代表大会常务委员会公告（十四届）第 27 号），此文件已被废止。[1] 重庆市人大常委会虽然没有制定土地资源管理地方性法规，但是于 1999 年 3 月 22 日制定出台了土地资源管理政府规章，由重庆市人民政府第 35 次常务会议审议通过了《重庆市土地管理规定》。[2] 山西省人大常委会曾于 1987 年 1 月 11 日山西省第六届人民代表大会常务委员

---

[1]　北京市实施《中华人民共和国土地管理法》办法［EB/OL］.（2019-05-22）［2021-10-30］. 北京市人民政府网 .

[2]　重庆市土地管理规定［EB/OL］.（2020-08-11）［2021-10-30］. 重庆市荣昌区人民政府网（区规划自然资源局）.

会第二十二次会议通过《山西省土地管理实施办法》，根据 1999 年 9 月 26 日山西省第九届人民代表大会常务委员会第十二次会议通过的《山西省实施〈中华人民共和国土地管理法〉办法》，《山西省土地管理实施办法》已被废止，2020 年 11 月 27 日，山西省第十三届人民代表大会常务委员会第二十一次会议修改了《山西省实施〈中华人民共和国土地管理法〉办法》。[1] 因此，目前我国已有 29 个省级人大制定出台了土地资源管理地方性法规，重庆市则是出台了土地资源管理地方性规章。

新修订的《土地管理法实施条例》于 2021 年 9 月 1 日正式施行后，地方立法机关也积极行动起来。2021 年 9 月 29 日，《浙江省土地管理条例》已于经浙江省第十三届人民代表大会常务委员会第三十一次会议审议通过，于 2021 年 11 月 1 日正式实施。该条例强化政府的耕地保护责任，坚持最严格的耕地保护制度，将浙江在全国首创的耕地保护补偿制度予以固化，坚持最严格的节约集约用地制度，提高土地利用效率，规范土地征收和补偿程序，保障农民合法权益。[2] 可以预见，随着《土地管理法实施条例》的施行，越来越多的省级立法机关将会着手修改土地资源管理地方性法规。当然，土地管理的地方立法不仅限于制定土地管理条例，不少地方立法机关根据地方土地管理的实际需要，因地制宜出台了某一方面的土地资源管理地方性法规或者政府部门规章。例如，为促进黑土地资源可持续利用，防止黑土地数量减少、质量下降，吉林省人大常委会专门制定出台了《吉林省黑土地保护条例》（2018 年 3 月 30 日吉林省第十三届人民代表大会常务委员会第二次会议通过，根据 2021 年 5 月 27 日吉林省第十三届人民代表大会常务委员会第二十八次会议《吉林省人民代表大会常务委员会关于修改〈吉林省黑土地保护条例〉的决定》修正）；为正确、

---

[1] 山西省人民代表大会常务委员会公告（第六十六号）[EB/OL].（2020-12-01）[2021-10-30]. 山西人大网.

[2] 李凤，钱影. 从《办法》到《条例》，这部法规"新"在哪？[N].中国自然资源报，2021-10-20（6）.

合理地处理土地权属争议，保障土地所有者和使用者的合法权益，安徽省人大常委会制定出台了《安徽省土地权属争议处理条例》（1994年2月26日安徽省第八届人民代表大会常务委员会第八次会议通过，根据2021年3月26日安徽省第十三届人民代表大会常务委员会第二十六次会议《关于修改和废止部分地方性法规的决定》第二次修正）；为促进地下空间资源的合理利用，保障相关权利人合法权益，适应城市现代化和可持续发展的需要，上海市人大常委会制定出台了《上海市地下空间规划建设条例》（2013年12月27日上海市第十四届人民代表大会常务委员会第十次会议通过，根据2020年12月30日上海市第十五届人民代表大会常务委员会第二十八次会议《关于修改本市部分地方性法规的决定》第二次修正）；等等。

二、土地资源管理体制改革的法律难点探析

尽管中国的土地资源管理立法已经取得了丰硕的成果，但仍然与国土空间开发保护、土地资源高效利用等土地资源管理体制改革的要求存在一定的差距，主要表现在土地资源管理法律制度的系统性不足、国土空间开发保护理念在立法中的体现不充分、土地资源管理的地方立法质量参差不齐等三个方面。

（一）土地资源管理法律制度的系统性不足

通过对中国土地资源管理的立法现状考察，不难看出中国的土地资源管理法律供给是非常充沛的。从宪法到法律，从行政法规到地方性法规，从部门规章到地方政府规章，都可以找到与土地资源管理相关的法律规则。那么，这是否意味着中国的土地资源管理法律制度建设已经大功告成了呢？显然不是！在看到土地资源管理立法四处开花结果的同时，我们需要冷静地思考一个问题：我们真的需要这么多部"法"才能解决中国的土地资源管理问题吗？土地测绘、土地调查、

土地复垦等事项需要各自制定一部行政法规才能应对现实需要吗？这些按照具体事项制定于不同时期的土地管理行政法规，可以有效应对某一具体土地资源管理事项的法律需求，它们有着各自的立法目的，却缺乏一条明确的思想主线来实现土地资源管理立法的系统性。这从土地资源管理行政法规立法目的列举表中可以得到证明（表6–3）。

表 6-3　土地资源管理行政法规立法目的列举表

法规名称	立法目的条款
《土地管理法实施条例》	根据《中华人民共和国土地管理法》，制定本条例
《土地调查条例》	为了科学、有效地组织实施土地调查，保障土地调查数据的真实性、准确性及及时性，根据《中华人民共和国土地管理法》和《中华人民共和国统计法》，制定本条例
《土地复垦条例》	为了落实十分珍惜、合理利用土地和切实保护耕地的基本国策，规范土地复垦活动，加强土地复垦管理，提高土地利用的社会效益、经济效益和生态效益，根据《中华人民共和国土地管理法》，制定本条例
《城镇国有土地使用权出让和转让暂行条例》	为了改革城镇国有土地使用制度，合理开发、利用、经营土地，加强土地管理，促进城市建设和经济发展，制定本条例
《国有土地上房屋征收与补偿条例》	为了规范国有土地上房屋征收与补偿活动，维护公共利益，保障被征收房屋所有权人的合法权益，制定本条例

从表6–3列举的土地资源管理相关行政法规的立法目的条款可以看出，立法机关在制定出台上述法规时，并没有对这些法规之间的内在关联度给予充分的重视。《土地调查条例》规定"保障土地调查数据的真实性、准确性和及时性"，在立法目的条款既没有提到"合理利用土地"也没有提到"保护土地"；《土地复垦条例》规定"落实十分珍惜、合理利用土地和切实保护耕地的基本国策"，在立法目的条款中强调了"合理利用土地"和"保护耕地"；《城镇国有土地使用权出让和转让暂行条例》规定"合理开发、利用、经营土地，加

强土地管理"，在立法目的条款中只提到了"合理开发、利用、经营土地"却没有提"保护土地"；《国有土地上房屋征收与补偿条例》规定"维护公共利益，保障被征收房屋所有权人的合法权益"，立法目的条款既没有提到"合理利用土地"也没有提到"保护土地"。可见，上述这些行政法规的立法目的缺乏一条共同的思想主线，这也就意味着各个条例所规定的规则基本上都是"自扫门前雪"。如何提升土地资源管理法律制度的系统性，实现"利用—保护—修复"的有机联系，是土地资源管理立法必须慎重思考的问题。

（二）国土空间开发保护理念在立法中的体现不充分

土地管理体制改革的一个重要内容就是从平面管理转向空间管理。土地资源的利用已经不再局限于地表资源的开发利用，地上空间、地下空间的开发利用也应当引起立法者的高度重视。目前，我国的国土空间立法主要体现在国土空间规划制度上。《土地管理法》第十八条规定："国家建立国土空间规划体系。编制国土空间规划应当坚持生态优先，绿色、可持续发展，科学有序统筹安排生态、农业、城镇等功能空间，优化国土空间结构和布局，提升国土空间开发、保护的质量和效率。经依法批准的国土空间规划是各类开发、保护、建设活动的基本依据。已经编制国土空间规划的，不再编制土地利用总体规划和城乡规划。"新修订的《土地管理法实施条例》第二章"国土空间规划"对《土地管理法》第十八条进行了细化规定。这些细化的国土空间规划法律规则，进一步明确土地开发、保护、建设活动应当坚持规划先行，强化空间规划意识；进一步明确在国土空间规划中落实"三条控制线"的要求，构建空间管控边界；进一步明确国土空间规划中关于土地管理方面的内容，细化空间约束指标。[1]尽管《土地管理法实施条例》在国土空间规划制度上已经进行了较为具体的规

---

[1]　李文谦.落实国土空间规划制度 促进土地资源可持续利用［N］.中国自然资源报，2021－08－13（6）.

定，但这绝不意味着我国国家空间开发保护制度已经建成。一方面，国土空间开发保护制度是一个从规划到开发利用到保护修复的制度体系，建立国土空间规划法律制度只是完成了第一步。另一方面，在诸多的土地资源管理行政法规中，国土空间的理念并未得到充分的体现，例如，在《土地调查条例》《土地复垦条例》等行政法规中，均未涉及"空间"这一概念。因此，土地资源立法中如何充分体现国土空间开发保护的理念，仍然有待于艰辛的探索。

（三）土地资源管理的地方立法水平参差不齐

从上文的省级立法机关制定的土地资源管理相关地方性法规一览表可以看出，尽管省级立法机关对土地管理立法表现了浓厚的兴趣，绝大多数的省、自治区、直辖市已经制定出台了土地资源管理类地方性法规。但各省份的立法进展参差不齐。从地方性法规的制定出台时间上看，各省份制定出台土地资源管理地方性法规的时机选择较随意，立法步调不一致且无规律性可循。其中，《宁夏回族自治区土地管理条例》于 1983 年 12 月 24 日通过，《辽宁省实施〈中华人民共和国土地管理法〉办法》则是于 2002 年 1 月 31 日通过，两个地方性法规的制定时间间隔了接近 20 年。从修法的频率上看，各省份对土地资源管理地方性法规的修改也表现了较强的随意性，有的省份修改得过于频繁，例如，《吉林省土地管理条例》在 1994 年 1 月 15 日通过之日起至 2019 年 5 月 30 日止，25 年时间里共对该条例进行了 8 次修改，几乎平均每 3 年就修改一次；有的省份修改次数屈指可数，例如，《河南省实施〈土地管理法〉办法》自 1994 年 9 月 24 日通过之后，迄今只修正过两次，且最近一次修正的时间是 2009 年 11 月 27 日，在近 12 年里没有对该法进行修正或者修订。无论是过于频繁地修法还是长期不作修改都是不可取的。频繁修法使该地方性法规缺乏稳定性，进而影响其权威性，不利于其有效施行；长期不作修改则容易使该地方性法规落后于时代的要求，尤其是在新时代自然资源管理体制改革不断推进、土地资源管理中央层面法律法规大幅度修改的背景之下，土地资源管理地方性法规倘若"岿然不动"，容易使该地方性法规的大量条款因其与上位法冲突而成为"僵尸条款"。从立法内容上看，目前各省份制定的土地资源管理地方性法规缺乏统一的框架体系，在法规内容的设计上繁简不一，这从 2018 年之后修改的七部土地资源管理地方性法规的章节内容可以得到明显的体现（表 6-4）。

表 6-4　2018 年之后修改的七部土地资源管理地方性法规一览表

条例名称	条例内容简介	最新制定/修改时间
浙江省土地管理条例	共八章七十一条，12274 字 目录： 第一章 总则 第二章 土地所有权和使用权登记 第三章 国土空间规划 第四章 耕地保护 第五章 建设用地 第六章 监督管理 第七章 法律责任 第八章 附则	2021 年 9 月 29 日
江苏省土地管理条例	共八章八十二条，12958 字 目录： 第一章 总则 第二章 国土空间规划 第三章 耕地保护 第四章 土地转用和征收 第五章 建设用地管理 第六章 监督检查 第七章 法律责任 第八章 附则	2021 年 1 月 15 日
吉林省土地管理条例	共九章七十条，9045 字 目录： 第一章 总则 第二章 土地所有权和使用权 第三章 土地利用总体规划 第四章 耕地保护 第五章 建设用地 第六章 土地市场管理 第七章 监督检查 第八章 法律责任 第九章 附则	2019 年 5 月 30 日

续表

条例名称	条例内容简介	最新制定／修改时间
天津市土地管理条例	共十章九十条，11190 字 目 录： 第一章 总则 第二章 土地利用总体规划和年度计划 第三章 土地所有权和使用权 第四章 土地登记 第五章 耕地保护 第六章 城市建设用地 第七章 村镇建设用地 第八章 国有土地有偿使用 第九章 法律责任 第十章 附则	2018 年 12 月 14 日
贵州省土地管理条例	共八章四十八条，8079 字 目 录： 第一章 总 则 第二章 土地所有权与使用权 第三章 土地利用总体规划 第四章 耕地保护 第五章 建设用地 第六章 监督检查 第七章 法律责任 第八章 附 则	2018 年 11 月 29 日
黑龙江省土地管理条例	共九章六十条，10471 字 目 录： 第一章 总 则 第二章 土地的所有权和使用权 第三章 土地利用总体规划 第四章 耕地保护 第五章 建设用地 第六章 土地使用权交易 第七章 监督检查 第八章 法律责任 第九章 附 则	2018 年 6 月 28 日
海南经济特区土地管理条例	共十章九十四条，16523 字 第一章 总 则 第二章 土地所有权、使用权和土地登记 第三章 土地用途管制 第四章 土地开发与复垦 第五章 农用地转用与土地征收 第六章 国有土地使用权市场管理 第七章 集体所有土地使用权市场管理 第八章 监督检查 第九章 法律责任 第十章 附 则	2018 年 4 月 3 日

从表 6-4 可以看出，尽管七部土地资源管理地方性法规的最新制定/修改时间都在 2018 年之后，但在章节设计、条例篇幅上仍然存在着诸多的不同，《海南经济特区土地管理条例》的篇幅最长，条例字数是《贵州省土地管理条例》的 2 倍多。从章节目录上看，《天津市土地管理条例》是七个条例中唯一不设置"监督检查"专章的条例，《江苏省土地管理条例》是七个条例中唯一不设置"土地所有权、使用权"专章的条例，是无意疏忽还是有意为之？这两个章节并非可有可无的章节，尽管地方立法倡导体现地方特色，但这也绝不意味着地方立法可以任意发挥。在法律责任的设定上，这七个条例也存在显著的差异，同样性质的违法行为在不同的省份所需承担的法律责任有着明显的差别。比如，《贵州省土地管理条例》规定了"不符合土地利用总体规划的，自行拆除在土地上新建的建筑物和其他设施，可以处以每公顷 100 元以上 200 元以下罚款"的罚款计算办法；《海南经济特区土地管理条例》则规定了"处以非法占用土地每平方米五十元以上一百五十元以下罚款"的罚款计算办法；《浙江省土地管理条例》则只规定了笼统的处罚规则[1]，并没有规定处罚的额度或者具体的计算办法。不可否认，以上三个省份的省情存在差异，但这种差异与法律责任规则上的迥异是否相匹配则值得商榷。一言以蔽之，目前我国土地资源管理的地方立法进展参差不齐，立法内容呈现出较大的随意性，土地资源管理的地方立法水平亟待提升。

三、土地资源管理的制度创新及其立法完善

（一）明晰土地资源管理制度创新的思想主线

不论是中央层面的土地资源立法，还是地方层面的土地资源立

---

[1]　《浙江省土地管理条例》第六十九条规定："违反本条例规定，未经批准或者采取欺骗手段骗取批准，将未利用地改为建设用地的，依照土地管理法律、法规关于未经批准或者采取欺骗手段骗取批准，将农用地改为建设用地的规定处罚。"

法，都一定遵循土地资源开发利用的客观规律和土地资源保护修复的基本要求，这应当成为土地资源立法完善的思想主线。遵循土地资源开发利用的客观规律，关键是要促进土地资源的合理利用、高效利用与可持续利用。促进土地资源的合理利用、高效利用与可持续利用，不能仅仅注重土地资源开发利用本身，需要将"国土空间规划—土地利用标准—土地用途管制—土地复垦—土壤污染防治—国土空间生态修复"作为一个完整的链条加以统筹考虑，并将这一理念贯彻到具体的法律制度创新之中。促进土地资源的合理利用、高效利用与可持续利用，应当不断优化土地资源配置。我国土地资源配置存在的问题是人为以用地为先导，忽视土地资源配置，致使土地利用结构失当，综合效益低。[1] 可以说，这么多年的土地资源管理改革进程中，优化土地资源配置一直是需要不断攻克的难题，土地资源管理制度创新自然也逃不开这个命题。目前，地方政府也在积极探索土地管理制度创新。例如，吉林省土地利用规划的管控和引导作用得到进一步强化，建设项目节地评价有序开展，用地规模确定合理，资源合理利用效率显著提高。[2] 遵循土地资源保护修复的基本要求，关键是要明确土地资源的权利边界、利用限度和修复义务，避免土地资源的越界开发利用，将"边利用边保护""边利用边防治""边利用边修复"的理念贯彻到土地资源利用与保护的制度创新之中。

（二）建立健全国土空间开发保护法律制度

2019 年 5 月印发的《中共中央 国务院关于建立国土空间规划体系并监督实施的若干意见》提出："研究制定国土空间开发保护法，加快国土空间规划相关法律法规建设。"[3] 从这一立法要求出发，建立健全国土空间开发保护法律制度应当着重从两个方面着手。一方

---

[1] 关涛. 中国土地资源配置与可持续发展研究 [D]. 哈尔滨：东北农业大学, 2002：56.

[2] 张强等. 做好自然资源要素保障 稳步推进生态文明建设 [N]. 吉林日报, 2021-06-25（9）.

[3] 中共中央 国务院关于建立国土空间规划体系并监督实施的若干意见 [EB/OL].（2019-05-23）[2021-11-03]. 中国政府网.

面，加强政策与法律的衔接，加快国土空间规划相关法律法规的修法进程。《中共中央 国务院关于建立国土空间规划体系并监督实施的若干意见》对建立国土空间规划体系与监督实施提出了明确的意见，明确了建立国土空间规划体系的总体框架和编制要求，并从"强化规划权威，改进规划审批、健全用途管制制度、监督规划实施、推进'放管服'改革"等方面对国土空间规划体系的实施与监管提出了明确具体的要求。当前，应当对现有的法律法规进行全面梳理，一揽子修改与上述政策要求不相适应的法律规则。另一方面，加强国土空间开发保护立法研究，争取尽快出台《国土空间开发保护法》，从根本上破解国土空间开发保护法律制度供给不足的问题。目前，不少学者提出了国土空间规划立法的建议，有学者认为迫切需要通过制定国土空间规划上位统领法实现空间规划法律体系的补充完善[1]，有学者提出《国土空间规划法》应当采取单独、管制性的立法模式，在大类上属于空间规划性法律[2]，有学者建议初期阶段通过制定《国土空间规划法》凝练共识规则和一般原则并在法典化时升级为《国土空间规划基本法》[3]，等等。这些聚焦于国土空间规划的立法建议具有重要的现实意义，但国土空间立法不能将视野局限在规划立法上，而应当将规划立法作为国土空间开发保护立法的一个有机组成部分。制定《国土空间开发保护法》，不仅应当包括国土空间规划的法律规则，还应当包括国土空间用途管制、国土空间生态修复等内容。正如学者所言，制定"国土空间开发保护法"应树立法典化思维，以统筹解决国土空间开发保护相关制度和法律面临的体系协调问题。[4]当然，也应当注意到，国土空间开发保护制度法典化并非一朝一夕之功，可以考虑先制定出台《国土空间开发保护基本法》，再分步制定《国土空间规

［1］　方印，王明东.国土空间规划立法：理念与方法［J］.中国不动产法研究，2021（1）：224-242.

［2］　黄锡生，王中政.我国《国土空间规划法》立法的功能定位与制度构建［J］.东北大学学报（社会科学版），2021，23（5）：81-87.

［3］　徐玖玖.国土空间规划的立法统合及其表达［J］.中国土地科学，2021，35（3）：9-16.

［4］　张忠利.以法典化思维推进国土空间开发保护立法［J］.人民论坛，2020（26）：108-109.

划法》《国土空间用途管制法》《国土空间生态修复法》，待时机成熟之后整合成一部完整的《国土空间开发保护法》。

（三）努力提升土地资源的地方立法水平

在第三章关于提升自然资源地方立法水平对策探讨的基础上，此处进一步细化探讨土地资源地方立法水平提升的路径。《土地管理法》已经于 2019 年 8 月 26 日进行了第三次修正，新修订的《土地管理法实施条例》也已经于 2021 年 9 月 1 日正式施行。在这一大背景下，地方立法机关应当认真研究上位法的最新立法精神，吃准吃透这两部土地管理新法的立法修改内容，仔细比对土地资源地方性法规、政府规章的差距与不足，及时修改与上位法冲突或者不相吻合的法律规则，找准土地资源地方立法创新的着力点。从表 6-4 可以看出，在 2019 年《土地管理法》修改之后，《江苏省土地管理条例》最早作出了修改，在 2021 年《土地管理法实施条例》修改之后，浙江省人大常委会最早作出响应，制定出台了《浙江省土地管理条例》，该条例自 2021 年 11 月 1 日起施行，《浙江省实施〈中华人民共和国土地管理法〉办法》同时废止。可以肯定的是，在《土地管理法实施条例》进行重大修改的背景之下，除浙江省已经完成修改任务之外，其余的各个省级人大常委会必将摩拳擦掌，启动新一轮的土地资源管理修改工作。由此，提升土地资源的地方立法水平也成了一项不可忽视的重要议题。一是注重与上位法及中央政策文件的有效衔接，地方立法机关要吃准悟透中央层面土地资源管理的最新立法精神和最新政策要求，并将这些精神和要求转化为具体的法律规则。例如，现有的各省土地管理条例中的"土地利用总体规划"一章已经及时修改为"国土空间利用规划"，并在消化吸收《土地管理法实施条例》第二章"国土空间规划"以及《中共中央 国务院关于建立国土空间规划体系并监督实施的若干意见》的基础上，制定各省国土空间规划的实施细则。二是要注重研究土地资源地方立法的一般规律，吸取兄弟省份的立法经验，在章节设计上各省份尽量保持与《浙江省土地管理条例》的章节安排一致。三是注重适度体现土地资源立法的地方特色，尤其是土地资源状况特殊的省份，应当根据各自省情进行有针对性的制度安排，为实现本省土地资源的高效利用和保护修复保驾护航。例如，吉林省人大常委会于 2018 年 3 月 30 日制定了《吉林省黑土地保护条例》，这会对于促进吉林省的黑土地资源可持续利用，防止黑土地数量减少、质量下降具有重要意义。四是注重保护农民权益，尤其是要保护好被征地农民的合法权益，不得制定出台限制或者降低征地补偿标准的法律规则。在与农民利益切身相关的征地等事项中，制定地方法律规则要注重做好社会稳定风险评估。社会稳定风险评估对于缓解征地矛盾、防范征地带来的社会风险具有重要意义。[1] 总之，对于土地资源开发利用中与农民权益切身相关的法律规则，应当持审慎、严谨的立法态度，在充分调研、反复论证、科学评估的基础上进行规则设计。

第三节　水资源管理体制改革及其制度创新

2015 年 4 月 2 日，国务院正式发布"水十条"（《水污染防治行动计划》），对如何切实加大水污染防治力度、保障国家水安全等方面的问题作出了具体的部署。2015 年 4 月 25 日，《中共中央、国务院关于加快推进生态文明建设的意见》正式发布，该意见提出了我国加快生态文明建设的总体要求，强调要强化主体功能定位，优化国土空间开发格局，要全面促进资源节约循环高效使用，推动利用方式根本转变，要加大自然生态系统和环境保护力度，切实改善生态环境质量，要健全生态文明制度体系。根据当前我国面临的水污染严峻形势，2017 年 6 月 27 日第十二届全国人民代表大会常务委员会第二十八次会议通过了《关于修改〈中华人民共和国水污染防治法〉的决定》。

---

[1]　宋志红.中国农村土地制度改革研究：思路、难点与制度建设［M］.北京：中国人民大学出版社，2017：379.

2021 年 3 月，《中华人民共和国国民经济和社会发展第十四个五年规划和 2035 年远景目标纲要》提出"加强长江、黄河等大江大河和重要湖泊湿地生态保护治理""推行草原森林河流湖泊休养生息""完善水污染防治流域协同机制，加强重点流域、重点湖泊、城市水体和近岸海域综合治理，推进美丽河湖保护与建设"等一系列战略部署，充分表明了加强水资源管理法律制度创新的重要性和紧迫性。[1] 在这种大背景下，水生态法治建设的理念应当不断创新与发展，以正确的理念指引水自然资源管理及其立法工作不断与时俱进。

一、万里安全生态水系建设的地方实践及其制度创新

各省市在国务院的统一部署下，积极开展水生态安全治理工作，通过各种方式保护水生态安全。其中，福建省开展万里安全生态水系建设的实践探索，就是一个值得推广的成功经验。2015 年 7 月，福建省水利厅与财政厅联合出台《关于开展万里安全生态水系建设的实施意见》，决定在全省开展福建万里安全生态水系建设。《关于开展万里安全生态水系建设的实施意见》明确了福建省万里安全生态水系建设的主要目标、基本原则和基本措施，并从规范项目申报、明确补助标准、严格组织验收、统筹项目和资金等四个方面对如何组织实施万里安全生态水系建设进行了部署。《关于开展万里安全生态水系建设的实施意见》明确提出，要按照"一年搞好试点、两年逐步铺开、三年初见成效、五年基本完成"的要求，至 2020 年完成万里安全生态水系建设任务，使福建省城镇乡村所在地、重要饮用水源保护区、主要生态敏感区等所在水系生态系统得到恢复。[2] 这一实施意见的颁布，标志着福建省逐步从"工程治水"迈向"生态治水"。从《福建

---

[1] 中华人民共和国国民经济和社会发展第十四个五年规划和 2035 年远景目标纲要［EB/OL］. （2021-03-13）［2021-10-10］.中华人民共和国中央人民政府网.

[2] 福建省人民政府办公厅转发省水利厅省财政厅关于开展万里安全生态水系建设实施意见的通知［EB/OL］.（2015-07-14）［2015-12-10］.福建省人民政府网.

省安全生态水系建设指南》可以看出，福建省的万里安全生态水系建设主要是依托项目建设来推进。在项目推进的过程中，存在着多方主体及其利益博弈，这就不可避免地带来一定的法律问题。

（一）水利投融资的难点及其机制完善

2017年，水利部提出了在建水利投资要确保超9000亿的目标。[1] 实现这一目标，加大水利投融资力度是关键。当前，水利投融资的主要模式包括：国家金融支持、公共私营合作制（PPP）、水利投融资平台、债券融资、水利产业投资基金、资产证券化（ABS）、一般性银行贷款和政府购买服务等八种方式。可以看出，除了国家金融支持和政府的投入，吸引社会资本参与水利建设，让社会资本以特许经营、参股控股等形式参与具有一定收益的重大水利工程建设和运营，是提升水利投融资规模的一个重要突破口。在这一过程中，应当认真研究社会资本参与水利建设可能存在的法律问题，并建立健全相关的法律制度。吸引社会资本投入农田水利建设，是水利供给侧结构性改革中"补短板"的有效措施和具体表现。[2] 当前，关键是要建立健全政府与社会资本合作的有效机制，既要达到水利工程建设的目标，又能实现社会资本的收益期待。

一是，要完善相关工程项目的环境影响评价机制。水利建设的根本目标在于提升水生态环境，万里安全生态水系的水利建设工程必须以改善水生态环境为目标，而不能以最大的经济利益为价值追求。社会资本参与水利建设是一种多主体的水治理，如何在治理过程中不偏离原来的生态目标，尤其是如何维护好公众的水权益和生态利益，是推进工程项目过程必须时刻紧绷的弦，也是需要工程各个相关主体需要谨慎对待的问题。当前，需要通过必要的环境影响评价措施，对引

---

[1]　水利部：确保明年在建水利工程投资超9000亿［N］.大众证券报，2016-12-23（1）.
[2]　严婷婷，罗琳，王转林.社会资本参与农田水利建设的典型案例分析及经验启示［J］.水利经济，2018，36（1）：60-63.

入社会资本的水利工程可能存在的环境影响进行科学的、有效的评估，避免因不当开发利用行为而给生态环境带来新的破坏。

二是，要对水利工程项目的经营性行为建立必要的监管机制。引入社会资本参与水利项目建设，既要给予社会资本参与水利建设必要的优惠政策，赋予其一定的盈利空间，也要对水利工程的经营性行为进行必要的规制，对社会资本经营水利项目的行为进行适当的监管。当前，要完善水利投融资的价格形成机制，既要确保项目合理的盈利水平，也要防止出现追求经济利益破坏生态环境的行为，同时，还要注重防止因开发利用水资源而侵害工程周边居民的正当权益。

（二）生态水系的系统整治及其机制完善

习近平总书记在 2019 年 4 月 28 日中国北京世界园艺博览会开幕式的讲话中指出，杀鸡取卵、竭泽而渔的发展方式走到尽头，顺应自然、保护生态的绿色发展昭示着未来。[1]环境问题的成因复杂，周期较长，如果用一种方式单打独斗，往往会顾此失彼，达不到预期效果。贯彻绿色发展的理念，应当尊重自然、顺应自然、保护自然，树立水生态环境系统治理的思路。水生态环境的系统治理，应遵循水资源系统循环规律，注重生态的整体保护，有针对性地开展万里生态水系建设。

一是，如何实现上下游区域之间在水生态系统治理过程中的利益平衡？水生态环境的整体提升，要求处于流域上下游之间的区域通力合作，步调一致。试想，如果下游水系在大力开展生态治理的同时上游水系的排污有增无减，水生态环境根本就不可能得到彻底改善。但同时，上游水系在进行生态治理时，必然要以牺牲经济发展机会为代价。上游水系的生态治理，受益的不仅是上游区域，下游区域也从中受益。此时，上下游区域之间就出现了经济利益和生态利益的衡平问

---

[1]　习近平：习近平谈治国理政：第 3 卷［M］. 北京：外文出版社，2020：374.

题，即，下游区域应当对上游区域的经济发展机会损失和生态治理支出予以必要的补偿或者经费支持，以激励上游区域开展水系生态保护。生态水系系统整治中的利益衡平问题，关键是要建立健全流域生态补偿机制。对于如何完善流域生态补偿机制，实务界和学界都提出了许多建设性的建议。有学者建议依靠流域横向生态补偿拓展生态治理融资渠道，鼓励社会资本积极参与流域生态治理，激发水权交易市场的活力，为流域生态治理扩展更多的融资渠道。[1]有学者认为应当探讨建立流域生态补偿机制的思路、补偿的主体和客体、方式和标准等。[2]有学者强调建立统筹全流域产业经济、规划、生态保护建设等的协调机制，以实现流域上下游共建共享、合作共赢。[3]有学者提出通过明确流域生态补偿双方的责任、权利和义务，提供流域生态补偿服务平台，科学确定生态补偿范围，拓宽流域生态补偿融资渠道，以及加强流域生态补偿监督等，完善流域生态补偿机制。[4]由此可见，完善流域生态补偿机制还需要不断地探索，其中，促进流域生态补偿的市场化，并明确补偿的主体、补偿的方式以及双方的权利和义务是重中之重。

　　二是，如何把水环境治理与其他环境要素的治理有机协调起来？环境生态的保护，应当统筹考虑水、气、声、渣等环境要素的治理，不能各自为政，也不能顾此失彼或者厚此薄彼。统筹山水林田湖草系统治理具有重大的理论意义、实践意义、历史意义和国际意义。[5]如果治理好了流域污染，却破坏了周边的生态环境，这样的水环境治理就是不成功的环境治理，也不是万里安全生态水系建设所希望的。

---

　　[1]　田贵良，王希为.自然资源资产产权视角下的水资源现代治理制度改革取向[J].水利经济，2021，39（2）：24-29.

　　[2]　田旭，杨朝晖，霍炜洁.三江源地区流域生态补偿机制探讨[J].人民长江，2017，48（8）：15-18.

　　[3]　陈达兴.汀江（韩江）流域生态补偿机制试点的实践与创新[J].环境保护，2017，45（7）：31-33.

　　[4]　包晓斌.我国流域生态补偿机制研究[J].求索，2017（4）：132-136.

　　[5]　黄国勤.树立正确生态观 统筹山水林田湖草系统治理[J].中国井冈山干部学院学报，2017，10（6）：128-132.

因此，在万里安全生态水系建设过程中，必须形成水利部门统一组织协调、环保部门有效监管、各有关部门分工负责的齐抓共管的环境治理格局。同时，要鼓励相关企业积极承担保护水环境的社会责任，提倡公民提升环保意识、积极维护水生态环境，形成社会各界积极参与水利生态建设的良好局面。当前，避免相关管理部门的各自为政，完善水环境治理的合作机制是重中之重。这种合作既包括不同区域的政府之间的协作，也包括了同一区域内不同资源管理部门、环境保护部门之间的分工协作。这种协作不能单靠行政主官的意志，应当建立健全相关的制度体系，用制度来推进水生态治理过程中的区域协作与部门合作。其中，最核心的任务是要建立起跨行政区域的流域环境污染和生态破坏联合防治协调机制，逐步实现水生态建设的四个"统一"，即统一规划、统一标准、统一监测和统一的防治措施。

（三）生态水系建设的效果评估及其机制完善

生态水系建设需要投入大量的人力物力，需要对"投入"与"产出"进行动态跟踪，对生态水系的建设效果进行科学的评估。生态水系的建设，是通过一个个生态水系建设项目来实施的，《福建省安全生态水系建设指南（试行）》已经对建设项目的管理从项目申报、项目实施、项目验收和建后管理等方面进行了较为明确的规定。这些管理措施，对于推进和落实单个的生态水系项目是有意义的，也有利于评估单个项目的建设成效。但生态水系建设的根本目标是提升福建省的整体水生态环境质量，对单个建设项目的验收，不能替代对福建省万里安全生态水系整体建设成效的评估。对生态水系建设项目的验收，主要是检验项目建设者的工作成效；对生态水系建设成效的评估，是对生态水系建设组织者工作成效的考核。

一是，如何设定生态水系效果评估的内容？《福建省安全生态水系建设指南（试行）》提出，生态水系建设的总体目标是"河畅、水清、岸绿、安全、生态"，这些目标的实现需要有更加细化的评估指标，即，河"畅"到什么程度算"畅"、水"清"到什么程度算"清"、岸"绿"到什么程度算"绿"。这些问题，归根到底就是一个环境质量标准的问题。根据《环境保护法》的相关规定[1]，地方政府可以制定高于国家环境质量标准的地方环境质量标准。福建省是国家生态文明建设试验区，对国家环境质量标准中未作规定的项目，应当先行先试，带头制定地方水环境质量标准；对国家环境质量标准中已作规定的项目，则应制定严于国家环境质量标准的地方水环境质量标准。

二是，谁来评估生态水系建设的成效？评估生态水系建设的成效，不能单纯由组织者自己进行总结和评估，也不宜由相关部门的直接上级作出评价，应当建立一个有效的考核评价机制。一方面，要形成第三方评估的有效机制。专业的事情交由专业的机构来评估，生态水系的建设成效不应当由政府部门自身给出结论，应当通过政府购买服务的方式，借助于权威评估机构的评估结果。另一方面，要鼓励公众参与生态水系建设成效的评估。生态水系建设的最终受益者是公众，公众对生态水系建设的成效也最有发言权。因此，在评估生态水系建设成效时，应当注意广泛听取公众的意见，比如，可以通过发放《生态水系建设满意度调查问卷》等形式，充分了解和把握生态水系建设的公众满意度。在德国，流域水资源治理需要积极回应民众诉求、平衡多元利益，各层级流域水资源管理决策的制定都十分重视不同利益主体的意见和建议，充分体现了公众广泛参与自然资源治理的传统。[2]建立健全生态水系建设评估成效，可以借鉴德国等国家在水生态协同治理方面的有益经验，注重发挥社会各主体的作用，让公众充分表达他们的感受与主张，也只有这样，才能真实体现公众对生态水系建设成效的评估。

---

[1] 2014年《环境保护法》第十五条规定："省、自治区、直辖市人民政府对国家环境质量标准中未作规定的项目，可以制定地方质量标准；对国家环境质量标准中已作规定的项目，可以制定严于国家环境质量标准的地方环境质量标准。地方环境质量标准应当报国务院环境保护主管部门备案。"

[2] 吴丽梅.德国流域水资源协同治理的经验借鉴[J].资源导刊, 2021（10）: 52-53.

（四）万里安全生态水系建设的规划及其制度保障

开展万里安全生态水系建设，做好规划是前提和基础；科学合理的生态水系建设规划，是实现万里安全生态水系建设目标的关键。第一，要把万里安全生态水系"一年搞好试点、两年逐步铺开、三年初见成效、五年基本建成"的要求落实到万里安全生态水系建设规划之中，并通过完善相关的制度，把万里生态水系建设规划纳入福建省水利建设规划，并使其与福建省国民经济和社会发展规划、福建省环境保护规划等规划相协调。第二，要确立水生态环境保护的重点区域。对具有代表性的各种类型的自然生态系统区域，尤其是重要的水源涵养区域，应当予以保护，严禁破坏。这就需要完善水生态蓝线制度，通过划定水生态蓝线的方式对重点水生态区域加以有效的保护。当前，要建立海岸带生态红线管理制度，在近岸海域生态环境敏感区、脆弱区、高生态价值区、关键区等区域划定生态红线，分类禁止和限制红线区内围填海、港口建设、海水养殖等开发活动。[1]在城市规划中，则要通过划定城市蓝线管理范围，严格城市规划蓝线管理，优化水生态环境。[2]第三，要把水资源用途管制的要求体现到万里安全生态水系的建设规划之中。当前，水资源的供需矛盾仍然是促进经济社会可持续发展的瓶颈，需要通过有效的用途管制制度来规范水资源的开发利用，这也是保障安全生态水系建设的一个重要方面。要在充分各区域水资源状况的基础上，对水资源相对丰富的区域和水资源相对缺乏的区域采取不同的用途管制措施，并不断健全水资源用途管制制度。当前，逐步建立起以规划为核心的水资源用途确认机制、水资源分类用途管制机制、水资源用途变更监管机制、河湖水域及岸线的空间保护机制、水资源用途监测与监督机制等制度体系，实现水资源的高效、

---

［1］ 秦昌波，熊善，高万军，等．红线蓝线绘出水生态空间［N］.中国环境报，2015-05-20（2）.

［2］ 杜世欣，王思力，李建成．划定蓝线优化水生态空间布局［N］.河北日报，2016-06-07（10）.

可持续利用。[1]第四，要完善规划和建设项目水资源论证制度。水资源论证制度对合理优化配置水资源、促进经济社会与环境资源协调发展具有重要的推动作用，因而应当进一步推进该制度的实施。[2]开发利用水资源，应当符合主体功能区的要求，按照流域和区域统一的原则制定规划，充分发挥水资源的多种功能和综合效益。万里安全生态水系的建设项目，必须严格执行建设项目水资源论证制度，对未依法完成水资源论证工作的建设项目，一律不得擅自开工建设和投产使用，对违反规定的，要追究相应的法律责任。

（五）万里安全生态水系建设的市场机制及制度完善

开展万里安全生态水系建设，需要大量的资金投入。中央和福建省各级政府涉及生态建设、江河治理、中小河流综合治理、水土保持等水利建设资金是万里安全生态水系建设资金的重要来源，但这些资金还无法完全满足万里安全生态水系建设的需要。因此，需要充分发挥市场机制的作用，吸引社会资本参与万里安全生态水系建设。一是，要加强社会参与（PPP模式）的法律规制。水资源的治理，有赖于社会主体的积极参与。在水生态建设中推广PPP模式，要建立起利益共享、风险分担的机制。社会资本投资水利建设并不是一个纯粹的公益行动，必然要考量资本投入的回报，合理的资本回报是调动社会资本参与水利建设积极性的关键。因此，要通过签订必要的合作协议，明确水项目工程的建设内容，并明确双方的权利义务，尤其是要对水利项目的出资方式、运行模式、营业内容、经营范围、合作期限、盈利方式、收益分配、环境保护义务、违约责任等进行明确的规定。二是，要健全万里安全生态水系建设资金的使用制度和监管制度，完善项目资金的审批和过程监控机制，把资金的使用情况作为项目验收的重要

---

［１］ 李祎恒，邢鸿飞.我国水资源用途管制的问题及其应对［J］.河海大学学报（哲学社会科学版），2017，19（2）：84-88.

［２］ 冯嘉.中国水资源论证制度存在的主要问题及完善的思路［J］.资源科学，2012，34（5）：827-835.

内容，并通过严格的资金审计与监管机制，确保资金的规范使用。三是，要加强建设项目环境影响评价的市场化机制，通过建立健全万里安全生态水系建设的第三方环境影响评价机制，引入资质信用良好的第三方环境影响评价机构，确保环评报告的权威与公正；鼓励排放污染物的企事业单位和其他生产经营者委托具有相应能力的第三方机构负责其污染治理设施运营或者实施污染治理。同时，还要完善环境影响评价中的公众参与机制。现代社会频发的群体性事件与邻避设施建设项目环境影响评价中公众参与的有效性不足不无关系，必须以公众参与的有效性为基准对现有建设项目环境影响评价的公众参与行政程序规则和司法审查规则加以重塑和完善。[1]四是，要完善相关市场主体的法律责任。企事业单位和其他生产经营者造成水生态环境损害的，由具有相应资质的评估单位根据损害程度依法予以评估，确定相应生态环境损害责任和赔偿额度。对于拒报或者谎报水污染物排放申报登记事项规定的，应当给予必要的经济处罚。接受委托的第三方机构应当按照有关法律法规、标准以及委托治理合同要求，承担约定的污染治理责任，因管理不善、弄虚作假等造成环境污染或者生态破坏的，排污企业和第三方治理企业应承担相应的法律责任。

（六）万里安全生态水系建设中的政府职能及其制度完善

政府及其相关部门是万里安全生态水系建设的组织者和管理者，负责具体建设项目的申报、补助标准的制定、项目的验收，并负责统筹项目和资金。因此，万里安全生态水系建设能否达到预期的目标，与政府是否有效履行相关职能密不可分。一是，要完善政府的权责清单制度。通过制定政府的权责清单，明确政府权力行使的边界，明确界定政府与市场在万里安全生态水系建设中的各自作用，这是政府正确行使职责的第一步。二是，要完善相关的环境标准制度。万里安全

［1］ 吴宇．建设项目环境影响评价公众参与有效性的法律保障［J］．法商研究，2018，35（2）：15–24.

生态水系建设的成效，需要靠"标准"去衡量，作为万里安全生态水系建设的组织者，应当要制定万里安全生态水系建设中的水质标准，并完善水质的监测机制。三是，要明确政府在万里安全生态水系建设中的法律责任。要通过开展水资源资产负债表编制工作，开展水资源资产的核算，建立实物量核算账户，编制水资源资产负债表，作为领导干部水资源资产离任审计制的重要依据。省人民政府审计主管部门应当会同水利厅，开展对离任领导干部水资源资产审计工作，客观评价其履行水资源资产管理的责任情况，对造成水资源资产损害负有管理责任的，应承担相应责任。

二、河长制湖长制的实践探索及其立法检视

河长制湖长制，是指在各级行政区域设立总河长湖长，在各河湖设立责任河长湖长，负责组织领导和统筹协调水资源保护、水域岸线管理保护、水污染防治、水环境治理、水生态修复、执法监管等工作的机制。[1]2016 年 11 月，中共中央办公厅、国务院办公厅印发了《关于全面推行河长制的意见》，自此拉开了我国全面推行河长制并逐步推行湖长制的序幕。该意见体现了鲜明的问题导向，贯穿了绿色发展理念，明确了地方主体责任和河湖管理保护各项任务，具有坚实的实践基础，是水治理体制的重要创新，对于维护河湖健康生命、加强生态文明建设、实现经济社会可持续发展具有重要意义。[2]实施河长制、湖长制，是加强河流、湖泊水资源管理的一项重大举措，具有重大的战略价值和现实意义。一方面，实施河长制、湖长制，有利于改变长期以来多方治水的格局，避免了不同政府管理部门之间推诿扯皮、有利则管、无利则躲的痼疾，明确了河湖管理的权责与监管机制，从

---

[1] 参见《青海省实施河长制湖长制条例》第三条。
[2] 《关于全面推行河长制的意见》正式印发［EB/OL］．（2016-12-12）［2021-09-19］．中华人民共和国国务院新闻办公室官网．

而提升河湖的治理成效，全面促进水生态文明建设。全面推行河长制是以习近平同志为核心的党中央从人与自然和谐共生、加快推进生态文明建设的战略高度作出的重大决策部署，是保障国家水安全的重大制度创新。[1]通过建立河长制，明确河湖治理保护的责任主体，可有效破解当前治水的瓶颈制约，快速解决当前河湖最突出的问题。[2]另一方面，实施河长制、湖长制，有利于落实乡村振兴战略，从而促进生态宜居乡村目标的实现。2018年1月，《中共中央 国务院关于实施乡村振兴战略的意见》作为2018年中央一号文件正式印发，拉开了谱写新时代乡村全面振兴新篇章的序幕。在这份文件中，明确提出了"产业兴旺、生态宜居、乡风文明、治理有效、生活富裕"的实施乡村振兴战略总要求，并在"推进乡村绿色发展，打造人与自然和谐共生发展新格局"部分提出了"全面推行河长制、湖长制"的部署要求。[3]

河长制自2016年年底全面实施以来，地方政府积极推动河长制的落地，河湖的管理机制得到不断健全。在看到成绩的同时，也应当清醒地认识到河长制、湖长制在实施过程中仍然存在着诸多亟待提升或者破解的难题。一是河湖执法的整体水平有待于进一步提升。各地在河湖治理的执法检查力度、执法队伍配置、执法监管机制等方面的重视程度，以及在执法监督方面的松严程度，都将直接影响到河湖执法的整体水平。二是河湖治理的公众参与水平有待于进一步提升。公众参与是提升河湖治理的重要方式之一，也是确保河长制得以全面有效实施的重要途径。河长制具体实施过程中社会参与度较低，参与河长会议的人员中没有实现群众和企业的全员参与。[4]要提升河湖的社会参与度，既需要公众自觉保护河湖意识的提升，也需要政府的有

［1］ 李星池，盖志毅.河长制及其发展研究述评［J］.内蒙古水利，2021（7）：53-55.

［2］ 刘小勇.全面推行河长制的基本构架与关键问题分析［J］.水利发展研究，2017，17（11）：25-27.

［3］ 中共中央 国务院关于实施乡村振兴战略的意见［N］.人民日报，2018-02-05（1）.

［4］ 秦伟，郑佳伟.河长制发展中存在的问题与对策研究［J］.内蒙古水利，2021（5）：46-47.

效引导与激励。研究表明，政府的支持与鼓励、制度规制的完善程度都显著影响农户参与河流治理的意愿。[1]除依靠公众的自觉参与和政府的有效引导之外，应当着力建立健全河湖治理公众参与的体制机制。这需要从明确责任主体、加强法律保障、提升参与水平进行多角度完善，以此推动河长制长效、健康地发展。[2]三是河湖联防联治的整体水平有待于进一步提升。例如，辽宁盘锦市大洼区在推行河长制的过程中存在着运行机制不畅的问题，河湖治理工作尚未形成联查、联巡、联控、联防的合力。[3]提升河湖联防联治能力，既要加强相关行政管理部门的通力合作，也要注意河流流经区域之间的联防联治；既要统一执法标准，也要共同发力，从而实现河湖治理一加一大于二的治理效益。河长们在分段负责的同时，应当与上下级河长、同流域不同地区河长建立协同治理意识。[4]四是河湖治理的考核评价机制有待于进一步健全。构建河长制湖长制考核机制应注意稳定性和灵活性有机结合。[5]因此，健全河湖治理的考核评价机制，既要用科学的治理评价指标、合理的治理成效奖惩机制来保障稳定性，也要注意避免机械地执行河湖治理的考核评价，综合考量治理效果评价过程中的地域特点、周边环境、居民素质、气候变化等各种不特定因素，因地制宜、应时而变，确保河湖治理考核评价机制兼具科学性与合理性，从而逐渐形成河湖治理的长效机制。五是河湖治理的信息公开水平有待于进一步提升。在"河长制"实施过程中，有的地方仍局限于相对封闭的环境治理系统中，信息公开与监督力度存在不足。[6]运用信

[1]　陈柳言，赵鑫，朱玉春.公众参与河长制对河流治理效果的影响：基于江苏、湖北的实证研究[J].资源科学，2021，43（6）：1077-1087.

[2]　刘柳.河长制推行中公众参与问题的探讨[J].四川环境，2021，40（3）：188-193.

[3]　韩冬.大洼区河长制工作现存问题与建议[J].黑龙江水利科技，2021，49（6）：251-253.

[4]　卫雪晴.河长制背景下流域协同治理问题探讨：基于共容利益理论[J].四川环境，2021，40（1）：223-227.

[5]　黄锋华，黄本胜，邱静，等.广东省河长制湖长制工作考核若干问题的思考[J].广东水利水电，2018（12）：37-40.

[6]　余懿臻.河长制实施困境及完善对策：杭州河长制实践的成效与问题解析[J].岭南师范学院学报，2018，39（1）：62-66.

息化手段开展流域治理，加强信息化平台建设，是提升河长制、湖长制实施成效的有效手段。目前，不少地方已经开展了诸多有益的探索。例如，广州市在整合多方资源基础上开展"互联网＋河长制"行动，建立了河长管理信息系统平台及配套运行管理制度，推动"信息化、体系化、可量化"河长监管体系不断健全。[1]

　　全面推行河长制，必须建立健全有利于全面推行河长制的法律法规体系，为河长制的实施提供规范和支撑。[2]随着河长制、湖长制的实施与推进，相关的立法工作也取得了明显的成效。2017年6月27日修正的《水污染防治法》第五条明确规定："省、市、县、乡建立河长制，分级分段组织领导本行政区域内江河、湖泊的水资源保护、水域岸线管理、水污染防治、水环境治理等工作。"自此，河长制作为一项河流管理创新制度，正式得到了全国人大立法的确认，河长制的立法也得到了地方人大的积极跟进。浙江是最早开展河长制的试点省份之一，2017年7月28日，浙江省人民代表大会常务委员会率先公布了《浙江省河长制规定》，是全国首个专门规范河长制内容的地方性法规，明确了浙江省五级河长职责，并鼓励全社会开展水域巡查的协查工作。[3]2018年9月30日，海南省人大常委会出台河长制湖长制法规，分级分类明确职责，实现河长湖长履职及管理有法可依。[4]随后，福建省在推进生态省和国家生态文明试验区建设的进程中，及时将生态文明建设实践中的河长制湖长制写入《福建省生态文明建设促进条例》。[5]《福建省生态文明建设促进条例》第十五条明确规定："地方各级人民政府应当全面推行河长制和湖长制，落实河湖管护主体、责任和经费，完善河湖管护标准体系和监督考核机制。各级河长、

［1］　龚海杰.以信息化助力广州市河长制工作的实践［J］.中国水利，2021（2）：19-21，25.

［2］　姜斌.对河长制管理制度问题的思考［J］.中国水利，2016（21）：6-7.

［3］　《浙江省河长制规定》10月1日起实施［EB/OL］.（2017-09-29）［2021-09-28］.搜狐网.

［4］　邢东伟，张维炜.海南人大：加快构建自由贸易港法律法规体系［EB/OL］.（2021-04-20）［2021-09-28］.中国人大网.

［5］　赵祯祺.福建人大：以法治力量打造"清新福建"［J］.中国人大网，2021（10）：23-24.

湖长应当组织做好水资源保护、水污染防治、水环境治理、水生态修复、水域岸线管理保护及相关执法监管考核等工作。"之后，河长制、湖长制相关的地方性法规陆续出台（表6-5）。

表6-5　河长制、湖长制相关的地方性法规一览表

名称	制定机关	公布日期
青海省实施河长制湖长制条例	青海省人民代表大会常务委员会	2021年9月29日
重庆市河长制条例	重庆市人民代表大会常务委员会	2020年12月3日
龙岩市实施河长制条例	龙岩市人民代表大会常务委员会	2020年3月23日
山南市实施河长制湖长制条例	山南市人民代表大会常务委员会	2019年8月1日
辽宁省河长湖长制条例	辽宁省人民代表大会常务委员会	2019年7月31日
江西省实施河长制湖长制条例	江西省人民代表大会常务委员会	2018年11月29日
海南省河长制湖长制规定	海南省人民代表大会常务委员会	2018年9月30日
浙江省河长制规定	浙江省人民代表大会常务委员会	2017年7月28日

资料来源：国家法律法规数据库，腾讯网；统计时间：2021年9月30日。

表6-5反映了河长制湖长制的实施及其地方立法已经取得了阶段性的成果，6个省级地方人大和2个设区市人大专门制定了河湖长制的地方性法规。需要反思的是，河长制湖长制的地方专门立法为何只在这些省市得以实现？这就需要全面检视河长制湖长制地方立法的不足。一方面，各地河长制湖长制的立法力度不一。目前，只有6个省份制定了河长制湖长制的专门性地方性法规，占比不到20%。有的省份虽然没有制定专门性地方性法规，但在相关的地方性法规中规定了河长制湖长制的内容，比如，《山东省水污染防治条例》（2020年11月27日修正）第十六条，《广东省水污染防治条例》（2020年11月27日通过）第六条，《江苏省农村水利条例》（2020年11月27

日通过）第十七条和第四十二条，等等。在国家法律法规数据库以全文包含"河长"为条件进行搜索，截至 2021 年 10 月 17 日共检索到地方性法规 165 部。这表明河长制湖长制的立法已经引起了地方立法机关的广泛关注，但是在是否进行专门性立法上则远远未达成广泛共识。另一方面，各地河长制湖长制的立法内容差异加大。尽管鼓励地方立法体现地方特色，但并不能因此而降低立法协调性的要求。目前，各地出台的河长制湖长制地方性法规表现出明显的随意性。首先，在条例名称上千秋各异。例如，有的用"河长制条例"命名，有的用"河长制湖长制条例"命名，有的用"河长湖长制条例"命名，有的则用"实施河长制湖长制条例"命名。其次，在立法体例上存在着较大的差异。例如，《重庆市河长制条例》共 35 条，细分为总则、组织体系、工作职责、工作机制、监督考核、附则等六章；《江西省实施河长制湖长制条例》共 32 条，且不分章节；《辽宁省河长湖长制条例》则只有 26 条，且不分章节。再次，在法规内容的设置上存在着较大的差异。例如，《辽宁省河长湖长制条例》既规定了"约谈"的相关适用条件，也规定了"通报批评""依法给予相应处分"等惩戒措施，而《江西省实施河长制湖长制条例》则仅就"约谈"进行了规定，没有就通报批评或者处分作出相应的规定。

与此同时，还需要对河长制湖长制地方立法的总体质量进行检视。目前，已经制定出台的河湖类地方性法规往往偏重明确河长湖长的工作职责、理顺河长湖长的工作机制、建立理顺河长湖长的监督约束机制等。这些内容的确很重要，也是河长制湖长制地方立法的重点内容之一。但通过梳理现有的河长制湖长制地方立法，不难发现普遍存在着立法理念不够先进、立法内容不够科学的问题。一方面，绿色发展理念没有在立法中得到充分的运用。绿色发展理念要求不仅要保护好河湖，还要促进河湖的合理利用，并努力实现河湖保护与利用的平衡与良性互动。目前的河长制地方性法规重保护轻利用的问题则普遍存在。例如，《辽宁省河长湖长制条例》未就河湖的利用进行规定；《江西省实施河长制湖长制条例》虽有两处规定，却重在强调"水资源开发利用控制"，忽视了一味地利用控制并不是河湖健康发展的最佳解决方案。另一方面，水资源系统治理的理念没有在立法中得到充分的运用。长期以来形成的"各扫门前雪"的观念在河长制地方立法中仍然时常可见。例如，《辽宁省河长湖长制条例》没有就联防联控或者上下游之间的协调机制作出相关的规定。这可能出现各地市侧重于各自河长制的发展建设，使得相互间缺乏协调、监督等。[1] 当然，也有部分省份的地方立法已经注意到系统治理的重要性。例如，《江西省实施河长制湖长制条例》在强调"分级分段设立河长"的同时，规定河长的职责包含"推动建立区域间协调联动机制，协调上下游、左右岸实行联防联控"的内容。

从上面的分析不难发现，我国河长制湖长制作为河湖管理的一项重大制度创新，在实践层面已经在全国范围内全面推行，并取得了可喜的阶段性成效，整体提升了河湖治理的水平和能力。但与此同时，我们也注意到河长制湖长制在各地的实施落实情况呈现了较大的差异性，河长制湖长制有效实施的长效机制还没有完全建立，绿色发展理念在河长制湖长制实施过程中还没有得到彻底的贯彻落实。在立法保障方面，河长制湖长制的立法工作已经引起地方立法机关的广泛关注，但各地立法机关的重视程度不一，河长制湖长制地方立法在百花齐放的同时也存在着立法理念不够先进、立法体例不够统一、立法内容不够科学等问题，河长制湖长制的科学立法仍然是一个亟待研究的课题。

三、大江大河的管理制度创新及其立法进程

在流域生态环境治理现代化的进程中，大江大河的生态环境治理既是重点也是难点。长江、黄河是中国大江大河的典型代表。长江是中华民族的"母亲河"。2016年1月5日，推动长江经济带发展座谈

---

[1] 姚晓丽.河长制推行中法律问题探讨[J].四川环境，2019，38（6）：128-132.

会在重庆召开时，习近平总书记就高瞻远瞩地强调："当前和今后相当长一个时期，要把修复长江生态环境摆在压倒性位置，共抓大保护，不搞大开发。"[1] 习近平总书记讲话的核心要义是处理好发展与保护的关系，运用绿水青山就是金山银山的"两山"论实现发展与保护的协调统一。[2] 大江大河的管理，该集中统一管理的要统起来。大江大河的"统"，不仅仅要体现在日常的行政管理方面，还应当体现在大江大河的国家所有权行使机制上。2015 年 9 月，中共中央、国务院印发的《生态文明体制改革总体方案》在"探索建立分级行使所有权的体制"一节提出，中央政府主要对石油天然气、贵重稀有矿产资源、重点国有林区、大江大河大湖和跨境河流、生态功能重要的湿地草原、海域滩涂、珍稀野生动植物种和部分国家公园等直接行使所有权。[3] 由此可见，从中央生态文明体制的顶层设计而言，大江大河的所有权应当由中央政府直接行使，而不宜下放到地方政府分级行使。

2020 年 12 月 26 日，十三届全国人大常委会第二十四次会议表决通过了《长江保护法》，这是我国第一部针对特定流域制定的全国性法律，是大江大河立法的一次重大突破。2021 年 3 月 1 日，《长江保护法》正式实施，长江流域的生态优先、绿色发展自此有了更为明确、具体的法律规则，大江大河治理法治化的新进程也由此开启。《长江保护法》的制定具有重大的现实意义，它不是可有可无的，而是及时因应了大江大河管理法律制度创新的时代要求。那是因为一般性的涉水法律，或者涉及长江流域局部、单项的法律法规无法妥善处理长江流域保护的特殊性问题。[4] 需要注意的，《长江保护法》虽然在法

［1］ 新华时评："共抓大保护，不搞大开发"是历史责任［EB/OL］. 2016-01-07［2021-10-10］. 新华网.

［2］ 王殿常. 正确理解"共抓大保护、不搞大开发"［N］. 学习时报，2019-12-18（7）.

［3］ 中共中央 国务院印发《生态文明体制改革总体方案》［EB/OL］.（2015-09-21）［20121-03-25］. 中华人民共和国中央人民政府网.

［4］《长江保护法》的背景、意义与价值：专访全国政协常委、社会和法制委员会驻会副主任吕忠梅［J］. 中国环境监察，2021（1）：29-31.

律名称中强调了"保护"，但这并不是意味着要禁止长江流域的一切开发利用行为，而是要实现保护与利用的平衡。长江流域生态环境保护和经济发展是辩证统一的关系，长江流域生态环境保护的成败，归根到底取决于长江流域经济结构和经济发展方式的转换与升级。[1] 科学保护、合理开发，法是重要依据，也是重要标准。[2]《长江保护法》第一条开宗明义地表明了既要"加强长江流域生态环境保护和修复"，也要"促进资源合理高效利用"的立法目的，充分说明了制定《长江保护法》重在实现"保护"与"利用"的平衡与协调。

长期以来，由于产业结构偏重、发展方式不尽合理，对流域水资源、水生态、水环境构成巨大压力，成为影响流域可持续发展的重要制约因素。[3]《长江保护法》的正式出台，标志着我国大江大河管理法制化水平上升到了一个新的高度，为长江母亲河永葆生机活力提供了法治保障。一是通过立法解决了长江流域生态环境治理中诸多长期想解决而又难以解决的难点问题。正如学者所言，《长江保护法》坚持以问题为导向，从整体上反思人与自然、流域与区域、开发与保护之间的关系，探索调整长江流域可持续发展的新规范和新制度。[4]对于一些长期屡禁不止的现象，《长江保护法》作出了明确的规定。例如，《长江保护法》第二十六条第二款和第三款分别规定："禁止在长江干支流岸线一公里范围内新建、扩建化工园区和化工项目。禁止在长江干流岸线三公里范围内和重要支流岸线一公里范围内新建、改建、扩建尾矿库；但是以提升安全、生态环境保护水平为目的的改建除外。"二是通过立法建立起长江流域协调机制。《长江保护法》第四条规定："国家建立长江流域协调机制，统一指导、统筹协调长江保护工作，审议长江保护重大

　[1]　陈虹."保护法"与"开发法"的共生相融：彰显《长江保护法》的绿色发展之维 [J].环境保护，2021，49（Z1）：42-47.
　[2]　高红民.践行新时代水利精神 贯彻落实长江保护法 [J].学习月刊，2021（4）：31-32.
　[3]　付琳，肖雪，李蓉.《长江保护法》的立法选择及其制度设计[J].人民长江，2018，49（18）：1-5.
　[4]　滕建仁.贯彻实施《长江保护法》共谋治江发展新篇章[J].水利发展研究，2021，21（3）：6-10.

政策、重大规划，协调跨地区跨部门重大事项，督促检查长江保护重要工作的落实情况。"《长江保护法》第九条第一款进一步规定："国家长江流域协调机制应当统筹协调国务院有关部门在已经建立的台站和监测项目基础上，健全长江流域生态环境、资源、水文、气象、航运、自然灾害等监测网络体系和监测信息共享机制。"由此可见，《长江保护法》超越既有立法中的"部门"与"地方"结构，推动了我国流域管理体制从"条块分割"到"统筹协调"的重大变革。[1]当然，为确保长江流域协调机制的有效运行，各相关省份应当在《长江保护法》的基础上进一步完善相关的机制运行细则。三是通过立法进一步明确了各政府职能部门在长江流域管理中的权力边界，尤其是水行政管理部门的责任得到了进一步的明晰。例如，《长江保护法》第二十一条第一款规定："国务院水行政主管部门统筹长江流域水资源合理配置、统一调度和高效利用，组织实施取用水总量控制和消耗强度控制管理制度。"这一规定明确了政府职能部门权力划分，避免了不同管理部门之间的推诿扯皮。四是建立起较为完善的长江保护法律责任体系。《长江保护法》第八十三条至第九十二条对长江保护行政法律责任进行了较为明确的规定，《长江保护法》第九十三条规定了承担民事法律责任的情形，《长江保护法》第九十四条对承担刑事法律责任的情形进行了转致规定。总的来看，长江保护的法律责任体系完整，但重"行政责任"轻"民事责任"、重"行政罚款"轻"整治修复"的痕迹依然明显，行政责任与民事责任的有效衔接仍然值得研讨。

当然，我们也不能寄希望于一部《长江保护法》就能够圆满解决长江流域管理中的所有法律难题。正如学者所言，为了更好地解决长江流域治理与保护问题，就需要制定更加详细的"下位法"。[2]因

---

［1］ 邱秋.多重流域统筹协调:《长江保护法》的流域管理体制创新［J］.环境保护,2021,49（Z1）:30-35.

［2］ 黄雅屏,金昊.中国流域治理问题探析及《长江保护法》初探［J］.湖北农业科学,2021,60（18）:161-165.

此，相关的地方人大应当主动作为，加紧制定实施《长江保护法》的
地方性法规或者地方政府规章，进一步细化长江保护的法律规则，促
进《长江保护法》的立法精神在地方立法中得以贯彻。与此同时，还
需要司法机关、政府相关职能部门以及社会各主体不折不扣地贯彻落
实《长江保护法》。为正确适用《长江保护法》，最高人民法院已经
出台了《关于贯彻〈中华人民共和国长江保护法〉的实施意见》，要
求各级人民法院应当充分发挥审判职能作用，依法加强长江流域生态
环境保护和修复，促进资源合理高效利用，推动长江流域绿色发展。[1]
检察机关也在积极行动，长江保护的成效日益凸显。数据显示，2020
年1月至11月，长江经济带11省市检察机关共立案办理生态环境和
资源保护领域公益诉讼案件30930件；向行政机关发出诉前检察建议
督促依法履职21526件；对破坏环境资源的单位或个人单独提起民事
公益诉讼372件；提起刑事附带民事公益诉讼2361件；对不依法履
职的行政机关提起行政公益诉讼247件；支持有关机关组织提起诉讼
118件。[2]长江流域周边的相关省市检察机关也在积极主动地作为。
例如，重庆市检察机关"保护长江母亲河"公益诉讼专项行动，三年
来共立案办理公益诉讼案4441件，履行诉前程序4041件，共批捕破
坏生态环境资源犯罪288件425人，提起公诉3385件5601人。[3]2021
年3月31日，上海市、江苏省、浙江省、安徽省四地检察机关通过
视频连线方式联合召开新闻发布会，通报2020年以来四地检察机关
促进和保障长江流域禁捕工作情况，并分别发布相关典型案例。[4]
可见，随着《长江保护法》的颁布施行，长江流域的司法保护力度得
到了显著增强。

---

［1］　最高人民法院关于贯彻《中华人民共和国长江保护法》的实施意见［N］.人民法院报，2021–
02–26（2）.

［2］　林平，刁凡超.最高检第八检察厅长胡卫列谈长江保护法：将助力生态检察工作［EB/OL］.
（2021–03–03）［2021–10–13］.澎湃新闻网.

［3］　杨铌紫.聚焦四大问题 多方联动协作：重庆检察机关"保护长江母亲河"公益诉讼三年专项行
动成效显著［N］.重庆日报，2021–06–21（7）.

［4］　林中明，卢志坚，范跃红，等.沪苏浙皖四地检察机关携手推进"长江大保护"［EB/OL］.
（2021–04–01）［2021–10–15］.正义网.

在《长江保护法》颁布实施之后，黄河保护的立法工作也提上了议事日程。2019年9月18日，习近平总书记在黄河流域生态保护和高质量发展座谈会上的讲话指出："黄河流域在我国经济社会发展和生态安全方面具有十分重要的地位。"习近平总书记在讲话中强调："治理黄河，重在保护，要在治理。"[1]为保护好黄河、治理好黄河，促进黄河流域生态保护和高质量发展，加强黄河流域的立法工作已然成为立法机关一项紧迫的任务。不少学者就制定《黄河保护法》提出了具体的设想或者建议。有的学者认为制定综合性的《黄河法》，是促进黄河流域水资源节约集约利用，推动流域高质量发展极为重要的一环。[2]有的学者则认为黄河保护立法是一个系统工程，应从加快黄河流域综合法建设、完善地方特色立法以及扩大公众参与等方面来充实河南黄河流域立法建设。[3]有的学者建议立法应当以保护水资源为中心，全面协调水资源管理、防洪、水土保持、污染防治等各项行为，实现黄河水资源、水环境、水生态的统一高效管理。[4]总的来看，立法机关、政府职能部门、学术界已经就加快黄河流域立法进程达成了广泛共识。2022年10月30日，《中华人民共和国黄河保护法》已由中华人民共和国第十三届全国人民代表大会常务委员会第三十七次会议通过，该法自2023年4月1日起施行。该法的通过将大大推动黄河流域生态保护和高质量发展，对推进流域治理现代化、推进水资源节约集约利用、实现人与自然和谐共生以及中华民族永续发展等方面都意义重大。

值得注意的是，在大江大河的生态环境立法进程中，不可忽视对分支细流的保护。活水的分支细流终将会汇入大江大河，它的水质环

---

［1］ 习近平：在黄河流域生态保护和高质量发展座谈会上的讲话（2019年9月18日）［EB/OL］.（2019-10-15）［2021-10-15］.中国共产党新闻网.

［2］ 吴浓娣，刘定湘.《黄河法》的功能定位及立法关键［J］.人民黄河，2020，42（8）：1-4，10.

［3］ 郑曙光.黄河流域生态保护和高质量发展立法实践问题探究：以河南省为视角［J］.山西省政法管理干部学院学报，2020，33（4）：27-29，105.

［4］ 孙佑海.黄河流域生态环境违法行为司法应对之道［J］.环境保护，2020，48（Z1）：33-40.

境得不到改善依旧会影响南通整个水质体系的净化。[1]这就需要在推动大江大河管理法律制度创新的进程中，要注重建立起大江大河与分支细流的统筹协调机制，重点解决好大江大河与分支细流管理中的事权不清晰、权责不明晰的问题，从而实现水资源的整体性保护。

第四节　禁食野生动物管理制度改革及其立法完善

"野生动物资源归属于国家所有"并不表明国家当然具备了禁止公众食用野生动物的资格，禁食野生动物应当寻求立法的突破。禁食野生动物立法并不表明一定要赋予动物权利或者动物福利来实现，不宜借助禁食野生动物立法主张野生动物权利或者宣扬动物福利立法。在立法目的上，应当在兼顾保护野生动物的同时，着重聚焦保护人的身体健康。禁食野生动物的立法重点，在于重新厘定野生动物的概念和禁食野生动物的范围，明确违法食用野生动物的执法主体，明晰违法食用野生动物的法律责任。尽管《野生动物保护法》在第一条开宗明义强调了"保护野生动物"的立法目的，但由于缺乏全面、具体的禁食野生动物法律规范，始终无法阻滞"野味"爱好者食用野生动物的步伐。目前，禁食野生动物的立法完善已经成为一项刻不容缓的任务。

一、禁食野生动物立法需要廓清的理论问题

（一）禁食野生动物立法与野生动物资源归属国家所有的关系

我国《野生动物保护法》规定："野生动物资源属于国家所有。"[2]这一规定是否可以成为禁食野生动物立法的法律依据？或者说，野生动物资源归属于国家所有是否能推导出国家有权禁食野生

---

[1]　季丹丹，李凤芹.江苏南通河长制推行的现状、问题与对策［J］.中国集体经济，2021（16）：9-10.
[2]　参见《野生动物保护法》第三条。

动物？答案是否定的。首先，"野生动物资源"与"野生动物"是两个不同的概念，野生动物资源归属于国家所有并不代表所有的野生动物都归属于国家所有。"资源"代表了可利用的、有价值的东西。[1] "自然资源"是指在一定时间条件下，能够产生经济价值以提高人类当前和未来福利的自然环境因素的总称。[2] 由此可见，能够冠之以"资源"的野生动物，一定是可以给人类带来福利或者对人类有利用价值的；而对危害人类生存的或者对人类没有利用价值的野生动物，则不宜称之为"野生动物资源"。由此可见，并非中国领域内的所有野生动物都归属于国家所有，从野生动物资源归属于国家所有来论证禁食野生动物立法的正当性，其本身就是不周延的。第二，设置国家所有权制度的目的并不在于限制或者禁止对物的利用。如果某物其本身是被禁止利用的，在该物之上设置权利归属制度的意义将大打折扣。自然资源国家所有权制度的一个重要功能就是在于促进自然资源的合理、充分与有效的利用，设置自然资源物权的根本目的是建构自然资源开发利用秩序而不是为了禁止对物的利用。《野生动物保护法》规定了野生动物资源归属于国家所有，其立法本意并不是为了实现对野生动物利用的禁止，恰恰相反，这一规定是为了给建立野生动物开发利用秩序提供制度基础。依据《野生动物保护法》的规定，国家对野生动物利用的基本原则是"保护优先、规范利用、严格监管"。[3] 不难看出，《野生动物保护法》强调的是"规范利用"而不是"禁止利用"。简言之，野生动物资源归属于国家所有并不是禁食野生动物立法的制度依据，不宜从野生动物资源归属于国家所有来论证禁食野生动物立法的正当性。

---

[1]　施志源.生态文明背景下的自然资源国家所有权研究 [M].北京：法律出版社，2015：47.

[2]　黄民生，何岩，方如康.中国自然资源的开发、利用和保护 [M].2 版.北京：科学出版社，2011：1.

[3]　参见《野生动物保护法》第四条。

（二）禁食野生动物立法与主张动物权利之间的关系

动物权利问题是环境伦理学持续关注的核心议题之一，环境伦理学者分别从功利主义、天赋价值、感受能力等角度论证动物拥有基本的道德权利。[1] 被公认为动物权利论精神领袖的汤姆·里根，宣称动物和人一样都是生命主体，动物应当获得尊重的平等权利。[2] 环境伦理学者关于动物权利的主张，对提升人类爱惜动物的意识、推进保护动物环保运动具有重要意义。但环境伦理学者所倡导的动物权利与法律意义上的权利有着本质的差异。正如学者所言，环境伦理学的主张并不能等同于法律学的主张，法律人格无法扩展至动物，应当把动物作为一类特殊的物来看待。[3] 简言之，尽管动物权利的主张在环境伦理学界日益达成共识，但要在立法上确认动物享有"权利"，却是一个几乎不可能完成的任务。禁食野生动物立法有利于野生动物的保护，从动物伦理学视角而言，这一立法可以给主张动物权利提供更为丰富的素材。但从立法意图而言，禁食野生动物立法只是禁止人类食用野生动物，并非要赋予野生动物权利主体资格。简言之，禁食野生动物立法无须以认可动物权利主张为前提，立法上不认可动物享有权利不能也不会影响禁食野生动物立法的推进。

（三）禁食野生动物立法与动物福利立法之间的关系

在认识到动物权利在立法上行不通之后，不少学者转而主张开展动物福利立法。动物福利比动物权利在立法层面更具有现实性和可行性。[4] 动物权利无法法定化，行之有效的动物保护立法策略是动物

---

［1］　张姚. 国内外动物权利研究评述［J］. 社会科学论坛，2019（2）：243–251.

［2］　武培培，包庆德. 当代西方动物权利研究评述［J］. 自然辩证法研究，2013，29（1）：73–78.

［3］　杨立新，朱呈义. 动物法律人格之否定：兼论动物之法律"物格"［J］. 法学研究，2004，26（5）：86–102.

［4］　曹明德，刘明明. 对动物福利立法的思考［J］. 暨南学报（哲学社会科学版），2010，32（1）：41–46.

福利。[1]欧盟动物福利的成功立法说明动物福利法作为一个独立的公法部门法是可行的。[2]尽管动物福利立法的呼声此起彼伏，但至今仍然没有迈出实质性的步伐。在 2016 年修订《野生动物保护法》时，"动物福利"最终因争议太大未能入法。立法机关的最终选择是在《野生动物保护法》第二十六条规定了野生动物保护和不得虐待野生动物的规则。尽管该条文被有的媒体解读为实质性的动物福利保护内容[3]，但并非真正意义上的野生动物福利立法。2016 年修订的《野生动物保护法》没有明文规定"动物福利"本身就意味着动物福利立法将是一个漫长曲折的过程。那么，禁食野生动物立法，是否需要以法律承认动物福利为前提？或者说，如果立法没有明文规定动物福利，可否开展禁食野生动物立法？这是禁食野生动物立法不可回避的问题。从逻辑上讲，如果立法明确规定了动物福利，将为禁食野生动物立法提供更多的正当性依据。但立法上确认动物福利却不是禁食野生动物立法的前置必要条件，禁食野生动物立法无须以法律承认动物福利为前提。其根本原因在于二者的价值取向存在着本质的差异。动物福利立法在价值选择上是将动物作为法律上的类主体[4]，而禁食野生动物立法在价值选择上是对人类食用野生动物的行为进行限制或者禁止，禁食野生动物立法目的在于保护人体健康而非保护动物福利。通过立法禁食野生动物的根本目的在于阻断食用野生动物可能产生的疾病，并非要把动物提升到与人类平等的法律地位。简言之，禁食野生动物立法不需要以立法承认动物福利为前提，不可借动物福利未入法之名拖延禁食野生动物立法的进程。

［1］　刘宁.动物权利的法定化困境及其破解［J］.河北大学学报（哲学社会科学版），2012，37（1）：78-84.

［2］　常纪文.从欧盟立法看动物福利法的独立性［J］.环球法律评论，2006，28（3）：343-351.

［3］　新《野生动物保护法》解读［EB/OL］.（2019-07-01）［2020-02-10］.搜狐网.

［4］　高利红.动物福利立法的价值定位［J］.山东科技大学学报（社会科学版），2006，8（1）：39-45.

二、我国禁食野生动物的立法考察

通观我国现行有效的法律法规，与禁食野生动物最为直接相关的当属《野生动物保护法》，但该法仅仅禁食了部分重点保护的野生动物。2020 年之前，《深圳经济特区禁止食用野生动物若干规定》是唯一以"禁止食用野生动物"命名的地方性法规；之后，天津市人大常委会于 2020 年 2 月 14 日率先出台了《天津市人民代表大会常务委员会关于禁止食用野生动物的决定》，福建省人大常委会也于 2020 年 2 月 18 日出台了《福建省人民代表大会常务委员会关于革除滥食野生动物陋习、切实保障人民群众生命健康安全的决定》。除此之外，更多的立法从野生动物保护、野生动物收容、野生动物人工繁殖、野生动物利用等视角进行了规定，尽管这些立法并无明文规定禁食野生动物，却与禁食野生动物立法有着密切的联系。梳理与禁食野生动物立法相关的法律、行政法规、政府规章和地方立法，是推进禁食野生动物立法必须进行的一项基础性工作。

（一）法律的相关规定

1.《野生动物保护法》的相关规定

《野生动物保护法》在规定野生动物资源归属于国家所有的同时，还同时规定了国家保障野生动物利用活动的规则。《野生动物保护法》规定："国家保障依法从事野生动物科学研究、人工繁育等保护及相关活动的组织和个人的合法权益。"[1] 那么，这一条款中的"相关活动"是否包括"食用野生动物"？从条文的文义来看，国家保障的是与"科学研究、人工繁育等"相关活动的，尽管规定了"等"字，但"依法从事"的限定表明了在法律作出明确规定之前"等"字不可随意地作扩张式解释。可见，"食用野生动物"并非《野生动物保护法》

---

[1]　参见《野生动物保护法》第三条。

所保障的"相关活动"。与此同时，《野生动物保护法》在禁止出售、购买、利用国家重点保护野生动物及其制品的同时，禁止为食用非法购买国家重点保护的野生动物及其制品。[1]可见，食用不是国家重点保护的野生动物及其制品，不在《野生动物保护法》的禁止之列。简言之，食用不是国家重点保护的野生动物及其制品的情形，既不在《野生动物保护法》的保护之列，也不在《野生动物保护法》的反对之列。

2.《中华人民共和国食品安全法》的相关规定

《中华人民共和国食品安全法》（以下简称《食品安全法》）没有专门就禁食野生动物进行规定，关于动物制品的禁止性规定主要是从禁止生产经营的角度进行规定。《食品安全法》在规定禁止生产经营病死、毒死或者死因不明的禽、畜、兽、水产动物肉类及其制品的同时，规定了生产经营病死、毒死或者死因不明的禽、畜、兽、水产动物肉类及其制品的法律责任。[2]可以看出，《食品安全法》主要关注的是动物肉类食品的安全，不论是野生动物还是畜养动物，只要是病死、毒死或者死因不明的，都在禁止生产经营之列；反之，不属于"病死、毒死或者死因不明的"动物肉类，即使是野生动物肉类或者其制品，也不在《食品安全法》的禁止生产经营之列。此外，《食品安全法》的法律责任制度设计可供禁食野生动物立法参考。例如，《食品安全法》创设的"累加处罚"制度，其本质就是一种对"累罚累犯"的相对人予以加重处罚的制度[3]，这一制度对于滥食野生动物的法律责任设计具有借鉴价值。

3.《森林法》的相关规定

2019年12月28日，全国人大常委会对《森林法》进行了一次全

---

［1］ 参见《野生动物保护法》第二十七条、第三十条。

［2］ 参见《食品安全法》第三十四条、第一百二十三条。

［3］ 冀玮.论《食品安全法》"累加处罚"条款的法律适用［J］.行政法学研究，2019（5）：60-72.

面的修订。本次《森林法》修订的亮点之一，是落实《关于建立以国家公园为主体的自然保护地体系的指导意见》的相关精神，补充了关于建设与加强野生动物保护相关的自然保护地的规定。[1]林业自然保护地是野生动物的栖息空间，属于具有综合特性的自然保护地，在野生动物保护上有着非常好的发展优势。[2]《森林法》虽然没有条文直接规定禁食野生动物，但对于与野生动物保护相关的自然保护地建设给予了积极的关注。《森林法》强调通过建立自然保护地体系加强对野生动物的保护管理[3]，并规定陆生野生动物类型的自然保护区范围内的林地和林地上的森林应当划定为公益林。[4]《森林法》虽然没有直接规定禁食野生动物，但对于遏制捕杀野生动物、阻断野生动物食品供给链具有积极的意义。

4.其他法律的相关规定

除上述法律规定之外，《渔业法》从禁止捕杀、伤害的视角对珍贵、濒危水生野生动物加以保护[5]；《中华人民共和国传染病防治法》对出售、运输野生动物相关的防疫工作进行了规定[6]；《中华人民共和国对外贸易法》就禁止或者限制进出口野生动物进行了规定[7]；《刑法》就非法捕捞水产品罪，非法猎捕、杀害珍贵、濒危野生动物罪，非法收购、运输、出售珍贵、濒危野生动物、珍贵、濒危野生动物制品罪，非法狩猎罪进行了规定[8]；等等。尽管这些法律规定并没有明文规定"禁食野生动物"的条款，却对防止违法捕杀野生动物、阻断野生动物食品供给链起到了重要的作用。

---

［1］　2019 年 6 月，中共中央办公厅、国务院办公厅印发《关于建立以国家公园为主体的自然保护地体系的指导意见》，将自然保护地划分为国家公园、自然保护区和自然公园等三大类型，并强调要把野生动物栖息地纳入自然保护地建设体系。

［2］　张俊涛，倪兆睿，李金文.加强林业自然保护地野生动物保护与管理的对策［J］.中国林业产业，2019（6）：67-68.

［3］　参见《森林法》第三十一条。

［4］　参见《森林法》第四十八条。

［5］　参见《渔业法》第三十七条。

［6］　参见《中华人民共和国传染病防治法》第二十五条。

［7］　参见《中华人民共和国对外贸易法》第二十三条。

［8］　参见《刑法》第三百四十条和第三百四十一条。

（二）行政法规的相关规定

与禁食野生动物相关的行政法规，主要有《中华人民共和国陆生野生动物保护实施条例》（简称《陆生野生动物保护实施条例》）、《中华人民共和国水生野生动物保护实施条例》（简称《水生野生动物保护实施条例》）和《森林和野生动物类型自然保护区管理办法》。《陆生野生动物保护实施条例》在规定"禁止出售、收购国家重点保护野生动物或者其产品"的同时，对出售"依法获得的非国家重点保护野生动物或者其产品"的条件进行了规定。[1]《水生野生动物保护实施条例》规定，捕捞作业时误捕水生野生动物的，应当立即无条件放生[2]；并明确规定"禁止捕捉、杀害国家重点保护的水生野生动物"[3]。《森林和野生动物类型自然保护区管理办法》规定，珍贵稀有或者有特殊保护价值的动物的主要生存繁殖地区可以建立自然保护区。[4]行政法规的一个重要功能在于落实和实施法律，在法律没有明文规定禁食野生动物之前，行政法规在禁食野生动物的立法上显然也没能展现出太多的作为，但上述三个行政法规对野生动物保护法律的具体化规定，对于阻断野生动物食物链供给无疑具有积极的意义。

（三）部门规章的相关规定

与野生动物利用和保护相关的部门规章主要包括《野生动物收容救护管理办法》、《中华人民共和国水生野生动物利用特许办法》（简称《水生野生动物利用特许办法》）、《野生动物及其制品价值评估方法》、《引进陆生野生动物外来物种种类及数量审批管理办法》、《国家重点保护野生动物驯养繁殖许可证管理办法》、《陆生野生动物疫

---

[1] 参见《陆生野生动物保护实施条例》第二十六条。
[2] 参见《水生野生动物保护实施条例》第九条。
[3] 参见《水生野生动物保护实施条例》第十二条。
[4] 参见《森林和野生动物类型自然保护区管理办法》第五条。

源疫病监测防控管理办法》、《国家重点保护野生动物名录》、《国家保护的有益的或者有重要经济、科学研究价值的陆生野生动物名录》等。总体而言，上述部门规章并没有明文规定禁食野生动物，但如果要推进禁食野生动物立法，则必须认真研究这些部门规章的相关规定。例如，《野生动物收容救护管理办法》规定，禁止以收容救护为名买卖野生动物及其制品。[1]《水生野生动物利用特许办法》规定，禁止将人工繁育的水生野生动物或其制品进行捐赠、转让、交换。[2]《国家保护的有益的或者有重要经济、科学研究价值的陆生野生动物名录》则有利于落实《野生动物保护法》关于禁止为食用非法购买国家重点保护的野生动物及其制品的立法精神。

（四）禁食野生动物的地方立法

1.《深圳经济特区禁止食用野生动物若干规定》[3]

2003 年 8 月 27 日，深圳市人大常委会通过了《深圳经济特区禁止食用野生动物若干规定》，尽管该规定总共只有 11 个条款，但却开启了禁食野生动物专门立法的破冰之旅。该条例的贡献主要体现在五个方面：第一，开启了禁食野生动物专门立法的先例，也是较早以"禁止食用野生动物"命名的地方性法规；第二，明确规定了禁食野生动物的范围，并于 2018 年 7 月 3 日对相关条款进行了修正，将"有益的或者有重要经济价值或者有科学研究价值的陆生野生动物"修改为"有益的或者有重要生态、科学、社会价值的陆生野生动物"，更加注重从生态价值、社会价值的视角界定禁食的野生动物之范围；第三，从经营、加工、出售、宣传等环节进行了禁止性规定，强化了禁食野生动物的全链条监管；第四，明确规定了政府相关行政管理部门

---

[1]　参见《野生动物收容救护管理办法》第三条。

[2]　参见《中华人民共和国水生野生动物利用特许办法》第十九条。

[3]　2020 年 3 月 31 日，深圳市第六届人民代表大会常务委员会第四十次会议通过了《深圳经济特区全面禁止食用野生动物条例》，《深圳经济特区禁止食用野生动物若干规定》同时废止（尽管该规定已经废止，但其在禁食野生动物立法方面的意义仍然值得肯定）。

的职权范围，并规定了政府职能部门及其工作人员玩忽职守、滥用职权、徇私舞弊、包庇纵容违法行为的法律责任；第五，鼓励公众举报违法加工、出售、食用野生动物行为，强调通过新闻媒体对违法食用野生动物的行为进行曝光。尽管《深圳经济特区禁止食用野生动物若干规定》与成熟的禁食野生动物立法尚存差距，在野生动物的概念和范围界定、政府各部门的职责与分工、违法食用野生动物的法律责任等方面还不够完善，且随着《深圳经济特区全面禁止食用野生动物条例》于 2020 年 5 月 1 日的正式施行已经废止，但该规定开启了禁食野生动物专门立法的先例，为国家层面开展禁食野生动物立法奠定了良好的基础。

2.《天津市人民代表大会常务委员会关于禁止食用野生动物的决定》

2020 年 2 月 14 日，天津市第十七届人民代表大会常务委员会通过了《天津市人民代表大会常务委员会关于禁止食用野生动物的决定》。从该决定的内容看，主要有五个突出的特点：第一，把"为了保障人民群众生命安全和身体健康"作为立法的首要目的；第二，对禁食野生动物的范围进行了限定；第三，强调政府应当加强对禁止食用野生动物工作的组织领导；第四，明确规定了各职能部门的职责；第五，规定了严格的法律责任。客观而言，该规定出台得相对仓促，在内容上还有进一步完善的空间，有的规定还有待于进一步的细化。例如，立法目的中强调"为了保护野生动物资源"，比起《野生动物保护法》的立法目的条款多出了"资源"两个字，反而限缩了保护的范围，表明了立法起草者没有认识到"野生动物"与"野生动物资源"的区别；再比如，尽管规定了相关政府管理部门的职责，但对这些部门的分工缺乏具体明确的规定；等等。尽管如此，天津市人大常委会能够作出积极的响应，这对推进禁食野生动物立法无疑具有重大的意义。

此外，福建省人大常委会也于 2020 年 2 月 18 日通过了《福建省人民代表大会常务委员会关于革除滥食野生动物陋习、切实保障人民群众生命健康安全的决定》。该决定共 15 条，主要对禁止食用野生动物及其制品的范围、相关违法行为、有关部门职责和法律责任作出了明确规定，力图为取缔和严厉打击食用野生动物相关违法行为提供及时、有效的法治支撑。[1] 尽管该决定的具体规则还有待于进一步的完善，但其通过立法方式对滥食野生动物陋习说"不"的做法是值得肯定和推广的。

三、我国禁食野生动物的立法完善

（一）明晰禁食野生动物的立法目的

从保护野生动物的立法目的出发，主要的考量因素是食用野生动物会不会致使生物多样性减少，是否会导致濒危、珍贵野生动物的物种灭绝。也正因为如此，《野生动物保护法》只是禁食国家重点保护的野生动物及其制品。从保护濒危、珍贵野生动物和维护生物多样性及生态平衡而言，《野生动物保护法》关于禁食国家重点保护的野生动物及其制品的规则已经足以实现立法目的。然而，《野生动物保护法》的立法目的并不局限于保护野生动物，保护人的身体健康应当成为禁食野生动物的核心立法目的。从保护人的生命健康的立法目的出发，无论是重点保护的野生动物，还是非重点保护的野生动物，只要其携带病毒并可能对人的身体健康造成危害，都应当列入禁食的野生动物范围之内。由此可见，禁食野生动物的立法目的应当兼顾保护野生动物与保护人的身体健康，且应当以保护人的身体健康为核心立法目的。

那么，这是否意味着《野生动物保护法》应当在立法目的条款增

---

[1]　福建立法向滥食野生动物陋习说"不"！监管覆盖"野味产业"全链条！［EB/OL］.（2020-02-18）［2020-02-25］.福建人大网.

加"保护公众身体健康"的内容呢？笔者认为对此应当慎之又慎。如果《野生动物保护法》增加了"保护人的身体健康"的立法目的，那么就意味着整部法律的规则设计应当将这一立法目的一以贯之。如此一来，"保护野生动物"的主旋律必然会受到冲击。每部法律都有其特定的功能，期望《野生动物保护法》既能解决保护野生动物的问题，又能解决保障公众健康的问题，显然是鱼和熊掌难以兼得的。《野生动物保护法》应当着眼保护好"野生动物"而不是保护好"人"，不宜将立法的重心转向保护人的身体健康。对于人类食用野生动物行为的法律规制，《野生动物保护法》已有的法律规则已经足以实现其既定的功能。对于禁食野生动物的其他法律问题，《野生动物保护法》则不宜大包大揽。从实现"保障人的身体健康"这一立法目的而言，禁食野生动物立法不应当将视野困囿于修订《野生动物保护法》，而应当寻求立法的突破。

（二）明晰禁食野生动物的立法路线图

从中央层面的立法而言，全国人大常委会的主要任务是对禁止食用野生动物进行原则性规定。基于"保护人的身体健康"并非《野生动物保护法》的立法目的，将禁食野生动物的规则补充到《野生动物保护法》之中并不是立法机关最佳的选择。如前文所述，《野生动物保护法》保护的主要是国家所有的野生动物资源，野生动物资源归属于国家所有并不表明所有野生动物都归属于国家所有，并不可以从中得出国家当然就有权禁止公众食用野生动物。目前，《野生动物保护法》的保护范围被限定在列入野生动物相关名录的野生动物，而大量携带病毒的"野生的动物"目前并不在相关名录中，自然也不属于《野生动物保护法》的保护对象。因此，对于食用名录外野生动物的行为，《野生动物保护法》实际上是鞭长莫及的。倘若要通过修订《野生动物保护法》来实现禁食野生动物的立法意图，则需要突破野生动物保护名录制的困囿，将保护范围扩展至所有可能携带病毒的野生动物。这就意味着大大扩大了《野生动物保护法》的保护范围。将野生动物保护名录之外的野生动物也纳入《野生动物保护法》的规制范围，这与《野生动物保护法》现有的规则体系存在着体系性的冲突，需要对《野生动物保护法》进行整体性的彻底修改，其修法的成本之大、难度之高可想而知。因此，《野生动物保护法》应当坚持其一贯的立法意图，以维护生态平衡、保护生物多样性为使命，保护好珍贵、濒危的野生动物。

从立法的效率而言，通过修订《野生动物保护法》来实现禁食野生动物立法也不是最优的。倘若要修订《野生动物保护法》，是否要赋予野生动物权利或者野生动物福利是绕不开的话题。如此一来，禁食野生动物立法难免会与野生动物福利立法缠绕在一起。如前文所述，野生动物福利立法因其本身具有极大的争议而于 2016 年修订《野生动物保护法》时暂时搁置，此时，倘若再度重启《野生动物保护法》的修订，则不宜再对动物福利立法采取暧昧的态度。此外，《野生动物保护法》的诸多法律规则仍然有待于进一步的立法完善，例如，分级分类保护野生动物的规则，对人工繁育野生动物的监管规则，展演展示野生动物的禁止或者限制规则，等等。可见，《野生动物保护法》需要的是系统性的修改，解决好这些问题需要谋定而后动，需要的是深谋研虑、算无遗策。然而，我国相关国情已经不允许禁食野生动物的立法踟蹰不前，尽快出台相关的法律规则是形势所迫、大势所趋。

在立法路线的选择上，禁食野生动物立法的首选是修订《食品安全法》。"保障公众身体健康和生命安全"已经明确规定为《食品安全法》的立法目的[1]，建议立法机关通过修订《食品安全法》来补充规定禁食野生动物的内容。按照目前《食品安全法》的功能，其主要追究的是食品生产经营者的法律责任，修订的内容主要是要明确禁

---

[1]　参见《食品安全法》第一条。

止生产经营野生动物食品的法律规则，从而切断野生动物食品的供给端。当然，禁食野生动物立法需要实现的是猎捕、买卖、食品生产、食品经营、"野味"广告宣传以及违法食用的全链条监管，而这并不是通过修订《食品安全法》所能全部实现的。倘若将所有需要解决的禁食野生动物法律问题都嵌入《食品安全法》，则会破坏《食品安全法》既定的规则体系。因此，对《食品安全法》的修订，一是要补充规定禁止生产经营野生动物食品的规则，并明确违法生产经营野生动物食品的法律责任；二是要增加禁食野生动物的原则性规定，明确禁食的"野生动物"的概念与范围，并规定由国务院负责制定专门禁食野生动物的行政法规。

事实上，无论是修订《野生动物保护法》，还是修订《食品安全法》，抑或是修订任何一部与野生动物相关的现行法规规章，都无法一揽子解决与禁食野生动物相关的猎捕、买卖、食品生产、食品经营、"野味"广告宣传以及违法食用等一系列的法律问题。但如果这些不同环节的禁食野生动物法律问题分散规定在不同的法律法规之中，显然不利于公众正确理解法律，也会徒增执法部门适用法律的难度。因此，在全国人大常委会完成补充《食品安全法》的相关规定之后，应当由国务院及时出台《禁止食用野生动物实施条例》，一揽子规定禁食野生动物的具体法律规则，从而实现滥食野生动物的全链条监管。

从地方层面的立法而言，由于我国幅员辽阔、区域特点多样，应当鼓励地方立法机关根据本区域的特点开展禁食野生动物地方立法。地方立法权扩容已成为国家治理能力现代化的有效举措，推动了地方法治建设。[1]地方立法的模式可以多样化，既可以制定专门性的禁食野生动物地方性法规或者政府规章，也可以在食品安全、自然保护地、野生动物保护等领域的地方性立法中补充禁食野生动物的条款。天津市人大常委会、福建省人大常委会等相继出台了与

---

[1]　苏海雨.地方立法的冲突规范与秩序构建［J］.甘肃政法学院学报，2019（1）：134–145.

禁食野生动物相关的决定，显示出地方立法机关的积极作为。当然，通过颁布禁食野生动物决定的地方立法只是一种应急之策，地方立法机关还应当积极探索制定规则体系相对完整的禁食野生动物地方条例。

（三）野生动物的概念界定与范围厘定

立法要禁食的"野生动物"指的是什么？这是禁食野生动物立法必须回应的关键问题。生物学界认为，野生动物是指不用人工饲养能在自然界生长繁殖的动物。[1]然而，现行法所界定的野生动物的概念，与生物学界的概念界定却有着明显的不同。《野生动物保护法》规定："本法规定保护的野生动物，是指珍贵、濒危的陆生、水生野生动物和有重要生态、科学、社会价值的陆生野生动物。"[2]根据《野生动物保护法》的立法精神，并是不所有野外生长且不需要人工饲养的动物都属于野生动物；而法律保护的野生动物也不仅限于野外生长的动物，人工繁育的动物只要列入了野生动物保护的相关名录，也属于法律所保护的野生动物。关键的问题是，《野生动物保护法》所界定的野生动物，是否就当然地代表法律意义上的野生动物的概念？或者说，立法机关在修订《食品安全法》时可否对禁食的"野生动物"的概念进行重新的界定？正如前文所言，《野生动物保护法》的立法目的是保护野生动物，从这一立法目的出发界定的野生动物显然无法有效实现保护人体健康的立法意图。而禁食野生动物的核心立法是为了保护人体健康。开展禁食野生动物立法，继续沿用《野生动物保护法》界定的"野生动物"，显然是不合适的。总之，尽管保护"野生动物"与禁食"野生动物"之间是紧密相连的，但这两个"野生动物"的内涵和外延却不可等同视之。

---

[1]　张荫碧.世界主要野生动物保护组织机构及条例名称简介［J］.生物学通报，1989，24（6）：37-38.

[2]　参见《野生动物保护法》第二条。

要有效实现禁食野生动物的立法目的，立法需要对禁食的"野生动物"进行重新的概念界定。

此外，《食品安全法》界定与《野生动物保护法》不同的"野生动物"概念，从立法技术而言也是可行的。事实上，在现有的法律法规中，对野生动物的概念界定就各不相同。例如，《野生动物收容救护管理办法》规定，"本办法所称野生动物，是指依法受保护的陆生野生动物"[1]；《野生动物及其制品价值评估方法》规定，"本方法所称野生动物，是指陆生野生动物的整体（含卵、蛋）"[2]；《国家重点保护野生动物驯养繁殖许可证管理办法》规定，"本办法所称野生动物，是指国家重点保护的陆生野生动物"[3]。由此可见，从立法技术而言，不同的法律法规规章可以根据各自的立法目的对该法涉及的核心词汇进行不同的概念界定。

就禁食野生动物立法而言，野生动物是指野生的动物，以及所有可能携带病毒的野生动物。具体而言，立法禁食的野生动物应当包括：①纯野生的动物；②国家重点保护的野生动物；③人工繁育的非重点保护的野生动物，能够大量繁育且对人体健康无危害的除外。就纯野生的动物而言，因无法探明其食物链的来源，更无法确定是否携带病毒，应当全面禁止食用。就国家重点保护的野生动物而言，不论是野生的还是人工繁育的，都在《野生动物保护法》明文规定的禁食之列。当前，国家重点保护的野生动物实施的是名录管理制度，禁食国家重点保护野生动物的立法完善，通过更新《国家重点保护野生动物名录》和《国家保护的有益的或者有重要经济、科学研究价值的陆生野生动物名录》即可实现。但无论这两个名录的范围如何拓展，都无法实现对非国家重点保护野生动物禁食的目的。要有效禁止食用第一类和第三类的野生动物，则需要通过修订《食品安全法》来实现。就人工繁

---

［1］ 参见《野生动物收容救护管理办法》第二条。
［2］ 参见《野生动物及其制品价值评估方法》第二条。
［3］ 参见《国家重点保护野生动物驯养繁殖许可证管理办法》第二条。

育的非重点保护的野生动物而言，如果可以实现大量繁育且经检疫证明对人类健康没有危害的方可食用，不能大量人工繁育的或者非经严格检验检疫的严禁食用。立法还应当明确规定，禁食的"野生动物"，既包括禁食野生动物，也包括禁食野生动物的卵或者蛋，还包括禁食野生动物制品。

（四）建立健全禁食野生动物的长效机制

在现行的法律制度之下，要有效禁食野生动物，仅仅依靠个别政府管理部门是很难做到的，需要多个政府管理部门的通力合作。2020年2月3日，国家十部委（局）联合部署打击野生动物违规交易专项执法行动。[1]但必须注意的是，由十个政府部门共同参与禁食野生动物执法并非长久之计。要真正建立禁食野生动物的长效机制，应当通过立法明确禁食野生动物执法的主管部门，并明晰各个执法部门的权责边界。

根据《野生动物保护法》的规定，对于违法食用国家重点保护的野生动物的，由县级以上人民政府野生动物保护主管部门或者市场监督管理部门按照职责分工开展执法工作。[2]对于违法食用非国家重点保护的野生动物的，如前文所述，主要通过完善《食品安全法》对此类违法行为进行规制，因此，此类违法行为的执法部门应当与《食品安全法》规定的执法体系相匹配。参照《食品安全法》的相关规定，针对违法食用非国家重点保护的野生动物的情形，县级以上人民政府食品安全监督管理部门应当具备执法权。但由于野生动物并非常见的普通食品，而是需要加以普遍禁止食用的对象，立法在执法部门的确定上应当增加野生动物保护主管部门或者畜牧兽医行政部门，并建立健全部门间的联合执法机制。具体而言，对于非法捕杀野生动物的情形，应当由野生动物保护主管部门执法；而一旦违法捕杀的野生动物

---

[1] 珍爱生命 拒吃野味［N］.人民日报，2020-02-04（14）.
[2] 参见《野生动物保护法》第四十八条、第四十九条。

进入食品制作、出售或者食用等环节，食品安全监督管理部门就应当主动介入进来，在执法分工上，主要由食品安全监督管理部门开展执法活动，野生动物保护主管部门配合执法。对于违法捕杀人工繁育的野生动物的情形，应当由野生动物保护主管部门执法；而一旦人工繁育的野生动物进入食品制作、出售或者食用等环节，则需要食品安全监督管理部门和畜牧兽医行政部门的介入，在执法分工上，主要由食品安全监督管理部门开展执法活动，野生动物保护主管部门配合执法，畜牧兽医行政部门主要负责野生动物检疫和人畜共患传染病的防治管理工作。

建立健全禁食野生动物的长效机制，还需要从立法上完善食用野生动物的监督机制。一是要鼓励公众和新闻媒体对违法食用野生动物进行监督。饮食文化是大众文化，发动公众举报违法食用野生动物是发现违法线索的有效方式，新闻媒体对违法食用野生动物的曝光则有助于在全社会营造不食"野味"的良好氛围。对于举报违法食用野生动物的单位或者个人，应当给予保密并给予一定的物质奖励和精神奖励；对于新闻单位的曝光则可以规定更为严格的强制性义务。在国务院出台《禁止食用野生动物实施条例》时，可以根据《食品安全法》关于"任何组织或者个人有权举报食品安全违法行为"的规定[1]，吸收《深圳经济特区禁止食用野生动物若干规定》关于鼓励公众举报、强化新闻媒体曝光义务的规定，[2]完善公众举报违法食用野生动物的相关制度。二是要发挥好环保非政府组织（NGO）的作用，为环保组织监督违法食用野生动物畅通监督渠道并提供法治保障。环保NGO是专门从事环境保护的非政府组织，配有专业的环保技术专家和环境保护法律专家，能够在技术和法律两个方面对违法食用野生动物展开精准的监督。公众诉求度较高的地方，相应的环境法规越有可能取得

---

[1] 参见《食品安全法》第十二条。

[2] 参见《深圳经济特区禁止食用野生动物若干规定》第七条、第九条。

较好的实施效果。[1]协商民主得到有效落实的地方，环境群体性事件就相对较少。在环境治理中，要促进民众诉求的理性表达，培育公共精神，以参与式治理代替群体性抗争。[2]环保 NGO 积极参与野生动物保护可以有效实现协商民主，从而有效避免出现滥食野生动物的公共卫生事件。三是要发挥检察机关的监督作用。立法应当对检察机关的监督与公众、新闻媒体、环保 NGO 的监督做一个合理的分工。公众、新闻媒体、环保 NGO 着重监督违法者，检察机关着重监督执法者。对于禁食野生动物的执法部门及其工作人员怠于履行职责或者不正确履行职责的，检察机关应当及时发出检察建议，并可以适时启动检察公益诉讼程序。

（五）明确违法主体的法律责任和免责事由

就法律责任的承担而言，违法主体主要包括了野生动物的捕杀者、野生动物食品的制作者、野生动物食品的流通者、野生动物食品的经营者、野生动物食品的宣传者和野生动物食品的食用者。立法要起到震慑作用，促使禁食野生动物落到实处，不应当遗漏任何一个相关主体的法律责任。立法尤其是要严格规定野生动物食品食用者的法律责任，给"野味"爱好者戴上紧箍咒。切断了"野味"的需求端，遏制"野味"的供给端自然容易得多。在法律责任的确定上，难点在于如何科学确定处罚金额。如果处罚金额过低，则完全起不到震慑作用。当前，立法的难点是如何科学核算被违法食用的野生动物造成的价值损失。自然资源资产核算的难点在于，如何将自然资源具备的生态价值与社会价值换算成可支付对价的资产价值。[3]因此，在确定对违法食客的处罚金额时，不仅应考量被食用的野生动物所具有的经济价值，还

---

[1]　史亚东.公众诉求与我国地方环境法规的实施效果［J］.大连理工大学学报（社会科学版），2018，39（2）：111-120.

[2]　马奔，付晓彤.协商民主供给侧视角下的环境群体性事件治理［J］.华南师范大学学报（社会科学版），2019（2）：99-105.

[3]　施志源.自然资源资产有偿使用的改革难点与规则完善［J］.中国特色社会主义研究，2019，10（2）：86-91.

应考量食用野生动物可能造成的生态破坏，以及该行为所带来的不良社会影响。对于如何确定处罚金额，2020年2月14日颁布施行的《天津市人民代表大会常务委员会关于禁止食用野生动物的决定》针对以食用或者生产、经营食品为目的，猎捕、出售、购买、运输、携带、寄递禁止食用的野生动物及其制品的违法行为，根据野生动物及其制品价值或者食品货值金额的不同，作出了"价值不足一万元的，并处一万元以上五万元以下罚款；价值一万元以上的，并处价值五倍以上十倍以下罚款"的规定[1]，这些惩罚性处罚规则的幅度与倍数是否科学有待于更加严谨的立法论证和执法实践的进一步检验，但其确定的处罚金额应当高于野生动物及其制品经济价值的立法取向是值得肯定的。此外，在法律责任的确定上，对于多次违法食用野生动物的情形，应当加重处罚；对于多次违法生产经营野生动物食品的，应当参照《食品安全法》进行"累加处罚"[2]；对于情节严重的，应当及时追究刑事责任。

在认定野生动物食用者法律责任时，应当以其主观上存在故意或者过失为前提，在毫不知情的情况下误食法律禁食的野生动物的，不宜追究法律责任；被误导或者被胁迫之下食用法律禁食的野生动物的，应当视具体的情形减轻或者免除法律责任。在严格法律责任的同时，立法还应当明确规定食用野生动物的免责事由。一是出于生存需要迫不得已食用野生动物的，应当免除或者减轻其法律责任。例如，野外考察在深山老林里迷路，为了生存需要而捕杀并食用野生动物的，应当视具体情形减轻或者免除法律责任。但如果捕食野生动物不是唯一的自救途径，则不属于免责事由。二是出于救治伤病需要，迫不得已食用野生动物的，应当视具体情形减轻或者免除法律责任。野生动物可能携带着各种各样的病毒，但也有不少的野生动物是珍贵药材的来源，能够起到救死扶伤的作用。当然，对于法律禁食的野生动物的药

---

[1]　参见《天津市人民代表大会常务委员会关于禁止食用野生动物的决定》第十二条。
[2]　参见《食品安全法》第一百三十四条。

用应当进行最严格的控制，除非迫不得已的情形不得药用，在有可替代药品的情形下也不得药用。

本章小结

自然资源管理制度创新，是生态文明体制机制改革的重中之重。2018 年新设立的自然资源部，统一行使全民所有自然资源资产所有者职责，统一行使所有国土空间用途管制和生态保护修复职责，这标志着自然资源管理体制改革迈出了实质性的一步，但绝不意味着这项改革已经大功告成。自然资源管理体制改革应当进一步解决好自然资源管理职权的运行、自然资源用途的整体性管制及其有效实施、自然资源管理与生态环境治理的有机联动等问题。

在做好顶层设计的同时，要考虑自然资源类型的复杂性与分布的地域性，因地制宜地推进自然资源大部制改革。推进自然资源管理大部制改革，要在法治的框架内依法进行。在改革过程中，发现现有法律规定存在缺陷的，应当修改法律在先，确保自然资源管理体制改革于法有据；发现需要填补法律空白的，应当及时将实践中证明是有效的好经验、好做法上升为法律，为顺利推进自然资源管理体制改革提供充足的制度供给。自然资源管理大部制改革，需要统筹推进，切实做好顶层设计，并与环保大部制改革协同推进，确定政府在自然资源管理中的职权与范围。

土地资源是最重要的自然资源。加快中国土地资源管理的制度创新及其立法完善，是加强自然资源管理制度创新的重点内容。一是明晰土地资源管理制度创新的思想主线，将"国土空间规划—土地利用标准—土地用途管制—土地复垦—土壤污染防治—国土空间生态修复"作为一个完整的链条加以统筹考虑，并将这一理念贯彻到具体的法律制度创新之中。二是以空间整体性思维和自然生态系统一体保护为指导思想，加快国土空间开发保护立法步伐，从根本上破解国土空间规划、利用、保护与修复法律制度供给不足的问题。三是努力提升土地资源的地方立法水平，并将中央层面土地资源管理的最新立法精神和最新政策要求转化为具体的法律规则，注重研究土地资源地方立法的一般规律，并适度体现土地资源立法的地方特色。

在水资源管理体制改革及其制度创新的进程中，实施河长制、湖长制是重要的制度创新举措。河湖长制在实施过程中仍然存在着诸多亟待破解的难题，主要表现在：河湖执法的整体水平有待于进一步提升，河湖治理的公众参与水平有待于进一步提升，河湖联防联治的整体水平有待于进一步提升，河湖治理的考核评价机制有待于进一步健全。目前，已经制定出台的河湖类地方性法规往往偏重明确河长湖长的工作职责、理顺河长湖长的工作机制、建立理顺河长湖长的监督约束机制等，普遍存在着立法理念不够先进、立法内容不够科学的问题，尤其是绿色发展、水资源系统治理等理念还没有在立法中得到充分的运用。

在流域生态环境治理现代化的进程中，加快推进大江大河的立法工作是流域治理法律制度建设的重点领域。《长江保护法》是我国第一部针对特定流域制定的全国性法律，是大江大河立法的一次重大突破，为长江母亲河永葆生机活力提供了法治保障。《长江保护法》解决了长江流域生态环境治理中诸多长期想解决而又难以解决的难点问题，建立起长江流域协调机制，进一步明确了各政府职能部门在长江流域管理中的权力边界，尤其是水行政主管部门的责任得到了进一步的明晰，并建立起较为完善的长江保护法律责任体系。长江保护的法律责任体系相对完整，但重"行政责任"轻"民事责任"的痕迹依然存在。在推动大江大河管理法律制度创新的进程中，要注重不断完善大江大河与分支细流的统筹协调机制，重点解决好大江大河与分支细流管理中的事权不清晰、权责不明晰的问题，从而实现水资源的整体性保护。

　　禁食野生动物立法应当进一步明晰立法目的和基本原则，着力完善禁食野生动物的长效机制，明确相关的法律责任及免责事由。禁食野生动物立法不应当将视野困囿于修订《野生动物保护法》，可以寻求通过修订《食品安全法》来进一步明晰禁止生产经营野生动物食品的规则，并明确违法生产经营野生动物食品的法律责任；还可以由国务院出台《禁止食用野生动物实施条例》，明确禁食野生动物的具体实施细则，从而实现滥食野生动物的全链条监管。同时，地方立法机关还可以因地制宜地探索禁食野生动物地方立法的可行性方案。

第七章 自然资源领域生态综合执法及其机制创新

　　生态综合执法改革，是生态环境保护综合行政执法改革的简称，改革的基本路径是将原先分散在各个环境保护管理部门和自然资源管理部门的执法权归拢起来，统一由一个执法部门来行使环境资源与生态保护领域的执法权。将自然资源领域的执法事项纳入生态综合执法改革，可以有效整合环境保护和国土、农业、水利、海洋等部门的执法力量，实现土地、森林、水、湿地、草原、海域海岛等各种自然资源的整体性保护，对加强自然资源国家所有权行使的法律保护意义重大。

第一节　自然资源领域生态综合执法的改革进程

　　长期以来，针对自然资源领域的行政违法行为，法律一般赋予管理该自然资源的政府职能部门行使行政执法权。例如，对超越批准的矿区范围采矿的行政处罚，执法主体是各级自然资源主管部门[1]；对滥伐林木的行政处罚，执法主体是各级林业主管部门[2]；对擅自修建水工程的行政处罚，执法主体是县级以上人民政府水行政主管部门或者流域管理机构[3]；等等。不同的自然资源管理部门分别行使

---

[1]　参见《矿产资源法》第三十九条。
[2]　参见《森林法》第七十六条。
[3]　参见《水法》第六十五条。

自然资源执法权，有利于自然资源执法的专业化，然而，这种由不同的政府职能部门分别负责某一类型自然资源的执法模式，其弊端也日益凸显。当某一违法行为在破坏森林资源的同时还破坏了土地资源、水资源、野生动植物资源等其他自然资源，原先的部门分割执法遇到了难以逾越的障碍，执法过程中的部门利益倾向和推诿责任现象在所难免，而最终受损的则是国家的自然资源权益。不仅如此，自然资源的保护与生态环境的保护在执法过程中也是需要统筹考虑的，自然资源执法不能仅考虑对自然资源的保护，还应当充分保护自然资源所处的生态环境，而资源与环境的一体保护，则是有效行使自然资源国家所有权的关键要素。因此，保障自然资源国家所有权的有效行使，仅仅依靠传统的自然资源类型分割的执法模式是不够的，逐步将自然资源执法事项纳入生态综合执法事项是大势所趋。简言之，加强自然资源领域的生态综合执法改革，既是实现自然资源整体性保护的内在要求，也是促进自然资源国家所有权有效行使的客观要求。

2018年12月，中共中央办公厅、国务院办公厅印发了《关于深化生态环境保护综合行政执法改革的指导意见》（简称《生态综合执法指导意见》），标志着生态综合执法改革从试点探索阶段转入了全面铺开的新阶段。随着改革的纵深推进，生态综合执法在保障国有自然资源权益方面的优势逐渐显现出来。2020年3月，生态环境部颁布的《生态环境保护综合行政执法事项指导目录（2020年版）》（简称《生态综合执法指导目录2020》）将部分自然资源执法事项正式纳入生态综合执法事项，标志着自然资源领域的生态综合执法改革迈出了实质性的一步。《生态综合执法指导目录2020》共收录了248项生态综合执法事项，其中，与自然资源执法相关的事项有22项（表7-1）。

表 7-1　《生态环境保护综合行政执法事项指导目录（2020 年版）》收录的
自然资源保护执法事项一览表

执法事项	法律依据
对自然保护区管理机构拒不接受生态环境主管部门检查或在检查时弄虚作假的行政处罚	《中华人民共和国自然保护区条例》第三十六条
对国家级自然保护区管理机构拒绝国务院环境保护行政主管部门对国家级自然保护区的监督检查，或者在监督检查中弄虚作假的行政处罚	1.《中华人民共和国自然保护区条例》第三十六条； 2.《国家级自然保护区监督检查办法》第二十条
对在自然保护地内进行非法开矿、修路、筑坝、建设造成生态破坏的行政处罚	1.《中华人民共和国野生动物保护法》第十三条第二款； 2.《中华人民共和国自然保护区条例》第三十五条； 3.《风景名胜区条例》第四十条第一款； 4.《在国家级自然保护区修筑设施审批管理暂行办法》第十四条； 5.《森林公园管理办法》第十条
对在湿地自然保护地内采矿，倾倒有毒有害物质、废弃物、垃圾的行政处罚	1.《中华人民共和国固体废物污染环境防治法》第七十五条； 2.《中华人民共和国自然保护区条例》第三十五条； 3.《湿地保护管理规定》第十一条、第十九条、第二十九条、第三十四条
对在国家森林公园内排放废水、废气、废渣等对森林公园景观和生态造成较大影响的行政处罚	1.《中华人民共和国水污染防治法》第八十三条； 2.《中华人民共和国水污染防治法》第九十九条； 3.《国家级森林公园管理办法》第十八条和第三十条
对在主要入太湖河道岸线内以及岸线周边、两侧保护范围内新建、扩建化工、医药生产项目等行为的行政处罚	《太湖流域管理条例》第六十四条第一款
对擅自修建水工程，或者建设桥梁、码头和其他拦河、跨河、临河建筑物、构筑物，铺设跨河管道、电缆等行为的行政处罚	《中华人民共和国水法》第六十五条第二款
对太湖流域擅自占用规定的水域、滩地等行为的行政处罚	《太湖流域管理条例》第六十七条
对在饮用水水源一级保护区内新建、改建、扩建与供水设施和保护水源无关的建设项目等行为的行政处罚	《中华人民共和国水污染防治法》第九十一条

续表

执法事项	法律依据
对在饮用水水源保护区内使用农药等行为的行政处罚	《农药管理条例》第六十条
对非法向海域排污等行为的行政处罚	《中华人民共和国海洋环境保护法》第七十三条
对在海岛及周边海域违法排放污染物的行政处罚	1.《中华人民共和国海岛保护法》第四十九条；2.《中华人民共和国海洋环境保护法》第七十三条
对海水养殖者未按规定采取科学的养殖方式，对海洋环境造成污染或者严重影响海洋景观的行政处罚	《防治海洋工程建设项目污染损害海洋环境管理条例》第五十三条
对围填海工程材料不符合环保标准的行政处罚	《防治海洋工程建设项目污染损害海洋环境管理条例》第四十九条
对违法采挖、破坏珊瑚礁，砍伐海岛周边海域红树林等造成海洋生态系统破坏行为的行政处罚	1.《中华人民共和国海洋环境保护法》第七十六条；2.《中华人民共和国海岛保护法》第四十六条
对违反规定在无居民海岛进行生产、建设等行为造成环境污染或生态破坏的行政处罚	《中华人民共和国海岛保护法》第四十七条第二款
对碳排放权交易机构及其工作人员未按照规定公布交易信息等的行政处罚	《碳排放权交易管理暂行办法》第四十三条
对矿业固体废物贮存设施停止使用后未按规定封场的行政处罚	《中华人民共和国固体废物污染环境防治法》第七十三条
对产生尾矿的企业未申报登记等行为的行政处罚	1.《中华人民共和国固体废物污染环境防治法》第六十八条；2.《防治尾矿污染环境管理规定》第十八条
对违法新、改、建煤矿及选煤厂，违反煤矸石综合利用有关规定对环境造成污染等行为的行政处罚	1.《中华人民共和国固体废物污染环境防治法》第七十三条；2.《煤矸石综合利用管理办法》第十条、第十二条、第十四条、第十六条、第二十三条
对因开发土地造成土地荒漠化、盐渍化的行政处罚	《中华人民共和国土地管理法》第七十五条

从表7-1可以看出，自然资源领域的执法事项已经成为生态综合执法事项的重要组成部分，表明了生态综合执法在保护自然资源国家

所有权行使中将发挥日益重要的作用。

第一，将自然资源领域的执法事项统筹到生态综合执法事项之中，有利于执法者统筹兼顾自然资源权益与生态环境利益，避免在执法中出现"自然资源财产权益"与"自然资源生态环境利益"的顾此失彼、厚此薄彼的现象，而这是单一的自然资源执法所无法实现的功能。例如，根据《国土地管理法》第七十五条的规定，对因开发土地造成土地荒漠化、盐渍化的，由自然资源主管部门、农村农业主管部门作为执法主体，这一执法模式无法顾及违法开发土地造成的环境破坏问题。《生态综合执法指导目录》将该事项纳入生态综合执法事项之后，此类违法行为由生态综合执法部门行使行政处罚权，能够有效实现自然资源权益与生态环境利益的统筹兼顾。国家作为自然资源所有者的合法权益，既包括了自然资源所具备的财产权益，也包括了自然资源所具备的生态环境效益和相关的社会公共利益。因此，通过生态综合执法来保护自然资源国家所有权的行使，可以有效避免执法过程中只注重保护被破坏的自然资源而忽视可能存在的生态环境破坏。

第二，通过生态综合执法保护自然资源国家所有权的行使，有助于把握对自然资源国家所有权行使限制的"度"。自然资源国家所有权的行使应当促进自然资源的可持续开发利用、不破坏生态环境、不损害社会公共利益，实现这些目标都需要对自然资源国家所有权的行使进行必要的限制，但这种对自然资源开发利用的限制应当把握好分寸，而生态综合执法通过对违法开发利用资源行为的约束，恰恰有助于控制好对自然资源国家所有权行使限制的"度"。正如学者所言，公共利益概念应作为对社会主导利益集团权利的制衡力量而存在。[1]

第三，有利于规范自然资源开发利用的行为。允许一般的民事主体开发利用国家所有的自然资源，这是发挥自然资源价值、保障公众

---

[1]　迈克·费恩塔克. 规制中的公共利益 [M]. 戴昕，译. 北京：中国人民大学出版社，2014：35.

自然资源需求的内在要求。但不可否认的是，并非所有的自然资源开发利用主体都具有自觉保障国家自然资源权益的意识，破坏性开发利用自然资源、掠夺性开发利用自然资源、低效率开发利用自然资源、高污染开发利用自然资源等行为屡见不鲜。尽管不少的现行自然资源法律法规试图通过强化自然资源执法来规范开发利用自然资源的行为，但由于我国自然资源法律法规相对分散，自然资源执法的震慑力并没有得到充分的展现。例如，对在自然保护地内进行非法开矿、修路、筑坝、建设造成生态破坏的行政处罚，处罚依据分散在《野生动物保护法》《中华人民共和国自然保护区条例》《风景名胜区条例》《在国家级自然保护区修筑设施审批管理暂行办法》《森林公园管理办法》等法律法规之中，规定的执法主体也不尽相同，自然保护区行政主管部门或者其授权的自然保护区管理机构、风景名胜区管理机构、林业主管部门作为执法主体分别规定在不同的法律条款之中。这种现象极易导致执法主体之间的权责不清与推诿扯皮，重复执法或者执法真空的问题也会随之出现。克服这一执法困境的良方，便是将此类执法事项纳入生态综合执法事项，统一由生态综合执法部门进行执法。由此可见，通过生态综合执法规范自然资源开发利用行为，有利于克服执法依据多样、执法主体多头而导致的自然资源执法困境，这对保障国家的自然资源权益无疑具有十分重大的意义。

第四，有利于明确违法开发利用自然资源的执法主体。在现有的法律规定中，对同一开发利用自然资源的违法行为，存在多个执法主体的情形并不鲜见。比如，根据《煤矸石综合利用管理办法》第二十三条的规定，违法新建（改扩建）煤矿或煤炭洗选企业建设永久性煤矸石堆场的，由国土资源等部门监督其限期整改；造成环境污染的，由环境保护部门进行处罚；不符合产品和工程项目相关国家或者行业标准的，由质量技术监督部门进行处罚；造成安全事故的，由安监部门进行处罚。但如果同一违法行为既是违法改建，又造成了环境污染，同时还不符合相关标准并造成了安全事故，那应当由哪个部门进行处罚呢？生态综合执法可以有效突破这一执法困境，解决因存在多个执法主体带来的执法主体不明晰的问题。

第五，有利于提升保护特定领域自然资源执法的有效性。例如，对于湿地自然保护地的各种各样破坏行为，《中华人民共和国固体废物污染环境防治法》《中华人民共和国自然保护区条例》《湿地保护管理规定》等分别规定了有权进行行政处罚的执法部门，针对不同的破坏行为由不同的执法部门执法可以实现执法的专业化与精细化，但其忽视了一个基本问题：无论在一块湿地上实施何种破坏性行为，最终受到破坏的都是该湿地资源，因此，需要先评估该湿地资源受到的破坏程度，再以此为依据作出相应的处罚决定。如果将不同的湿地违法行为分散在不同的执法主体，那么就很难对湿地资源的状态有一个连贯的把握。当多个违法行为出现在同一片湿地之上时，不同的执法主体会出现对湿地破坏状态的不同认识，无法有效识别湿地破坏的后果究竟是由哪一种违法行为导致的。这就可能出现轻犯重罚或者重犯轻罚的现象。为克服这一重视破坏原因、忽视破坏结果评估的尴尬执法困局，更是为了克服自然资源执法中的不公正现象，将这类自然资源执法事项纳入生态综合执法事项是非常必要的。

第二节　自然资源领域生态综合执法的实践探索

在实践中，由于对生态综合执法之"综合"的理解和把握各不相同，自然资源保护的生态综合执法在各地展开了不尽相同的实践探索，出现了不同类型的生态综合执法模式。这些不同的生态综合执法模式在保护国家自然资源权益中发挥着各自的作用。

一、"污染防治＋资源保护＋生态保护"模式

这是一种高度整合、全面集中的综合执法模式，在这一模式下，所有的自然资源执法事项都归入生态综合执法事项，自然资源管理部门不再从事自然资源执法事宜。福建省大田县的生态综合执法改革就是这一模式的典型代表。2017 年，大田县成立了福建省第一个生态综合执法局，该局全面履行该县环境生态监督检查职能，依法查处未经批准进行采石、取土、捞沙、采矿、排污、弃土、弃渣、水洗沙、水洗矿、占用河道、水土流失等破坏环境生态的行为[1]。可见，大田县的生态综合执法集中了污染防治、资源保护和生态保护的行政处罚权，是一种全覆盖的生态综合执法模式。在这一综合执法模式下，一个县只有一支环境资源领域的执法队伍，其最大优势在于可以避免环境资源管理部门之间的推诿扯皮。就保护国家自然资源权益中的作用而言，这种大综合的生态执法模式对国家所有自然资源的保护是立体的、全面的，既能从污染防治执法层面打击污染国家所有自然资源的行为，也能从自然资源执法层面打击直接破坏国家所有自然资源的行为，还能从生态执法层面打击破坏国家所有自然资源所处生态环境的行为。在该生态综合执法模式之下，自然资源保护执法是生态综合执法的重要组成部分，这对于保护国家自然资源权益意义重大。以河砂保护为例，河道非法洗砂的行为严重损害国家自然资源权益，打击非法洗砂行为已经在实践中成为生态综合执法的一个重点领域。当然，这一模式要有效运行起来，必须解决好三个关键性问题。一是如何将原先分散在各职能部门的执法权有效整合起来，并明晰生态综合执法的职权边界；二是如何让原先专门负责某一领域执法的人员具备综合执法的素质和能力，并有效履行生态综合执法的任务；三是执法权从原先的环境资源管理部门剥离出来之后，在执法过程中如何有效获得

---

[1] 福建省大田县生态综合执法局生态综合执法[EB/OL].（2017－08－28）[2019－08－25].法治政府网.

环境资源管理部门的信息支持和技术支持。

二、"污染防治+生态保护"模式

在这一模式中，与污染防治、生态保护紧密相关的自然资源执法事项归入生态综合执法事项，其他的自然资源执法事项仍然由相关的自然资源管理部门负责执法。2018年12月印发的《生态综合执法指导意见》，明确将"整合相关部门污染防治和生态保护执法职责、队伍，相对集中行政执法权"作为生态综合执法基本原则之一。根据生态环境部公布的数据，2019年上半年全国已经有16个省份根据《生态综合执法指导意见》印发了具体的落实方案[1]，这表明"污染防治+生态保护"的生态综合执法模式已经在全国范围内陆续铺开。不少地级市也结合环境保护垂直管理体制改革启动了生态综合执法改革。例如，2019年11月保定市启动生态环境综合行政执法改革，整合原属生态环境、自然资源和规划、农业农村、水利等部门相关污染防治执法和生态保护执法职责，由生态环境保护综合执法队伍统一行使生态环境保护执法职能。[2]就保护国家自然资源权益中的作用而言，"污染防治+生态保护"的生态执法模式，对国家所有自然资源的保护主要体现为保护与自然资源相关的国家环境权益与国家生态利益，一是打击污染国家所有自然资源的行为，二是打击破坏国家所有自然资源所处生态环境的行为。而对盗伐林木、盗采矿产资源等直接破坏自然资源的违法行为的打击，则不属于该综合执法模式下的职能。

---

[1] 生态环境部：16省份已印发生态环境综合行政执法改革意见 [EB/OL]. (2019-04-29) [2019-08-25]. 中国新闻网.

[2] 寇国莹. 保定启动生态环境综合行政执法改革：整合相关部门职责组建生态环境保护综合执法队伍，统一行使生态环保执法职能 [N]. 河北日报，2019-11-11 (11).

三、"污染防治＋陆地生态保护"模式

在这一综合执法模式之下，仍然存在着两支环境资源领域的执法队伍，一支是陆地生态综合执法队伍，一支是海洋生态执法队伍。存在陆地、海洋二分的生态执法格局，其理由主要有两个方面。就法律依据层面而言，目前《环境保护法》与《海洋环境保护法》并存的法律架构决定了陆地环境执法与海洋环境执法存在差异性，在我国制定一部统一的《环境法典》之前，陆地、海洋二分的环境执法格局有其法律正当性。当然，更重要的原因在于海洋环境资源执法与陆地环境资源执法存在着巨大的差异。以海砂执法为例，没有专门的船只、专业的人员和专业的技术支撑，根本无法完成打击海上非法采砂行为的执法任务。让长期在陆地开展环境资源执法的人员从事海洋环境资源执法任务，既不合理也不现实，保护国家海砂资源权益的目的就会落空。就保护国家自然资源权益中的作用而言，两支执法队伍各司其职，分别负责保护陆地自然资源和海洋自然资源，具有一定的合理性。尽管如此，也应当看到陆海生态执法分割存在的弊端。一方面，陆地生态环境和海洋生态环境共同构成了一个有机联系的地球生态环境，陆地生态环境遭到破坏的同时会对海洋生态环境造成负面影响，海洋生态环境的变化也会影响陆地生态环境的质量，将陆地生态环境与海洋生态环境分割执法的一大弊端就是忽视了二者之间的这种相互影响、相互作用、不可分割的联系，最终将直接影响整个生态环境质量的改善。另一方面，在陆地生态执法和海洋生态执法二分的情形下容易形成执法的真空地带，特别是在陆地和海洋的交界处，有些破坏环境资源的行为是在陆地上实施的，最终污染物流入大海，受到污染的却是海洋资源；反之亦然，有些破坏生态的行为是在海上实施的，但其影响的范围却波及陆地自然资源。因此，陆海统筹是生态综合执法的努力方向和改革趋势，其关键在于如何根据现实的条件有序地推进生态执法的陆海统筹。

第三节　自然资源领域生态综合执法的难点探析

目前，生态综合执法改革已经在全国铺开。但我们必须清晰地认识到这项改革的复杂性和艰巨性，改革过程中仍然存在执法职权范围的边界不清、综合执法与专业执法的分合把握不准、自然资源领域执法信息共享机制不畅、陆海生态执法的统筹推进不力等诸多现实难题。

一、生态综合执法的职权范围确定难

根据 2018 年 12 月印发的《生态综合执法指导意见》，自然资源领域的生态综合执法的职权范围主要包括两大类，即与自然资源保护相关的污染防治执法与生态保护执法。"污染防治"的执法范围确定起来相对容易，可以根据被污染的环境要素确定具体的执法事权，具体包括了土壤污染执法、水污染执法、大气污染执法、噪声污染执法、固体废物污染执法等领域的污染防治执法。总体而言，环境污染类执法的执法依据相对明确、执法边界相对清晰，例如，土壤污染执法主要依据《土壤污染防治法》，大气污染执法主要依据《大气污染防治法》，固体废物污染执法主要依据《固体废物污染环境防治法》。当然，也有部分环境污染类执法依据多个部门法，执法职权边界不清的问题就凸显出来了。以环境噪声污染执法为例，根据《环境噪声污染防治法》，生态环境主管部门是主要的噪声污染执法部门；然而，根据《城市管理执法办法》，城市管理行政执法部门具有城市噪声污染执法权。从法律效力上讲，《环境噪声污染防治法》是全国人大常委会制定的法律，《城市管理执法办法》是住房城乡部制定的部门规章，《环境噪声污染防治法》的法律位阶明显高于《城市管理执法办法》，环境噪声污染执法应当是生态综合执法部门唱主角。而具体的执法实践恰恰并非如此。以"噪声污染执法"为关

键词、以"2019 年 1 月 1 日——2020 年 1 月 1 日"为时间条件在百度中搜索网页新闻，可以发现噪声污染的执法部门基本上都是城市管理执法部门，并非生态环境执法部门。尽管《环境噪声污染防治法》并不排斥其他执法部门参与环境噪声污染执法，但本应由生态环境执法部门唱主角的阵地却由城市管理执法部门取而代之。可见，如何厘清生态综合执法部门与城市管理综合执法部门的职权边界，是明确生态综合执法事权的一个重要任务。

厘清"生态保护"的内涵与外延，是确定生态综合执法职权范围的又一难点问题。在环境科学领域，生态保护是指人类对生态环境有意识的保护[1]；生态保护是人类遵循生态规律有意识地对生态环境采取一定对策及措施进行保护的活动，生态保护工作的对象包括自然生态系统的保护、自然资源的保护、生物多样性的保护、自然保护区的建设与管理、城乡生态保护等等。[2]尽管学者对生态保护的概念表述各不相同，但都强调了自然资源的保护是生态保护不可或缺的组成部分。

由于我国的环境保护法律并没有对生态保护进行概念界定，关于生态保护的含义存在诸多争议，因此实践中人们对生态保护执法的范围认识不统一。我国《宪法》第二十六条使用了"国家保护和改善生活环境和生态环境"的表述，使得"生态保护"与"生态环境保护"常常被混同使用，这种混同使用在一般情形之下不会产生争端，但在确定生态综合执法事项时却会因概念边界不清而导致执法事项不明。《生态综合执法指导意见》将污染防治执法与生态保护执法作为两项并列的职权，表明了生态保护执法不可扩张解释为生态环境保护执法。可见，厘清"生态保护"的内涵和外延对明确生态保护执法的范围至关重要。学术界对生态保护的界定也不尽相

---

[1]   孔繁德，等.生态保护 [M].2 版.北京：中国环境科学出版社，2005：18.
[2]   李旭东，葛向东.生态保护 [M].北京：中国环境科学出版社，2003：4-5.

同。有学者认为，生态保护是指国家和社会为使特定区域生态环境免遭人类活动不利影响，避免区域内生物有机体之间及其与外界环境之间的有机联系遭受破坏而采取的保护措施。[1]该界定强调了生态保护的对象主要是一定区域内的"生物有机体之间及其与外界环境之间的有机联系"。从这一界定出发，只有破坏这种"有机联系"的才属于生态保护执法的范围，破坏个体生物的则不属于生态保护执法的范围。这种解释在学理上完全可行，但在实践中却会遭遇不小的难题。以水生态执法为例。企业将污染物违法排入河流，不仅污染了水资源、水中动植物资源，也污染了河岸、河床，并导致了一定区域的生态破坏。一种行为既导致了环境污染，也导致了自然资源损害，还导致了生态受损，而这三种破坏之间存在着密不可分的联系，在确定执法事项时将其分割开来既不科学也不合理。可见，就生态综合执法的范围而言，不能仅仅将"生态保护"限定在保护"生物有机体之间及其与外界环境之间的有机联系"这个范围之内，而应当包含保护被破坏的自然资源本身。尽管《生态综合执法指导目录2020》已经收录了22项与自然资源执法相关的事项，但这些事项在所有的生态综合执法事项中的占比不到十分之一，自然资源领域的生态综合执法事项仍然有进一步增补和改进的空间。

在实践中，生态综合执法职权不清晰的问题也日益凸显。从《中共大田县生态综合执法局党组关于巡察整改进展情况的通报》可以看出，目前生态综合执法在实践中主要存在两大问题。一是生态综合执法部门的案源往往来自其他环境保护和自然资源管理部门的案件移送，执法的自觉性和主动性不够，缺乏环境资源违法案件的深挖细排。其根本原因在于没有将日常执法巡查作为生态综合执法部门的一项工作职责加以强调。二是乡镇执法分局形同虚设的问题较为突出。能否将生态综合执法的部署有效贯彻到基层、落实到一线，

---

[1]　黄锡生，史玉成.环境与资源保护法学［M］.4版.重庆：重庆大学出版社，2015：238.

是检验生态综合执法成效的重要标准。大田县生态综合执法实践中已经暴露出了抓基层执法队伍建设用力不够的问题，对乡镇执法分局人员业务培训、检查指导较少，未能形成队伍整体合力。[1]由此可见，生态综合执法的改革还存在着不小的难题，还需要在实践中不断探索与攻坚克难。

二、自然资源领域生态综合执法实施难

将自然资源领域的执法事项逐步纳入生态综合执法事项，有利于统筹保护与自然资源相关的财产利益、环境利益和生态利益，避免自然资源执法中的顾此失彼或者挂一漏万。但生态综合执法要真正实现统筹保护自然资源利益的目标，并不是通过将自然资源执法事项归入生态综合执法事项指导目录就能够一步完成的。事实上，完善生态综合执法事项指导目录只是迈出了第一步。实现自然资源领域生态综合执法的有效实施，还需要攻克四大难题。

第一，自然资源领域生态综合执法的专业化问题。将自然资源领域的执法事项纳入生态综合执法事项，不仅仅是一个执法事项重新组合的问题，更重要的是执法主体发生了变化。生态综合执法部门与执法事项整合之前的自然资源执法部门相比，执法的综合性是其一大优势，但执法的专业性却是其不得不面对的一个现实问题。具体而言，负责自然资源执法事项的生态综合执法人员是否熟悉自然资源相关领域的法律规定、技术标准和违法事实认定规程，是其能否有效应对新移转的执法事项的关键。将原先的自然资源执法人员直接整合到生态综合执法队伍之中是攻克这一难题的有效路径。然而，在仅仅一小部分自然资源执法事项整合到生态综合执法事项之中的大前提下，要实现自然资源执法人员与自然资源执法事项的同步移转，是不容易实现

---

[1]　中共大田县生态综合执法局党组关于巡察整改进展情况的通报［EB/OL］.（2019-10-30）［2019-11-15］.大田县人民政府网.

的，尤其是在自然资源执法队伍本身就不充裕的情形下，抽调自然资源执法人员更是难上加难。即使抽调部分原先自然资源执法人员充实到生态综合执法队伍之中，也无法完全解决自然资源执法专业化的问题。例如，林业执法人员不一定熟悉矿产资源领域的执法，水资源执法人员不一定熟悉林业执法。由此可见，拆东墙补西墙的方法无法从根本上解决生态综合执法中的自然资源执法专业化问题。在将自然资源执法事项纳入生态综合执法之后，生态综合执法队伍的专业化建设必须作为一个系统工程加以统筹推进。

第二，自然资源领域生态综合执法的信息共享问题。自然资源单独执法事项移转到生态综合执法事项之中，生态综合执法部门如何与原先的自然资源管理部门实现信息共享，是生态综合执法能否有效保护国有自然资源权益的一个关键环节。建立生态综合执法部门与自然资源管理部门之间的案件信息共享机制，既有利于发现破坏自然资源的案件线索，也有利于借助自然资源管理部门的技术优势认定违法事实，还有利于实现自然资源管理与自然资源执法的无缝衔接。建立健全这一信息共享机制的难点在于，相关的自然资源管理信息在实现生态综合执法部门与自然资源部门之间跨政府部门的信息共享时，如何保证信息共享的及时性、安全性和有效性。自然资源案件信息共享的及时性，要求生态综合执法部门的相关信息需求能够在第一时间得到自然资源管理部门的响应；自然资源案件信息共享的安全性，要求在信息共享的同时要注重不宜公开信息的管理，杜绝自然资源案件信息因共享而出现案情泄露；自然资源案件信息共享的有效性，要求共享的信息能够为生态综合执法部门发现破坏自然资源违法线索、处置自然资源案件提供全面、客观且充足的信息，避免因提供片面的或者局部的信息而误导执法人员作出客观的判断。为实现自然资源案件信息共享的有效性，需要在生态综合执法部门与自然资源管理部门之间建立一个有效的沟通协调机制和引导督促机制；为实现自然资源案件信息共享的安全性，需要加强信息共享人员的保密管理与信息共享平台的软硬件建设；为实现自然资源案件信息共享的有效性，需要完善自然资源案件信息共享的技术导则，从程序和内容两个方面明确自然资源案件信息共享的规范要求。

第三，自然资源领域生态综合执法的陆海统筹问题。自然资源包括陆地自然资源和海洋自然资源，自然资源领域的生态综合执法应当将陆海统筹作为一个基本指导思想加以贯彻。在《生态综合执法指导目录 2020》收录的 22 项自然资源领域执法事项中，陆地自然资源执法事项有 16 项，海洋自然资源执法事项有 6 项。从数量上看，海洋自然资源执法事项偏少，且与陆地自然资源执法事项的衔接不够，陆海统筹的理念还没有得到充分的体现。作为各类自然资源的载体，陆地和海洋同样是不可分割的生命共同体。[1] 在自然资源执法过程中必须破除"重陆轻海"的传统观念，把实现自然资源领域生态综合执法的陆海统筹作为保护国有自然资源权益的一个基本要求加以贯彻落实，尤其是应当不断强化通过行政执法保护海岛海域的意识。当前，尤其要注重加强对无居民海岛的执法保护，统筹考虑无居民海岛的岛上自然资源保护与岛屿周边海域保护。当然，在推进自然资源执法陆海统筹的过程中，还应当充分重视海岛、海域以及其他海洋自然资源行政执法的特殊性，避免生搬硬套陆地自然资源执法的方式方法。在陆海统筹自然资源执法的过程中，要重视研究复杂多样、变化频繁的海洋生态环境给自然资源执法带来的挑战，敬畏未知的海洋自然资源开发利用领域，不断提升海洋自然资源执法的科学化、专业化，避免将陆地自然资源执法的做法简单粗暴地移植到海洋自然资源执法之中。

---

[1]　自然资源部组建成立坚持陆海统筹，形成建设海洋强国的合力［EB/OL］.（2018-12-03）
［2019-11-20］.搜狐网.

第四节　自然资源领域生态综合执法的机制创新

生态综合执法事项的确定是一个错综复杂的系统工程，有效落实自然资源领域的生态综合执法，仍然需要在厘清权责边界、加强执法队伍建设、推进各部门协同推进、加强陆海统筹与立法保障等方面不断探索。

一、自然资源领域生态综合执法权责边界的清晰界定

科学界定生态综合执法部门的权责边界，关键是要明晰自然资源管理部门与生态综合执法部门在自然资源领域执法的分工。生态综合执法改革之后，如果自然资源管理部门与生态综合执法部门之间的权责不清，简单应付、推诿扯皮等环境资源执法的顽疾仍然难以得到有效解决。在《生态综合执法指导目录 2020》中，已经有 22 项自然资源领域的执法事项纳入生态综合执法事项，但仍需要进一步细化自然资源管理部门与生态综合执法部门之间的权责与分工。2020 年 4 月 10 日，国家林业和草原局办公室印发了《关于做好林草行政执法与生态环境保护综合行政执法衔接的通知》，就"对在自然保护地内进行非法开矿、修路、筑坝、建设造成生态破坏的行政处罚"这一执法事项提出了按照时间节点移交执法事项的要求，并强调要在移交完成后进一步明晰执法权限与执法责任。[1] 这是自然资源管理部门在指导目录发布之后对移交执法事项作出的积极响应，为厘清自然资源管理部门与生态综合执法部门之间的权责边界提供了可供复制的模式。

在明晰职权的过程中，还应当因地制宜确定生态综合执法的职权范围。由于各地的区域特点不同、执法力量不均、经济社会发展水平

---

[1]　国家林业和草原局办公室关于做好林草行政执法与生态环境保护综合行政执法衔接的通知［EB/OL］.（2020-04-16）［2020-04-17］.国家林业和草原局官网.

不平衡，各省在确定生态综合执法的职权范围时，不应当采取"一刀切"的标准。尽管如此，各地的生态综合执法部门应当主动探索，因地制宜地确定生态综合执法的职权范围，为将来进一步完善生态综合执法事项目录提供丰富的实践基础。如前文所述，生态综合执法的最理想模式应当是"污染防治＋生态保护＋自然资源保护"的整体综合执法模式，这对于保护国家自然资源权益是最为有利的一种模式。《生态综合执法指导目录2020》明确提出，地方需要对部分事项的实施主体作出调整的，可结合部门"三定方案"作出具体规定，依法按程序报相关部门批准后实施。因此，推进自然资源领域的生态综合执法改革，应当充分考虑地域特点，根据不同的区域特征选择相应的综合执法模式。以福建省为例，在南平、三明等资源为主型的城市，其特点在于林业资源执法、水资源执法占据了环境资源执法的绝大多数，在这类地区实行"污染防治执法＋资源保护执法＋生态保护执法"的生态大综合执法模式有利于环境与自然资源的一体保护；而在福州、泉州等企业数量众多的经济发达城市，企业污染防治执法是环境资源执法的重头戏，生态综合执法需要重点抓好污染防治和生态保护的执法工作，此时，采取"污染防治＋生态保护"的生态综合执法模式则较为稳妥，而自然资源保护的执法权则可以保留在相应的自然资源管理部门，或者通过委托授权的方式，由生态综合执法部门授权自然资源管理部门行使执法权。

二、自然资源领域生态综合执法队伍的规范组建

组建能够胜任自然资源领域执法的生态综合执法队伍，是履行好自然资源领域各项执法任务的根本保证。《关于深化生态环境保护综合行政执法改革的指导意见》（简称《生态综合执法指导意见》）已经在"规范机构设置"一节中明确提出了执法队伍建设的要求。当前，应当在执法机构设置、执法队伍专业化水平建设、执法人员

综合素质养成等方面不断加强执法队伍的规范化建设。

一是要不断完善生态综合执法机构设置。目前，在各地已经开展的生态综合执法实践中，生态综合执法队伍的机构设置也在不断探索之中，各地关于执法队伍组建的做法不一。以福建省为例，大田县成立了独立于环境保护部门的生态综合执法局，永春县则在公安局内部成立了生态警察队伍。在《生态综合执法指导意见》出台之前，这些在改革阶段的大胆探索值得肯定。但《生态综合执法指导意见》已经在"规范机构设置"一节中明确提出了"生态执法队伍由设区的市生态环境局统一管理、统一指挥"的要求，这就需要及时调整实践中与《生态综合执法指导意见》不吻合的模式，尽快按照中央的统一部署完成队伍的整合和组建工作，并完善相关的队伍管理制度。

二是要加强综合执法队伍的专业化水平建设。在自然资源执法事项归入生态综合执法事项之后，具有执行执法事项的执法人员是否具备了与之适应的执法水平和执法能力，是决定生态综合执法改革能否有效保护自然资源国家所有权行使的关键。一方面，要加强对自然资源领域生态综合执法人员的培训。原本从事环境保护与污染防治的执法人员，在其变身为自然资源领域生态综合执法人员之后，执法的范围扩大到了自然资源领域的相关执法事项，及时"充电"成为其尽快胜任新的执法职责的必备功课。这既有赖于执法人员自觉加强相关领域法律法规的学习，也有赖于建立一套有效的"传帮带"机制，充分发挥在自然资源相关执法领域富有经验的执法人员在生态综合执法中"以点带面"的作用。另一方面，要根据生态综合执法人员的总体情况，在执法分工上做精细化的安排。生态综合执法改革之后，其部分人员来自原先在相关自然资源管理部门承担执法职责的执法人员，这部分人员加盟生态综合执法之后，由于其熟悉相关自然资源执法事项的业务，有利于促进自然资源领域执法事项的顺利过渡。因此，在人员整合之后针对具体的执法事项选派最合适的执法人员，成为提升生态综合执法水平的又一有效方法。

三是要加强执法人员的综合素质养成。要促进理论教育和业务培训的有机结合，促进执法人员的综合素质养成，着力打造一支高素质的生态环境保护综合执法队伍。当前，要着重宣传生态综合执法在保障国家自然资源权益中的重要意义，让执法人员对自然资源领域执法重要性有一个充分的认识，从而增强其参与自然资源领域执法的神圣感与使命感。与此同时，通过定期宣传执法的典型事例和先进事迹，将生态综合执法队伍打造成保障国家自然资源权益的品牌代言人，以最佳的精神风貌展现自然资源领域生态综合执法改革的成效。

三、自然资源领域生态综合执法改革的协同推进

自然资源领域生态综合执法的有效推进，有赖于自然资源管理部门、生态综合执法部门、公安机关、司法机关等各部门的通力协作。有条件的省份建议设置生态环境保护综合执法改革领导小组，负责协调推进各相关部门的协作，确保改革各项任务要求在相关部门得到有效落实，形成生态环境保护综合行政执法改革的合力。一是加强自然资源管理部门与生态综合执法部门的协作。改革涉及环境保护和国土、农业、水利、海洋等部门的职责整合和人员调整，需要各相关部门迅速领会改革的精神要旨，有效落实改革的各项任务要求。二是加强各类综合执法队伍执法的协同性。《生态综合执法指导意见》明确提出了"强化协调联动"的要求，这表明生态综合执法改革的推进需要市场监管、文化市场、交通运输、农业、城市管理等其他综合执法队伍的通力协作。三是加强司法部门与生态综合执法部门的协作。健全行政执法与司法衔接机制是实现全方位保护国家自然资源权益格局的内在要求。生态综合执法的深入推进，需要健全行政执法与司法衔接机制，形成生态综合执法部门与公安部门、检察

机关和人民法院在保障国家自然资源权益中的有机联动。四是加强自然资源领域的执法信息共享，尤其是要通过加强自然资源执法信息共享平台建设，加强自然资源管理部门与生态综合执法部门的信息共享。

四、自然资源领域生态综合执法的陆海统筹

在保障国家自然资源权益上，应当着力构建陆海统筹的生态综合执法模式。陆海统筹所"统筹"的主要内容包括陆海空间布局、陆海资源开发利用、陆海生态环境治理、陆海管理体制机制等。[1]一方面，要把准陆海统筹的自然资源执法要点。尽管陆海统筹是基于生态整体性保护的内在要求，但并非所有环境资源执法领域的执法都需要考虑陆海统筹。例如，在远离海洋的山区盗伐少量林木的行为，其主要是对特定区域的森林资源造成了破坏，对海洋的生态破坏基本上可以忽略不计，在这一情形之下强调生态执法的陆海统筹既无必要也不科学。但对于在陆地上污染河流，且该污染最终将流入大海的生态破坏行为，就应当注重生态综合执法的陆海统筹。另一方面，加强陆海自然资源联结点的执法衔接，尤其要加大对破坏海洋、海域、无居民海岛违法行为的执法力度。要强化敬畏未知的自然资源开发利用领域的理念，对于擅自开发利用海洋资源的违法行为要通过执法坚决制止。

五、自然资源领域生态综合执法的立法保障

《生态综合执法指导意见》明确提出了"运用法治思维和法治方式推进改革，坚持重大改革于法有据"的要求，这意味着立法应当对自然资源领域相关执法事项的移转提供充足的依据。就中央层面的立

---

[1]　王琪，等.基于陆海统筹的蓝色海湾整治管理创新研究［M］.北京：人民出版社，2019：52.

法而言，立法机关首先要结合执法事项的主体变化及时修改相关的法律条款，并赋予生态综合执法部门在自然资源领域的执法权和行政处罚权。以"对在湿地自然保护地内采矿，倾倒有毒有害物质、废弃物、垃圾的行政处罚"这一执法事项为例，与之相关的规定分散在《固体废物污染环境防治法》《中华人民共和国自然保护区条例》《湿地保护管理规定》等相关法律法规中，执法主体包括环境保护行政主管部门、自然保护区行政主管部门或者其授权的自然保护区管理机构等，在这一执法事项并入生态综合执法事项目录之后，统一由生态综合执法部门作为执法主体。这就需要尽快修改与这一改革举措不相一致的法律条款，以确保生态综合执法部门履行这一执法事项时于法有据。就生态综合执法的地方立法而言，需要全面清理现行地方性法规、政府规章或者相关的政策性文件，及时修改与自然资源领域生态综合执法改革不相适应的内容。以福建省为例，《福建省流域水环境保护条例》分别规定了环境保护主管部门、国土资源主管部门、水行政主管部门的流域环境保护执法权，这与《生态综合执法指导意见》提出的将"水利部门流域水生态环境保护执法权"进行整合的要求不吻合，应该及时加以修改。为加强生态综合执法改革的法治保障，建议尽快制定《福建省生态综合执法条例》，一揽子解决法律规则的冲突问题。截至 2021 年 4 月，全国范围内关于综合执法的地方性法规共计 21 部，但基本集中在城市管理和文化市场这两个综合执法领域，尚无省市就生态综合执法进行地方立法。相关省份若能在生态综合执法的地方立法方面先行一步，将成为全国生态综合执法地方立法的典范。

六、自然资源领域生态综合执法的舆论引导

习近平总书记在 2013 年 5 月 24 日主持十八届中央政治局第六次

集体学习时强调，要加强生态文明宣传教育，增强全民节约意识、环保意识、生态意识，营造爱护生态环境的良好风气。[1] 作为生态文明体制机制改革的重要抓手，生态环境保护综合执法改革的力度大、涉及面广，做好法制宣传和舆论引导工作至关重要。《生态综合执法指导意见》明确提出了"高度重视宣传和舆论引导，将改革实施与宣传工作协同推进，正确引导社会预期"的要求。建议从以下两个方面落实这一要求。一是要注重宣传工作与改革工作的同频共振。随着改革进入深水区，每一个关键节点都可能是矛盾的聚集区，宣传工作应当主动跟进，抓住核心问题进行准确解读，及时化解各种误解，消除改革推进中可能存在的不利因素。二是要根据受众的不同有针对性地开展政策解读工作。一方面，要让改革的执行者读懂弄通政策要求和目标任务，增强他们的内心认同感和历史使命感，引导他们积极主动地参与到改革的进程中。另一方面，要加大对社会公众尤其是执法对象的宣传力度，通过广泛宣传自然资源领域生态综合执法的战略部署、执法标准、运行流程、监督途径和问责机制等方面的内容，提升生态环境保护执法队伍的权威性和威慑力。

本章小结

　　将部分自然资源执法事项纳入生态综合执法事项，标志着生态综合执法改革向自然资源领域的延伸迈出了实质性的一步。这一改革有利于进一步整合各个自然资源管理部门的执法力量，有利于在执法过程中强化同一生态空间下自然资源的整体保护，统筹兼顾自然资源权益与生态环境利益，避免在执法中出现"自然资源财产权益"与"自然资源生态环境利益"的顾此失彼、厚此薄彼的现象。探索自然资源领域的综合执法改革，不仅有利于明确违法开发利用自然资源的执法

---

[1]　习近平.习近平谈治国理政［M］.北京：外文出版社，2014：210.

主体，解决因存在多个执法主体带来的执法主体不明晰的问题；而且有利于提升保护特定领域自然资源执法的有效性，既有助于克服重视破坏原因、忽视破坏结果评估的尴尬执法困局，也有助于克服自然资源执法中的不公正现象。可见，加快推进自然资源领域的综合执法改革步伐是大势所趋。

在自然资源执法实践中，由于对生态综合执法之"综合"的理解和把握各不相同，自然资源保护的生态综合执法在各地展开了不尽相同的实践探索，出现了"污染防治＋资源保护＋生态保护"模式、"污染防治＋生态保护"模式、"污染防治＋陆地生态保护"模式等不同类型的生态综合执法模式。尽管实践中已经开展了诸多有益的探索，但各地的执法实践仍然没能有效解决执法职权范围的边界界定不清、综合执法与专业执法的分合把握不准、自然资源领域执法信息共享机制不畅、陆海生态执法的统筹推进不力等诸多难题。这些问题的解决需要各级政府共同努力。一方面，地方政府要在生态综合执法改革探索的基础上，深入探讨优化自然资源领域综合执法改革的路径；另一方面，中央政府要及时总结各地的有益经验，在提取"公因式"的基础上出台普遍适用的自然资源领域生态综合执法的指导性意见。

自然资源领域生态综合执法的有效推进，有赖于自然资源管理部门、生态综合执法部门、公安机关、司法机关等各部门的通力协作，并加强自然资源领域的执法信息共享，尤其要通过加强自然资源执法信息共享平台建设，加强自然资源管理部门与生态综合执法部门的信息共享。在保障国家自然资源权益上，应当着力构建陆海统筹的生态综合执法模式，把准陆海统筹的自然资源执法要点，加强陆海自然资源联结点的执法衔接，尤其要加大对破坏海洋、海域、无居民海岛违法行为的执法力度。在自然资源领域生态综合执法的立法保障方面，中央立法机关要结合执法事项的主体变化及时修改相关的法律条款，并赋予生态综合执法部门在自然资源领域的执法权和行政处罚权；地方立法机关需要全面清理现行地方性法规、政府规章或者相关的政策性文件，及时修改与自然资源领域生态综合执法改革不相适应的内容。

第八章　自然资源保护与利用的规则统合

促进自然资源保护与利用的协调与平衡，既是统筹推进自然资源资产产权制度改革的内在要求，也是不断深化生态文明体制机制改革的客观需要。生态文明建设对开发利用自然资源提出了新的更高的要求，既不能只"保护"不"利用"，也不能只"利用"不"保护"，而应当在保障生态安全目标下统筹兼顾自然资源的保护与利用。2019年4月，中共中央办公厅、国务院办公厅印发了《关于统筹推进自然资源资产产权制度改革的指导意见》，强调加快构建系统完备、科学规范、运行高效的中国特色自然资源资产产权制度体系。[1] 随着构建自然资源资产产权法律制度体系进程的不断加速，自然资源保护与利用的规则统合难题亟待破解。

第一节　统合自然资源保护与利用规则的现实意义

统合自然资源保护与利用规则，有利于改变长期以来形成的自然资源行政管理观念，从而实现从自然资源"管起来"到自然资源"用起来"再到自然资源"保护起来"的有效转变，确保不因自然资源的不当利用而破坏生态安全。在统筹推进自然资源资产产权制度改革的

---

[1]　备注：本章系作者主持的国家社科基金重点项目"新时代推进生态文明建设制度化的经验研究"（22AKS018）的阶段性成果。参见中共中央办公厅、国务院办公厅印发《关于统筹推进自然资源资产产权制度改革的指导意见》[EB/OL].（2019-04-14）[2021-11-01].中华人民共和国中央人民政府官网.

过程中，有的自然资源政府工作人员存在着抵触情绪，认为管理好自然资源才是政府工作人员肩负的职责，而并不重视其所管理的自然资源是否得到充分的保护、有效的利用，是否在发挥其经济价值的同时充分实现生态价值与社会价值。之所以出现这种对"管理"自然资源的固化理解，是因为没有从维护生态安全的高度来认识和把握自然资源的管理工作，而仅仅是从公权力行使的角度来理解和贯彻"管理"自然资源的要求，把"管理"自然资源仅仅作为履行行政管理职能在自然资源领域的具体化。从法律制度上查找原因，则在于长期以来形成的自然资源单行立法格局重行政管理轻权利行使，自然资源保护之公法规则与利用之私法规则之间存在人为的割裂。现行自然资源单行法律大多数可以归结为行政类法律，少部分可以归结为经济类法律，而关于自然资源开发利用的具体规则在自然资源单行法中鲜少涉及。统合自然资源保护与利用规则，就是要形成自然资源保护与利用的平衡，让自然资源管理部门意识到其职责不仅仅是保护好国家所有的自然资源，更是要行使好自然资源权利，利用好国家所有的自然资源。要通过自然资源保护与利用规则的统合，让作为自然资源国家所有权行使者的相关政府部门及其工作人员意识到，只是保护自然资源是不够的，只有在尊重自然客观规律的基础上依法高效利用自然资源，才能更好地维护国家的自然资源权益。

统合自然资源保护与利用规则，有利于市场机制在自然资源配置中起到决定性作用，着力避免自然资源行政规则与市场配置的脱节，从而实现在保护中利用、在利用中保护的全过程平衡。只有将保护规则与利用规则有效统合起来，打破保护规则与利用规则的固有屏障，自然资源保护才不会流于形式，自然资源利用才能实现效率最大化。这就要求既要建立健全自然资源开发利用的权利取得、市场流转等方面的法律规则，也要注重健全自然资源开发利用的用途管制、环境标准等方面的法律规则。长期以来形成的自然资源单行立法格局重行政规制轻市场配置。在统合自然资源保护与利用规则的过程中，尤其应当注重保护规则与利用规则之间的协调性，过于严格的管制约束规则虽有利于保护却不利于利用，过于宽松的管制约束规则虽有利于利用却不利于保护。只有松紧适度的管制约束规则，才能真正促进自然资源利用与保护的平衡与协调。实现这一目标，应当明确政府进行用途管制的权力边界，保障自然资源开发利用者的正当权益。[1]与此同时，要充分发挥市场配置自然资源的作用，充分体现自然资源的经济价值、社会价值与生态价值，充分保障国家、集体等作为自然资源所有权人的权益。

统合自然资源保护与利用规则，有利于从生态整体保护的视角对自然资源的开发利用进行法律规制，着力避免按自然资源要素进行分割立法而带来的重开发利用轻保护修复的痼疾，从而实现自然资源开发利用过程中的资源要素整体性保护。尽管不同类型的自然资源，开发利用的方式、难度不同，市场交易规则不尽相同，可能产生的经济效益也不尽相同。但作为自然共同体的一分子，对某一自然资源的开发利用可能会关联到其所处之生态系统的平衡与稳定，甚至可能造成不同程度的生态破坏。例如，森林资源的开发利用，可能造成水土流失，甚至可能破坏野生动物赖以生存的环境。长期以来形成的自然资源单行立法格局往往只重视某一自然资源要素的保护，而忽视同一生态系统之下其他自然资源要素的保护。例如，《森林法》第四章"森林保护"详细规定了林地、林木的保护规则，却没有对采伐林木可能造成水土流失等破坏其他自然资源的情形进行法律规制。统合自然资源保护与利用的规则，一个很重要的任务就是要着眼于自然资源所处之生态系统的整体性保护，提取自然资源保护与利用规则的"公因式"，从而避免保护了一种自然资源却损害了同一生态系统下另一种自然资源的怪象。以自然资源物权规则的统合为例，就应当着力避免按照自然资源要素割裂地看待自然

---

[1] 施志源.绿色发展理念引导下的自然资源用途管制制度建设[J].中国软科学，2020（3）：1-9.

资源物权。正如学者所言，自然资源物权，并非单一的物权类型，而是以自然资源为标的物的一群物权的总称。[1]因此，为有效统合自然资源的保护与利用规则，需要彻底扭转不同类型的自然资源保护与利用规则各自为政的局面，从而实现自然资源开发利用与保护修复的统筹兼顾。

第二节 统合自然资源保护与利用规则的难点剖析

改革开放以来，我国逐步意识到加强自然资源领域立法的重要性，因此制定和出台了一系列规制自然资源开发利用的法律、法规、规章。在宪法对自然资源进行统领性规定之下，我国的法律、法规、规章等对自然资源的权利归属、权利设置、权利流转、征收征用、权利行使以及自然资源开发利用的各项要求作出了进一步的规定，形成了相对完整的自然资源法律制度体系。就法律部门而言，中国目前并没有制定一部专门的自然资源法，与自然资源相关的法律制度散见于民法、刑法、行政法、环境保护法、自然资源法等部门法的法律、法规、规章之中。下面主要从全国人大及其常委会制定的法律出发，考察自然资源保护与利用的法律制度现状（表8-1）。

表8-1 自然资源保护与利用规则的法律制度考察概览表

法律部门	法律名称	主要内容与特点
宪法	《宪法》	明确了自然资源所有者主体，提出了合理利用、禁止破坏自然资源的要求；明确规定了基于公共利益可以征用自然资源；规定了土地使用权可以依法转让，但未就土地之外的自然资源使用权可否转让进行规定
民法	《民法典》	规定了自然资源所有权登记的相关内容，明确规定了自然资源所有权主体，规定了自然资源用益物权的相关内容，规定了自然资源担保物权的相关内容。此外，《民法典》的合同编、侵权责任编也规定了与自然资源相关的条款

[1] 崔建远.自然资源物权法律制度研究［M］.北京：法律出版社，2012：1.

续表

法律部门	法律名称	主要内容与特点
刑法	《刑法》	对自然资源保护的相关规定主要体现在对水产资源、土地资源、矿产资源、森林资源（含林木）的刑事法律保护上。2021 年 3 月 1 日起正式施行的《中华人民共和国刑法修正案（十一）》，对自然资源的保护作出了更为全面细致的规定，主要体现在以下四个方面：一是加大了对污染水资源（含江河、湖泊水域）、自然保护地和基本农田等犯罪行为的打击力度，对这些犯罪行为的处罚不再规定有期徒刑的上限；二是重视对野生动物的保护，补充规定禁止以食用为目的危害陆生野生动物的相关条款；三是加大了对破坏自然保护地犯罪行为的打击力度；四是加大了对非法引进、释放或者丢弃外来入侵物种的打击力度
环境保护法	《环境保护法》《土壤污染防治法》《水污染防治法》《大气污染防治法》等	强调了节约和循环利用资源的要求，明确了政府有关部门及军队环境部门对资源保护的监督管理职责，把促进资源综合利用作为环境保护产业发展的主要方向之一加以强调，明确了开发利用自然资源的环境底线要求，强调建立自然资源要素保护的调查、监测、评估和修复制度，以土壤、大气、水等环境要素的污染防治为切入点对自然资源的开发利用提出保护环境要素的要求，等等
自然资源法	《土地管理法》《森林法》《水法》《矿产资源法》等	强调了合理利用土地等自然资源的要求，就自然资源利用规划、用途管制、保障生态安全、自然保护地建设等方面进行了规定，但是各个自然资源单行法缺乏统一的立法指导思想，立法目的条款、法律原则条款的相关规定缺乏整体性与协调性；对自然资源用途管制、对资源利用标准等的要求宽严不一，等等

通过考察自然资源保护与利用规则的立法现状，我们不难发现"庞杂""分散"和"多层"是当前中国自然资源法律制度的基本特点，而行政管理色彩浓厚则伴随着自然资源立法的始终。多年来形成的自然资源法律制度格局，给自然资源保护与利用规则的统合带来了困难和挑战。

一、自然资源保护与利用规则的公私法统合难

在中国目前的立法框架之下，宪法、民法典、刑法、行政法、

环境保护法、自然资源单行法是中央层面自然资源保护与利用规则的主要法律渊源。统合自然资源保护与利用规则首先需要攻克的难点，便是如何处理好不同部门法之间的分工和衔接。其中，处理好自然资源公法规则与私法规则的统合是重中之重。民法典的正式颁布施行意味着相当长一段时间内民事法律规则将处于相对稳定的状态，民法典关于自然资源权利登记、自然资源所有权、自然资源用益物权、自然资源担保物权的法律规则也将在相当长一段时间内保持稳定。这些自然资源开发利用的民法规则将为开发利用自然资源提供基础性依据，刑法、行政法、环境保护法、自然资源单行法则更多是从规制自然资源开发利用权利取得、规范自然资源开发利用权利行使的视角进行法律规则的设计。而对利用自然资源的限制往往要通过公权力的行使来实现，私法公法化旨在确定自然资源使用权与社会公共利益之间的界限，最终平衡公私利益之间的冲突关系。[1] 国家有关行政主管部门向当事人颁发野生植物采集证的行为，可以解释为该部门行使野生植物资源国家所有权的行为。[2] 因此，自然资源保护与利用规则统合的体系整合，关键在于架起自然资源保护与利用之"私法规则"与自然资源保护与利用之"公法规则"的桥梁。在庞杂的自然资源法律制度体系中找到公法规则与私法规则的契合点，并使之成为一个逻辑自洽的自然资源保护与利用规则体系，是一个浩瀚而极具挑战性的立法工程。

二、自然资源保护规则与利用规则统合的平衡点把握难

开发利用自然资源的最高境界，是在保护中利用，在利用中保护。要实现这一目的，就需要有效地统合自然资源的开发利用规则和保护修复规则。在一般情况下，开发利用自然资源与保护修复自然资

---

[1] 李显冬，孟磊.新中国自然资源法治创新 70 年［M］.北京：中国法制出版社，2019：56.
[2] 单平基.自然资源权利配置法律机制研究［M］.南京：东南大学出版社，2020：148.

源是一对不可调和的矛盾体，开发利用某一类型的自然资源，往往不仅意味着该自然资源数量的减少，而且还意味着对其周边自然资源以及其所处整个生态环境的破坏。例如，开采矿产资源引发的后果，不仅意味着矿产资源储量的减少，而且还意味着对矿井周边土地资源、森林资源、水资源、野生动植物资源可能带来的各种不利影响，并且还会对矿产周边的生态系统带来土地下沉、水土流失等问题，这给自然资源保护与利用规则的尺度把握带来了巨大的挑战。因此，将自然资源的开发利用规则与自然资源的保护规则、生态系统的修复规则有效统合起来，是高效利用自然资源的内在要求。与此同时，要扭转只要开发利用自然资源就会给其他自然资源或者生态系统带来不利影响的固有观念。事实上，有序地开发利用某些自然资源，不仅不会影响其他资源的保护和生态系统的稳定，反而有利于其他自然资源的生长和生态系统的养护。例如，过于茂密的树林不仅不利于提升吸收二氧化碳的功能，反而会影响该生态系统中其他动植物资源的生存空间；竹林的定期有序砍伐是维护保养竹林及其周边生态环境的重要手段，一味地禁止竹林的砍伐反而是不科学的。采伐既是收获林产品，也是森林抚育的重要内容，对森林质量与可持续经营意义重大。[1] 由此可见，统合自然资源的保护规则与利用规则，并不是要一味地禁止自然资源的开发利用，而是要在保护生态的前提下实现自然资源的高效利用。

三、自然资源通用规则与特殊规则统合的分界点把握难

自然资源保护与利用应当注重保护好自然资源所处的生态系统，这需要通过制定自然资源保护与利用的通用规则，来明确保护与利用自然资源的基本要求；与此同时，各个类型的自然资源开发利用难度

---

[1] 苏文会，朱晓武，范少辉，等.采伐对森林生态系统的影响综述[J].林业资源管理，2017（3）：35-40.

不一，开发不同类型的自然资源对其所处的生态系统带来的影响程度不一，这又需要根据某一自然资源的自身特点制定特殊的保护与利用规则。当前的难点在于，如何使自然资源保护与利用之通用规则最大限度地接近而又不覆盖自然资源保护与利用之特殊规则的"公因式"。可见，制定自然资源保护与利用之通用规则的过程，就是求出各类型自然资源保护与利用规则之最大"公因式"的过程。为达到这一目的，一方面，需要明晰自然资源保护与利用的底线要求，并将其贯穿于每一类自然资源保护与利用规则之中；另一方面，要求在制定每一类自然资源保护与利用规则时，应该找准其规则制定的基点，提升其与同一生态系统之下其他自然资源已有规则的适配性，尤其是要尽可能避免出现自然资源保护与利用规则相互冲突的情形，从而降低统合自然资源保护与利用之通用规则与特殊规则的成本。

第三节　统合自然资源保护与利用规则的路径探讨

为处理好公法规则与私法规则的融合、保护规则与利用规则的平衡、通用规则与特殊规则的衔接，应当进一步统合自然资源开发利用的基本原则，并找准自然资源保护与利用规则统合的着眼点和落脚点，从而不断促进自然资源的整体保护与高效利用。

一、统合自然资源保护与利用规则的价值追求

促进人与自然和谐共生，是统合自然资源保护与利用规则的价值追求。这就要求在完善自然资源保护与利用规则时，必须把坚持以人为本的理念与尊重自然界的客观规律有机结合起来。一是要把坚持以人为本的理念贯穿于自然资源保护与利用的规则统合之中。人与人的社会关系和人与自然的关系是同一劳动过程的两个方面，分属于两个

不同的范畴，是劳动将它们联结起来的。[1]开发利用自然资源的过程实际上就是一个劳动的过程。因此，统合自然资源保护与利用规则，既要考虑人与人的社会关系，也要考量人与自然的关系。简言之，基于以人为本的基本理念，应当优先保障基本生存的自然资源开发利用需求，一切以经营收益为目的而开发利用自然的情形都必须无条件地让位于它。二是要把尊重自然界客观规律的理念贯穿于自然资源保护与利用的规则统合之中。自然资源的保护与利用，必须顺自然客观规律而行，切不可逆自然客观规律而为。行政立法尊重自然要求理性对待客观事物、保护环境、谨慎处置自然物。[2]尽管自然资源保护与利用的规则统合不仅限于行政立法，但尊重自然界客观规律仍然是必不可少的基本准则。既要尊重因自然界客观规律而造成的自然资源产权之变化，也要尊重因自然界客观规律而带来的自然资源利用标准之升降，还要尊重因自然界客观规律而带来的自然资源管制措施之调整。三是要把人与自然和谐相处的理念贯穿于自然资源保护与利用的规则统合之中。促进人与自然的和谐相处，核心是要促进自然资源保护与利用的平衡。这既要通过统合不同类型自然资源的利用规划和用途管制规则，把握好开发利用自然资源的力度；也要通过统合不同类型自然资源的利用标准和生态修复规则，把握好开发利用自然资源的精度。此外，通过统合不同类型自然资源的法律责任规则，把握好惩戒不当开发利用自然资源的执法尺度。在这一过程，既要不断推进自然资源领域的综合执法改革，通过规则统合解决综合执法与专业执法的分合把握不准之困境[3]；还要不断协调自然资源损害赔偿制度与环境公益诉讼制度，通过规则统合发挥出不同类型诉讼在自然资源保护与利用中的各自功能和作用。

---

[1]　王树义，等.环境法基本理论研究［M］.北京：科学出版社，2012：47.

[2]　关保英.行政立法尊重自然的理论思考与实践进路［J］.南京大学学报（哲学·人文科学·社会科学），2020，57（1）：40–52.

[3]　施志源.自然资源领域生态综合执法的改革路径及其制度完善［J］.中国特色社会主义研究，2020，11（3）：88–96.

二、统合自然资源保护与利用规则的核心目标

提升自然资源治理能力和治理水平现代化，是落实党的十九届四中全会关于坚持和完善生态文明制度体系部署的内在要求。在统合自然资源保护与利用规则的过程中，也应当把提升自然资源治理能力和治理水平作为核心目标。一是要把坚持中国共产党的领导贯穿于统合自然资源保护与利用规则的始终。无论是公权力的运行，还是私权利的保障，二者均离不开法治；而全面依法治国，是党治国理政方略与时俱进的新创造之一，实现了马克思主义法治与中国法治实践新的结合。[1] 因此，提升自然资源治理能力和治理水平现代化，必须始终把坚持党的领导放在首位。二是要探索推行自然资源开发利用的诚信体系建设，加强自然资源保护与利用的信息平台建设，建立健全不同类型自然资源之间的开发利用失信联合惩戒机制。失信的行政联合惩戒是社会信用体系建设颇具侵害性与威慑力的手段之一。[2] 当前，失信联合惩戒制度存在法律概念模糊、法律依据缺失和设定权、实施权的不规范等普遍性问题。[3] 因此，统合自然资源开发利用失信惩戒的相关规定，既要关注自然资源开发利用失信惩戒的需求，也需要考虑与失信联合惩戒基础性法律规则衔接。三是要完善自然资源资产分级行使制度，提高自然资源分级行使效率。当前，要着重贯彻落实好中共中央办公厅、国务院办公厅印发的《关于统筹推进自然资源资产产权制度改革的指导意见》，积极探索全民所有自然资源资产所有权委托代理机制，不断完善委托代理行使所有权的资源清单、管理制度和收益分配机制等方面的法律规则。要以促进无居民海岛的开发利用、自然保护地体系建设、海洋资源开发利用为抓手，探讨统合自然资源权利行使规则的实现路径。在这个过程中，要重点厘

---

［1］　段凡.权力与权利：共置和构建［M］.北京：人民出版社，2016：179.

［2］　沈毅龙.论失信的行政联合惩戒及其法律控制［J］.法学家，2019（4）：120—131.

［3］　贾茵.失信联合惩戒制度的法理分析与合宪性建议［J］.行政法学研究，2020（3）：95—108.

清国家、政府、企业、公众等各主体在自然资源权利行使中的法律关系，在法律规则的统合上则需要明晰自然资源之上各种权利之间的关系。正如学者所言，自然资源在宪法上的所有权转变成民法上的所有权，为后者派生本质同为私权的自然资源用益物权及生成自然资源产品所有权提供可能。[1] 也正是基于这种可能，统合自然资源权利行使的相关的法律规则才显得尤为必要和紧迫。

三、统合自然资源保护与利用规则的理念更新

无论是统合自然资源的保护规则与利用规则，还是统合自然资源保护与利用的通用规则和特殊规则，都需要摈弃按照自然资源要素进行单行立法的痼疾，以整体保护国土空间的新理念来统合自然资源保护与利用规则。当前，要加快完善自然生态空间利用规则，统筹协调同一生态空间下的自然资源保护与利用规则。一是要把空间整体性的理念贯穿于自然生态空间保护与利用规则之中。这既要统筹地上地面地下的自然资源保护与利用，避免因开发利用某一自然资源而破坏上下空间领域的其他自然资源；也要统筹相邻区域的自然资源保护与利用，避免因开发利用某一自然资源而破坏相邻区域的其他自然资源；还要推进自然资源保护与利用的陆海统筹，避免因开发利用某一自然资源而破坏良性互动的陆海统筹国土空间开发格局。二是要把全过程衔接的理念贯穿于自然生态空间保护与利用规则之中。统合国土空间视域下的自然资源保护与利用规则，需要统筹协调好自然资源保护与利用的空间规划、开发利用、用途管制、生态修复、效果评估等各个环节，使得这些环节并不是孤立地对自然资源的保护与利用发挥作用，而是从整体上促进自然资源保护与利用的协调与平衡。三是要把各主体有序参与的理念贯穿于自然生态空间保护与利用规则之中。自然生态空间之下的自然资源开发利用，涉及社会各主体的资源权益，亟待

[1] 单平基.自然资源之上权利的层次性[J].中国法学，2021（4）：63-82.

完善社会各主体有序参与自然生态空间保护与利用的法律规则。这既需要统筹兼顾自然资源所有者与自然资源开发利用者之间的利益关系，也需要统筹兼顾因自然资源开发利用取得收益者与因自然资源开发利用权益受损者之间的利益关系。

四、统合自然资源保护与利用规则的全球视野

随着人类资源利用科学技术的提升，自然资源的开发利用早已不再局限于局部范围，地球村的概念同样适用于自然资源的保护与利用。习近平总书记在 2018 年 5 月 18 日全国生态环境保护大会上强调，要深度参与全球环境治理，增强我国在全球环境治理体系中的话语权和影响力，积极引导国际秩序变革方向，形成世界环境保护和可持续发展的解决方案。[1] 在共谋全球生态文明的布局中，自然资源的保护与利用应当具备全球视野。一是要站在实现碳达峰、碳中和的战略高度来统合自然资源保护与利用规则。实现碳达峰、碳中和，是中国应对全球气候变化、共谋全球生态文明的战略举措。气候变暖对全球的总体影响是弊大于利，例如，当前很多地区的降水变化和冰雪消融已经影响到水资源量和水质，变暖使海平面升高，从而使部分国家国土受损，海洋酸化导致海洋生物的死亡加剧。[2] 由此可见，减缓气候变暖是实现自然资源可持续开发利用的内在要求。在开发利用自然资源的过程中，也应当把实现碳达峰、碳中和的目标要求贯彻其中。这就要求在统合自然资源保护与利用规则时，应当充分考量开发利用自然资源对于实现碳达峰、碳中和目标可能带来的不利影响，通过科学合理的规则设计保证在实现"双碳"目标下的自然资源高效利用。二是站在自然资源开发利用全球合作共赢的基本格局来统合自然资源保护与利用规则。随着经济全球化进程的不断加速，自然资源开发利

---

[1]　习近平.习近平谈治国理政：第 3 卷 [M].北京：外文出版社，2020：364.

[2]　陈迎，巢清尘，等.碳达峰、碳中和 100 问 [M].北京：人民日报出版社，2021：33-34.

用的跨国合作有利于技术的取长补短，也有利于资源领域经贸合作的深入开展。统合自然资源保护与利用规则，要求重视并充分研究自然资源开发利用的国际态势和趋势走向，充分研究国际经贸协定中与自然资源开发利用相的法律规则。因此，统合自然资源保护与利用规则，应当充分把握国际自然资源供需结构，并对国际自然资源保护与利用的发展趋势作出科学的研判。三是要以维护全球生态安全来统合自然资源保护与利用规则。森林减少、干旱化、荒漠化、生物多样性等问题对人类健康和安全、经济与社会发展、世界经济与政治秩序以及自然生态系统的影响不断加剧。[1] 破解全球环境难题，需要各国共同参与。中国作为负责任的大国，理应在应对全球环境资源危机中发挥积极的作用。中国已经加入了《生物多样性公约》《濒危野生动植物种国际贸易公约》《联合国气候变化框架公约》等一系列维护生态安全、应对气候变化、保护生物多样性的国际条约或者协定。在统合自然资源保护与利用规则时，有必要将这些协定的内容内化为国内法中的自然资源保护与利用规则。例如，作为联合国《生物多样性公约》的最早一批缔约国，我国一直致力于保护濒临灭绝的植物和动物。2020 年10 月 17 日，全国人大常委会审议通过了《中华人民共和国生物安全法》，多处强调了保护生物多样性的要求，体现履行《生物多样性公约》的决心。2021 年 10 月，国务院新闻办公室发表了《中国的生物多样性保护》白皮书，强调了中国为促进生物多样性相关公约协同增效所作出的努力与贡献，指出自发布《中国生物多样性保护战略与行动计划》（2011—2030 年）以来，中国通过完善法律法规和体制机制、加强就地和迁地保护、推动公众参与、深化国际合作等政策措施，有力推动改善了生态环境。[2]

应当看到，自然资源保护与利用的规则统合，绝非一朝一夕之功。本章仅对生态文明视角下自然资源保护与利用的规则统合提出框架性

---

[1] 刘金龙 . 自然资源治理［M］. 北京：经济科学出版社，2020：17.
[2] 《中国的生物多样性保护》白皮书［EB/OL］.（2021-10-08）［2021-11-05］. 生态环境部官网 .

设想，以期达到抛砖引玉之功效。在立法选择上，是通过制定自然资源法典来整合现有的自然资源单行法，还是在保持现有自然单行法的基础上制定自然资源利用基本法，仍然有待于严谨的论证。有学者提出了适度法典化的路径，认为法典化的自然资源立法模式可以实现自然资源法的系统性重塑。[1]笔者总体上认同这一立法进路，但在具体法律规则上，如何有效统合不同类型自然资源的权利取得规则、权利流转规则、用途管制规则、生态修复规则等，还需要细致推敲与科学的盘整；在立法路径上，如何推进不同层级的法律文件之间的有序整合，还有待于全面的理顺与艰辛的探索。

本章小结

生态文明建设的制度体系化要求有效统合自然资源保护与利用的相关法律规则。统合自然资源保护与利用的相关法律规则，有利于改变长期以来形成的自然资源行政管理观念，从而实现从自然资源"管起来"到自然资源"用起来"再到自然资源"保护起来"的有效转变，确保不因自然资源的不当利用而破坏生态安全；有利于市场机制在自然资源配置中起到决定性作用，着力避免自然资源行政规则与市场配置的脱节，从而实现在保护中利用、在利用中保护的全过程平衡；有利于从生态整体保护的视角对自然资源的开发利用进行法律规制，着力避免按自然资源要素进行分割立法而带来的重开发利用轻保护修复的痼疾，从而实现自然资源开发利用过程中的资源要素整体性保护。

统合自然资源保护与利用的相关法律规则，一是要明确统合自然资源保护与利用规则的价值追求，把坚持以人为本的理念、尊重自然界客观规律的理念、人与自然和谐相处的理念贯穿于自然资源保护与利用的规则统合之中；二是要把提升自然资源治理能力和治

---

[1] 黄锡生，杨睿．法典化时代下自然资源法立法模式探究[J].中国人口·资源与环境，2021，31(8)：101-111.

理水平作为核心目标，把坚持中国共产党的领导贯穿于统合自然资源保护与利用规则的始终，探索推行自然资源开发利用的诚信体系建设，加强自然资源保护与利用的信息平台建设，建立健全不同类型自然资源之间的开发利用失信联合惩戒机制，完善自然资源资产分级行使制度，提高自然资源分级行使效率；三是要更新统合自然资源保护与利用规则的理念，摈弃按照自然资源要素进行单行立法的痼疾，以整体保护国土空间的新理念来统合自然资源保护与利用规则；四是要确立统合自然资源保护与利用规则的全球视野，站在实现"双碳"目标、促进自然资源开发利用的全球合作共赢、维护全球生态安全的高度来统合自然资源保护与利用规则。应当看到，自然资源保护与利用的规则统合不可能一蹴而就，需要立法机关、自然资源管理部门、资源开发利用者、自然资源法学研究者等社会各主体的齐心协力与不懈努力。

附 录一　与本专著相关的前期研究成果

一、期刊论文

1.《食物节约立法中违法行为的类型探讨》，发表在《重庆大学学报》（CSSCI）2021 年第 4 期上；

2.《绿色发展理念指引下的自然资源用途管制制度建设》，发表在《中国软科学》（CSSCI）2020 年第 3 期上；

3.《自然资源领域生态综合执法的改革路径及其制度完善》，发表在《中国特色社会主义研究》（CSSCI）2020 年第 3 期上；

4.《新冠肺炎疫情下禁食野生动物的立法探讨》，发表在《福建师范大学学报（哲学社会科学版）》（CSSCI）2020 年第 2 期上；

5.《论自然资源用途管制的内涵与制度构成》，发表在《理论与评论》2020 年第 1 期；

6.《自然资源资产有偿使用的改革难点与规则完善》，发表在《中国特色社会主义研究》（CSSCI）2019 年第 2 期上；

7.《民法典中的自然资源国家所有权制度设计——基于多国民法典的考察与借鉴》，发表在《南京大学学报（哲学·人文科学·社会科学）》（CSSCI）2018 年第 2 期上；

8.《自然资源用途管制的有效实施及其制度保障——美国经验与中国策略》，发表在《中国软科学》（CSSCI）2017 年第 9 期上；

9.《自然资源用途的整体性管制及其制度设计》，发表在《中国特色社会主义研究》（CSSCI）2017 年第 1 期上；

10.《互联网时代突发环境事件信息公开的主体制度创新——以环保 NGO 的参与为突破口》，发表在《法学评论》（CSSCI）2017 年第 3 期上；

11.《环境标准的现实困境及其制度完善》，发表在《中国特色社会主义研究》（CSSCI）2016 年第 1 期上；

12.《环境标准的法律属性与制度构成——对新〈环境保护法〉相关规定的解读与展开》，发表在《重庆大学学报》（CSSCI）2016 年第 1 期上；

13.《自然资源的市场配置及其制度完善——基于生态文明制度建设视角》，发表在《中国特色社会主义研究》（CSSCI）2015 年第 2 期上；

14.《生态文明背景下自然资源民事法律责任制度之完善》，发表在《福建师范大学学报（哲学社会科学版）》（CSSCI）2015 年第 2 期上；

15.《论自然资源国家所有权的法律构成》，发表在《理论月刊》（CSSCI 扩展版）2015 年第 2 期上；

16.《生态文明背景下国家自然资源权益的制度保障》，发表在《福建论坛（人文社会科学版）》（CSSCI）2015 年第 2 期上；

17.《论气候资源之法律属性与权利归属》，发表在《福建师范大学学报（哲学社会科学版）》（CSSCI）2014 年第 4 期上。

二、专著

1.《生态文明背景下的自然资源国家所有权研究》（法律出版社 2015 年版）。

2.《绿色发展与环境资源法律制度创新》（法律出版社 2018 年版）。

三、博士论文

《生态文明背景下的自然资源国家所有权研究》（福建师范大学，2014 年 6 月）。

四、报刊文章

1.《提升自然资源权利市场化配置水平》，发表在《中国社会科学报》2021 年 1 月 13 日；

2.《自然资源用途管制的陆海统筹及其制度完善》，发表在《中国社会科学报》2020 年 11 月 25 日；

3.《加快生态环境保护领域的地方立法》，发表在《福建日报》2018 年 3 月 12 日；

4.《区域协作促进绿色发展》，发表在《中国社会科学报》2016 年 11 月 1 日；

5.《推进自然资源管理大部制改革》，发表在《中国社会科学报》2015 年 7 月 7 日；

6.《在新常态下加强生态文明制度建设》，发表在《中国社会科学报》2015 年 3 月 20 日；

7.《以三大理念支撑新环保法》，发表在《中国社会科学报》2015 年 2 月 13 日；

8.《新环保法：进一步完善环境标准体系》，发表在《中国社会科学报》2015 年 1 月 19 日。

五、网络文章

《绿色发展：新时期生态文明制度建设的指针》，2015 年 11 月 6 日首发于中国社会科学网，随后被新华网、人民网、光明网、环球网等网站转载。

特别说明：以上成果所依托的课题信息，以初次在期刊公开发表时标注的信息为准，在本专著中不再重复标明。

附录二　与本专著相关的重要法律法规索引

一、宪法中的主要相关法律条款

法律名称	法律条款		法律条款内容
《中华人民共和国宪法》（2018年修正本）	第九条	第一款	矿藏、水流、森林、山岭、草原、荒地、滩涂等自然资源，都属于国家所有，即全民所有；由法律规定属于集体所有的森林和山岭、草原、荒地、滩涂除外。
		第二款	国家保障自然资源的合理利用，保护珍贵的动物和植物。禁止任何组织或者个人用任何手段侵占或者破坏自然资源。
	第十条	第一款	城市的土地属于国家所有。
		第二款	农村和城市郊区的土地，除由法律规定属于国家所有的以外，属于集体所有；宅基地和自留地、自留山，也属于集体所有。
		第三款	国家为了公共利益的需要，可以依照法律规定对土地实行征收或者征用并给予补偿。
		第四款	任何组织或者个人不得侵占、买卖或者以其他形式非法转让土地。土地的使用权可以依照法律的规定转让。
		第五款	一切使用土地的组织和个人必须合理地利用土地。
	第一百一十八条第二款		国家在民族自治地方开发资源、建设企业的时候，应当照顾民族自治地方的利益。

二、民法典中的主要相关法律条款

法律名称	法律条款		法律条款内容
《中华人民共和国民法典》（2021年）	第二百零九条	第一款	不动产物权的设立、变更、转让和消灭，经依法登记，发生效力；未经登记，不发生效力，但是法律另有规定的除外。
		第二款	依法属于国家所有的自然资源，所有权可以不登记。
	第二百四十七条		矿藏、水流、海域属于国家所有。
	第二百四十八条		无居民海岛属于国家所有，国务院代表国家行使无居民海岛所有权。
	第二百四十九条		城市的土地，属于国家所有。法律规定属于国家所有的农村和城市郊区的土地，属于国家所有。
	第二百五十条		森林、山岭、草原、荒地、滩涂等自然资源，属于国家所有，但是法律规定属于集体所有的除外。
	第二百五十一条		法律规定属于国家所有的野生动植物资源，属于国家所有。
	第二百五十二条		无线电频谱资源属于国家所有。
	第二百六十条		集体所有的不动产和动产包括： （一）法律规定属于集体所有的土地和森林、山岭、草原、荒地、滩涂； ……
	第三百二十四条		国家所有或者国家所有由集体使用以及法律规定属于集体所有的自然资源，组织、个人依法可以占有、使用和收益。
	第三百二十五条		国家实行自然资源有偿使用制度，但是法律另有规定的除外。
	第三百二十六条		用益物权人行使权利，应当遵守法律有关保护和合理开发利用资源、保护生态环境的规定。所有权人不得干涉用益物权人行使权利。
	第三百二十七条		因不动产或者动产被征收、征用致使用益物权消灭或者影响用益物权行使的，用益物权人有权依据本法第二百四十三条、第二百四十五条的规定获得相应补偿。
	第三百二十八条		依法取得的海域使用权受法律保护。
	第三百二十九条		依法取得的探矿权、采矿权、取水权和使用水域、滩涂从事养殖、捕捞的权利受法律保护。
	第三百三十条至第三百四十三条		规定了关于土地经营权的相关内容

续表

法律名称	法律条款	法律条款内容
《中华人民共和国民法典》（2021年）	第三百四十四条至第三百六十一条	规定了关于建设用地使用权的相关内容
	第三百六十二条至三百六十五条	规定了关于宅基地使用权的相关内容
	第三百七十二条至第三百八十五条	规定了关于地役权的相关内容
	第三百九十五条	债务人或者第三人有权处分的下列财产可以抵押：（一）建筑物和其他土地附着物；（二）建设用地使用权；（三）海域使用权；（四）生产设备、原材料、半成品、产品；（五）正在建造的建筑物、船舶、航空器；（六）交通运输工具；（七）法律、行政法规未禁止抵押的其他财产。抵押人可以将前款所列财产一并抵押。
	第三百九十九条	下列财产不得抵押： （一）土地所有权； （二）宅基地、自留地、自留山等集体所有土地的使用权，但是法律规定可以抵押的除外； （三）学校、幼儿园、医疗机构等为公益目的成立的非营利法人的教育设施、医疗卫生设施和其他公益设施； （四）所有权、使用权不明或者有争议的财产； （五）依法被查封、扣押、监管的财产； （六）法律、行政法规规定不得抵押的其他财产。
	第四百一十八条	以集体所有土地的使用权依法抵押的，实现抵押权后，未经法定程序，不得改变土地所有权的性质和土地用途。
	第四百六十七条第二款	在中华人民共和国境内履行的中外合资经营企业合同、中外合作经营企业合同、中外合作勘探开发自然资源合同，适用中华人民共和国法律。
	第五百零九条第三款	当事人在履行合同过程中，应当避免浪费资源、污染环境和破坏生态。
	第六百一十九条	出卖人应当按照约定的包装方式交付标的物。对包装方式没有约定或者约定不明确，依据本法第五百一十条的规定仍不能确定的，应当按照通用的方式包装；没有通用方式的，应当采取足以保护标的物且有利于节约资源、保护生态环境的包装方式。
	第一千二百二十九条至第一千二百三十五条	关于"环境污染和生态破坏责任"的相关规定，是自然资源侵权责任法律制度的重要法源。

三、刑法中的主要相关法律条款

法律名称	法律条款		法律条款内容
《中华人民共和国刑法》（2020年修正本）	第三百三十八条		违反国家规定，排放、倾倒或者处置有放射性的废物、含传染病病原体的废物、有毒物质或者其他有害物质，严重污染环境的，处三年以下有期徒刑或者拘役，并处或者单处罚金；情节严重的，处三年以上七年以下有期徒刑，并处罚金；有下列情形之一的，处七年以上有期徒刑，并处罚金： （一）在饮用水水源保护区、自然保护地核心保护区等依法确定的重点保护区域排放、倾倒、处置有放射性的废物、含传染病病原体的废物、有毒物质，情节特别严重的； （二）向国家确定的重要江河、湖泊水域排放、倾倒、处置有放射性的废物、含传染病病原体的废物、有毒物质，情节特别严重的； （三）致使大量永久基本农田基本功能丧失或者遭受永久性破坏的； （四）致使多人重伤、严重疾病，或者致人严重残疾、死亡的。 有前款行为，同时构成其他犯罪的，依照处罚较重的规定定罪处罚。
	第三百四十条		违反保护水产资源法规，在禁渔区、禁渔期或者使用禁用的工具、方法捕捞水产品，情节严重的，处三年以下有期徒刑、拘役、管制或者罚金。
	第三百四十一条	第一款	非法猎捕、杀害国家重点保护的珍贵、濒危野生动物的，或者非法收购、运输、出售国家重点保护的珍贵、濒危野生动物及其制品的，处五年以下有期徒刑或者拘役，并处罚金；情节严重的，处五年以上十年以下有期徒刑，并处罚金；情节特别严重的，处十年以上有期徒刑，并处罚金或者没收财产。
		第二款	违反狩猎法规，在禁猎区、禁猎期或者使用禁用的工具、方法进行狩猎，破坏野生动物资源，情节严重的，处三年以下有期徒刑、拘役、管制或者罚金。
		第三款	违反野生动物保护管理法规，以食用为目的非法猎捕、收购、运输、出售第一款规定以外的在野外环境自然生长繁殖的陆生野生动物，情节严重的，依照前款的规定处罚。
	第三百四十二条		违反土地管理法规，非法占用耕地、林地等农用地，改变被占用土地用途，数量较大，造成耕地、林地等农用地大量毁坏的，处五年以下有期徒刑或者拘役，并处或者单处罚金。
	第三百四十二条第一款		违反自然保护地管理法规，在国家公园、国家级自然保护区进行开垦、开发活动或者修建建筑物，造成严重后果或者有其他恶劣情节的，处五年以下有期徒刑或者拘役，并处或者单处罚金。

续表

法律名称	法律条款		法律条款内容
《中华人民共和国刑法》（2020年修正本）	第三百四十三条	第一款	违反矿产资源法的规定，未取得采矿许可证擅自采矿，擅自进入国家规划矿区、对国民经济具有重要价值的矿区和他人矿区范围采矿，或者擅自开采国家规定实行保护性开采的特定矿种，情节严重的，处三年以下有期徒刑、拘役或者管制，并处或者单处罚金；情节特别严重的，处三年以上七年以下有期徒刑，并处罚金。
		第二款	违反矿产资源法的规定，采取破坏性的开采方法开采矿产资源，造成矿产资源严重破坏的，处五年以下有期徒刑或者拘役，并处罚金。
	第三百四十四条		违反国家规定，非法采伐、毁坏珍贵树木或者国家重点保护的其他植物的，或者非法收购、运输、加工、出售珍贵树木或者国家重点保护的其他植物及其制品的，处三年以下有期徒刑、拘役或者管制，并处罚金；情节严重的，处三年以上七年以下有期徒刑，并处罚金。
	第三百四十四条之一		违反国家规定，非法引进、释放或者丢弃外来入侵物种，情节严重的，处三年以下有期徒刑或者拘役，并处或者单处罚金。
	第三百四十五条	第一款	盗伐森林或者其他林木，数量较大的，处三年以下有期徒刑、拘役或者管制，并处或者单处罚金；数量巨大的，处三年以上七年以下有期徒刑，并处罚金；数量特别巨大的，处七年以上有期徒刑，并处罚金。
		第二款	违反森林法的规定，滥伐森林或者其他林木，数量较大的，处三年以下有期徒刑、拘役或者管制，并处或者单处罚金；数量巨大的，处三年以上七年以下有期徒刑，并处罚金。
		第三款	非法收购、运输明知是盗伐、滥伐的林木，情节严重的，处三年以下有期徒刑、拘役或者管制，并处或者单处罚金；情节特别严重的，处三年以上七年以下有期徒刑，并处罚金。
		第四款	盗伐、滥伐国家级自然保护区内的森林或者其他林木的，从重处罚。

四、主要的自然资源单行法索引表

法律名称	制定或者修改情况	目录
《中华人民共和国土地管理法》	1986 年 6 月 25 日第六届全国人民代表大会常务委员会第十六次会议通过 根据 1988 年 12 月 29 日第七届全国人民代表大会常务委员会第五次会议《关于修改〈中华人民共和国土地管理法〉的决定》第一次修正 1998 年 8 月 29 日第九届全国人民代表大会常务委员会第四次会议修订 根据 2004 年 8 月 28 日第十届全国人民代表大会常务委员会第十一次会议《关于修改〈中华人民共和国土地管理法〉的决定》第二次修正 根据 2019 年 8 月 26 日第十三届全国人民代表大会常务委员会第十二次会议《关于修改〈中华人民共和国土地管理法〉、〈中华人民共和国城市房地产管理法〉的决定》第三次修正	第一章　总则 第二章　土地的所有权和使用权 第三章　土地利用总体规划 第四章　耕地保护 第五章　建设用地 第六章　监督检查 第七章　法律责任 第八章　附则
《中华人民共和国水法》	1988 年 1 月 21 日第六届全国人民代表大会常务委员会第二十四次会议通过 2002 年 8 月 29 日第九届全国人民代表大会常务委员会第二十九次会议修订 根据 2009 年 8 月 27 日第十一届全国人民代表大会常务委员会第十次会议《关于修改部分法律的决定》第一次修正 根据 2016 年 7 月 2 日第十二届全国人民代表大会常务委员会第二十一次会议《关于修改〈中华人民共和国节约能源法〉等六部法律的决定》第二次修正	第一章　总则 第二章　水资源规划 第三章　水资源开发利用 第四章　水资源、水域和水工程的保护 第五章　水资源配置和节约使用 第六章　水事纠纷处理与执法监督检查 第七章　法律责任 第八章　附则
《中华人民共和国森林法》	1984 年 9 月 20 日第六届全国人民代表大会常务委员会第七次会议通过 根据 1998 年 4 月 29 日第九届全国人民代表大会常务委员会第二次会议《关于修改〈中华人民共和国森林法〉的决定》第一次修正 根据 2009 年 8 月 27 日第十一届全国人民代表大会常务委员会第十次会议《关于修改部分法律的决定》第二次修正 2019 年 12 月 28 日第十三届全国人民代表大会常务委员会第十五次会议修订	第一章　总则 第二章　森林权属 第三章　发展规划 第四章　森林保护 第五章　造林绿化 第六章　经营管理 第七章　监督检查 第八章　法律责任 第九章　附则

续表

法律名称	制定或者修改情况	目　录
《中华人民共和国矿产资源法》	1986 年 3 月 19 日第六届全国人民代表大会常务委员会第十五次会议通过 根据 1996 年 8 月 29 日第八届全国人民代表大会常务委员会第二十一次会议《关于修改〈中华人民共和国矿产资源法〉的决定》第一次修正 根据 2009 年 8 月 27 日第十一届全国人民代表大会常务委员会第十次会议《关于修改部分法律的决定》第二次修正	第一章　总则 第二章　矿产资源勘查的登记和开采的审批 第三章　矿产资源的勘查 第四章　矿产资源的开采 第五章　集体矿山企业和个体采矿 第六章　法律责任 第七章　附则
《中华人民共和国草原法》	1985 年 6 月 18 日第六届全国人民代表大会常务委员会第十一次会议通过 2002 年 12 月 28 日第九届全国人民代表大会常务委员会第三十一次会议修订 根据 2009 年 8 月 27 日第十一届全国人民代表大会常务委员会第十次会议《关于修改部分法律的决定》第一次修正 根据 2013 年 6 月 29 日第十二届全国人民代表大会常务委员会第三次会议《关于修改〈中华人民共和国文物保护法〉等十二部法律的决定》第二次修正	第一章　总则 第二章　草原权属 第三章　规划 第四章　建设 第五章　利用 第六章　保护 第七章　监督检查 第八章　法律责任 第九章　附则
《中华人民共和国海域使用管理法》	2001 年 10 月 27 日第九届全国人民代表大会常务委员会第二十四次会议通过	第一章　总则 第二章　海洋功能区划 第三章　海域使用的申请与审批 第四章　海域使用权 第五章　海域使用金 第六章　监督检查 第七章　法律责任 第八章　附则

续表

法律名称	制定或者修改情况	目 录
《中华人民共和国渔业法》	1986 年 1 月 20 日第六届全国人民代表大会常务委员会第十四次会议通过 根据 2000 年 10 月 31 日第九届全国人民代表大会常务委员会第十八次会议《关于修改〈中华人民共和国渔业法〉的决定》第一次修正 根据 2004 年 8 月 28 日第十届全国人民代表大会常务委员会第十一次会议《关于修改〈中华人民共和国渔业法〉的决定》第二次修正 根据 2009 年 8 月 27 日第十一届全国人民代表大会常务委员会第十次会议《关于修改部分法律的决定》第三次修正 根据 2013 年 12 月 28 日第十二届全国人民代表大会常务委员会第六次会议《关于修改〈中华人民共和国海洋环境保护法〉等七部法律的决定》第四次修正	第一章　总则 第二章　养殖业 第三章　捕捞业 第四章　渔业资源的增殖和保护 第五章　法律责任 第六章　附则
《中华人民共和国长江保护法》	2020 年 12 月 26 日中华人民共和国第十三届全国人民代表大会常务委员会第二十四次会议通过	第一章　总则 第二章　规划与管控 第三章　资源保护 第四章　水污染防治 第五章　生态环境修复 第六章　绿色发展 第七章　保障与监督 第八章　法律责任 第九章　附　则

五、环境保护法中的主要相关条款

法律名称	法律条款	法律条款内容
《中华人民共和国环境保护法》（2014年修订本）	第四条第二款	国家采取有利于节约和循环利用资源、保护和改善环境、促进人与自然和谐的经济、技术政策和措施，使经济社会发展与环境保护相协调。
	第十条第二款	县级以上人民政府有关部门和军队环境保护部门，依照有关法律的规定对资源保护和污染防治等环境保护工作实施监督管理。
	第二十一条	国家采取财政、税收、价格、政府采购等方面的政策和措施，鼓励和支持环境保护技术装备、资源综合利用和环境服务等环境保护产业的发展。
	第三十条	开发利用自然资源，应当合理开发，保护生物多样性，保障生态安全，依法制定有关生态保护和恢复治理方案并予以实施。引进外来物种以及研究、开发和利用生物技术，应当采取措施，防止对生物多样性的破坏。
	第三十二条	国家加强对大气、水、土壤等的保护，建立和完善相应的调查、监测、评估和修复制度。
	第四十条第三款	企业应当优先使用清洁能源，采用资源利用率高、污染物排放量少的工艺、设备以及废弃物综合利用技术和污染物无害化处理技术，减少污染物的产生。

六、污染防治单行法中的相关条款列举

法律名称	法律条款	法律条款内容
《中华人民共和国土壤污染防治法》	第四条第二款	土地使用权人从事土地开发利用活动，企业事业单位和其他生产经营者从事生产经营活动，应当采取有效措施，防止、减少土壤污染，对所造成的土壤污染依法承担责任。
	第十八条	各类涉及土地利用的规划和可能造成土壤污染的建设项目，应当依法进行环境影响评价。环境影响评价文件应当包括对土壤可能造成的不良影响及应当采取的相应预防措施等内容。
	第三十一条	国家加强对未污染土壤的保护。地方各级人民政府应当重点保护未污染的耕地、林地、草地和饮用水水源地。各级人民政府应当加强对国家公园等自然保护地的保护，维护其生态功能。对未利用地应当予以保护，不得污染和破坏。
	第三十三条	国家加强对土壤资源的保护和合理利用。对开发建设过程中剥离的表土，应当单独收集和存放，符合条件的应当优先用于土地复垦、土壤改良、造地和绿化等。禁止将重金属或者其他有毒有害物质含量超标的工业固体废物、生活垃圾或者污染土壤用于土地复垦。

续表

法律名称	法律条款	法律条款内容
《中华人民共和国土壤污染防治法》	第三十八条	实施风险管控、修复活动，应当因地制宜、科学合理，提高针对性和有效性。实施风险管控、修复活动，不得对土壤和周边环境造成新的污染。
	第五十条	县级以上地方人民政府应当依法将符合条件的优先保护类耕地划为永久基本农田，实行严格保护。在永久基本农田集中区域，不得新建可能造成土壤污染的建设项目；已经建成的，应当限期关闭拆除。
《中华人民共和国水污染防治法》（2017年修正）	第五条	省、市、县、乡建立河长制，分级分段组织领导本行政区域内江河、湖泊的水资源保护、水域岸线管理、水污染防治、水环境治理等工作。
	第二十六条	国家确定的重要江河、湖泊流域的水资源保护工作机构负责监测其所在流域的省界水体的水环境质量状况，并将监测结果及时报国务院环境保护主管部门和国务院水行政主管部门；有经国务院批准成立的流域水资源保护领导机构的，应当将监测结果及时报告流域水资源保护领导机构。
	第二十七条	国务院有关部门和县级以上地方人民政府开发、利用和调节、调度水资源时，应当统筹兼顾，维持江河的合理流量和湖泊、水库以及地下水体的合理水位，保障基本生态用水，维护水体的生态功能。
	第四十一条	多层地下水的含水层水质差异大的，应当分层开采；对已受污染的潜水和承压水，不得混合开采。
	第四十二条	兴建地下工程设施或者进行地下勘探、采矿等活动，应当采取防护性措施，防止地下水污染。报废矿井、钻井或者取水井等，应当实施封井或者回填。
	第五章	对饮用水水源和其他特殊水体保护进行了专章规定。
《中华人民共和国大气污染防治法》（2018年修正）	第七条	企业事业单位和其他生产经营者应当采取有效措施，防止、减少大气污染，对所造成的损害依法承担责任。公民应当增强大气环境保护意识，采取低碳、节俭的生活方式，自觉履行大气环境保护义务。
	第九十条	国家大气污染防治重点区域内新建、改建、扩建用煤项目的，应当实行煤炭的等量或者减量替代。
	一百零二条	违反本法规定，煤矿未按照规定建设配套煤炭洗选设施的，由县级以上人民政府能源主管部门责令改正，处十万元以上一百万元以下的罚款；拒不改正的，报经有批准权的人民政府批准，责令停业、关闭。违反本法规定，开采含放射性和砷等有毒有害物质超过规定标准的煤炭的，由县级以上人民政府按照国务院规定的权限责令停业、关闭。

续表

法律名称	法律条款	法律条款内容
《中华人民共和国固体废物污染环境防治法》（2020 年修订）	第四条	固体废物污染环境防治坚持减量化、资源化和无害化的原则。
	第九条第二款	地方人民政府生态环境主管部门对本行政区域固体废物污染环境防治工作实施统一监督管理。地方人民政府发展改革、工业和信息化、自然资源、住房城乡建设、交通运输、农业农村、商务、卫生健康等主管部门在各自职责范围内负责固体废物污染环境防治的监督管理工作。
	第三十八条	产生工业固体废物的单位应当依法实施清洁生产审核，合理选择和利用原材料、能源和其他资源，采用先进的生产工艺和设备，减少工业固体废物的产生量，降低工业固体废物的危害性。

七、自然资源保护与利用相关的行政法规索引表

法规名称	文号	发布及最新修订时间
《中华人民共和国土地管理法实施条例》	中华人民共和国国务院令第 256 号，根据中华人民共和国国务院令第 743 号修订。	1998 年 12 月 27 日发布，2021 年 7 月 2 日第三次修订。
《不动产登记暂行条例》	中华人民共和国国务院令第 656 号，根据国务院令 710 号《国务院关于修改部分行政法规的决定》修订。	2014 年 11 月 24 日发布，2019 年 3 月 24 日修订。
《土地复垦条例》	中华人民共和国国务院令第 592 号	2011 年 3 月 5 日发布
《基本农田保护条例》	1998 年国务院第 12 次常务会议通过，根据中华人民共和国国务院令第 588 号《国务院关于废止和修改部分行政法规的决定》修正。	1998 年 12 月 27 日发布，2011 年年 1 月 8 日修正。
《退耕还林条例》	中华人民共和国国务院令第 367 号，根据 2016 年 2 月 6 日《国务院关于修改部分行政法规的决定》修订。	2002 年 12 月 14 日发布，2016 年 2 月 6 日修订。
《中华人民共和国森林法实施条例》	中华人民共和国国务院令第 278 号，根据 2018 年 3 月 19 日《国务院关于修改和废止部分行政法规的决定》第三次修订。	2000 年 1 月 29 日发布，2018 年 3 月 19 日第三次修订。

续表

法规名称	文号	发布及最新修订时间
《探矿权采矿权转让管理办法》	中华人民共和国国务院令第 242 号，根据 2014 年 7 月 29 日《国务院关于修改部分行政法规的决定》修订。	1998 年 2 月 12 日发布，2014 年 7 月 29 日修订。
《中华人民共和国自然保护区条例》	中华人民共和国国务院令第 167 号，根据 2017 年 10 月 7 日《国务院关于修改部分行政法规的决定》第二次修订。	1994 年 10 月 9 日发布，2017 年 10 月 7 日第二次修订。
《中华人民共和国水生野生动物保护实施条例》	农业部令第 1 号，根据 2013 年 12 月 7 日《国务院关于修改部分行政法规的决定》第二次修订。	1993 年 10 月 5 日发布，2013 年 12 月 7 日第二次修订。

备注：以上表格中所列内容目的在于帮助读者总体把握自然资源保护与利用的立法概况，并未穷尽自然资源保护与利用的法律渊源，特此说明。

附录三 与本专著相关的政策文件内容节选

1. 国务院关于全民所有自然资源资产有偿使用制度改革的指导意见

2. 决胜全面建成小康社会 夺取新时代中国特色社会主义伟大胜利——在中国共产党第十九次全国代表大会上的报告

3. 高举中国特色社会主义伟大旗帜 为全面建设社会主义现代化国家而团结奋斗——在中国共产党第二十次全国代表大会上的报告

4. 关于统筹推进自然资源资产产权制度改革的指导意见

5. 中共中央关于制定国民经济和社会发展第十四个五年规划和二〇三五年远景目标的建议

6. 中华人民共和国国民经济和社会发展第十四个五年规划和2035年远景目标纲要

7. 中共中央 国务院关于建立国土空间规划体系并监督实施的若干意见

8. 中共中央 国务院关于加强耕地保护和改进占补平衡的意见

9. 关于建立以国家公园为主体的自然保护地体系的指导意见

10. 中共中央 国务院关于完整准确全面贯彻新发展理念做好碳达峰碳中和工作的意见

11. 关于进一步加强生物多样性保护的意见

12. 国务院办公厅关于加强草原保护修复的若干意见

13. 关于全面推行林长制的意见

14. 关于切实加强高标准农田建设提升国家粮食安全保障能力的意见

15. 天然林保护修复制度方案

16. 关于深化生态保护补偿制度改革的意见

17. 自然资源部关于加强自然资源法治建设的通知

关于全民所有自然资源资产有偿使用制度改革的指导意见

（节选）

全民所有自然资源是宪法和法律规定属于国家所有的各类自然资源，主要包括国有土地资源、水资源、矿产资源、国有森林资源、国有草原资源、海域海岛资源等。自然资源资产有偿使用制度是生态文明制度体系的一项核心制度。改革开放以来，我国全民所有自然资源资产有偿使用制度逐步建立，在促进自然资源保护和合理利用、维护所有者权益方面发挥了积极作用，但由于有偿使用制度不完善、监管力度不足，还存在市场配置资源的决定性作用发挥不充分、所有权人不到位、所有权人权益不落实等突出问题。按照生态文明体制改革总体部署，为健全完善全民所有自然资源资产有偿使用制度，现提出以下意见。

一、总体要求

（一）指导思想。全面贯彻党的十八大和十八届三中、四中、五中、六中全会精神，深入贯彻习近平总书记系列重要讲话精神和治国理政新理念新思想新战略，认真落实党中央、国务院决策部署，统筹推进"五位一体"总体布局和协调推进"四个全面"战略布局，牢固树立和贯彻落实创新、协调、绿色、开放、共享的发展理念，坚持发挥市场配置资源的决定性作用和更好发挥政府作用，以保护优先、合理利用、维护权益和解决问题为导向，以依法管理、用途管制为前提，以明晰产权、丰富权能为基础，以市场配置、完善规则为重点，以开展试点、健全法制为路径，以创新方式、加强监管为保障，加快建立健全全民所有自然资源资产有偿使用制度，努力提升自然资源保护和合理利用水平，切实维护国家所有者权益，为建设美丽中国提供重要制度保障。

（二）基本原则。保护优先、合理利用。树立尊重自然、顺应自然、保护自然的理念，坚持保护和发展相统一，在发展中保护、在保护中发展。正确处理资源保护与开发利用的关系，对需要严格保护的自然资源，严禁开发利用；对可开发利用的全民所有自然资源，使用者要遵守用途管制，履行保护和合理利用自然资源的法定义务。除国家法律和政策规定可划拨或无偿使用的情形外，全面实行有偿使用，切实增强使用者合理利用和有效保护自然资源的意识和内在动力。

两权分离、扩权赋能。适应经济社会发展多元化需求和自然资源资产多用途属性，在坚持全民所有制的前提下，创新全民所有自然资源资产所有权实现形式，推动所有权和使用权分离，完善全民所有自然资源资产使用权体系，丰富自然资源资产使用权权利类型，适度扩大使用权的出让、转让、出租、担保、入股等权能，夯实全民所有自然资源资产有偿使用的权利基础。

市场配置、完善规则。充分发挥市场配置资源的决定性作用，按照公开、公平、公正和竞争择优的要求，明确全民所有自然资源资产有偿使用准入条件、方式和程序，鼓励竞争性出让，规范协议出让，支持探索多样化有偿使用方式，推动将全民所有自然资源资产有偿使用逐步纳入统一的公共资源交易平台，完善全民所有自然资源资产价格评估方法和管理制度，构建完善价格形成机制，建立健全有偿使用信息公开和服务制度，确保国家所有者权益得到充分有效维护。

明确权责、分级行使。全民所有自然资源资产有偿使用试点可依照现行法律规定和管理体制，明确全民所有自然资源资产有偿处置的主体，在试点地区可结合实际，合理划分中央和地方政府对全民所有自然资源资产的处置权限，创新管理体制，明确和落实主体责任，实现效率和公平相统一。

创新方式、强化监管。建立健全市场主体信用评价制度，强化自然资源主管部门和财政等部门协同，发挥纪检监察、司法、审计等机构作用，完善国家自然资源资产管理体制和自然资源监管体制，创新管理方式方法，健全完善责任追究机制，实现对全民所有自然资源资产有偿使用全程动态有效监管，确保将有效保护和合理利用资源、维护国家所有者权益的各项要求落到实处。

（三）主要目标。到2020年，基本建立产权明晰、权能丰富、规则完善、监管有效、权益落实的全民所有自然资源资产有偿使用制度，使全民所有自然资源资产使用权体系更加完善，市场配置资源的决定性作用和政府的服务监管作用充分发挥，所有者和使用者权益得到切实维护，自然资源保护和合理利用水平显著提升，实现自然资源开发利用和保护的生态、经济、社会效益相统一。

二、各领域重点任务

（四）完善国有土地资源有偿使用制度。全面落实规划土地功能分区和保护利用的要求，优化土地利用布局，规范经营性土地有偿使用。对生态功能重要的国有土地，要坚持保护优先，其中依照法律规定和规划允许进行经营性开发利用的，应设立更加严格的审批条件和程序，并全面实行有偿使用，切实防止无偿或过度占用。完善国有建设用地有偿使用制度。扩大国有建设用地有偿使用范围，加快修订《划拨用地目录》。完善国有建设用地使用权权能和有偿使用方式。鼓励可以使用划拨用地的公共服务项目有偿使用国有建设用地。事业单位等改制为企业的，允许实行国有企业改制土地资产处置政策。探索建立国有农用地有偿使用制度。明晰国有农用地使用权，明确国有农用地的使用方式、供应方式、范围、期限、条件和程序。对国有农场、林场（区）、牧场改革中涉及的国有农用地，参照国有企业改制土地资产处置相关规定，采取国有农用地使用权出让、租赁、作价出资（入股）、划拨、授权经营等方式处置。通过有偿方式取得的国有建设用地、农用地使用权，可以转让、出租、作价出资（入股）、担保等。

（五）完善水资源有偿使用制度。落实最严格水资源管理制度，严守水资源开发利用控制、用水效率控制、水功能区限制纳污三条红线，强化水资源节约利用与保护，加强水资源监控。维持江河的合理流量和湖泊、水库以及地下水体的合理水位，维护水体生态功能。健全水资源费征收制度，综合考虑当地水资源状况、经济发展水平、社会承受能力以及不同产业和行业取用水的差别特点，区分地表水和地下水，支持低消耗用水、鼓励回收利用水、限制超量取用水，合理调整水资源费征收标准，大幅提高地下水特别是水资源紧缺和超采地区的地下水水资源费征收标准，严格控制和合理利用地下水。严格水资源费征收管理，按照规定的征收范围、对象、标准和程序征收，确保应收尽收，任何单位和个人不得擅自减免、缓征或停征水资源费。推进水资源税改革试点。鼓励通过依法规范设立的水权交易平台开展水权交易，区域水权交易或者交易量较大的取水权交易应通过水权交易平台公开公平公正进行，充分发挥市场在水资源配置中的作用。

（六）完善矿产资源有偿使用制度。全面落实禁止和限制设立探矿权、采矿权的有关规定，强化矿产资源保护。改革完善矿产资源有偿使用制度，明确矿产资源国家所有者权益的具体实现形式，建立矿产资源国家权益金制度。完善矿业权有偿出让制度，在矿业权出让环节，取消探矿权价款、采矿权价款，征收矿业权出让收益。进一步扩大矿业权竞争性出让范围，除协议出让等特殊情形外，对所有矿业权一律以招标、拍卖、挂牌方式出让。严格限制矿业权协议出让，规范协议出让管理，严格协议出让的具体情形和范围。完善矿业权分级分类出让制度，合理划分各级国土资源部门的矿业权出让审批权限。完善矿业权有偿占用制度，在矿业权占有环节，将探矿权、采矿权使用费调整为矿业权占用费。合理确定探矿权占用费收取标准，建立累进动态调整机制，利用经济手段有效遏制"圈而不探"等行为。根据矿产品价格变动情况和经济发展需要，适时调整采矿权占用费标准。完善矿产资源税费制度，落实全面推进资源税改革的要求，提高矿产资源综合利用效率，促进资源合理开发利用和有效保护。

（七）建立国有森林资源有偿使用制度。严格执行森林资源保护政策，充分发挥森林资源在生态建设中的主体作用。国有天然林和公益林、国家公园、自然保护区、风景名胜区、森林公园、国家湿地公园、国家沙漠公园的国有林地和林木资源资产不得出让。对确需经营利用的森林资源资产，确定有偿使用的范围、期限、条件、程序和方式。对国有森林经营单位的国有林地使用权，原则上按照划拨用地方式管理。研究制定国有林区、林场改革涉及的国有林地使用权有偿使用的具体办法。推进国有林地使用权确权登记工作，切实维护国有林区、国有林场确权登记颁证成果的权威性和合法性。通过租赁、特许经营等方式积极发展森林旅游。本着尊重历史、照顾现实的原则，全面清理规范已经发生的国有森林资源流转行为。

（八）建立国有草原资源有偿使用制度。依法依规严格保护草原生态，健全基本草原保护制度，任何单位和个人不得擅自征用、占用基本草原或改变其用途，严控建设占用和非牧使用。全民所有制单位改制涉及的国有划拨草原使用权，按照国有农用地改革政策实行有偿使用。稳定和完善国有草原承包经营制度，规范国有草原承包经营权流转。对已确定给农村集体经济组织使用的国有草原，继续依照现有土地承包经营方式落实国有草原承包经营权。国有草原承包经营权向农村集体经济组织以外单位和个人流转的，应按有关规定实行有偿使用。加快推进国有草原确权登记颁证工作。

（九）完善海域海岛有偿使用制度。完善海域有偿使用制度。坚持生态优先，严格落实海洋国土空间的生态保护红线，提高用海生态门槛。严格实行围填海总量控制制度，确保大陆自然岸线保有率不低于35%。完善海域有偿使用分级、分类管理制度，适应经济社会发展多元化需求，完善海域使用权出让、转让、抵押、出租、作价出资（入股）等权能。坚持多种有偿出让方式并举，逐步提高经营性用海市场化出让比例，明确市场化出让范围、方式和程序，完善海域使用权出让价格评估制度和技术标准，将生态环境损害成本纳入价格形成机制。调整海域使用金征收标准，完善海域等级、海域使用金征收范围和方式，建立海域使用金征收标准动态调整机制。开展海域资源现状调查与评价，科学评估海域生态价值、资源价值和开发潜力。完善无居民海岛有偿使用制度。坚持科学规划、保护优先、合理开发、永续利用，严格生态保护措施，避免破坏海岛及其周边海域生态系统，严控无居民海岛自然岸线开发利用，禁止开发利用领海基点保护范围内海岛区域和海洋自然保护区核心区及缓冲区、海洋特别保护区的重点保护区和预留区以及具有特殊保护价值的无居民海岛。明确无居民海岛有偿使用的范围、条件、程序和权利体系，完善无居民海岛使用权出让制度，探索赋予无居民海岛使用权依法转让、出租等权能。研究制定无居民海岛使用权招标、拍卖、挂牌出让有关规定。鼓励地方结合实际推进旅游娱乐、工业等经营性用岛采取招标、拍卖、挂牌等市场化方式出让。建立完善无居民海岛使用权出让价格评估管理制度和技术标准，建立无居民海岛使用权出让最低价标准动态调整机制。

决胜全面建成小康社会 夺取新时代中国特色社会主义伟大胜利

——在中国共产党第十九次全国代表大会上的报告

（节选）

九、加快生态文明体制改革，建设美丽中国

人与自然是生命共同体，人类必须尊重自然、顺应自然、保护自然。人类只有遵循自然规律才能有效防止在开发利用自然上走弯路，人类对大自然的伤害最终会伤及人类自身，这是无法抗拒的规律。

我们要建设的现代化是人与自然和谐共生的现代化，既要创造更多物质财富和精神财富以满足人民日益增长的美好生活需要，也要提供更多优质生态产品以满足人民日益增长的优美生态环境需要。必须坚持节约优先、保护优先、自然恢复为主的方针，形成节约资源和保护环境的空间格局、产业结构、生产方式、生活方式，还自然以宁静、和谐、美丽。

（一）推进绿色发展。加快建立绿色生产和消费的法律制度和政策导向，建立健全绿色低碳循环发展的经济体系。构建市场导向的绿色技术创新体系，发展绿色金融，壮大节能环保产业、清洁生产产业、清洁能源产业。推进能源生产和消费革命，构建清洁低碳、安全高效的能源体系。推进资源全面节约和循环利用，实施国家节水行动，降低能耗、物耗，实现生产系统和生活系统循环链接。倡导简约适度、绿色低碳的生活方式，反对奢侈浪费和不合理消费，开展创建节约型机关、绿色家庭、绿色学校、绿色社区和绿色出行等行动。

（二）着力解决突出环境问题。坚持全民共治、源头防治，持续实施大气污染防治行动，打赢蓝天保卫战。加快水污染防治，实施流域环境和近岸海域综合治理。强化土壤污染管控和修复，加强农业面源污染防治，开展农村人居环境整治行动。加强固体废弃物和垃圾处置。提高污染排放标准，强化排污者责任，健全环保信用评价、信息强制性披露、严惩重罚等制度。构建政府为主导、企业为主体、社会组织和公众共同参与的环境治理体系。积极参与全球环境治理，落实减排承诺。

（三）加大生态系统保护力度。实施重要生态系统保护和修复重大工程，优化生态安全屏障体系，构建生态廊道和生物多样性保护网络，提升生态系统质量和稳定性。完成生态保护红线、永久基本农田、城镇开发边界三条控制线划定工作。开展国土绿化行动，推进荒漠化、石漠化、水土流失综合治理，强化湿地保护和恢复，加强地质灾害防治。完善天然林保护制度，扩大退耕还林还草。严格保护耕地，扩大轮作休耕试点，健全耕地草原森林河流湖泊休养生息制度，建立市场化、多元化生态补偿机制。

（四）改革生态环境监管体制。加强对生态文明建设的总体设计和组织领导，设立国有自然资源资产管理和自然生态监管机构，完善生态环境管理制度，统一行使全民所有自然资源资产所有者职责，统一行使所有国土空间用途管制和生态保护修复职责，统一行使监管城乡各类污染排放和行政执法职责。构建国土空间开发保护制度，完善主体功能区配套政策，建立以国家公园为主体的自然保护地体系。坚决制止和惩处破坏生态环境行为。

同志们！生态文明建设功在当代、利在千秋。我们要牢固树立社会主义生态文明观，推动形成人与自然和谐发展现代化建设新格局，为保护生态环境作出我们这代人的努力！

高举中国特色社会主义伟大旗帜
为全面建设社会主义现代化国家而团结奋斗

——在中国共产党第二十次全国代表大会上的报告

（节选）

十、推动绿色发展，促进人与自然和谐共生

大自然是人类赖以生存发展的基本条件。尊重自然、顺应自然、保护自然，是全面建设社会主义现代化国家的内在要求。必须牢固树立和践行绿水青山就是金山银山的理念，站在人与自然和谐共生的高度谋划发展。

我们要推进美丽中国建设，坚持山水林田湖草沙一体化保护和系统治理，统筹产业结构调整、污染治理、生态保护、应对气候变化，协同推进降碳、减污、扩绿、增长，推进生态优先、节约集约、绿色低碳发展。

（一）加快发展方式绿色转型。推动经济社会发展绿色化、低碳化是实现高质量发展的关键环节。加快推动产业结构、能源结构、交通运输结构等调整优化。实施全面节约战略，推进各类资源节约集约利用，加快构建废弃物循环利用体系。完善支持绿色发展的财税、金融、投资、价格政策和标准体系，发展绿色低碳产业，健全资源环境要素市场化配置体系，加快节能降碳先进技术研发和推广应用，倡导绿色消费，推动形成绿色低碳的生产方式和生活方式。

（二）深入推进环境污染防治。坚持精准治污、科学治污、依法治污，持续深入打好蓝天、碧水、净土保卫战。加强污染物协同控制，基本消除重污染天气。统筹水资源、水环境、水生态治理，推动重要江河湖库生态保护治理，基本消除城市黑臭水体。加强土壤污染源头防控，开展新污染物治理。提升环境基础设施建设水平，推进城乡人居环境整治。全面实行排污许可制，健全现代环境治理体系。严密防控环境风险。深入推进中央生态环境保护督察。

（三）提升生态系统多样性、稳定性、持续性。以国家重点生态功能区、生态保护红线、自然保护地等为重点，加快实施重要生态系统保护和修复重大工程。推进以国家公园为主体的自然保护地体系建设。实施生物多样性保护重大工程。科学开展大规模国土绿化行动。深化集体林权制度改革。推行草原森林河流湖泊湿地休养生息，实施好长江十年禁渔，健全耕地休耕轮作制度。建立生态产品价值实现机制，完善生态保护补偿制度。加强生物安全管理，防治外来物种侵害。

（四）积极稳妥推进碳达峰碳中和。实现碳达峰碳中和是一场广泛而深刻的经济社会系统性变革。立足我国能源资源禀赋，坚持先立后破，有计划分步骤实施碳达峰行动。完善能源消耗总量和强度调控，重点控制化石能源消费，逐步转向碳排放总量和强度"双控"制度。推动能源清洁低碳高效利用，推进工业、建筑、交通等领域清洁低碳转型。深入推进能源革命，加强煤炭清洁高效利用，加大油气资源勘探开发和增储上产力度，加快规划建设新型能源体系，统筹水电开发和生态保护，积极安全有序发展核电，加强能源产供储销体系建设，确保能源安全。完善碳排放统计核算制度，健全碳排放权市场交易制度。提升生态系统碳汇能力。积极参与应对气候变化全球治理。

关于统筹推进自然资源资产产权制度改革的指导意见

（节选）

自然资源资产产权制度是加强生态保护、促进生态文明建设的重要基础性制度。改革开放以来，我国自然资源资产产权制度逐步建立，在促进自然资源节约集约利用和有效保护方面发挥了积极作用，但也存在自然资源资产底数不清、所有者不到位、权责不明晰、权益不落实、监管保护制度不健全等问题，导致产权纠纷多发、资源保护乏力、开发利用粗放、生态退化严重。为加快健全自然资源资产产权制度，进一步推动生态文明建设，现提出如下意见。

一、总体要求

（一）指导思想。以习近平新时代中国特色社会主义思想为指导，全面贯彻党的十九大和十九届二中、三中全会精神，全面落实习近平生态文明思想，认真贯彻党中央、国务院决策部署，紧紧围绕统筹推进"五位一体"总体布局和协调推进"四个全面"战略布局，以完善自然资源资产产权体系为重点，以落实产权主体为关键，以调查监测和确权登记为基础，着力促进自然资源集约开发利用和生态保护修复，加强监督管理，注重改革创新，加快构建系统完备、科学规范、运行高效的中国特色自然资源资产产权制度体系，为完善社会主义市场经济体制、维护社会公平正义、建设美丽中国提供基础支撑。

（二）基本原则

——坚持保护优先、集约利用。正确处理资源保护与开发利用的关系，既要发挥自然资源资产产权制度在严格保护资源、提升生态功能中的基础作用，又要发挥在优化资源配置、提高资源开发利用效率、促进高质量发展中的关键作用。

——坚持市场配置、政府监管。以扩权赋能、激发活力为重心，健全自然资源资产产权制度，探索自然资源资产所有者权益的多种有效实现形式，发挥市场配置资源的决定性作用，努力提升自然资源要素市场化配置水平；加强政府监督管理，促进自然资源权利人合理利用资源。

——坚持物权法定、平等保护。依法明确全民所有自然资源资产所有权的权利行使主体，健全自然资源资产产权体系和权能，完善自然资源资产产权法律体系，平等保护各类自然资源资产产权主体合法权益，更好发挥产权制度在生态文明建设中的激励约束作用。

——坚持依法改革、试点先行。坚持重大改革于法有据，既要发挥改革顶层设计的指导作用，又要鼓励支持地方因地制宜、大胆探索，为制度创新提供鲜活经验。

（三）总体目标。到 2020 年，归属清晰、权责明确、保护严格、流转顺畅、监管有效的自然资源资产产权制度基本建立，自然资源开发利用效率和保护力度明显提升，为完善生态文明制度体系、保障国家生态安全和资源安全、推动形成人与自然和谐发展的现代化建设新格局提供有力支撑。

二、主要任务

（四）健全自然资源资产产权体系。适应自然资源多种属性以及国民经济和社会发展需求，与国土空间规划和用途管制相衔接，推动自然资源资产所有权与使用权分离，加快构建分类科学的自然资源资产产权体系，着力解决权利交叉、缺位等问题。处理好自然资源资产所有权与使用权的关系，创新自然资源资产全民所有权和集体所有权的实现形式。落实承包土地所有权、承包权、经营权"三权分置"，开展经营权入股、抵押。探索宅基地所有权、资格权、使用权"三权分置"。加快推进建设用地地上、地表和地下分别设立使用权，促进空间合理开发利用。探索研究油气探采合一权利制度，加强探矿权、采矿权授予与相关规划的衔接。依据不同矿种、不同勘查阶段地质工作规律，合理延长探矿权有效期及延续、保留期限。根据矿产资源储量规模，分类设定采矿权有效期及延续期限。依法明确采矿权抵押权能，完善探矿权、采矿权与土地使用权、海域使用权衔接机制。探索海域使用权立体分层设权，加快完善海域使用权出让、转让、抵押、出租、作价出资（入股）等权能。构建无居民海岛产权体系，试点探索无居民海岛使用权转让、出租等权能。完善水域滩涂养殖权利体系，依法明确权能，允许流转和抵押。理顺水域滩涂养殖的权利与海域使用权、土地承包经营权，取水权与地下水、地热水、矿泉水采矿权的关系。

（五）明确自然资源资产产权主体。推进相关法律修改，明确国务院授权国务院自然资源主管部门具体代表统一行使全民所有自然资源资产所有者职责。研究建立国务院自然资源主管部门行使全民所有自然资源资产所有权的资源清单和管理体制。探索建立委托省级和市（地）级政府代理行使自然资源资产所有权的资源清单和监督管理制度，法律授权省级、市（地）级或县级政府代理行使所有权的特定自然资源除外。完善全民所有自然资源资产收益管理制度，合理调整中央和地方收益分配比例和支出结构，并加大对生态保护修复支持力度。推进农村集体所有的自然资源资产所有权确权，依法落实农村集体经济组织特别法人地位，明确农村集体所有自然资源资产由农村集体经济组织代表集体行使所有权，增强对农村集体所有自然资源资产的管理和经营能力，农村集体经济组织成员对自然资源资产享有合法权益。保证自然人、法人和非法人组织等各类市场主体依法平等使用自然资源资产、公开公平公正参与市场竞争，同等受到法律保护。

（六）开展自然资源统一调查监测评价。加快研究制定统一的自然资源分类标准，建立自然资源统一调查监测评价制度，充分利用现有相关自然资源调查成果，统一组织实施全国自然资源调查，掌握重要自然资源的数量、质量、分布、权属、保护和开发利用状况。研究建立自然资源资产核算评价制度，开展实物量统计，探索价值量核算，编制自然资源资产负债表。建立自然资源动态监测制度，及时跟踪掌握各类自然资源变化情况。建立统一权威的自然资源调查监测评价信息发布和共享机制。

（七）加快自然资源统一确权登记。总结自然资源统一确权登记试点经验，完善确权登记办法和规则，推动确权登记法治化，重点推进国家公园等各类自然保护地、重点国有林区、湿地、大江大河重要生态空间确权登记工作，将全民所有自然资源资产所有权代表行使主体登记为国务院自然资源主管部门，逐步实现自然资源确权登记全覆盖，清晰界定全部国土空间各类自然资源资产的产权主体，划清各类自然资源资产所有权、使用权的边界。建立健全登记信息管理基础平台，提升公共服务能力和水平。

（八）强化自然资源整体保护。编制实施国土空间规划，划定并严守生态保护红线、永久基本农田、城镇开发边界等控制线，建立健全国土空间用途管制制度、管理规范和技术标准，对国土空间实施统一管控，强化山水林田湖草整体保护。加强陆海统筹，以海岸线为基础，统筹编制海岸带开发保护规划，强化用途管制，除国家重大战略项目外，全面停止新增围填海项目审批。对生态功能重要的公益性自然资源资产，加快构建以国家公园为主体的自然保护地体系。国家公园范围内的全民所有自然资源资产所有权由国务院自然资源主管部门行使或委托相关部门、省级政府代理行使。条件成熟时，逐步过渡到国家公园内全民所有自然资源资产所有权由国务院自然资源主管部门直接行使。已批准的国家公园试点全民所有自然资源资产所有权具体行使主体在试点期间可暂不调整。积极预防、及时制止破坏自然资源资产行为，强化自然资源资产损害赔偿责任。探索建立政府主导、企业和社会参与、市场化运作、可持续的生态保护补偿机制，对履行自然资源资产保护义务的权利主体给予合理补偿。健全自然保护地内自然资源资产特许经营权等制度，构建以产业生态化和生态产业化为主体的生态经济体系。鼓励政府机构、企业和其他社会主体，通过租赁、置换、赎买等方式扩大自然生态空间，维护国家和区域生态安全。依法依规解决自然保护地内的探矿权、采矿权、取水权、水域滩涂养殖捕捞的权利、特许经营权等合理退出问题。

（九）促进自然资源资产集约开发利用。既要通过完善价格形成机制，扩大竞争性出让，发挥市场配置资源的决定性作用，又要通过总量和强度控制，更好发挥政府管控作用。深入推进全民所有自然资源资产有偿使用制度改革，加快出台国有森林资源资产和草原资源资产有偿使用制度改革方案。全面推进矿业权竞争性出让，调整与竞争性出让相关的探矿权、采矿权审批方式。有序放开油气勘查开采市场，完善竞争出让方式和程序，制定实施更为严格的区块退出管理办法和更为便捷合理的区块流转管理办法。健全水资源资产产权制度，根据流域生态环境特征和经济社会发展需求确定合理的开发利用管控目标，着力改变分割管理、全面开发的状况，实施对流域水资源、水能资源开发利用的统一监管。完善自然资源资产分等定级价格评估制度和资产审核制度。完善自然资源资产开发利用标准体系和产业准入政策，将自然资源资产开发利用水平和生态保护要求作为选择使用权人的重要因素并纳入出让合同。完善自然资源资产使用权转让、出租、抵押市场规则，规范市场建设，明确受让人开发利用自然资源资产的要求。统筹推进自然资源资产交易平台和服务体系建设，健全市场监测监管和调控机制，建立自然资源资产市场信用体系，促进自然资源资产流转顺畅、交易安全、利用高效。

（十）推动自然生态空间系统修复和合理补偿。坚持政府管控与产权激励并举，增强生态修复合力。编制实施国土空间生态修复规划，建立健全山水林田湖草系统修复和综合治理机制。坚持谁破坏、谁补偿原则，建立健全依法建设占用各类自然生态空间和压覆矿产的占用补偿制度，严格占用条件，提高补偿标准。落实和完善生态环境损害赔偿制度，由责任人承担修复或赔偿责任。对责任人灭失的，遵循属地管理原则，按照事权由各级政府组织开展修复工作。按照谁修复、谁受益原则，通过赋予一定期限的自然资源资产使用权等产权安排，激励社会投资主体从事生态保护修复。

（十一）健全自然资源资产监管体系。发挥人大、行政、司法、审计和社会监督作用，创新管理方式方法，形成监管合力，实现对自然资源资产开发利用和保护的全程动态有效监管，加强自然资源督察机构对国有自然资源资产的监督，国务院自然资源主管部门按照要求定期向国务院报告国有自然资源资产报告。各级政府按要求向本级人大常委会报告国有自然资源资产情况，接受权力机关监督。建立科学合理的自然资源资产管理考核评价体系，开展领导干部自然资源资产离任审计，落实完善党政领导干部自然资源资产损害责任追究制度。完善自然资源资产产权信息公开制度，强化社会监督。充分利用大数据等现代信息技术，建立统一的自然资源数据库，提升监督管理效能。建立自然资源行政执法与行政检察衔接平台，实现信息共享、案情通报、案件移送，通过检察法律监督，推动依法行政、严格执法。完善自然资源资产督察执法体制，加强督察执法队伍建设，严肃查处自然资源资产产权领域重大违法案件。

（十二）完善自然资源资产产权法律体系。全面清理涉及自然资源资产产权制度的法律法规，对不利于生态文明建设和自然资源资产产权保护的规定提出具体废止、修改意见，按照立法程序推进修改。系统总结农村土地制度改革试点经验，加快土地管理法修订步伐。根据自然资源资产产权制度改革进程，推进修订矿产资源法、水法、森林法、草原法、海域使用管理法、海岛保护法等法律及相关行政法规。完善自然资源资产产权登记制度。研究制定国土空间开发保护法。加快完善以国家公园为主体的自然保护地法律法规体系。建立健全协商、调解、仲裁、行政裁决、行政复议和诉讼等有机衔接、相互协调、多元化的自然资源资产产权纠纷解决机制。全面落实公益诉讼和生态环境损害赔偿诉讼等法律制度，构建自然资源资产产权民事、行政、刑事案件协同审判机制。适时公布严重侵害自然资源资产产权的典型案例。

中共中央关于制定国民经济和社会发展第十四个五年规划和二〇三五年远景目标的建议

（节选）

十、推动绿色发展，促进人与自然和谐共生

坚持绿水青山就是金山银山理念，坚持尊重自然、顺应自然、保护自然，坚持节约优先、保护优先、自然恢复为主，守住自然生态安全边界。深入实施可持续发展战略，完善生态文明领域统筹协调机制，构建生态文明体系，促进经济社会发展全面绿色转型，建设人与自然和谐共生的现代化。

35. 加快推动绿色低碳发展。强化国土空间规划和用途管控，落实生态保护、基本农田、城镇开发等空间管控边界，减少人类活动对自然空间的占用。强化绿色发展的法律和政策保障，发展绿色金融，支持绿色技术创新，推进清洁生产，发展环保产业，推进重点行业和重要领域绿色化改造。推动能源清洁低碳安全高效利用。发展绿色建筑。开展绿色生活创建活动。降低碳排放强度，支持有条件的地方率先达到碳排放峰值，制定二〇三〇年前碳排放达峰行动方案。

36. 持续改善环境质量。增强全社会生态环保意识，深入打好污染防治攻坚战。继续开展污染防治行动，建立地上地下、陆海统筹的生态环境治理制度。强化多污染物协同控制和区域协同治理，加强细颗粒物和臭氧协同控制，基本消除重污染天气。治理城乡生活环境，推进城镇污水管网全覆盖，基本消除城市黑臭水体。推进化肥农药减量化和土壤污染治理，加强白色污染治理。加强危险废物医疗废物收集处理。完成重点地区危险化学品生产企业搬迁改造。重视新污染物治理。全面实行排污许可制，推进排污权、用能权、用水权、碳排放权市场化交易。完善环境保护、节能减排约束性指标管理。完善中央生态环境保护督察制度。积极参与和引领应对气候变化等生态环保国际合作。

37.提升生态系统质量和稳定性。坚持山水林田湖草系统治理，构建以国家公园为主体的自然保护地体系。实施生物多样性保护重大工程。加强外来物种管控。强化河湖长制，加强大江大河和重要湖泊湿地生态保护治理，实施好长江十年禁渔。科学推进荒漠化、石漠化、水土流失综合治理，开展大规模国土绿化行动，推行林长制。推行草原森林河流湖泊休养生息，加强黑土地保护，健全耕地休耕轮作制度。加强全球气候变暖对我国承受力脆弱地区影响的观测，完善自然保护地、生态保护红线监管制度，开展生态系统保护成效监测评估。

38.全面提高资源利用效率。健全自然资源资产产权制度和法律法规，加强自然资源调查评价监测和确权登记，建立生态产品价值实现机制，完善市场化、多元化生态补偿，推进资源总量管理、科学配置、全面节约、循环利用。实施国家节水行动，建立水资源刚性约束制度。提高海洋资源、矿产资源开发保护水平。完善资源价格形成机制。推行垃圾分类和减量化、资源化。加快构建废旧物资循环利用体系。

中华人民共和国国民经济和社会发展第十四个五年规划和 2035 年远景目标纲要

（节选）

第三十九章　加快发展方式绿色转型

坚持生态优先、绿色发展，推进资源总量管理、科学配置、全面节约、循环利用，协同推进经济高质量发展和生态环境高水平保护。

第一节　全面提高资源利用效率

坚持节能优先方针，深化工业、建筑、交通等领域和公共机构节能，推动 5G、大数据中心等新兴领域能效提升，强化重点用能单位节能管理，实施能量系统优化、节能技术改造等重点工程，加快能耗限额、产品设备能效强制性国家标准制修订。实施国家节水行动，建立水资源刚性约束制度，强化农业节水增效、工业节水减排和城镇节水降损，鼓励再生水利用，单位 GDP 用水量下降 16% 左右。加强土地节约集约利用，加大批而未供和闲置土地处置力度，盘活城镇低效用地，支持工矿废弃土地恢复利用，完善土地复合利用、立体开发支持政策，新增建设用地规模控制在 2950 万亩以内，推动单位 GDP 建设用地使用面积稳步下降。提高矿产资源开发保护水平，发展绿色矿业，建设绿色矿山。

第二节　构建资源循环利用体系

全面推行循环经济理念，构建多层次资源高效循环利用体系。

深入推进园区循环化改造，补齐和延伸产业链，推进能源资源梯级利用、废物循环利用和污染物集中处置。加强大宗固体废弃物综合利用，规范发展再制造产业。加快发展种养有机结合的循环农业。加强废旧物品回收设施规划建设，完善城市废旧物品回收分拣体系。推行生产企业"逆向回收"等模式，建立健全线上线下融合、流向可控的资源回收体系。拓展生产者责任延伸制度覆盖范围。推进快递包装减量化、标准化、循环化。

第三节　大力发展绿色经济

坚决遏制高耗能、高排放项目盲目发展，推动绿色转型实现积极发展。壮大节能环保、清洁生产、清洁能源、生态环境、基础设施绿色升级、绿色服务等产业，推广合同能源管理、合同节水管理、环境污染第三方治理等服务模式。推动煤炭等化石能源清洁高效利用，推进钢铁、石化、建材等行业绿色化改造，加快大宗货物和中长途货物运输"公转铁"、"公转水"。推动城市公交和物流配送车辆电动化。构建市场导向的绿色技术创新体系，实施绿色技术创新攻关行动，开展重点行业和重点产品资源效率对标提升行动。建立统一的绿色产品标准、认证、标识体系，完善节能家电、高效照明产品、节水器具推广机制。深入开展绿色生活创建行动。

第四节　构建绿色发展政策体系

强化绿色发展的法律和政策保障。实施有利于节能环保和资源综合利用的税收政策。大力发展绿色金融。健全自然资源有偿使用制度，创新完善自然资源、污水垃圾处理、用水用能等领域价格形成机制。推进固定资产投资项目节能审查、节能监察、重点用能单位管理制度改革。完善能效、水效"领跑者"制度。强化高耗水行业用水定额管理。深化生态文明试验区建设。深入推进山西国家资源型经济转型综合配套改。

中共中央 国务院关于建立国土空间规划体系并监督实施的若干意见

（节选）

国土空间规划是国家空间发展的指南、可持续发展的空间蓝图，是各类开发保护建设活动的基本依据。建立国土空间规划体系并监督实施，将主体功能区规划、土地利用规划、城乡规划等空间规划融合为统一的国土空间规划，实现"多规合一"，强化国土空间规划对各专项规划的指导约束作用，是党中央、国务院作出的重大部署。为建立国土空间规划体系并监督实施，现提出如下意见。

一、重大意义

各级各类空间规划在支撑城镇化快速发展、促进国土空间合理利用和有效保护方面发挥了积极作用，但也存在规划类型过多、内容重叠冲突，审批流程复杂、周期过长，地方规划朝令夕改等问题。建立全国统一、责权清晰、科学高效的国土空间规划体系，整体谋划新时代国土空间开发保护格局，综合考虑人口分布、经济布局、国土利用、生态环境保护等因素，科学布局生产空间、生活空间、生态空间，是加快形成绿色生产方式和生活方式、推进生态文明建设、建设美丽中国的关键举措，是坚持以人民为中心、实现高质量发展和高品质生活、建设美好家园的重要手段，是保障国家战略有效实施、促进国家治理体系和治理能力现代化、实现"两个一百年"奋斗目标和中华民族伟大复兴中国梦的必然要求。

二、总体要求

（一）指导思想。以习近平新时代中国特色社会主义思想为指导，全面贯彻党的十九大和十九届二中、三中全会精神，紧紧围绕统筹推进"五位一体"总体布局和协调推进"四个全面"战略布局，坚持新发展理念，坚持以人民为中心，坚持一切从实际出发，按照高质量发展要求，做好国土空间规划顶层设计，发挥国土空间规划在国家规划体系中的基础性作用，为国家发展规划落地实施提供空间保障。健全国土空间开发保护制度，体现战略性、提高科学性、强化权威性、加强协调性、注重操作性，实现国土空间开发保护更高质量、更有效率、更加公平、更可持续。

（二）主要目标。到 2020 年，基本建立国土空间规划体系，逐步建立"多规合一"的规划编制审批体系、实施监督体系、法规政策体系和技术标准体系；基本完成市县以上各级国土空间总体规划编制，初步形成全国国土空间开发保护"一张图"。到 2025 年，健全国土空间规划法规政策和技术标准体系；全面实施国土空间监测预警和绩效考核机制；形成以国土空间规划为基础，以统一用途管制为手段的国土空间开发保护制度。到 2035 年，全面提升国土空间治理体系和治理能力现代化水平，基本形成生产空间集约高效、生活空间宜居适度、生态空间山清水秀，安全和谐、富有竞争力和可持续发展的国土空间格局。

三、总体框架

（三）分级分类建立国土空间规划。国土空间规划是对一定区域国土空间开发保护在空间和时间上作出的安排，包括总体规划、详细规划和相关专项规划。国家、省、市县编制国土空间总体规划，各地结合实际编制乡镇国土空间规划。相关专项规划是指在特定区域（流域）、特定领域，为体现特定功能，对空间开发保护利用作出的专门安排，是涉及空间利用的专项规划。国土空间总体规划是详细规划的依据、相关专项规划的基础；相关专项规划要相互协同，并与详细规划做好衔接。

（四）明确各级国土空间总体规划编制重点。全国国土空间规划是对全国国土空间作出的全局安排，是全国国土空间保护、开发、利用、修复的政策和总纲，侧重战略性，由自然资源部会同相关部门组织编制，由党中央、国务院审定后印发。省级国土空间规划是对全国国土空间规划的落实，指导市县国土空间规划编制，侧重协调性，由省级政府组织编制，经同级人大常委会审议后报国务院审批。市县和乡镇国土空间规划是本级政府对上级国土空间规划要求的细化落实，是对本行政区域开发保护作出的具体安排，侧重实施性。需报国务院审批的城市国土空间总体规划，由市政府组织编制，经同级人大常委会审议后，由省级政府报国务院审批；其他市县及乡镇国土空间规划由省级政府根据当地实际，明确规划编制审批内容和程序要求。各地可因地制宜，将市县与乡镇国土空间规划合并编制，也可以几个乡镇为单元编制乡镇级国土空间规划。

（五）强化对专项规划的指导约束作用。海岸带、自然保护地等专项规划及跨行政区域或流域的国土空间规划，由所在区域或上一级自然资源主管部门牵头组织编制，报同级政府审批；涉及空间利用的某一领域专项规划，如交通、能源、水利、农业、信息、市政等基础设施，公共服务设施，军事设施，以及生态环境保护、文物保护、林业草原等专项规划，由相关主管部门组织编制。相关专项规划可在国家、省和市县层级编制，不同层级、不同地区的专项规划可结合实际选择编制的类型和精度。

（六）在市县及以下编制详细规划。详细规划是对具体地块用途和开发建设强度等作出的实施性安排，是开展国土空间开发保护活动、实施国土空间用途管制、核发城乡建设项目规划许可、进行各项建设等的法定依据。在城镇开发边界内的详细规划，由市县自然资源主管部门组织编制，报同级政府审批；在城镇开发边界外的乡村地区，以一个或几个行政村为单元，由乡镇政府组织编制"多规合一"的实用性村庄规划，作为详细规划，报上一级政府审批。

中共中央 国务院关于加强耕地保护和改进占补平衡的意见

（节选）

耕地是我国最为宝贵的资源，关系十几亿人吃饭大事，必须保护好，绝不能有闪失。近年来，按照党中央、国务院决策部署，各地区各有关部门积极采取措施，强化主体责任，严格落实占补平衡制度，严守耕地红线，耕地保护工作取得显著成效。当前，我国经济发展进入新常态，新型工业化、城镇化建设深入推进，耕地后备资源不断减少，实现耕地占补平衡、占优补优的难度日趋加大，激励约束机制尚不健全，耕地保护面临多重压力。为进一步加强耕地保护和改进占补平衡工作，现提出如下意见。

一、总体要求

（一）指导思想。全面贯彻党的十八大和十八届三中、四中、五中、六中全会精神，深入贯彻习近平总书记系列重要讲话精神和治国理政新理念新思想新战略，紧紧围绕统筹推进"五位一体"总体布局和协调推进"四个全面"战略布局，牢固树立新发展理念，按照党中央、国务院决策部署，坚守土地公有制性质不改变、耕地红线不突破、农民利益不受损三条底线，坚持最严格的耕地保护制度和最严格的节约用地制度，像保护大熊猫一样保护耕地，着力加强耕地数量、质量、生态"三位一体"保护，着力加强耕地管控、建设、激励多措并举保护，采取更加有力措施，依法加强耕地占补平衡规范管理，落实藏粮于地、藏粮于技战略，提高粮食综合生产能力，保障国家粮食安全，为实现"两个一百年"奋斗目标、实现中华民族伟大复兴中国梦构筑坚实的资源基础。

（二）基本原则

——坚持严保严管。强化耕地保护意识，强化土地用途管制，强化耕地质量保护与提升，坚决防止耕地占补平衡中补充耕地数量不到位、补充耕地质量不到位的问题，坚决防止占多补少、占优补劣、占水田补旱地的现象。已经确定的耕地红线绝不能突破，已经划定的城市周边永久基本农田绝不能随便占用。

——坚持节约优先。统筹利用存量和新增建设用地，严控增量、盘活存量、优化结构、提高效率，实行建设用地总量和强度双控，提高土地节约集约利用水平，以更少的土地投入支撑经济社会可持续发展。

——坚持统筹协调。充分发挥市场配置资源的决定性作用和更好发挥政府作用，强化耕地保护主体责任，健全利益调节机制，激励约束并举，完善监管考核制度，实现耕地保护与经济社会发展、生态文明建设相统筹，耕地保护责权利相统一。

——坚持改革创新。适应经济发展新常态和供给侧结构性改革要求，突出问题导向，完善永久基本农田管控体系，改进耕地占补平衡管理方式，实行占补平衡差别化管理政策，拓宽补充耕地途径和资金渠道，不断完善耕地保护和占补平衡制度，把握好经济发展与耕地保护的关系。

（三）总体目标。牢牢守住耕地红线，确保实有耕地数量基本稳定、质量有提升。到 2020 年，全国耕地保有量不少于 18.65 亿亩，永久基本农田保护面积不少于 15.46 亿亩，确保建成 8 亿亩、力争建成 10 亿亩高标准农田，稳步提高粮食综合生产能力，为确保谷物基本自给、口粮绝对安全提供资源保障。耕地保护制度和占补平衡政策体系不断完善，促进形成保护更加有力、执行更加顺畅、管理更加高效的耕地保护新格局。

二、严格控制建设占用耕地

（四）加强土地规划管控和用途管制。充分发挥土地利用总体规划的整体管控作用，从严核定新增建设用地规模，优化建设用地布局，从严控制建设占用耕地特别是优质耕地。实行新增建设用地计划安排与土地节约集约利用水平、补充耕地能力挂钩，对建设用地存量规模较大、利用粗放、补充耕地能力不足的区域，适当调减新增建设用地计划。探索建立土地用途转用许可制，强化非农建设占用耕地的转用管控。

（五）严格永久基本农田划定和保护。全面完成永久基本农田划定，将永久基本农田划定作为土地利用总体规划的规定内容，在规划批准前先行核定并上图入库、落地到户，并与农村土地承包经营权确权登记相结合，将永久基本农田记载到农村土地承包经营权证书上。粮食生产功能区和重要农产品生产保护区范围内的耕地要优先划入永久基本农田，实行重点保护。永久基本农田一经划定，任何单位和个人不得擅自占用或改变用途。强化永久基本农田对各类建设布局的约束，各地区各有关部门在编制城乡建设、基础设施、生态建设等相关规划，推进多规合一过程中，应当与永久基本农田布局充分衔接，原则上不得突破永久基本农田边界。一般建设项目不得占用永久基本农田，重大建设项目选址确实难以避让永久基本农田的，在可行性研究阶段，必须对占用的必要性、合理性和补划方案的可行性进行严格论证，通过国土资源部用地预审；农用地转用和土地征收依法依规报国务院批准。严禁通过擅自调整县乡土地利用总体规划，规避占用永久基本农田的审批。

（六）以节约集约用地缓解建设占用耕地压力。实施建设用地总量和强度双控行动，逐级落实"十三五"时期建设用地总量和单位国内生产总值占用建设用地面积下降的目标任务。盘活利用存量建设用地，推进建设用地二级市场改革试点，促进城镇低效用地再开发，引导产能过剩行业和"僵尸企业"用地退出、转产和兼并重组。完善土地使用标准体系，规范建设项目节地评价，推广应用节地技术和节地模式，强化节约集约用地目标考核和约束，推动有条件的地区实现建设用地减量化或零增长，促进新增建设不占或尽量少占耕地。

关于建立以国家公园为主体的自然保护地体系的指导意见

（节选）

　　建立以国家公园为主体的自然保护地体系，是贯彻习近平生态文明思想的重大举措，是党的十九大提出的重大改革任务。自然保护地是生态建设的核心载体、中华民族的宝贵财富、美丽中国的重要象征，在维护国家生态安全中居于首要地位。我国经过 60 多年的努力，已建立数量众多、类型丰富、功能多样的各级各类自然保护地，在保护生物多样性、保存自然遗产、改善生态环境质量和维护国家生态安全方面发挥了重要作用，但仍然存在重叠设置、多头管理、边界不清、权责不明、保护与发展矛盾突出等问题。为加快建立以国家公园为主体的自然保护地体系，提供高质量生态产品，推进美丽中国建设，现提出如下意见。

　　一、总体要求

　　（一）指导思想。以习近平新时代中国特色社会主义思想为指导，全面贯彻党的十九大和十九届二中、三中全会精神，贯彻落实习近平生态文明思想，认真落实党中央、国务院决策部署，紧紧围绕统筹推进"五位一体"总体布局和协调推进"四个全面"战略布局，牢固树立新发展理念，以保护自然、服务人民、永续发展为目标，加强顶层设计，理顺管理体制，创新运行机制，强化监督管理，完善政策支撑，建立分类科学、布局合理、保护有力、管理有效的以国家公园为主体的自然保护地体系，确保重要自然生态系统、自然遗迹、自然景观和生物多样性得到系统性保护，提升生态产品供给能力，维护国家生态安全，为建设美丽中国、实现中华民族永续发展提供生态支撑。

（二）基本原则

——坚持严格保护，世代传承。牢固树立尊重自然、顺应自然、保护自然的生态文明理念，把应该保护的地方都保护起来，做到应保尽保，让当代人享受到大自然的馈赠和天蓝地绿水净、鸟语花香的美好家园，给子孙后代留下宝贵自然遗产。

——坚持依法确权，分级管理。按照山水林田湖草是一个生命共同体的理念，改革以部门设置、以资源分类、以行政区划分设的旧体制，整合优化现有各类自然保护地，构建新型分类体系，实施自然保护地统一设置，分级管理、分区管控，实现依法有效保护。

——坚持生态为民，科学利用。践行绿水青山就是金山银山理念，探索自然保护和资源利用新模式，发展以生态产业化和产业生态化为主体的生态经济体系，不断满足人民群众对优美生态环境、优良生态产品、优质生态服务的需要。

——坚持政府主导，多方参与。突出自然保护地体系建设的社会公益性，发挥政府在自然保护地规划、建设、管理、监督、保护和投入等方面的主体作用。建立健全政府、企业、社会组织和公众参与自然保护的长效机制。

——坚持中国特色，国际接轨。立足国情，继承和发扬我国自然保护的探索和创新成果。借鉴国际经验，注重与国际自然保护体系对接，积极参与全球生态治理，共谋全球生态文明建设。

（三）总体目标。建成中国特色的以国家公园为主体的自然保护地体系，推动各类自然保护地科学设置，建立自然生态系统保护的新体制新机制新模式，建设健康稳定高效的自然生态系统，为维护国家生态安全和实现经济社会可持续发展筑牢基石，为建设富强民主文明和谐美丽的社会主义现代化强国奠定生态根基。

到 2020 年，提出国家公园及各类自然保护地总体布局和发展规划，完成国家公园体制试点，设立一批国家公园，完成自然保护地勘界立标并与生态保护红线衔接，制定自然保护地内建设项目负面清单，构建统一的自然保护地分类分级管理体制。到 2025 年，健全国家公园体制，完成自然保护地整合归并优化，完善自然保护地体系的法律法规、管理和监督制度，提升自然生态空间承载力，初步建成以国家公园为主体的自然保护地体系。到 2035 年，显著提高自然保护地管理效能和生态产品供给能力，自然保护地规模和管理达到世界先进水平，全面建成中国特色自然保护地体系。自然保护地占陆域国土面积18% 以上。

二、构建科学合理的自然保护地体系

（四）明确自然保护地功能定位。自然保护地是由各级政府依法划定或确认，对重要的自然生态系统、自然遗迹、自然景观及其所承载的自然资源、生态功能和文化价值实施长期保护的陆域或海域。建立自然保护地目的是守护自然生态，保育自然资源，保护生物多样性与地质地貌景观多样性，维护自然生态系统健康稳定，提高生态系统服务功能；服务社会，为人民提供优质生态产品，为全社会提供科研、教育、体验、游憩等公共服务；维持人与自然和谐共生并永续发展。要将生态功能重要、生态环境敏感脆弱以及其他有必要严格保护的各类自然保护地纳入生态保护红线管控范围。

（五）科学划定自然保护地类型。按照自然生态系统原真性、整体性、系统性及其内在规律，依据管理目标与效能并借鉴国际经验，将自然保护地按生态价值和保护强度高低依次分为3类。

国家公园：是指以保护具有国家代表性的自然生态系统为主要目的，实现自然资源科学保护和合理利用的特定陆域或海域，是我国自然生态系统中最重要、自然景观最独特、自然遗产最精华、生物多样性最富集的部分，保护范围大，生态过程完整，具有全球价值、国家象征，国民认同度高。

自然保护区：是指保护典型的自然生态系统、珍稀濒危野生动植物种的天然集中分布区、有特殊意义的自然遗迹的区域。具有较大面积，确保主要保护对象安全，维持和恢复珍稀濒危野生动植物种群数量及赖以生存的栖息环境。

自然公园：是指保护重要的自然生态系统、自然遗迹和自然景观，具有生态、观赏、文化和科学价值，可持续利用的区域。确保森林、海洋、湿地、水域、冰川、草原、生物等珍贵自然资源，以及所承载的景观、地质地貌和文化多样性得到有效保护。包括森林公园、地质公园、海洋公园、湿地公园等各类自然公园。

制定自然保护地分类划定标准，对现有的自然保护区、风景名胜区、地质公园、森林公园、海洋公园、湿地公园、冰川公园、草原公园、沙漠公园、草原风景区、水产种质资源保护区、野生植物原生境保护区（点）、自然保护小区、野生动物重要栖息地等各类自然保护地开展综合评价，按照保护区域的自然属性、生态价值和管理目标进行梳理调整和归类，逐步形成以国家公园为主体、自然保护区为基础、各类自然公园为补充的自然保护地分类系统。

（六）确立国家公园主体地位。做好顶层设计，科学合理确定国家公园建设数量和规模，在总结国家公园体制试点经验基础上，制定设立标准和程序，划建国家公园。确立国家公园在维护国家生态安全关键区域中的首要地位，确保国家公园在保护最珍贵、最重要生物多样性集中分布区中的主导地位，确定国家公园保护价值和生态功能在全国自然保护地体系中的主体地位。国家公园建立后，在相同区域一律不再保留或设立其他自然保护地类型。

（七）编制自然保护地规划。落实国家发展规划提出的国土空间开发保护要求，依据国土空间规划，编制自然保护地规划，明确自然保护地发展目标、规模和划定区域，将生态功能重要、生态系统脆弱、自然生态保护空缺的区域规划为重要的自然生态空间，纳入自然保护地体系。

（八）整合交叉重叠的自然保护地。以保持生态系统完整性为原则，遵从保护面积不减少、保护强度不降低、保护性质不改变的总体要求，整合各类自然保护地，解决自然保护地区域交叉、空间重叠的问题，将符合条件的优先整合设立国家公园，其他各类自然保护地按照同级别保护强度优先、不同级别低级别服从高级别的原则进行整合，做到一个保护地、一套机构、一块牌子。

（九）归并优化相邻自然保护地。制定自然保护地整合优化办法，明确整合归并规则，严格报批程序。对同一自然地理单元内相邻、相连的各类自然保护地，打破因行政区划、资源分类造成的条块割裂局面，按照自然生态系统完整、物种栖息地连通、保护管理统一的原则进行合并重组，合理确定归并后的自然保护地类型和功能定位，优化边界范围和功能分区，被归并的自然保护地名称和机构不再保留，解决保护管理分割、保护地破碎和孤岛化问题，实现对自然生态系统的整体保护。在上述整合和归并中，对涉及国际履约的自然保护地，可以暂时保留履行相关国际公约时的名称。

中共中央 国务院关于完整准确全面贯彻新发展理念做好碳达峰碳中和工作的意见

（节选）

实现碳达峰、碳中和，是以习近平同志为核心的党中央统筹国内国际两个大局作出的重大战略决策，是着力解决资源环境约束突出问题、实现中华民族永续发展的必然选择，是构建人类命运共同体的庄严承诺。为完整、准确、全面贯彻新发展理念，做好碳达峰、碳中和工作，现提出如下意见。

一、总体要求

（一）指导思想。以习近平新时代中国特色社会主义思想为指导，全面贯彻党的十九大和十九届二中、三中、四中、五中全会精神，深入贯彻习近平生态文明思想，立足新发展阶段，贯彻新发展理念，构建新发展格局，坚持系统观念，处理好发展和减排、整体和局部、短期和中长期的关系，把碳达峰、碳中和纳入经济社会发展全局，以经济社会发展全面绿色转型为引领，以能源绿色低碳发展为关键，加快形成节约资源和保护环境的产业结构、生产方式、生活方式、空间格局，坚定不移走生态优先、绿色低碳的高质量发展道路，确保如期实现碳达峰、碳中和。

（二）工作原则

实现碳达峰、碳中和目标，要坚持"全国统筹、节约优先、双轮驱动、内外畅通、防范风险"原则。

——全国统筹。全国一盘棋，强化顶层设计，发挥制度优势，实行党政同责，压实各方责任。根据各地实际分类施策，鼓励主动作为、率先达峰。

——节约优先。把节约能源资源放在首位，实行全面节约战略，持续降低单位产出能源资源消耗和碳排放，提高投入产出效率，倡导简约适度、绿色低碳生活方式，从源头和入口形成有效的碳排放控制阀门。

——双轮驱动。政府和市场两手发力，构建新型举国体制，强化科技和制度创新，加快绿色低碳科技革命。深化能源和相关领域改革，发挥市场机制作用，形成有效激励约束机制。

——内外畅通。立足国情实际，统筹国内国际能源资源，推广先进绿色低碳技术和经验。统筹做好应对气候变化对外斗争与合作，不断增强国际影响力和话语权，坚决维护我国发展权益。

——防范风险。处理好减污降碳和能源安全、产业链供应链安全、粮食安全、群众正常生活的关系，有效应对绿色低碳转型可能伴随的经济、金融、社会风险，防止过度反应，确保安全降碳。

二、主要目标

到 2025 年，绿色低碳循环发展的经济体系初步形成，重点行业能源利用效率大幅提升。单位国内生产总值能耗比 2020 年下降 13.5%；单位国内生产总值二氧化碳排放比 2020 年下降 18%；非化石能源消费比重达到 20% 左右；森林覆盖率达到 24.1%，森林蓄积量达到 180 亿立方米，为实现碳达峰、碳中和奠定坚实基础。

到 2030 年，经济社会发展全面绿色转型取得显著成效，重点耗能行业能源利用效率达到国际先进水平。单位国内生产总值能耗大幅下降；单位国内生产总值二氧化碳排放比 2005 年下降 65% 以上；非化石能源消费比重达到 25% 左右，风电、太阳能发电总装机容量

达到 12 亿千瓦以上；森林覆盖率达到 25% 左右，森林蓄积量达到
190 亿立方米，二氧化碳排放量达到峰值并实现稳中有降。

到 2060 年，绿色低碳循环发展的经济体系和清洁低碳安全高效
的能源体系全面建立，能源利用效率达到国际先进水平，非化石能
源消费比重达到 80% 以上，碳中和目标顺利实现，生态文明建设取
得丰硕成果，开创人与自然和谐共生新境界。

三、推进经济社会发展全面绿色转型

（三）强化绿色低碳发展规划引领。将碳达峰、碳中和目标要
求全面融入经济社会发展中长期规划，强化国家发展规划、国土空
间规划、专项规划、区域规划和地方各级规划的支撑保障。加强各
级各类规划间衔接协调，确保各地区各领域落实碳达峰、碳中和的
主要目标、发展方向、重大政策、重大工程等协调一致。

（五）加快形成绿色生产生活方式。大力推动节能减排，全面
推进清洁生产，加快发展循环经济，加强资源综合利用，不断提升
绿色低碳发展水平。扩大绿色低碳产品供给和消费，倡导绿色低碳
生活方式。把绿色低碳发展纳入国民教育体系。开展绿色低碳社会
行动示范创建。凝聚全社会共识，加快形成全民参与的良好格局。

五、加快构建清洁低碳安全高效能源体系

（九）强化能源消费强度和总量双控。坚持节能优先的能源发
展战略，严格控制能耗和二氧化碳排放强度，合理控制能源消费总
量，统筹建立二氧化碳排放总量控制制度。做好产业布局、结构调整、
节能审查与能耗双控的衔接，对能耗强度下降目标完成形势严峻的
地区实行项目缓批限批、能耗等量或减量替代。强化节能监察和执法，
加强能耗及二氧化碳排放控制目标分析预警，严格责任落实和评价
考核。加强甲烷等非二氧化碳温室气体管控。

（十）大幅提升能源利用效率。把节能贯穿于经济社会发展全

过程和各领域，持续深化工业、建筑、交通运输、公共机构等重点领域节能，提升数据中心、新型通信等信息化基础设施能效水平。健全能源管理体系，强化重点用能单位节能管理和目标责任。瞄准国际先进水平，加快实施节能降碳改造升级，打造能效"领跑者"。

（十一）严格控制化石能源消费。加快煤炭减量步伐，"十四五"时期严控煤炭消费增长，"十五五"时期逐步减少。石油消费"十五五"时期进入峰值平台期。统筹煤电发展和保供调峰，严控煤电装机规模，加快现役煤电机组节能升级和灵活性改造。逐步减少直至禁止煤炭散烧。加快推进页岩气、煤层气、致密油气等非常规油气资源规模化开发。强化风险管控，确保能源安全稳定供应和平稳过渡。

（十二）积极发展非化石能源。实施可再生能源替代行动，大力发展风能、太阳能、生物质能、海洋能、地热能等，不断提高非化石能源消费比重。坚持集中式与分布式并举，优先推动风能、太阳能就地就近开发利用。因地制宜开发水能。积极安全有序发展核电。合理利用生物质能。加快推进抽水蓄能和新型储能规模化应用。统筹推进氢能"制储输用"全链条发展。构建以新能源为主体的新型电力系统，提高电网对高比例可再生能源的消纳和调控能力。

七、提升城乡建设绿色低碳发展质量

（十八）大力发展节能低碳建筑。持续提高新建建筑节能标准，加快推进超低能耗、近零能耗、低碳建筑规模化发展。大力推进城镇既有建筑和市政基础设施节能改造，提升建筑节能低碳水平。逐步开展建筑能耗限额管理，推行建筑能效测评标识，开展建筑领域低碳发展绩效评估。全面推广绿色低碳建材，推动建筑材料循环利用。发展绿色农房。

八、加强绿色低碳重大科技攻关和推广应用

（二十）强化基础研究和前沿技术布局。制定科技支撑碳达峰、碳中和行动方案,编制碳中和技术发展路线图。采用"揭榜挂帅"机制,开展低碳零碳负碳和储能新材料、新技术、新装备攻关。加强气候变化成因及影响、生态系统碳汇等基础理论和方法研究。推进高效率太阳能电池、可再生能源制氢、可控核聚变、零碳工业流程再造等低碳前沿技术攻关。培育一批节能降碳和新能源技术产品研发国家重点实验室、国家技术创新中心、重大科技创新平台。建设碳达峰、碳中和人才体系,鼓励高等学校增设碳达峰、碳中和相关学科专业。

(二十一)加快先进适用技术研发和推广。深入研究支撑风电、太阳能发电大规模友好并网的智能电网技术。加强电化学、压缩空气等新型储能技术攻关、示范和产业化应用。加强氢能生产、储存、应用关键技术研发、示范和规模化应用。推广园区能源梯级利用等节能低碳技术。推动气凝胶等新型材料研发应用。推进规模化碳捕集利用与封存技术研发、示范和产业化应用。建立完善绿色低碳技术评估、交易体系和科技创新服务平台。

九、持续巩固提升碳汇能力

(二十二)巩固生态系统碳汇能力。强化国土空间规划和用途管控,严守生态保护红线,严控生态空间占用,稳定现有森林、草原、湿地、海洋、土壤、冻土、岩溶等固碳作用。严格控制新增建设用地规模,推动城乡存量建设用地盘活利用。严格执行土地使用标准,加强节约集约用地评价,推广节地技术和节地模式。

(二十三)提升生态系统碳汇增量。实施生态保护修复重大工程,开展山水林田湖草沙一体化保护和修复。深入推进大规模国土绿化行动,巩固退耕还林还草成果,实施森林质量精准提升工程,持续增加森林面积和蓄积量。加强草原生态保护修复。强化湿地保护。整体推进海洋生态系统保护和修复,提升红树林、海草床、盐沼等固碳能力。开展耕地质量提升行动,实施国家黑土地保护工程,提升生态农业碳汇。积极推动岩溶碳汇开发利用。

十、提高对外开放绿色低碳发展水平

（二十五）推进绿色"一带一路"建设。加快"一带一路"投资合作绿色转型。支持共建"一带一路"国家开展清洁能源开发利用。大力推动南南合作，帮助发展中国家提高应对气候变化能力。深化与各国在绿色技术、绿色装备、绿色服务、绿色基础设施建设等方面的交流与合作，积极推动我国新能源等绿色低碳技术和产品走出去，让绿色成为共建"一带一路"的底色。

（二十六）加强国际交流与合作。积极参与应对气候变化国际谈判，坚持我国发展中国家定位，坚持共同但有区别的责任原则、公平原则和各自能力原则，维护我国发展权益。履行《联合国气候变化框架公约》及其《巴黎协定》，发布我国长期温室气体低排放发展战略，积极参与国际规则和标准制定，推动建立公平合理、合作共赢的全球气候治理体系。加强应对气候变化国际交流合作，统筹国内外工作，主动参与全球气候和环境治理。

十一、健全法律法规标准和统计监测体系

（二十九）提升统计监测能力。健全电力、钢铁、建筑等行业领域能耗统计监测和计量体系，加强重点用能单位能耗在线监测系统建设。加强二氧化碳排放统计核算能力建设，提升信息化实测水平。依托和拓展自然资源调查监测体系，建立生态系统碳汇监测核算体系，开展森林、草原、湿地、海洋、土壤、冻土、岩溶等碳汇本底调查和碳储量评估，实施生态保护修复碳汇成效监测评估。

关于进一步加强生物多样性保护的意见

（节选）

生物多样性是人类赖以生存和发展的基础，是地球生命共同体的血脉和根基，为人类提供了丰富多样的生产生活必需品、健康安全的生态环境和独特别致的景观文化。中国是世界上生物多样性最丰富的国家之一，生物多样性保护已取得长足成效，但仍面临诸多挑战。为贯彻落实党中央、国务院有关决策部署，切实推进生物多样性保护工作，现提出如下意见。

一、总体要求

（一）指导思想。以习近平新时代中国特色社会主义思想为指导，全面贯彻党的十九大和十九届二中、三中、四中、五中全会精神，深入贯彻习近平生态文明思想，立足新发展阶段，完整、准确、全面贯彻新发展理念，构建新发展格局，坚持生态优先、绿色发展，以有效应对生物多样性面临的挑战、全面提升生物多样性保护水平为目标，扎实推进生物多样性保护重大工程，持续加大监督和执法力度，进一步提高保护能力和管理水平，确保重要生态系统、生物物种和生物遗传资源得到全面保护，将生物多样性保护理念融入生态文明建设全过程，积极参与全球生物多样性治理，共建万物和谐的美丽家园。

（二）工作原则

尊重自然，保护优先。牢固树立尊重自然、顺应自然、保护自然的生态文明理念，坚持保护优先、自然恢复为主，遵循自然生态系统演替和地带性分布规律，充分发挥生态系统自我修复能力，避免人类对生态系统的过度干预，对重要生态系统、生物物种和生物遗传资源实施有效保护，保障生态安全。

健全体制，统筹推进。在党中央、国务院领导下，发挥中国生物多样性保护国家委员会统筹协调作用，完善年度工作调度机制。各成员单位应着眼于提升生态系统服务功能，聚焦重点区域、领域和关键问题，各司其职，协调一致，密切配合，互通信息，有序推进生物多样性保护工作。

分级落实，上下联动。明确中央和地方生物多样性保护和管理事权，分级压实责任。中央层面做好规划、立法等顶层设计，制定出台政策措施、规划和技术规范等，加强对地方工作的指导和支持。地方各级党委和政府落实生物多样性保护责任，上下联动、形成合力。

政府主导，多方参与。发挥各级政府在生物多样性保护中的主导作用，加大管理、投入和监督力度，建立健全企事业单位、社会组织和公众参与生物多样性保护的长效机制，提高社会各界保护生物多样性的自觉性和参与度，营造全社会共同参与生物多样性保护的良好氛围。

（三）总体目标

到 2025 年，持续推进生物多样性保护优先区域和国家战略区域的本底调查与评估，构建国家生物多样性监测网络和相对稳定的生物多样性保护空间格局，以国家公园为主体的自然保护地占陆域国土面积的 18% 左右，森林覆盖率提高到 24.1%，草原综合植被盖度达 57% 左右，湿地保护率达到 55%，自然海岸线保有率不低于

35%，国家重点保护野生动植物物种数保护率达到 77%，92% 的陆地生态系统类型得到有效保护，长江水生生物完整性指数有所改善，生物遗传资源收集保藏量保持在世界前列，初步形成生物多样性可持续利用机制，基本建立生物多样性保护相关政策、法规、制度、标准和监测体系。

到 2035 年，生物多样性保护政策、法规、制度、标准和监测体系全面完善，形成统一有序的全国生物多样性保护空间格局，全国森林、草原、荒漠、河湖、湿地、海洋等自然生态系统状况实现根本好转，森林覆盖率达到 26%，草原综合植被盖度达到 60%，湿地保护率提高到 60% 左右，以国家公园为主体的自然保护地占陆域国土面积的 18% 以上，典型生态系统、国家重点保护野生动植物物种、濒危野生动植物及其栖息地得到全面保护，长江水生生物完整性指数显著改善，生物遗传资源获取与惠益分享、可持续利用机制全面建立，保护生物多样性成为公民自觉行动，形成生物多样性保护推动绿色发展和人与自然和谐共生的良好局面，努力建设美丽中国。

二、加快完善生物多样性保护政策法规

（四）加快生物多样性保护法治建设。健全生物多样性保护和监管制度，研究推进野生动物保护、渔业、湿地保护、自然保护地、森林、野生植物保护、生物遗传资源获取与惠益分享等领域法律法规的制定修订工作。研究起草生物多样性相关传统知识保护条例，制定完善外来入侵物种名录和管理办法。各地可因地制宜出台相应的生物多样性保护地方性法规。

（五）将生物多样性保护纳入各地区、各有关领域中长期规划。制定新时期国家生物多样性保护战略与行动计划，编制生物多样性保护重大工程十年规划。各省、自治区、直辖市制定国民经济和社会发展五年规划时，应提出生物多样性保护目标和主要任务。相关部门将生物多样性保护纳入行业发展规划，加强可持续管理，减少对生态系统功能和生物多样性的负面影响。各地可结合实际制定修订本区域生物多样性保护行动计划及规划，明确省、市、县生物多样性保护的目标和职责分工。鼓励企业和社会组织自愿制定生物多样性保护行动计划。

（六）制定和完善生物多样性保护相关政策制度。健全自然保护地生态保护补偿制度，完善生态环境损害赔偿制度，健全生物多样性损害鉴定评估方法和工作机制，完善打击野生动植物非法贸易制度。推行草原森林河流湖泊海湾休养生息，实施长江十年禁渔，健全耕地休耕轮作制度。落实有关从事种源进口等的个人或企业财税政策。

国务院办公厅关于加强草原保护修复的若干意见

（节选）

草原是我国重要的生态系统和自然资源，在维护国家生态安全、边疆稳定、民族团结和促进经济社会可持续发展、农牧民增收等方面具有基础性、战略性作用。党的十八大以来，草原保护修复工作取得显著成效，草原生态持续恶化的状况得到初步遏制，部分地区草原生态明显恢复。但当前我国草原生态系统整体仍较脆弱，保护修复力度不够、利用管理水平不高、科技支撑能力不足、草原资源底数不清等问题依然突出，草原生态形势依然严峻。为进一步加强草原保护修复，加快推进生态文明建设，经国务院同意，现提出以下意见。

一、总体要求

（一）指导思想。以习近平新时代中国特色社会主义思想为指导，全面贯彻党的十九大和十九届二中、三中、四中、五中全会精神，深入贯彻习近平生态文明思想，坚持绿水青山就是金山银山、山水林田湖草是一个生命共同体，按照节约优先、保护优先、自然恢复为主的方针，以完善草原保护修复制度、推进草原治理体系和治理能力现代化为主线，加强草原保护管理，推进草原生态修复，促进草原合理利用，改善草原生态状况，推动草原地区绿色发展，为建设生态文明和美丽中国奠定重要基础。

（二）工作原则。

坚持尊重自然，保护优先。遵循顺应生态系统演替规律和内在机理，促进草原休养生息，维护自然生态系统安全稳定。宜林则林、宜草则草，林草有机结合。把保护草原生态放在更加突出的位置，全面维护和提升草原生态功能。

坚持系统治理，分区施策。采取综合措施全面保护、系统修复草原生态系统，同时注重因地制宜、突出重点，增强草原保护修复的系统性、针对性、长效性。

坚持科学利用，绿色发展。正确处理保护与利用的关系，在保护好草原生态的基础上，科学利用草原资源，促进草原地区绿色发展和农牧民增收。

坚持政府主导，全民参与。明确地方各级人民政府保护修复草原的主导地位，落实林（草）长制，充分发挥农牧民的主体作用，积极引导全社会参与草原保护修复。

（三）主要目标。到 2025 年，草原保护修复制度体系基本建立，草畜矛盾明显缓解，草原退化趋势得到根本遏制，草原综合植被盖度稳定在 57% 左右，草原生态状况持续改善。到 2035 年，草原保护修复制度体系更加完善，基本实现草畜平衡，退化草原得到有效治理和修复，草原综合植被盖度稳定在 60% 左右，草原生态功能和生产功能显著提升，在美丽中国建设中的作用彰显。到本世纪中叶，退化草原得到全面治理和修复，草原生态系统实现良性循环，形成人与自然和谐共生的新格局。

二、工作措施

（四）建立草原调查体系。完善草原调查制度，整合优化草原调查队伍，健全草原调查技术标准体系。在第三次全国国土调查基础上，适时组织开展草原资源专项调查，全面查清草原类型、权属、

面积、分布、质量以及利用状况等底数，建立草原管理基本档案。（自然资源部、国家林草局负责）

（五）健全草原监测评价体系。建立完善草原监测评价队伍、技术和标准体系。加强草原监测网络建设，充分利用遥感卫星等数据资源，构建空天地一体化草原监测网络，强化草原动态监测。健全草原监测评价数据汇交、定期发布和信息共享机制。加强草原统计，完善草原统计指标和方法。（国家林草局、自然资源部、生态环境部、国家统计局等按职责分工负责）

（六）编制草原保护修复利用规划。按照因地制宜、分区施策的原则，依据国土空间规划，编制全国草原保护修复利用规划，明确草原功能分区、保护目标和管理措施。合理规划牧民定居点，防止出现定居点周边草原退化问题。地方各级人民政府要依据上一级规划，编制本行政区域草原保护修复利用规划并组织实施。（国家林草局、自然资源部、生态环境部等按职责分工负责）

（七）加大草原保护力度。落实基本草原保护制度，把维护国家生态安全、保障草原畜牧业健康发展所需最基本、最重要的草原划定为基本草原，实施更加严格的保护和管理，确保基本草原面积不减少、质量不下降、用途不改变。严格落实生态保护红线制度和国土空间用途管制制度。加大执法监督力度，建立健全草原联合执法机制，严厉打击、坚决遏制各类非法挤占草原生态空间、乱开滥垦草原等行为。建立健全草原执法责任追究制度，严格落实草原生态环境损害赔偿制度。加强矿藏开采、工程建设等征占用草原审核审批管理，强化源头管控和事中事后监管。依法规范规模化养殖场等设施建设占用草原行为。完善落实禁牧休牧和草畜平衡制度，依法查处超载过牧和禁牧休牧期违规放牧行为。组织开展草畜平衡示范县建设，总结推广实现草畜平衡的经验和模式。（国家林草局、自然资源部、生态环境部、农

业农村部等按职责分工负责）

（八）完善草原自然保护地体系。整合优化建立草原类型自然保护地，实行整体保护、差别化管理。开展自然保护地自然资源确权登记，在自然保护地核心保护区，原则上禁止人为活动；在自然保护地一般控制区和草原自然公园，实行负面清单管理，规范生产生活和旅游等活动，增强草原生态系统的完整性和连通性，为野生动植物生存繁衍留下空间，有效保护生物多样性。（国家林草局、自然资源部、生态环境部等按职责分工负责）

（九）加快推进草原生态修复。实施草原生态修复治理，加快退化草原植被和土壤恢复，提升草原生态功能和生产功能。在严重超载过牧地区，采取禁牧封育、免耕补播、松土施肥、鼠虫害防治等措施，促进草原植被恢复。对已垦草原，按照国务院批准的范围和规模，有计划地退耕还草。在水土条件适宜地区，实施退化草原生态修复，鼓励和支持人工草地建设，恢复提升草原生产能力，支持优质储备饲草基地建设，促进草原生态修复与草原畜牧业高质量发展有机融合。强化草原生物灾害监测预警，加强草原有害生物及外来入侵物种防治，不断提高绿色防治水平。完善草原火灾突发事件应急预案，加强草原火情监测预警和火灾防控。健全草原生态保护修复监管制度。（国家林草局、自然资源部、应急部、生态环境部、农业农村部等按职责分工负责）

（十）统筹推进林草生态治理。按照山水林田湖草整体保护、系统修复、综合治理的要求和宜林则林、宜草则草、宜荒则荒的原则，统筹推进森林、草原保护修复和荒漠化治理。在干旱半干旱地区，坚持以水定绿，采取以草灌为主、林草结合方式恢复植被，增强生态系统稳定性。在林草交错地带，营造林草复合植被，避免过分强调集中连片和高密度造林。在森林区，适当保留林间和林缘草地，形成林地、草地镶嵌分布的复合生态系统。在草原区，对生态系统脆弱、生态区位重要的退化草原，加强生态修复和保护管理，巩固生态治理成果。研究设置林草覆盖率指标，用于考核评价各地生态建设成效。（国家林草局负责）

（十一）大力发展草种业。建立健全国家草种质资源保护利用体系，鼓励地方开展草种质资源普查，建立草种质资源库、资源圃及原生境保护为一体的保存体系，完善草种质资源收集保存、评价鉴定、创新利用和信息共享的技术体系。加强优良草种特别是优质乡土草种选育、扩繁、储备和推广利用，不断提高草种自给率，满足草原生态修复用种需要。完善草品种审定制度，加强草种质量监管。（国家林草局负责）

（十二）合理利用草原资源。牧区要以实现草畜平衡为目标，优化畜群结构，控制放牧牲畜数量，提高科学饲养和放牧管理水平，减轻天然草原放牧压力。半农半牧区要因地制宜建设多年生人工草地，发展适度规模经营。农区要结合退耕还草、草田轮作等工作，大力发展人工草地，提高饲草供给能力，发展规模化、标准化养殖。加快转变传统草原畜牧业生产方式，优化牧区、半农半牧区和农区资源配置，推行"牧区繁育、农区育肥"等生产模式，提高资源利用效率。发展现代草业，支持草产品加工业发展，建立完善草产品质量标准体系。强化农牧民培训，提升科学保护、合理利用草原的能力水平。（农业农村部、国家林草局等按职责分工负责）

（十三）完善草原承包经营制度。加快推进草原确权登记颁证。牧区半牧区要着重解决草原承包地块四至不清、证地不符、交叉重叠等问题。草原面积较小、零星分布地区，要因地制宜采取灵活多样方式落实完善草原承包经营制度，明确责任主体。加强草原承包经营管理，明确所有权、使用权，稳定承包权，放活经营权。规范草原经营权流转，引导鼓励按照放牧系统单元实行合作经营，提高草原合理经营利用水平。在落实草原承包经营制度和规范经营权流转时，要充分考虑草原生态系统的完整性，防止草原碎片化。（国家林草局、自然资源部等按职责分工负责）

（十四）稳妥推进国有草原资源有偿使用制度改革。合理确定国有草原有偿使用范围。由农村集体经济组织成员实行家庭或者联户承包经营使用的国有草原，不纳入有偿使用范围，但需要明确使用者保护草原的义务。应签订协议明确国有草原所有权代理行使主体和使用权人并落实双方权利义务。探索创新国有草原所有者权益的有效实现形式，国有草原所有权代理行使主体以租金、特许经营费、经营收益分红等方式收取有偿使用费，并建立收益分配机制。将有偿使用情况纳入年度国有资产报告。（国家林草局、自然资源部、国家发展改革委、财政部等按职责分工负责）

（十五）推动草原地区绿色发展。科学推进草原资源多功能利用，加快发展绿色低碳产业，努力拓宽农牧民增收渠道。充分发挥草原生态和文化功能，打造一批草原旅游景区、度假地和精品旅游线路，推动草原旅游和生态康养产业发展。引导支持草原地区低收入人口通过参与草原保护修复增加收入。（国家林草局、文化和旅游部、国家乡村振兴局等按职责分工负责）

关于全面推行林长制的意见

（节选）

　　森林和草原是重要的自然生态系统，对于维护国家生态安全、推进生态文明建设具有基础性、战略性作用。为全面提升森林和草原等生态系统功能，进一步压实地方各级党委和政府保护发展森林草原资源的主体责任，现就全面推行林长制提出以下意见。

　　一、总体要求

　　（一）指导思想。以习近平新时代中国特色社会主义思想为指导，全面贯彻党的十九大和十九届二中、三中、四中、五中全会精神，认真践行习近平生态文明思想，坚定贯彻新发展理念，根据党中央、国务院决策部署，按照山水林田湖草系统治理要求，在全国全面推行林长制，明确地方党政领导干部保护发展森林草原资源目标责任，构建党政同责、属地负责、部门协同、源头治理、全域覆盖的长效机制，加快推进生态文明和美丽中国建设。

　　（二）工作原则

　　——坚持生态优先、保护为主。全面落实森林法、草原法等法律法规，建立健全最严格的森林草原资源保护制度，加强生态保护修复，保护生物多样性，增强森林和草原等生态系统稳定性。

　　——坚持绿色发展、生态惠民。牢固树立和践行绿水青山就是金山银山理念，积极推进生态产业化和产业生态化，不断满足人民群众对优美生态环境、优良生态产品、优质生态服务的需求。

——坚持问题导向、因地制宜。针对不同区域森林和草原等生态系统保护管理的突出问题，坚持分类施策、科学管理、综合治理，宜林则林、宜草则草、宜荒则荒，全面提升森林草原资源的生态、经济、社会功能。

——坚持党委领导、部门联动。加强党委领导，建立健全以党政领导负责制为核心的责任体系，明确各级林（草）长（以下统称林长）的森林草原资源保护发展职责，强化工作措施，统筹各方力量，形成一级抓一级、层层抓落实的工作格局。

（三）组织体系。各省（自治区、直辖市）设立总林长，由省级党委或政府主要负责同志担任；设立副总林长，由省级负责同志担任，实行分区（片）负责。各省（自治区、直辖市）根据实际情况，可设立市、县、乡等各级林长。地方各级林业和草原主管部门承担林长制组织实施的具体工作。

（四）工作职责。各地要综合考虑区域、资源特点和自然生态系统完整性，科学确定林长责任区域。各级林长组织领导责任区域森林草原资源保护发展工作，落实保护发展森林草原资源目标责任制，将森林覆盖率、森林蓄积量、草原综合植被盖度、沙化土地治理面积等作为重要指标，因地制宜确定目标任务；组织制定森林草原资源保护发展规划计划，强化统筹治理，推动制度建设，完善责任机制；组织协调解决责任区域的重点难点问题，依法全面保护森林草原资源，推动生态保护修复，组织落实森林草原防灭火、重大有害生物防治责任和措施，强化森林草原行业行政执法。

二、主要任务

（五）加强森林草原资源生态保护。严格森林草原资源保护管理，严守生态保护红线。严格控制林地、草地转为建设用地，加强重点生态功能区和生态环境敏感脆弱区域的森林草原资源保护，禁止毁林毁草开垦。加强公益林管护，统筹推进天然林保护，全面停止天然林商业性采伐，完善森林生态效益补偿制度。落实草原禁牧休牧和草畜平衡制度，完善草原生态保护补奖政策。强化森林草原督查，严厉打击破坏森林草原资源违法犯罪行为。推进构建以国家公园为主体的自然保护地体系。强化野生动植物及其栖息地保护。

（六）加强森林草原资源生态修复。依据国土空间规划，科学划定生态用地，持续推进大规模国土绿化行动。实施重要生态系统保护和修复重大工程，推进京津冀协同发展、长江经济带发展、粤港澳大湾区建设、长三角一体化发展、黄河流域生态保护和高质量发展、海南自由贸易港建设等重大战略涉及区域生态系统保护和修复，深入实施退耕还林还草、三北防护林体系建设、草原生态修复等重点工程。加强森林经营和退化林修复，提升森林质量。落实部门绿化责任，创新义务植树机制，提高全民义务植树尽责率。

（七）加强森林草原资源灾害防控。建立健全重大森林草原有害生物灾害防治地方政府负责制，将森林草原有害生物灾害纳入防灾减灾救灾体系，健全重大森林草原有害生物监管和联防联治机制，抓好松材线虫病、美国白蛾、草原鼠兔害等防治工作。坚持森林草原防灭火一体化，落实地方行政首长负责制，提升火灾综合防控能力。

（八）深化森林草原领域改革。巩固扩大重点国有林区和国有林场改革成果，加强森林资源资产管理，推动林区林场可持续发展。完善草原承包经营制度，规范草原流转。深化集体林权制度改革，鼓励各地在所有权、承包权、经营权"三权分置"和完善产权权能方面积极探索，大力发展绿色富民产业。

（九）加强森林草原资源监测监管。充分利用现代信息技术手段，不断完善森林草原资源"一张图"、"一套数"动态监测体系，逐步建立重点区域实时监控网络，及时掌握资源动态变化，提高预警预报和查处问题的能力，提升森林草原资源保护发展智慧化管理水平。

（十）加强基层基础建设。充分发挥生态护林员等管护人员作用，实现网格化管理。加强乡镇林业（草原）工作站能力建设，强化对生态护林员等管护人员的培训和日常管理。建立市场化、多元化资金投入机制，完善森林草原资源生态保护修复财政扶持政策。

国务院办公厅关于切实加强高标准农田建设提升国家粮食安全保障能力的意见

（节选）

确保重要农产品特别是粮食供给，是实施乡村振兴战略的首要任务。建设高标准农田，是巩固和提高粮食生产能力、保障国家粮食安全的关键举措。近年来，各地各有关部门认真贯彻党中央、国务院决策部署，大力推进高标准农田建设，取得了明显成效。但我国农业基础设施薄弱、防灾抗灾减灾能力不强的状况尚未根本改变，粮食安全基础仍不稳固。为切实加强高标准农田建设，提升国家粮食安全保障能力，经国务院同意，现提出以下意见。

一、总体要求

（一）指导思想。以习近平新时代中国特色社会主义思想为指导，全面贯彻党的十九大和十九届二中、三中、四中全会精神，紧紧围绕实施乡村振兴战略，按照农业高质量发展要求，推动藏粮于地、藏粮于技，以提升粮食产能为首要目标，聚焦重点区域，统筹整合资金，加大投入力度，完善建设内容，加强建设管理，突出抓好耕地保护、地力提升和高效节水灌溉，大力推进高标准农田建设，加快补齐农业基础设施短板，提高水土资源利用效率，切实增强农田防灾抗灾减灾能力，为保障国家粮食安全提供坚实基础。

（二）基本原则

夯实基础，确保产能。突出粮食和重要农产品优势区，着力完善农田基础设施，提升耕地质量，持续改善农业生产条件，稳步提高粮食生产能力，确保谷物基本自给、口粮绝对安全。

因地制宜，综合治理。严守生态保护红线，依据自然资源禀赋和国土空间、水资源利用等规划，根据各地农业生产特征，科学确定高标准农田建设布局、标准和内容，推进田水林路电综合配套。

依法严管，良田粮用。稳定农村土地承包关系，强化用途管控，实行最严格的保护措施，完善管护机制，确保长期发挥效益。建立健全激励和约束机制，支持高标准农田主要用于粮食生产。

政府主导，多元参与。切实落实地方政府责任，持续加大资金投入，积极引导社会力量开展农田建设。鼓励农民和农村集体经济组织自主筹资投劳，参与农田建设和运营管理。

（三）目标任务。到2020年，全国建成8亿亩集中连片、旱涝保收、节水高效、稳产高产、生态友好的高标准农田；到2022年，建成10亿亩高标准农田，以此稳定保障1万亿斤以上粮食产能；到2035年，通过持续改造提升，全国高标准农田保有量进一步提高，不断夯实国家粮食安全保障基础。

二、构建集中统一高效的管理新体制

（四）统一规划布局。开展高标准农田建设专项清查，全面摸清各地高标准农田数量、质量、分布和利用状况。结合国土空间、水资源利用等相关规划，修编全国高标准农田建设规划，形成国家、省、市、县四级农田建设规划体系，找准潜力区域，明确目标任务和建设布局，确定重大工程、重点项目和时序安排。把高效节水灌溉作为高标准农田建设重要内容，统筹规划，同步实施。在永久基本农田保护区、粮食生产功能区、重要农产品生产保护区，集中力量建设高标准农田。

粮食主产区要立足打造粮食生产核心区，加快区域化整体推进高标准农田建设。粮食主销区和产销平衡区要加快建设一批高标准农田，保持粮食自给率。优先支持革命老区、贫困地区以及工作基础好的地区建设高标准农田。（农业农村部、国家发展改革委、财政部、自然资源部、水利部和地方各级人民政府按职责分工负责。以下均需地方各级人民政府负责，不再列出）

（五）统一建设标准。加快修订高标准农田建设通则，研究制定分区域、分类型的高标准农田建设标准及定额，健全耕地质量监测评价标准，构建农田建设标准体系。各省（区、市）可依据国家标准编制地方标准，因地制宜开展农田建设。完善高标准农田建设内容，统一规范工程建设、科技服务和建后管护等要求。综合考虑农业农村发展要求、市场价格变化等因素，适时调整建设内容和投资标准。在确保完成新增高标准农田建设任务的基础上，鼓励地方结合实际，对已建项目区进行改造提升。（农业农村部、国家发展改革委、财政部、水利部、国家标准委按职责分工负责）

（六）统一组织实施。及时分解落实高标准农田年度建设任务，同步发展高效节水灌溉。统筹整合各渠道农田建设资金，提升资金使用效益。规范开展项目前期准备、申报审批、招标投标、工程施工和监理、竣工验收、监督检查、移交管护等工作，实现农田建设项目集中统一高效管理。严格执行建设标准，确保建设质量。充分发挥农民主体作用，调动农民参与高标准农田建设积极性，尊重农民意愿，维护好农民权益。积极支持新型农业经营主体建设高标准农田，规范有序推进农业适度规模经营。（农业农村部、国家发展改革委、财政部、水利部按职责分工负责）

（七）统一验收考核。建立健全"定期调度、分析研判、通报约谈、奖优罚劣"的任务落实机制，确保年度建设任务如期保质保量完成。

按照粮食安全省长责任制考核要求，进一步完善高标准农田建设评价制度。强化评价结果运用，对完成任务好的予以倾斜支持，对未完成任务的进行约谈处罚。严格按程序开展农田建设项目竣工验收和评价，向社会统一公示公告，接受社会和群众监督。（农业农村部、国家发展改革委、财政部、国家粮食和储备局按职责分工负责）

（八）统一上图入库。运用遥感监控等技术，建立农田管理大数据平台，以土地利用现状图为底图，全面承接高标准农田建设历史数据，统一标准规范、统一数据要求，把各级农田建设项目立项、实施、验收、使用等各阶段相关信息上图入库，建成全国农田建设"一张图"和监管系统，实现有据可查、全程监控、精准管理、资源共享。各地要加快完成高标准农田上图入库工作，有关部门要做好相关数据共享和对接移交等工作。（农业农村部牵头，国家发展改革委、财政部、自然资源部、水利部按职责分工负责）

天然林保护修复制度方案

（节选）

天然林是森林资源的主体和精华，是自然界中群落最稳定、生物多样性最丰富的陆地生态系统。全面保护天然林，对于建设生态文明和美丽中国、实现中华民族永续发展具有重大意义。1998 年，党中央、国务院在长江上游、黄河上中游地区及东北、内蒙古等重点国有林区启动实施了天然林资源保护工程，标志着我国林业从以木材生产为主向以生态建设为主转变。20 多年来特别是党的十八大以来，我国不断加大天然林保护力度，全面停止天然林商业性采伐，实现了全面保护天然林的历史性转折，取得了举世瞩目的成就。同时，我国天然林数量少、质量差、生态系统脆弱，保护制度不健全、管护水平低等问题仍然存在。为贯彻落实党中央、国务院关于完善天然林保护制度的重大决策部署，用最严格制度、最严密法治保护修复天然林，现提出如下方案。

一、总体要求

（一）指导思想。以习近平新时代中国特色社会主义思想为指导，全面贯彻党的十九大和十九届二中、三中全会精神，紧紧围绕统筹推进"五位一体"总体布局和协调推进"四个全面"战略布局，牢固树立"绿水青山就是金山银山"理念，建立全面保护、系统恢复、用途管控、权责明确的天然林保护修复制度体系，维护天然林生态系统的原真性、完整性，促进人与自然和谐共生，不断满足人民群众日益增长的优美生态环境需要，为建设社会主义现代化强国、实现中华民族伟大复兴的中国梦奠定良好生态基础。

（二）基本原则

——坚持全面保护，突出重点。采取严格科学的保护措施，把所有天然林都保护起来。根据生态区位重要性、物种珍稀性等多种因素，确定天然林保护重点区域。实行天然林保护与公益林管理并轨，加快构建以天然林为主体的健康稳定的森林生态系统。

——坚持尊重自然，科学修复。遵循天然林演替规律，以自然恢复为主、人工促进为辅，保育并举，改善天然林分结构，注重培育乡土树种，提高森林质量，统筹山水林田湖草治理，全面提升生态服务功能。

——坚持生态为民，保障民生。积极推进国有林区转型发展，保障护林员待遇，保障林权权利人和经营主体的合法权益，确保广大林区职工和林农与全国人民同步进入全面小康社会。

——坚持政府主导，社会参与。地方各级政府承担天然林保护修复主体责任，引导和鼓励社会主体积极参与，林权权利人和经营主体依法尽责，形成全社会共抓天然林保护的新格局。

（三）目标任务。加快完善天然林保护修复制度体系，确保天然林面积逐步增加、质量持续提高、功能稳步提升。

到 2020 年，1.3 亿公顷天然乔木林和 0.68 亿公顷天然灌木林地、未成林封育地、疏林地得到有效管护，基本建立天然林保护修复法律制度体系、政策保障体系、技术标准体系和监督评价体系。

到 2035 年，天然林面积保有量稳定在 2 亿公顷左右，质量实现根本好转，天然林生态系统得到有效恢复、生物多样性得到科学保护、生态承载力显著提高，为美丽中国目标基本实现提供有力支撑。

到本世纪中叶，全面建成以天然林为主体的健康稳定、布局合理、功能完备的森林生态系统，满足人民群众对优质生态产品、优美生态环境和丰富林产品的需求，为建设社会主义现代化强国打下坚实生态基础。

二、完善天然林管护制度

（四）确定天然林保护重点区域。对全国所有天然林实行保护，禁止毁林开垦、将天然林改造为人工林以及其他破坏天然林及其生态环境的行为。依据国土空间规划划定的生态保护红线以及生态区位重要性、自然恢复能力、生态脆弱性、物种珍稀性等指标，确定天然林保护重点区域，分区施策，分别采取封禁管理，自然恢复为主、人工促进为辅或其他复合生态修复措施。

（五）全面落实天然林保护责任。省级政府负责落实国家天然林保护修复政策，将天然林保护和修复目标任务纳入经济社会发展规划，按目标、任务、资金、责任"四到省"要求认真组织实施。建立地方政府天然林保护行政首长负责制和目标责任考核制，通过制定天然林保护规划、实施方案，逐级分解落实天然林保护责任和修复任务。天然林保护修复实行管护责任协议书制度。森林经营单位和其他林权权利人、经营主体按协议具体落实其经营管护区域内的天然林保护修复任务。

（六）加强天然林管护能力建设。完善天然林管护体系，加强天然林管护站点等建设，提高管护效率和应急处理能力。充分运用高新技术，构建全方位、多角度、高效运转、天地一体的天然林管护网络，实现天然林保护相关信息获取全面、共享充分、更新及时。健全天然林防火监测预警体系，加强天然林有害生物监测、预报、防治工作。结合精准扶贫扩大天然林护林员队伍，建立天然林管护人员培训制度。加强天然林区居民和社区共同参与天然林管护机制建设。

三、建立天然林用途管制制度

（七）建立天然林休养生息制度。全面停止天然林商业性采伐。对纳入保护重点区域的天然林，除森林病虫害防治、森林防火等维护天然林生态系统健康的必要措施外，禁止其他一切生产经营活动。开展天然林抚育作业的，必须编制作业设计，经林业主管部门审查批准后实施。依托国家储备林基地建设，培育大径材和珍贵树种，维护国家木材安全。

（八）严管天然林地占用。严格控制天然林地转为其他用途，除国防建设、国家重大工程项目建设特殊需要外，禁止占用保护重点区域的天然林地。在不破坏地表植被、不影响生物多样性保护前提下，可在天然林地适度发展生态旅游、休闲康养、特色种植养殖等产业。

四、健全天然林修复制度

（九）建立退化天然林修复制度。根据天然林演替规律和发育阶段，科学实施修复措施，遏制天然林分继续退化。编制天然林修复作业设计，开展修复质量评价，规范天然林保护修复档案管理。对于稀疏退化的天然林，开展人工促进、天然更新等措施，加快森林正向演替，逐步使天然次生林、退化次生林等生态系统恢复到一定的功能水平，最终达到自我持续状态。强化天然中幼林抚育，调整林木竞争关系，促进形成地带性顶级群落。加强生态廊道建设。鼓励在废弃矿山、荒山荒地上逐步恢复天然植被。

（十）强化天然林修复科技支撑。组织开展天然林生长演替规律、退化天然林生态功能恢复、不同类型天然林保育和适应性经营、抚育性采伐等基础理论和关键技术科研攻关，加强对更替、择伐、渐进、封育尤其是促进复壮等天然林修复方式的研究和示范。加快天然林保护修复科技成果转移转化，开展技术集成与推广，加快天然林保护修复技术标准体系建设。大力开展天然林保护修复国际合作交流，积极引进国外先进理念和技术。

（十一）完善天然林保护修复效益监测评估制度。制定天然林保护修复效益监测评估技术规程，逐步完善骨干监测站建设，指导基础监测站提升监测能力。定期发布全国和地方天然林保护修复效益监测评估报告。建立全国天然林数据库。

五、落实天然林保护修复监管制度

（十二）完善天然林保护修复监管体制。加强天然林资源保护修复成效考核监督，加大天然林保护年度核查力度，实行绩效管理。将天然林保护修复成效列入领导干部自然资源资产离任审计事项，作为地方党委和政府及领导干部综合评价的重要参考。强化舆论监督，发动群众防控天然林灾害事件，设立险情举报专线和公众号，制定奖励措施。对破坏天然林、损害社会公共利益的行为，可以依法提起民事公益诉讼。

（十三）建立天然林保护修复责任追究制。强化天然林保护修复责任追究，建立天然林资源损害责任终身追究制。对落实天然林保护政策和部署不力、盲目决策，造成严重后果的；对天然林保护修复不担当、不作为，造成严重后果的；对破坏天然林资源事件处置不力、整改执行不到位，造成重大影响的，依规依纪依法严肃问责。

关于深化生态保护补偿制度改革的意见

（节选）

　　生态环境是关系党的使命宗旨的重大政治问题，也是关系民生的重大社会问题。生态保护补偿制度作为生态文明制度的重要组成部分，是落实生态保护权责、调动各方参与生态保护积极性、推进生态文明建设的重要手段。为深入贯彻习近平生态文明思想，进一步深化生态保护补偿制度改革，加快生态文明制度体系建设，现提出如下意见。

　　一、总体要求

　　（一）指导思想。以习近平新时代中国特色社会主义思想为指导，深入贯彻党的十九大和十九届二中、三中、四中、五中全会精神，坚持稳中求进工作总基调，立足新发展阶段，贯彻新发展理念，构建新发展格局，践行绿水青山就是金山银山理念，完善生态文明领域统筹协调机制，加快健全有效市场和有为政府更好结合、分类补偿与综合补偿统筹兼顾、纵向补偿与横向补偿协调推进、强化激励与硬化约束协同发力的生态保护补偿制度，推动全社会形成尊重自然、顺应自然、保护自然的思想共识和行动自觉，做好碳达峰、碳中和工作，加快推动绿色低碳发展，促进经济社会发展全面绿色转型，建设人与自然和谐共生的现代化，为维护国家生态安全、奠定中华民族永续发展的生态环境基础提供坚实有力的制度保障。

（二）工作原则

——系统推进，政策协同。坚持和加强党的全面领导，统筹谋划、全面推进生态保护补偿制度及相关领域改革，加强各项制度的衔接配套。按照生态系统的整体性、系统性及其内在规律，完善生态保护补偿机制，促进对生态环境的整体保护。

——政府主导，各方参与。充分发挥政府开展生态保护补偿、落实生态保护责任的主导作用，积极引导社会各方参与，推进市场化、多元化补偿实践。逐步完善政府有力主导、社会有序参与、市场有效调节的生态保护补偿体制机制。

——强化激励，硬化约束。加快推进法治建设，运用法律手段规范生态保护补偿行为。清晰界定各方权利义务，实现受益与补偿相对应、享受补偿权利与履行保护义务相匹配。健全考评机制，依规依法加大奖惩力度、严肃责任追究。

（三）改革目标。

到 2025 年，与经济社会发展状况相适应的生态保护补偿制度基本完备。以生态保护成本为主要依据的分类补偿制度日益健全，以提升公共服务保障能力为基本取向的综合补偿制度不断完善，以受益者付费原则为基础的市场化、多元化补偿格局初步形成，全社会参与生态保护的积极性显著增强，生态保护者和受益者良性互动的局面基本形成。到 2035 年，适应新时代生态文明建设要求的生态保护补偿制度基本定型。

二、聚焦重要生态环境要素，完善分类补偿制度

健全以生态环境要素为实施对象的分类补偿制度，综合考虑生态保护地区经济社会发展状况、生态保护成效等因素确定补偿水平，对不同要素的生态保护成本予以适度补偿。

（一）建立健全分类补偿制度。加强水生生物资源养护，确保

长江流域重点水域十年禁渔落实到位。针对江河源头、重要水源地、水土流失重点防治区、蓄滞洪区、受损河湖等重点区域开展水流生态保护补偿。健全公益林补偿标准动态调整机制，鼓励地方结合实际探索对公益林实施差异化补偿。完善天然林保护制度，加强天然林资源保护管理。完善湿地生态保护补偿机制，逐步实现国家重要湿地（含国际重要湿地）生态保护补偿全覆盖。完善以绿色生态为导向的农业生态治理补贴制度。完善耕地保护补偿机制，因地制宜推广保护性耕作，健全耕地轮作休耕制度。落实好草原生态保护补奖政策。研究将退化和沙化草原列入禁牧范围。对暂不具备治理条件和因保护生态不宜开发利用的连片沙化土地依法实施封禁保护，健全沙化土地生态保护补偿制度。研究建立近海生态保护补偿制度。

（二）逐步探索统筹保护模式。生态保护地区所在地政府要在保障对生态环境要素相关权利人的分类补偿政策落实到位的前提下，结合生态空间中并存的多元生态环境要素系统谋划，依法稳步推进不同渠道生态保护补偿资金统筹使用，以灵活有效的方式一体化推进生态保护补偿工作，提高生态保护整体效益。有关部门要加强沟通协调，避免重复补偿。

三、围绕国家生态安全重点，健全综合补偿制度

坚持生态保护补偿力度与财政能力相匹配、与推进基本公共服务均等化相衔接，按照生态空间功能，实施纵横结合的综合补偿制度，促进生态受益地区与保护地区利益共享。

（一）加大纵向补偿力度。结合中央财力状况逐步增加重点生态功能区转移支付规模。中央预算内投资对重点生态功能区基础设施和基本公共服务设施建设予以倾斜。继续对生态脆弱脱贫地区给予生态保护补偿，保持对原深度贫困地区支持力度不减。各省级政府要加大生态保护补偿资金投入力度，因地制宜出台生态保护补偿

引导性政策和激励约束措施，调动省级以下地方政府积极性，加强生态保护，促进绿色发展。

（二）突出纵向补偿重点。对青藏高原、南水北调水源地等生态功能重要性突出地区，在重点生态功能区转移支付测算中通过提高转移支付系数、加计生态环保支出等方式加大支持力度，推动其基本公共服务保障能力居于同等财力水平地区前列。建立健全以国家公园为主体的自然保护地体系生态保护补偿机制，根据自然保护地规模和管护成效加大保护补偿力度。各省级政府要将生态功能重要地区全面纳入省级对下生态保护补偿转移支付范围。

（三）改进纵向补偿办法。根据生态效益外溢性、生态功能重要性、生态环境敏感性和脆弱性等特点，在重点生态功能区转移支付中实施差异化补偿。引入生态保护红线作为相关转移支付分配因素，加大对生态保护红线覆盖比例较高地区支持力度。探索建立补偿资金与破坏生态环境相关产业逆向关联机制，对生态功能重要地区发展破坏生态环境相关产业的，适当减少补偿资金规模。研究通过农业转移人口市民化奖励资金对吸纳生态移民较多地区给予补偿，引导资源环境承载压力较大的生态功能重要地区人口逐步有序向外转移。继续推进生态综合补偿试点工作。

（四）健全横向补偿机制。巩固跨省流域横向生态保护补偿机制试点成果，总结推广成熟经验。鼓励地方加快重点流域跨省上下游横向生态保护补偿机制建设，开展跨区域联防联治。推动建立长江、黄河全流域横向生态保护补偿机制，支持沿线省（自治区、直辖市）在干流及重要支流自主建立省际和省内横向生态保护补偿机制。对生态功能特别重要的跨省和跨地市重点流域横向生态保护补偿，中央财政和省级财政分别给予引导支持。鼓励地方探索大气等其他生态环境要素横向生态保护补偿方式，通过对口协作、产业转移、人才培训、共建园区、购买生态产品和服务等方式，促进受益地区与生态保护地区良性互动。

四、发挥市场机制作用，加快推进多元化补偿

合理界定生态环境权利，按照受益者付费的原则，通过市场化、多元化方式，促进生态保护者利益得到有效补偿，激发全社会参与生态保护的积极性。

（一）完善市场交易机制。加快自然资源统一确权登记，建立归属清晰、权责明确、保护严格、流转顺畅、监管有效的自然资源资产产权制度，完善反映市场供求和资源稀缺程度、体现生态价值和代际补偿的自然资源资产有偿使用制度，对履行自然资源资产保护义务的权利主体给予合理补偿。在合理科学控制总量的前提下，建立用水权、排污权、碳排放权初始分配制度。逐步开展市场化环境权交易。鼓励地区间依据区域取用水总量和权益，通过水权交易解决新增用水需求。明确取用水户水资源使用权，鼓励取水权人在节约使用水资源基础上有偿转让取水权。全面实行排污许可制，在生态环境质量达标的前提下，落实生态保护地区排污权有偿使用和交易。加快建设全国用能权、碳排放权交易市场。健全以国家温室气体自愿减排交易机制为基础的碳排放权抵消机制，将具有生态、社会等多种效益的林业、可再生能源、甲烷利用等领域温室气体自愿减排项目纳入全国碳排放权交易市场。

（二）拓展市场化融资渠道。研究发展基于水权、排污权、碳排放权等各类资源环境权益的融资工具，建立绿色股票指数，发展碳排放权期货交易。扩大绿色金融改革创新试验区试点范围，把生态保护补偿融资机制与模式创新作为重要试点内容。推广生态产业链金融模式。鼓励银行业金融机构提供符合绿色项目融资特点的绿色信贷服务。鼓励符合条件的非金融企业和机构发行绿色债券。鼓

励保险机构开发创新绿色保险产品参与生态保护补偿。

（三）探索多样化补偿方式。支持生态功能重要地区开展生态环保教育培训，引导发展特色优势产业、扩大绿色产品生产。加快发展生态农业和循环农业。推进生态环境导向的开发模式项目试点。鼓励地方将环境污染防治、生态系统保护修复等工程与生态产业发展有机融合，完善居民参与方式，建立持续性惠益分享机制。建立健全自然保护地控制区经营性项目特许经营管理制度。探索危险废物跨区域转移处置补偿机制。

自然资源部关于加强自然资源法治建设的通知

（节选）

一、加快推进生态文明领域重要立法

（一）加快推进重要立法。推动构建绿色制度体系，配合立法机关制定《耕地保护法》《不动产登记法》《自然保护地法》，修改《矿产资源法》《草原法》等。推进自然资源保护和合理开发利用，制定《自然资源节约集约规定》《国有建设用地使用权配置办法》等。坚持以法治保障生态文明体制改革，推进自然资源资产、国土空间开发保护、生态保护修复、国土空间规划等立法研究，促进立法决策与改革决策相统一。

（二）统筹谋划法律制度体系。明确自然资源管理的通用规则，实现自然资源立法从单要素向综合性转变。坚持党中央精神，坚持问题导向，准确把握国情，深入研究正面、反面和关联的重大问题，切实提高法律法规的可执行性，在多目标平衡下促进自然资源立法高质量发展。完善规章规范性文件"实时清理、自动更新、动态调整"机制，对不符合党中央精神、不符合生态文明建设要求、不符合自然资源管理实践的，坚决予以废止。开展自然资源前瞻性立法研究，加强立法储备。

（三）加强规范性文件管理。省级以上自然资源主管部门应当于每年1月底前公布继续有效的规范性文件目录，未纳入规范性文件目录的不得作为行政管理的依据。严格规范性文件合法性审核，不得以征求意见、会签、参加会议审议等方式代替合法性审核。严格执行规范性文件有效期制度，到期的规范性文件原则上一律予以废止。

二、不断规范行政权力运行

（四）完善重大行政决策程序。落实《重大行政决策程序暂行条例》要求，严格履行公众参与、专家论证、风险评估、合法性审查、集体讨论决定的重大行政决策程序。省级以上自然资源主管部门每年制定并公开本级自然资源重大行政决策事项目录。建立健全决策过程记录和材料归档制度。

（五）深入推进政务公开。坚持以公开为常态、不公开为例外，推动公开、互动、服务融合发展，全面提升政务公开水平。加强保密审查，确保法定不公开事项保护到位。不得滥用"内部事务信息""过程性信息"等理由不公开依法应当公开的政府信息。全面推行补充耕地地块、设施农业用地监管、重大行政处罚决定等信息和行政复议决定书网上公开。

（六）持续深化行政审批制度改革。全面推行自然资源领域审批标准化，实现审批事项表格化、规范化、电子化。大力推动自然资源审批事项的集成化，统筹推进用地、用矿、用林、用海等审批改革。强化行政审批的实质性审查和对审批权力的控制与制衡，增强审批工作透明度。健全行政审批在线受理机制。

（七）运用法治手段应对突发事件。健全完善地质灾害防治制度，加强责任体系建设，提升防御工程标准。建立海洋灾害的监测预警、信息报告、应急响应、恢复重建、调查评估等制度。完善突发事件应对征收、征用、救助、补偿的相关审批、实施程序和救助途径。强化信访风险预警和应急处置，着力推动化解信访突出问题。

（八）加快推进数据有序共享。综合运用大数据、云计算、区块链等手段提高自然资源管理智能化水平。健全完善部、省、市、县互联互通的数字化政务平台，推进自然资源管理数据有序共享。完善自然资源数据安全管理制度，探索开展测绘成果、卫星导航定位基准站观测数据、地质资料、地质灾害等数据面向市场主体开放共享。

三、建立健全行政监督体系

（九）加快推动"放管服"改革。编制并公布权责清单、行政许可事项清单、公共服务事项清单、告知承诺制证明事项清单。不得变相设置行政许可事项。实施不动产登记、交易和缴税"一窗受理、并行办理"，全面建成网上"一窗办事"平台，应用不动产单元代码"一码管地"。实现自然资源领域高频事项"跨省通办"。

（十）切实加强事中事后监管。按照"谁审批、谁监管"的原则，负责行政审批的机构同时履行监管职责。制定公布自然资源监管事项清单，具体监管手段要充分考虑行权能力。健全以"双随机、一公开"监管和"互联网＋监管"为基本手段、以重点监管为补充、以信用监管为基础的新型监管机制。探索建立自然资源行政审批事中事后监管年度报告制度。健全土地、矿业权市场制度。健全自然资源系统守信践诺机制，建立政务诚信监测治理机制和政府失信责任追究制度。

（十一）强化行政执法监督。建立健全自然资源监管、执法、督察统筹联动机制，强化部门监管合力。对涉及自然资源行政审批、项目管理、资金分配使用等权力集中的岗位，实行定期轮岗制度。加强行政复议决定书履行的监督，强化行政复议意见书和建议书的跟踪问效。实施行政复议约谈和行政败诉案件报告制度。建立领导干部干预复议案件办理、插手具体案件处理记录制度。建立健全规范性文件附带性审查机制。积极配合检察机关开展公益诉讼工作。

四、严格规范执法行为

（十二）规范行政执法行为。严格执行行政执法公示制度、执法全过程记录制度、重大执法决定法制审核制度。建立健全自然资源系统自由裁量基准制度并公开。研究制定自然资源领域轻微违法行为依法免予处罚清单。严格实行执法人员持证上岗和资格管理制度。严格规范执法程序，充分保障行政相对人陈述、申辩以及提出听证申请等权利。完善执法案卷管理和评查、处理投诉举报、考核评议等制度。完善自然资源行政执法与刑事司法衔接机制。

（十三）加大重点领域执法力度。采取"长牙齿"的硬措施，严肃查处违法占用耕地、无证开采、违法围填海等行为。加大对重大典型违法案件进行立案查处、挂牌督办、公开通报的力度，定期发布指导案例。持续深入开展违建别墅专项清查整治和农村乱占耕地建房专项整治。加强和改进自然资源督察工作。

五、切实加强法治基础

（十四）全面加强党的领导。各级自然资源主管部门要深刻领会"两个确立"的决定性意义，深入学习贯彻习近平法治思想，切实提高政治站位。要坚持党的领导、人民当家作主、依法治国有机统一，坚持党中央精神、国家立场、权责对等、严起来的工作理念，强化自然资源党政主要负责人履行推进法治建设第一责任人职责。党组（党委）要定期听取有关工作汇报，及时研究解决影响自然资源法治建设的重大问题。

（十五）建立健全工作机制。建立"一把手负总责，分管领导具体抓，业务机构是主体，法治机构要统筹"的法治工作机制。地方各级自然资源主管部门要于每年 12 月 31 日前就法治建设情况向上一级自然资源主管部门报告。自然资源部将根据《法治政府建设实施纲要（2021–2025 年）》规定，定期开展自然资源法治建设督促检查和通报表扬。

（十六）健全督察考核机制。全面落实法治政府建设督察的各项要求。建立健全述法制度，将党政主要负责人履行推进法治建设第一责任人职责情况纳入年终述职内容，完善其他党员领导干部述法制度。探索建立自然资源法治建设考核机制，考核结果作为衡量单位工作实绩和干部选拔任用的重要依据。要将善于运用法治思维和法治方式推动工作的干部选拔到领导岗位和重要部门。

（十七）着力加强法治队伍建设。各级自然资源主管部门要突出抓基层强基础，切实加强法治机构和队伍建设，配齐配强专业人员，着力提升基层自然资源主管部门和干部的法治能力。探索多种方式充实法治支撑力量。建立健全公职律师和法律顾问工作规则和考核标准。探索自然资源法治研究合作共建，设立自然资源法治专家库，利用外脑提高自然资源法治工作水平。完善自然资源法治人才培养机制，做好法治干部培养、使用和交流工作。

备注：以上内容节选自党中央、国务院或者政府相关部门出台的政策文件，目的在于帮助读者了解和把握自然资源保护与利用的政策概况，相关文件的全文请进一步检索源文件。

主要参考文献

（一）著作类

［1］习近平.习近平谈治国理政［M］.北京：外文出版社，2014.

［2］习近平.习近平谈治国理政：第3卷［M］.北京：外文出版社，2020.

［3］佟柔.民法原理：修订本［M］.2版.北京：法律出版社，1986.

［4］佟柔.论国家所有权［M］.北京：中国政法大学出版社，1987.

［5］李秀林，王于，李淮春.辩证唯物主义和历史唯物主义原理［M］.4版.北京：中国人民大学出版社，1995.

［6］梁慧星.中国物权法草案建议稿: 条文、说明、理由与参考立法例［M］.北京：社会科学文献出版社，2000.

［7］史尚宽.物权法论［M］.张双根，校勘.北京：中国政法大学出版社，2000.

［8］陈永文.自然资源学［M］.上海：华东师范大学出版社，2002.

［9］朱贻庭.伦理学大辞典［M］.上海：上海辞书出版社，2002.

［10］孔繁德，等.生态保护［M］.2版.北京：中国环境科学出版社，2005.

［11］孙宪忠.中国物权法总论［M］.北京：法律出版社，2003.

［12］杨淯，邓聿文. 国有企业改革与国有资产管理［M］. 北京：中国言实出版社，2003.

［13］王利明. 物权法论（修订本）［M］. 中国政法大学出版社，2003.

［14］李旭东，葛向东. 生态保护［M］. 北京：中国环境科学出版社，2003.

［15］黄锡生. 水权制度研究［M］. 北京：科学出版社，2005.

［16］崔建远. 论争中的渔业权［M］. 北京：北京大学出版社，2006.

［17］孟庆瑜，刘武朝. 自然资源法基本问题研究［M］. 北京：中国法制出版社，2006.

［18］李永军. 海域使用权研究［M］. 北京：中国政法大学出版社，2006.

［19］曾建平. 环境正义：发展中国家环境伦理问题探究［M］. 济南：山东人民出版社，2007.

［20］蔡运龙. 自然资源学原理［M］.2 版. 北京：科学出版社，2007.

［21］杨立新. 民法总论［M］. 北京：高等教育出版社，2007.

［22］张梓太. 自然资源法学［M］. 北京：北京大学出版社，2007.

［23］葛全胜. 中国气候资源与可持续发展［M］. 北京：科学出版社，2007.

［24］王利明. 物权法研究（修订版）［M］. 北京：中国人民大学出版社，2007.

［25］王利明. 民法典体系研究［M］. 北京：中国人民大学出版社，2008.

［26］刘俊. 土地所有权国家独占研究［M］. 北京：法律出版社，2008.

［27］孙卫国. 气候资源学［M］. 北京：气象出版社，2008.

［28］张建文．转型时期的国家所有权问题研究：面向公共所有权的思考［M］．北京：法律出版社，2008.

［29］张全景，欧名豪．中国土地用途管制制度的耕地保护绩效研究［M］．北京：商务印书馆，2008.

［30］谢高地．自然资源总论［M］．北京：高等教育出版社，2009.

［31］王泽鉴．民法总则［M］．北京：北京大学出版社，2009.

［32］郜永昌．土地用途管制法律制度研究：以土地用途管制权为中心［M］．厦门：厦门大学出版社，2010.

［33］王利明．民法［M］.5 版．北京：中国人民大学出版社，2010.

［34］邱秋．中国自然资源国家所有权制度研究［M］．北京：科学出版社，2010.

［35］王广．正义之后：马克思恩格斯正义观研究［M］．南京：江苏人民出版社，2010.

［36］梁慧星．民法总论［M］.4 版．北京：法律出版社，2011.

［37］黄民生，何岩，方如康．中国自然资源的开发、利用和保护［M］.2 版．北京：科学出版社，2011.

［38］陈德敏．资源法原理专论［M］．北京：法律出版社，2011.

［39］刘年夫，李挚萍．正义与平衡：环境公益诉讼的深度探索［M］.广州：中山大学出版社，2011.

［40］王泽鉴．民法概要［M］.2 版．北京：北京大学出版社，2011.

［41］梁吉义．自然资源总论［M］．太原：山西经济出版社，2011.

［42］陈金全．新中国法律思想史［M］．北京：人民出版社，2011.

［43］王树义，等．环境法基本理论研究［M］．北京：科学出版社，2012.

［44］王树义，等．环境法前沿问题研究［M］．北京：科学出版社，2012.

［45］黄锡生.自然资源物权法律制度研究［M］.重庆：重庆大学出版社，2012.

［46］崔建远.自然资源物权法律制度研究［M］.北京：法律出版社，2012.

［47］吕江.英国新能源法律与政策研究［M］.武汉：武汉大学出版社，2012.

［48］杨立新.物权法［M］.4版.北京：中国人民大学出版社，2013.

［49］王革华.新能源概论［M］.2版.北京：化学工业出版社，2012.

［50］《党的十八届三中全会〈决定〉学习辅导百问》编写组.党的十八届三中全会《决定》学习辅导百问［M］.北京：党建读物出版社，2013.

［51］尹田.物权法［M］.北京：北京大学出版社，2013.

［52］王雨濛.土地用途管制与耕地保护及补偿机制研究［M］.北京：中国农业出版社，2013.

［53］王继军，赵大为，王彬.矿产资源有偿取得法律问题研究：以山西煤炭资源有偿使用为例［M］.北京：商务印书馆，2014.

［54］肖翔.中国的走向：生态文明体制改革［M］.北京：北京时代华文书局，2014.

［55］汪劲.环境法学［M］.3版.北京：北京大学出版社，2014.

［56］法律出版社专业出版编委会.环境侵权：索赔技巧和赔偿计算标准［M］.3版.北京：法律出版社，2015.

［57］潘家华.中国的环境治理与生态建设［M］.北京：中国社会科学出版社，2015.

［58］施志源.生态文明背景下的自然资源国家所有权研究［M］.北京：法律出版社，2015.

［59］孙宪忠，等．国家所有权的行使与保护研究：从制度科学性入手［M］．北京：中国社会科学出版社，2015.

［60］信春鹰．中华人民共和国大气污染防治法释义［M］．北京：法律出版社，2015.

［61］谷树忠，李维明．自然资源资产价值及其评估［M］．中国经济时报，2015.

［62］高兴佑，高文进．自然资源价格理论与实践［M］．北京：光明日报出版社，2015.

［63］黄锡生，史玉成．环境与资源保护法学［M］.4 版．重庆：重庆大学出版社，2015.

［64］王利明．我国民法典重大疑难问题之研究［M］.2 版．北京：法律出版社，2016.

［65］王文革．自然资源法：理论·实务·案例［M］．北京：法律出版社，2016.

［66］吕忠梅．环境法学概要［M］．北京：法律出版社，2016.

［67］徐祥民．环境与资源保护法学［M］.2 版．北京：科学出版社，2013.

［68］刘卫先．自然资源权体系及实施机制研究：基于生态整体主义视角［M］．北京：法律出版社，2016.

［69］段凡．权力与权利：共置和构建［M］．北京：人民出版社，2016.

［70］中共中央宣传部．习近平总书记系列重要讲话读本（2016 年版）［M］．北京：人民出版社，2016.

［71］欧阳君君．自然资源特许使用的理论建构与制度规范［M］．北京：中国政法大学出版社，2016.

［72］肖国兴．破解"资源诅咒"的法律回应［M］．北京：法律出版社，2017.

［73］宋志红.中国农村土地制度改革研究：思路、难点与制度建设［M］.北京：中国人民大学出版社，2017.

［74］中共中央文献研究室.习近平关于社会主义生态文明建设论述摘编［M］.北京：中央文献出版社，2017.

［75］王洪亮，等.自然资源物权法律制度研究［M］.北京：清华大学出版社，2017.

［76］蔡守秋.生态文明建设的法律和制度［M］.北京：中国法制出版社，2017.

［77］何勤华，李秀清，陈颐.新中国民法典草案总览（增订本）：上卷［M］.北京：北京大学出版社，2017.

［78］顾昂然.关于《中华人民共和国民法（草案）》的说明［M］//何勤华，李秀清，陈颐.新中国民法典草案总览（增订本），北京：北京大学出版社，2017.

［79］何勤华，李秀清，陈颐.新中国民法典草案总览（增订本）：下卷［M］.北京：北京大学出版社，2017.

［80］汪劲.环境法学［M］.4 版.北京：北京大学出版社，2018.

［81］生态环境部法规与标准司.《中华人民共和国土壤污染防治法》解读与适用手册［M］.北京：法律出版社，2018.

［82］关于统筹推进自然资源资产产权制度改革的指导意见［M］.北京：人民出版社，2019.

［83］叶榅平.自然资源国家所有权的理论诠释与制度建构［M］.北京：中国社会科学出版社，2019.

［84］王琪，等.基于陆海统筹的蓝色海湾整治管理创新研究［M］.北京：人民出版社，2019.

［85］李显冬，孟磊.新中国自然资源法治创新 70 年［M］.北京：中国法制出版社，2019.

［86］刘永红.生态文明建设的法治保障［M］.北京: 社会科学文献出版社，2019.

［87］单平基.自然资源权利配置法律机制研究［M］.南京：东南大学出版社，2020.

［88］刘金龙.自然资源治理［M］.北京：经济科学出版社，2020.

［89］崔桂台.中国环境保护法律制度［M］.北京：中国民主法制出版社，2020.

［90］陈迎，巢清尘，等.碳达峰、碳中和100问［M］.北京：人民出版社，2021.

［91］中共中央马克思恩格斯列宁斯大林著作编译局.马克思恩格斯全集：第3卷［M］.北京：人民出版社，1956.

［92］中共中央马克思恩格斯列宁斯大林著作编译局.马克思恩格斯全集：第46卷（上册）［M］.北京：人民出版社，1979.

［93］列宁全集：第33卷［M］.北京：人民出版社，1985.

［94］中共中央马克思恩格斯列宁斯大林著作编译局.马克思恩格斯选集：第1–4卷［M］.北京：人民出版社，1995.

［95］中共中央马克思恩格斯列宁斯大林著作编译局.资本论：第1卷［M］.北京：人民出版社，2004.

［96］约翰·罗尔斯.正义论［M］.何怀宏，何包钢，廖申白，译.北京：中国社会科学出版社，1988.

［97］朱迪·丽丝.自然资源：分配、经济学与政策［M］.蔡运龙，杨友孝，秦建新，等，译.北京：商务印书馆，2002.

［98］托马斯·思德纳.环境与自然资源管理的政策工具［M］.张蔚文，黄祖辉，译.上海：上海三联书店，上海人民出版社，2005.

［99］彼得·S.温茨.环境正义论［M］.朱丹琼，宋玉波，译.上海：上海人民出版社，2007.

［100］丹尼尔·H. 科尔. 污染与财产权：环境保护的所有权制度比较研究［M］. 严厚福，王社坤，译. 北京：北京大学出版社，2009.

［101］约翰·罗尔斯. 作为公平的正义：正义新论［M］. 姚大志，译. 北京：中国社会科学出版社，2011.

［102］日本律师协会. 日本环境诉讼典型案例与评析［M］. 皇甫景山，译. 北京：中国政法大学出版社，2011.

［103］罗宾·艾克斯利. 绿色国家：重思民主与主权［M］. 郇庆治，译. 济南：山东大学出版社，2012.

［104］约瑟夫·绍卡尔. 法国环境政策的形成［M］. 韩宇，等译. 北京：中国环境科学出版社，2012.

［105］迈克·费恩塔克. 规制中的公共利益［M］. 戴昕，译. 北京：中国人民大学出版社，2014.

［106］Daniel D. Chiras, John P. Reganold. 自然资源保护与生活［M］. 黄永梅，段雷，等译. 北京：电子工业出版社，2016.

［107］戴维·H. 格奇斯. 水法精要［M］. 陈晓景，王莉，译. 4 版. 天津：南开大学出版社，2016.

［108］约瑟夫·P. 托梅因，理查德·D. 卡达希. 能源法精要［M］. 2 版. 万少廷，张利宾，顾伟，译. 天津：南开大学出版社，2016.

［109］加藤雅信. 日本民法典修正案（Ⅰ）第一编.［M］. 朱晔、张挺，译. 北京：北京大学出版社，2017.

［110］科林·斯科特. 规制、治理与法律：前沿问题研究［M］. 安永康，译. 北京：清华大学出版社，2018.

（二）论文类

［1］卢朝栋. 美国矿产资源管理简况［J］. 矿产保护与利用，1985（3）：1–6.

［2］张荫碧.世界主要野生动物保护组织机构及条例名称简介［J］.生物学通报，1989，24（6）：37-38.

［3］孙宪忠.财团法人财产所有权和宗教财产归属问题初探［J］.中国法学，1990（4）：78-84.

［4］地球生态环境面临危机（二）：水源短缺、水质污染、森林破坏、物种减少［J］.世界知识，1992（13）：16-17.

［5］魏莉华.美国土地用途管制制度及其借鉴［J］.中国土地科学，1998，12（3）：42-46.

［6］张骐.论当代中国法律责任的目的、功能与归责的基本原则［J］.中外法学，1999，11（6）：28-34.

［7］杜群.可持续发展与中国环境法创新：环境法概念的复元和范畴的重界［J］.北京师范大学学报（人文社会科学版），2001（3）：116-124.

［8］罗献林."狗头金"的价值［J］.黄金地质，2001（2）：75-77.

［9］涂怀奎.中国狗头金分布特征与成因讨论［J］.化工矿产地质，2002，24（4）：222-228.

［10］胡德斌.国外自然资源规划方法及启示［C］//资源·环境·产业：中国地质矿产经济学会2003年学术年会论文集.重庆，2003：395-400.

［11］杨立新，朱呈义.动物法律人格之否定：兼论动物之法律"物格"［J］.法学研究，2004，26（5）：86-102.

［12］秦大河.气候资源的开发、利用和保护［J］.求是，2005（3）：54-56.

［13］周进生.国外自然资源管理模式及选择动因分析［J］.国土资源情报，2005（2）：1-6.

［14］姚金蕊，任清宇.美国、加拿大矿业管理制度及启示［J］.矿业快

报，2006，22（1）：1-4.

［15］葛云松.物权法的扯淡与认真 评《物权法草案》第四、五章［J］.
中外法学，2006，18（1）：52-62.

［16］高利红.动物福利立法的价值定位［J］.山东科技大学学报（社会
科学版），2006，8（1）：39-45.

［17］常纪文.从欧盟立法看动物福利法的独立性［J］.环球法律评论，
2006，28（3）：343-351.

［18］李怒云，龚亚珍，章升东.林业碳汇项目的三重功能分析［J］.世
界林业研究，2006，19（3）：1-5.

［19］邓玲，杜黎明.主体功能区建设的区域协调功能研究［J］.经济学
家，2006（4）：60-64.

［20］刘丽.美国州级自然资源管理体制［J］.国土资源情报，2007（8）：
1-5.

［21］曹明德，刘明明.对动物福利立法的思考［J］.暨南学报（哲学社
会科学版），2010，32（1）：41-46，162.

［22］邹丽梅，王跃先.中国林业碳汇交易法律制度的构建［J］.安徽农
业科学，2010，38（5）：2646-2648，2667.

［23］唐跃军，黎德福.环境资本、负外部性与碳金融创新［J］.中国工
业经济，2010（6）：5-14.

［24］李艳红.山西省农业自然资源的地域差异研究［J］.经济师，2010
（10）：191-192.

［25］任忠宝，余良晖.稀土资源储备刻不容缓［J］.地球学报，2011，
32（4）：507-512.

［26］马俊驹.国家所有权的基本理论和立法结构探讨［J］.中国法学，
2011（4）：89-102.

［27］邓君韬，陈家宏.自然资源立法体系完善探析：基于资源中心主义

立场［J］.西南民族大学学报（人文社会科学版），2011，32（8）：99-102.

［28］刘宁.动物权利的法定化困境及其破解［J］.河北大学学报（哲学社会科学版），2012，37（1）：78-84.

［29］周静，朱天明.新加坡城市土地资源高效利用的经验借鉴［J］.国土与自然资源研究，2012（1）：39-42.

［30］冯嘉.中国水资源论证制度存在的主要问题及完善的思路［J］.资源科学，2012，34（5）：827-835.

［31］保继刚，左冰.为旅游吸引物权立法［J］.旅游学刊，2012，27（7）：11-18.

［32］卢小丽，赵奥，王晓岭.公众参与自然资源管理的实践模式：基于国内外典型案例的对比研究［J］.中国人口·资源与环境，2012，22（7）：172-176.

［33］张璐.气候资源国家所有之辩［J］.法学，2012（7）：12-17.

［34］陈柏峰.土地发展权的理论基础与制度前景［J］.法学研究，2012，34（4）：99-114.

［35］纪玉山，刘洋.构建国家统一管理下的不可再生自然资源战略储备体系［J］.社会科学家，2012（8）：44-47，51.

［36］代杰.公有制下的自然资源保护法律问题研究［J］.石河子大学学报（哲学社会科学版），2012，26（4）：66-69.

［37］曹明德.论气候资源的属性及其法律保护［J］.中国政法大学学报，2012（6）：27-32.

［38］庄敬华.气候资源国家所有权非我国独创［J］.中国政法大学学报，2012（6）：33-38.

［39］侯佳儒.气候资源国有化：法律上的"不可能任务"［J］.中国政法大学学报，2012（6）：44-48.

［40］何书中．气候资源国家所有的合法性质疑：兼评《黑龙江省气候资源探测与保护条例》［J］．上海政法学院学报（法治论丛），2012，27（6）：73-79．

［41］王建平．乌木所有权的归属规则与物权立法的制度缺失：以媒体恶炒发现乌木归个人所有为视角［J］．当代法学，2013，27（1）：91-97．

［42］武培培，包庆德．当代西方动物权利研究评述［J］．自然辩证法研究，2013，29（1）：73-78．

［43］孙清芳，刘延坤，李云红，等．森林碳汇功能的研究进展［J］．环境科学与管理，2013，38（3）：47-50．

［44］林旭霞．林业碳汇权利客体研究［J］．中国法学，2013（2）：71-82．

［45］孙宪忠．"统一唯一国家所有权"理论的悖谬及改革切入点分析［J］．法律科学（西北政法大学学报），2013，31（3）：56-65．

［46］徐祥民．自然资源国家所有权之国家所有制说［J］．法学研究，2013，35（4）：35-47．

［47］马俊驹．借鉴大陆法系传统法律框架构建自然资源法律制度［J］．法学研究，2013，35（4）：69-71．

［48］薛军．自然资源国家所有权的中国语境与制度传统［J］．法学研究，2013，35（4）：71-74．

［49］税兵．自然资源国家所有权双阶构造说［J］．法学研究，2013，35（4）：4-18．

［50］彭诚信．自然资源上的权利层次［J］．法学研究，2013，35（4）：64-66．

［51］汪劲．环境影响评价程序之公众参与问题研究：兼论我国《环境影响评价法》相关规定的施行［J］．法学评论，2004，22（2）：

107–118.

［52］王涌．自然资源国家所有权三层结构说［J］．法学研究，2013，35
（4）：48–61.

［53］巩固．自然资源国家所有权公权说［J］．法学研究，2013，35（4）：
19–34.

［54］张翔．国家所有权的具体内容有待立法形成［J］．法学研究，
2013，35（4）：62–63.

［55］崔建远．自然资源国家所有权的定位及完善［J］．法学研究，
2013，35（4）：66–68.

［56］林进平．面向事实本身：反思"马克思与正义"问题的研究方法［J］．
马克思主义与现实，2013（5）：8–17.

［57］张琼，张德森．旅游吸引物权不可统一立法之辨析［J］．旅游学刊，
2013，28（12）：90–96.

［58］张高丽．大力推进生态文明 努力建设美丽中国［J］．环境保护，
2014，42（Z1）：10–16.

［59］高吉喜．国家生态保护红线体系建设构想［J］．环境保护，2014，
42（Z1）：18–21.

［60］徐菊凤，任心慧．旅游资源与旅游吸引物：含义、关系及适用性分
析［J］．旅游学刊，2014，29（7）：115–125.

［61］施志源．论气候资源之法律属性与权利归属［J］．福建师范大学学
报（哲学社会科学版），2014（4）：27–35，75.

［62］吴晋峰．旅游吸引物、旅游资源、旅游产品和旅游体验概念辨析［J］．
经济管理，2014，36（8）：126–136.

［63］唐孝辉．自然资源产权与用途管制的冲突与契合［J］．学术探索，
2014（10）：27–30.

［64］唐京春，王峰．国外自然资源公共服务及对我国的启示［J］．中国

国土资源经济，2015，28（1）：16-19.

［65］胡税根，徐靖芮．我国政府权力清单制度的建设与完善［J］．中共天津市委党校学报，2015（1）：67-77.

［66］施志源．自然资源的市场配置及其制度完善：基于生态文明制度建设视角［J］．中国特色社会主义研究，2015，6（2）：90-95.

［67］张平，黎永红，韩艳芳．稀有矿产资源战略储备立法的价值研究［J］．华东理工大学学报（社会科学版），2015，30（4）：75-85.

［68］施志源．环境标准的现实困境及其制度完善［J］．中国特色社会主义研究，2016，7（1）：95-99.

［69］付子豪．浅议法经济学视角下我国无主先占制度的设置：以狗头金事件为例［J］．河南财政税务高等专科学校学报，2016，30（1）：59-61.

［70］国土资源部信息中心课题组．国外自然资源管理的基本特点和主要内容［J］．中国机构改革与管理，2016（5）：25-28.

［71］雷亮亮，雷亮亮．"狗头金"事件与无主物先占制度［J］．福建法学，2016（1）：42-46.

［72］供给侧结构性改革与国土资源供给［J］．中国国土资源经济，2016，29（2）：1.

［73］胡德胜．市场全球化下的战略性自然资源国家治理［J］．重庆大学学报（社会科学版），2016，22（3）：129-135.

［74］李克强．深化简政放权放管结合优化服务 推进行政体制改革转职能提效能：在全国推进简政放权放管结合优化服务改革电视电话会议上的讲话［J］．中国应急管理，2016（5）：20-25.

［75］张世秋．绿色发展的制度和政策改革分析［J］．环境保护，2016，44（11）：34-37.

［76］陈丽萍，吴初国，刘丽，等．国外自然资源登记制度及对我国启示

［J］. 国土资源情报，2016（5）：3-10.

［77］左冰，保继刚. 旅游吸引物权再考察［J］. 旅游学刊，2016，31（7）：13-23.

［78］高延霞. 论述水利工程规划设计中环境影响评价［J］. 中国新技术新产品，2016（16）：107-108.

［79］何登辉. 论自然资源国家所有权的实现路径［J］. 苏州大学学报（法学版），2016，3（3）：39-50.

［80］张秋红. 关于自然资源资产有偿使用制度改革的思考［J］. 海洋开发与管理，2016，33（9）：37-40.

［81］姜斌. 对河长制管理制度问题的思考［J］. 中国水利，2016（21）：6-7.

［82］刘练军. 自然资源国家所有的制度性保障功能［J］. 中国法学，2016（6）：73-92.

［83］焦艳鹏. 自然资源的多元价值与国家所有的法律实现：对宪法第9条的体系性解读［J］. 法制与社会发展，2017，23（1）：128-141.

［84］施志源. 自然资源用途的整体性管制及其制度设计［J］. 中国特色社会主义研究，2017，8（1）：81-87.

［85］黄锡生，张真源. 中国突发环境事件预警法律制度的困境与出路［J］. 甘肃政法学院学报，2017（2）：27-33.

［86］陈达兴. 汀江（韩江）流域生态补偿机制试点的实践与创新［J］. 环境保护，2017，45（7）：31-33.

［87］叶榅平. 自然资源国家所有权主体的全民性及实现机制［J］. 贵州省党校学报，2017（2）：57-62.

［88］李祎恒，邢鸿飞. 我国水资源用途管制的问题及其应对［J］. 河海大学学报（哲学社会科学版），2017，19（2）：84-88，92.

［89］田旭，杨朝晖，霍炜洁. 三江源地区流域生态补偿机制探讨［J］.

人民长江，2017，48（8）：15-18.

［90］包晓斌.我国流域生态补偿机制研究［J］.求索，2017（4）：
132-136.

［91］苏文会，朱晓武，范少辉，等.采伐对森林生态系统的影响综述［J］.
林业资源管理，2017（3）：35-40.

［92］严婷婷，罗琳，王转林.社会资本参与农田水利建设的典型案例分
析及经验启示［J］.水利经济，2018，36（1）：60-63.

［93］刘小勇.全面推行河长制的基本构架与关键问题分析［J］.水利发
展研究，2017，17（11）：25-27.

［94］黄国勤.树立正确生态观 统筹山水林田湖草系统治理［J］.中国
井冈山干部学院学报，2017，10（6）：128-132.

［95］余懿臻.河长制实施困境及完善对策：杭州河长制实践的成效与问
题解析［J］.岭南师范学院学报，2018，39（1）：62-66.

［96］余姝辰，余德清，彭璐，夏乐，贺秋华.自然资源统一确权登记的
相关问题雏探［J］.国土资源情报，2018（2）：13-19.

［97］史亚东.公众诉求与我国地方环境法规的实施效果［J］.大连理工
大学学报（社会科学版），2018，39（2）：111-120.

［98］吴宇.建设项目环境影响评价公众参与有效性的法律保障［J］.法
商研究，2018，35（2）：15-24.

［99］施志源.民法典中的自然资源国家所有权制度设计：基于多国民法
典的考察与借鉴［J］.南京大学学报（哲学·人文科学·社会科学），
2018，55（2）：36-45，158.

［100］欧阳君君.论国有自然资源配置中的公众参与［J］.江汉论坛，
2018（4）：124-131.

［101］付琳，肖雪，李蓉.《长江保护法》的立法选择及其制度设计［J］.
人民长江，2018，49（18）：1-5.

［102］黄锋华，黄本胜，邱静，等．广东省河长制湖长制工作考核若干问题的思考［J］．广东水利水电，2018（12）：37-40.

［103］苏海雨．地方立法的冲突规范与秩序构建［J］．甘肃政法学院学报，2019（1）：134-145.

［104］张姚．国内外动物权利研究评述［J］．社会科学论坛，2019（2）：243-251.

［105］施志源．自然资源资产有偿使用的改革难点与规则完善［J］．中国特色社会主义研究，2019，10（2）：86-91.

［106］马奔，付晓彤．协商民主供给侧视角下的环境群体性事件治理［J］．华南师范大学学报（社会科学版），2019（2）：99-105.

［107］以信息公开监督规范权力运行：就新修订《政府信息公开条例》访自然资源部法规司司长魏莉华［J］．国土资源，2019（5）：34-36.

［108］张俊涛，倪兆睿，李金文．加强林业自然保护地野生动物保护与管理的对策［J］．中国林业产业，2019（6）：67-68.

［109］王克稳．自然资源国家所有权的性质反思与制度重构［J］．中外法学，2019，31（3）：626-647.

［110］沈毅龙．论失信的行政联合惩戒及其法律控制［J］．法学家，2019（4）：120-131，195.

［111］冀玮．论《食品安全法》"累加处罚"条款的法律适用［J］．行政法学研究，2019（5）：60-72.

［112］林坚，武婷，张叶笑，等．统一国土空间用途管制制度的思考［J］．自然资源学报，2019，34（10）：2200-2208.

［113］姚晓丽．河长制推行中法律问题探讨［J］．四川环境，2019，38（6）：128-132.

［114］韩英夫，佟彤．自然资源统一确权登记制度的嵌套式构造［J］．

资源科学，2019，41（12）：2216–2226.

［115］孙佑海.黄河流域生态环境违法行为司法应对之道［J］.环境保护，2020，48（Z1）：33–40.

［116］关保英.行政立法尊重自然的理论思考与实践进路［J］.南京大学学报（哲学·人文科学·社会科学），2020，57（1）：40–52，158–159.

［117］郭洁.自然资源统一登记的物权法问题及其破解［J］.法学，2020（3）：124–141.

［118］施志源.新冠肺炎疫情下禁食野生动物的立法探讨［J］.福建师范大学学报（哲学社会科学版），2020（2）：37–47，168.

［119］王敬波，王宏.为谁立法：野生动物保护立法目的再讨论［J］.浙江学刊，2020（3）：4–9.

［120］贾茵.失信联合惩戒制度的法理分析与合宪性建议［J］.行政法学研究，2020（3）：95–108.

［121］吴浓娣，刘定湘.《黄河法》的功能定位及立法关键［J］.人民黄河，2020，42（8）：1–4，10.

［122］施志源.自然资源领域生态综合执法的改革路径及其制度完善［J］.中国特色社会主义研究，2020，11（3）：88–96.

［123］李松龄.自然资源高效利用的理论认识与制度安排［J］.贵州社会科学，2020（8）：112–118.

［124］张忠利.以法典化思维推进国土空间开发保护立法［J］.人民论坛，2020（26）：108–109.

［125］郑曙光.黄河流域生态保护和高质量发展立法实践问题探究：以河南省为视角［J］.山西省政法管理干部学院学报，2020，33（4）：27–29，105.

［126］《长江保护法》的背景、意义与价值：专访全国政协常委、社会和法制委员会驻会副主任吕忠梅［J］.中国环境监察，2021（1）：29-31.

［127］龚海杰.以信息化助力广州市河长制工作的实践［J］.中国水利，2021（2）：19-21，25.

［128］邱秋.多重流域统筹协调：《长江保护法》的流域管理体制创新［J］.环境保护，2021，49（Z1）：30-35.

［129］陈虹."保护法"与"开发法"的共生相融：彰显《长江保护法》的绿色发展之维［J］.环境保护，2021，49（Z1）：42-47.

［130］卫雪晴.河长制背景下流域协同治理问题探讨：基于共容利益理论［J］.四川环境，2021，40（1）：223-227.

［131］滕建仁.贯彻实施《长江保护法》 共谋治江发展新篇章［J］.水利发展研究，2021，21（3）：6-10.

［132］徐玖玖.国土空间规划的立法统合及其表达［J］.中国土地科学，2021，35（3）：9-16.

［133］黄贤金.自然资源产权改革与国土空间治理创新［J］.城市规划学刊，2021（2）：53-57.

［134］施志源，纪圣驹.食物节约立法中违法行为的类型探讨［J］.重庆大学学报（社会科学版），2021，27（4）：115-125.

［135］田贵良，王希为.自然资源资产产权视角下的水资源现代治理制度改革取向［J］.水利经济，2021，39（2）：24-29，49，95-96.

［136］高红民.践行新时代水利精神 贯彻落实长江保护法［J］.学习月刊，2021（4）：31-32.

［137］陶昌弟，占炜.广西淡水生态系统服务价值评估［J］.广西水利水电，2021（2）：30-33.

［138］刘治国，刘玉华，于清军，等.河北省草地生态系统服务价值评

估［J］. 河北师范大学学报（自然科学版），2021，45（3）：304–313.

［139］王峰. 自然资源治理体系与治理能力现代化的建设方向和思路［J］. 国土资源情报，2021（5）：27–30.

［140］季丹丹，李凤芹. 江苏南通河长制推行的现状、问题与对策［J］. 中国集体经济，2021（16）：9–10.

［141］秦伟，郑佳伟. 河长制发展中存在的问题与对策研究［J］. 内蒙古水利，2021（5）：46–47.

［142］陈柳言，赵鑫，朱玉春. 公众参与河长制对河流治理效果的影响：基于江苏、湖北的实证研究［J］. 资源科学，2021，43（6）：1077–1087.

［143］刘柳. 河长制推行中公众参与问题的探讨［J］. 四川环境，2021，40（3）：188–193.

［144］韩冬. 大洼区河长制工作现存问题与建议［J］. 黑龙江水利科技，2021，49（6）：251–253.

［145］李星池，盖志毅. 河长制及其发展研究述评［J］. 内蒙古水利，2021（7）：53–55.

［146］方印，王明东. 国土空间规划立法：理念与方法［J］. 中国不动产法研究，2021，23（1）：224–242.

［147］单平基. 自然资源之上权利的层次性［J］. 中国法学，2021（4）：63–82.

［148］吴丽梅. 德国流域水资源协同治理的经验借鉴［J］. 中国土地，2021（8）：55–58.

［149］隋迪，伍育鹏，吴克宁. 浅析自然资源分等定级的行政管理路径［J］. 中国土地，2021（8）：21–23.

［150］杜艳强，段文峰，赵艳. 金属尾矿处置及资源化利用技术研究［J］.

中国矿业，2021，30（8）：57-61.

［151］黄锡生，杨睿.法典化时代下自然资源法立法模式探究［J］.中国人口·资源与环境，2021，31（8）：101-111.

［152］黄锡生，王中政.我国《国土空间规划法》立法的功能定位与制度构建［J］.东北大学学报（社会科学版），2021，23（5）：81-87.

［153］孟庆瑜，张思茵.论水资源用途管制与市场配置的法律调适［J］.中州学刊，2021（0）：56-65.

［154］王焕萍，赵鑫，兀伟，等.自然资源术语一致性分析［J］.中国标准化，2021（18）：19-22.

［155］黄雅屏，金昊.中国流域治理问题探析及《长江保护法》初探［J］.湖北农业科学，2021，60（18）：161-165.

［156］蔚东英，张洪涛，于光，等.国际组织视角的自然资源分类体系浅议［J］.中国国土资源经济，2022，35（1）：4-14.

［157］宋马林，崔连标，周远翔.中国自然资源管理体制与制度：现状、问题及展望［J］.自然资源学报，2022，37（1）：1-16.

［158］刘守英，熊雪锋，章永辉，等.土地制度与中国发展模式［J］.中国工业经济，2022（1）：34-53.

［159］王利明.国家所有权研究［D］.北京：中国人民大学，1990.

［160］关涛.中国土地资源配置与可持续发展研究［D］.哈尔滨：东北农业大学，2002.

［161］王军.国家所有权的法律神话：解析中国国有企业的公司制实践［D］.北京：中国政法大学，2003.

［162］陈星.自然资源价格论［D］.北京：中共中央党校，2007.

［163］刘欣.物权法背景下的矿业权法律制度探析［D］.北京：中国人民大学，2008.

［164］彭皓玥 . 自然资源约束下的我国资源型区域可持续发展研究［D］. 天津：天津大学，2009.

［165］唐孝辉 . 我国自然资源保护地役权制度构建［D］. 长春：吉林大学，2014.

［166］邓锋 . 自然资源分类及经济特征研究［D］. 北京：中国地质大学，2019.

［167］程博 . 海域使用权流转制度研究［D］. 大连：大连海事大学，2019.

（三）外文类

［1］SCOTT A. The evolution of resource property rights［M］. NewYork: Oxford University Press，2008.

［2］BARNES R.Property rights and natural resources［M］. Portland Or. Hart，2009 .

［3］WILLIAMSON M.Property rights and natural resources［M］. Ashgate，2009.

［4］BARSHEFSKY C，DLAMOND R，ELLIS N R. Foreign Government Regulation of Natural Resources： Problems and Remedies Under United States International Trade Laws［J］. Stanford Journal of International Law，1985，Vol.21（1）： 29–93.

［5］BEBERMAN J A . Conservation and natural resources water resources： extend maximum duration of water use permits; provide for water development and conservation plans; preserve the department of natural resources' right to appeal decisions of administrative law judges［J］. Georgia State University Law Review，1995，12（1）： 51–64.

［6］SEGERSON K.Government regulation and compensation： implications for environmental quality and natural resource use［J］. Contemporary

Economic Policy, 1997, 15（4）: 28–31

[7] LANGE G M, HASSAN R, ALFIERI A.Using environmental accounts to promote sustainable development: Experience in southern Africa [C] //Natural Resources Forum. Oxford, UK and Boston, USA: Blackwell Publishing Ltd, 2003, 27（1）: 19–31.

[8] INGELSON A. Sustainable development and the regulation of the coal bed methane industry in the United States [J] . Journal of Natural Resources & Environmental Law, 2005–2006, Vol.20（1）: 51–102

[9] SCOTT A Z. Feds and fossils: meaningful state participation in the development of liquefied natural gas [J] .Ecology Law Quarterly, 2006, 33: 789–824.

[10] NKONYA E, PENDER J, KATO E.Who knows, who cares? The determinants of enactment, awareness, and compliance with community Natural Resource Management regulations in Uganda [J] . Environment and Development Economics, 2008, 13（1）: 79–101.

[11] WISEMAN H. Untested waters: The rise of hydraulic fracturing in oil and gas production and the need for revisit regulation [J] . Fordham Environmental Law Review, 2009, Vol.20（1）: 115–195.

[12] ACHESON J M, ACHESON A W. Factions, models and resource regulation: prospects for lowering the Maine lobster trap limit [J] . Human Ecology, 2010, 38（5）: 587–598.

[13] IMBROGNO M A. Pipedream to Pipeline: Ownership of Kentucky's Subterranean Pore Space for Use in Carbon Capture and Sequestration[J]. U. Louisville L. Rev., 2010, 49（2）: 291–315.

[14] CORIA J, STERNER T. Natural resource management: Challenges and policy options [J] . Annu. Rev. Resour. Econ., 2011, 3（1）: 203–230.

［15］POWERS E C. Fracking and federalism： Support for an adaptive approach that avoids the tragedy of the regulatory commons ［J］.Journal of Law and Policy, 2011, 19（2）： 913-971.

［16］HARRISON T A, COLLINS D. Sustainable use of natural resources indicator ［C］//Proceedings of the Institution of Civil Engineers-Engineering Sustainability. Thomas Telford Ltd, 2012, 165（2）： 155-163.

［17］WEINSTEIN M. Hydraulic fracturing in the United States and the European Union： rethinking regulation to ensure the protection of water resources ［J］. Wisconsin International Law Journal, 2013, 30： 881.

［18］SUTTON-GRIER A E , MOORE A K, WILEY P C, et al. Incorporating ecosystem services into the implementation of existing US natural resource management regulations： operationalizing carbon sequestration and storage ［J］. Marine Policy, 2014, 43： 246-253.

［19］GAUDET G, LASSERRE P.The management of natural resources under asymmetry of information ［J］. Annual Review of Resource Economics, 2015, 7（1）： 291-308.

［20］20.PERRYMAN M E, SCHRAMSKI J R.Evaluating the relationship between natural resource management and agriculture using embodied energy and eco-exergy analyses： a comparative study of nine countries ［J］. Ecological Complexity, 2015, 22： 152-161.

［21］Sundström A. Corruption and violations of conservation rules： A survey experiment with resource users ［J］. World Development, 2016, 85： 73-83.

［22］GREINERE R, FERNANDES L, MCCARTNEY, et al. Reasons why some irrigation water users fail to comply with water use regulations： A case study from Queensland, Australia ［J］. Land Use Policy, 2016, 51： 26-40.

[23] Bošković B, Nøstbakken L. The cost of endangered species protection: Evidence from auctions for natural resources [J]. Journal of Environmental Economics and Management, 2017, 81: 174-192.

[24] Coulibaly S S, Gakpa L L, Soumar é I. The role of property rights in the relationship between capital flows and economic growth in SSA: do natural resources endowment and country income level matter? [J]. African Development Review, 2018, 30 (1): 112-130.

[25] KILLICK E. Extractive relations: natural resource use, indigenous peoples and environmental protection in Peru [J]. Bulletin of Latin American Research, 2020, 39 (3): 290-304.

（四）其他类

[1] 荷兰民法典：第 3、5、6 编 [M].王卫国，主译.北京：中国政法大学出版社，2006.

[2] 越南社会主义共和国民法典（2005 年版）[M].吴远富，译.厦门：厦门大学出版社，2007.

[3] 最新阿根廷共和国民法典 [M].徐涤宇，译.北京：法律出版社，2007.

[4] 俄罗斯联邦民法典（全译本）[M].黄道秀，译.北京：北京大学出版社，2007.

[5] 葡萄牙民法典 [M].唐晓晴，等，译.北京：北京大学出版社，2009.

[6] 韩国民法典 朝鲜民法典 [M].金玉珍，译.北京：北京大学出版社，2009.

[7] 路易斯安那民法典 [M].娄爱华，译.厦门：厦门大学出版社，2010.

[8] 泰王国民商法典 [M].周喜梅，译.北京：中国法制出版社，2013.

［9］西班牙民法典［M］.潘灯，马琴，译.北京：中国政法大学出版社，2013.

［10］智利共和国民法典［M］.徐涤宇，译.北京：北京大学出版社，2014.

［11］德国民法典［M］.陈卫佐，译.北京：法律出版社，2015.

［12］瑞士民法典［M］.于海涌，赵希璇，译.北京：法律出版社，2016.

［13］秘鲁共和国新民法典［M］.徐涤宇，译.北京：北京大学出版社，2017.

［14］胥树凡.环境标准作用非凡［N］.中国环境报，2001-10-22（4）.

［15］郭薇.重点制定行业型污染物排放标准［N］.中国环境报，2008-03-18（6）.

［16］张敏敏.中国启动首个林业碳汇交易试点［N］.中国绿色时报，2011-11-03（3）.

［17］孙久文.优化国土空间开发格局要点在哪？［N］.中国环境报，2013-01-07（2）.

［18］蔡道利.健全自然资源资产产权与用途管制制度［N］.广西日报，2013-12-241）.

［19］环保部：我国将实行企业环境信用评价制度［N］.经济日报，2014-01-03（6）.

［20］完善法规标准，确保执法有据［N］.中国环境报，2014-12-01（1）.

［21］全面推进改革 推进生态文明［N］中国环境报，2014-01-01（1）.

［22］赵娜.资源有价 何以度量：社科院采用市场估价法试编《自然资源资产负债表》［N］.中国环境报，2015-05-26（6）.

［23］刘武俊.“狗头金”归属之争折射法律短板［N］.文汇报，2015-

02-12（5）.

［24］秦昌波，熊善，高万军，等．红线蓝线绘出水生态空间［N］．中国环境报，2015-05-20（2）.

［25］杜世欣，王思力，李建成．划定蓝线优化水生态空间布局［N］．河北日报，2016-06-07（10）.

［26］高国荣．三次浪潮催生美国环境管制［N］．中国社会科学报，2016-6-20（4）.

［27］施志源．区域协作促进绿色发展［N］．中国社会科学报，2016-11-01（8）.

［28］水利部：确保明年在建水利工程投资超9000亿［N］．大众证券报，2016-12-23（1）.

［29］全民所有自然资源资产有偿使用制度怎么改？：国土资源部调控和监测司负责人解读《关于全民所有自然资源资产有偿使用制度改革的指导意见》［N］．中国矿业报，2017-02-10（2）.

［30］谷树忠．抓住"最大公约数"形成改革"公倍数"［N］．中国国土资源报，2017-01-26（5）.

［31］朱清．求同存异，推进自然资源有偿使用［N］．中国国土资源报，2017-12-14（5）.

［32］中共中央 国务院关于实施乡村振兴战略的意见［N］．人民日报，2018-02-05（1）.

［33］王勇．关于国务院机构改革方案的说明：二〇一八年三月十三日在第十三届全国人民代表大会第一次会议上［N］．人民日报，2018-03-14（17）.

［34］寇国莹．保定启动生态环境综合行政执法改革：整合相关部门职责组建生态环境保护综合执法队伍，统一行使生态环保执法职能［N］．河北日报，2019-11-11（11）.

［35］王殿常.正确理解"共抓大保护、不搞大开发"［N］.学习时报，2019-12-18（7）.

［36］珍爱生命 拒吃野味［N］.人民日报，2020-02-04（14）.

［37］顾龙友.加快完善治理体系 着力提升治理能力：以江苏省泰州市自然资源管理开拓创新实践为例［N］.中国自然资源报，2021-01-22（3）.

［38］张天培.全国人大常委会不断完善生态环保法律体系［N］.人民日报，2021-02-03（11）.

［39］最高人民法院关于贯彻《中华人民共和国长江保护法》的实施意见［N］.人民法院报，2021-02-26（2）.

［40］杨铌紫.聚焦四大问题 多方联动协作：重庆检察机关"保护长江母亲河"公益诉讼三年专项行动成效显著［N］.重庆日报，2021-06-21（7）.

［41］张强等.做好自然资源要素保障 稳步推进生态文明建设［N］.吉林日报，2021-06-25（9）.

［42］许瀛彪.民法典视域下的国有自然资源所有权豁免登记规则［N］.民主与法制时报，2021-07-01（6）.

［43］杜乐山，张风春.为什么要开展生态系统服务价值评估［N］.中国环境保护报，2021-08-04（5）.

［44］李文谦.落实国土空间规划制度 促进土地资源可持续利用［N］.中国自然资源报，

［45］2021-08-13（6）.

［46］马琳.完善宅基地管理制度 保障农民合理用地需求：新《土地管理法实施条例》系列解读之四［N］.中国自然资源报，2021-09-03（6）.

［47］张扬.生态旅游，白山给出绿色发展新答案［N］.长白山日报，

2021-09-08（2）.

［48］常江.完善集体经营性建设用地入市法律制度［N］.中国自然资源报，2021-09-08（6）.

［49］宋歌.土地督察制度全面步入法治轨道［N］.中国自然资源报，2021-09-15（6）.

［50］蓝天宇.采取"长牙齿"措施强化违法用地法律责任［N］.中国自然资源报，2021-09-24（6）.

［51］陈建军.全面提升自然资源治理能力［N］.广西日报，2021-09-30（14）.

［52］李风，钱影.从《办法》到《条例》，这部法规"新"在哪？［N］.中国自然资源报，2021-10-20（6）.

［53］朱宁宁.加快自然资源领域立法修法补齐短板［N］.法治日报，2021-10-23（2）.